ILS SCHRIFTEN 75

Herausgegeben vom Institut für Landes- und Stadtentwicklungsforschung des Landes Nordrhein-Westfalen (ILS)

Großflächige Freizeiteinrichtungen im Freiraum

Freizeitparks und Ferienzentren

Bernd Mielke, Helga Sander, Hartmut Koch
Bodo Temmen, Ulrich Hatzfeld, Ralf Ebert

Im Auftrage des Ministeriums für Stadtentwicklung und Verkehr des Landes Nordrhein-Westfalen (MSV)

Vorwort

Vermehrte Freizeit und gestiegener Wohlstand haben die Nachfrage nach erholsamen Vergnügungen in großflächigen Freizeiteinrichtungen (wie Freizeit-, Themen- und Erlebnisparks, Ferienparks) wachsen lassen.

Ein den Freizeit- und Erholungsbedürfnissen der Bevölkerung angepaßtes Angebot an Einrichtungen zählt zu den Zielen der Landesplanung. Die Einrichtungen entsprechen – soweit sie verschiedene Attraktionen bündeln – auch dem Ziel der Schwerpunktbildung und tragen insoweit zur Freihaltung der übrigen Landschaft bei. Andererseits sind sie geeignet, Natur und Landschaft durch den Verbrauch von Freiraum, die Störung von Freiraumfunktionen und die Erzeugung von Verkehrsströmen erheblich zu belasten.

Zu diesem Zielkonflikt wollen die beiden vorliegenden Arbeiten einen Diskussionsbeitrag liefern. Nachdem die Regierungspräsidenten zu den Golfplätzen bereits Entscheidungsgrundlagen erarbeitet hatten, zählten insbesondere die Freizeitparks und die neuartigen Ferienzentren der zweiten Generation zu den großflächigen Freizeiteinrichtungen im Freiraum, bei denen Defizite bei den Beurteilungsmaßstäben vorliegen. Die Arbeit konzentrierte sich deshalb auf diese Bereiche.

Inhaltsverzeichnis

Vorwort

Bernd Mielke, Helga Sander, Hartmut Koch
Großflächige Ferienzentren

Verzeichnis der Übersichten	7
Verzeichnis der Tabellen	7
Verzeichnis der Abbildungen	8
1. Problemstellung	9
2. Determinanten des Urlaubs- und Freizeitverhaltens	9
2.1 Entwicklung des Urlaubs	9
2.2 Determinanten des Urlaubsverhaltens	9
2.3 Veränderung des Freizeitverhaltens	11
3. Ferienparks der zweiten Generation	11
3.1 Wesentliche Kennzeichen der Ferienparks	11
3.2 Nachfrage/Bedarf	16
3.2.1 Zur Ermittlung des Bedarfs seitens der Regionalplanung	16
3.2.2 Für die Bedarfsanalyse wichtige Urlaubstrends	16
3.2.3 Motive für den Besuch eines Ferienparks der zweiten Generation	18
3.2.4 Bestand an Ferienparks	18
3.2.5 Marktchancen in NRW	20
3.2.6 Alternative sanfter Tourismus?	21
4. Ziele der Landes- und Regionalplanung	24
5. Sozioökonomische Effekte von Ferienparks der zweiten Generation	26
5.1 Soziokulturelle Effekte	26
5.1.1 Einflußfaktoren der soziokulturellen Effekte	26
5.1.2 Spannungen zwischen Befürwortern und Gegnern von Feriengroßprojekten	27
5.2 Wirtschaftliche Auswirkungen	28
5.2.1 Auswirkungen auf die Umsätze von Handel, Gewerbe und Gastronomie	28
5.2.2 Auswirkungen auf den vorhandenen Fremdenverkehr	29
5.2.3 Auswirkungen auf den Arbeitsmarkt	30
5.2.4 Auswirkungen auf die kommunalen Haushalte	32
5.2.5 Planungs-, Realisierungs- und Betriebsrisiko	33
6. Ökologische Auswirkungen von großflächigen Ferienparks	36
6.1 Flächenbeanspruchung	36
6.2 Verkehrliche Auswirkungen	43
6.3 Energie- und Wasserverbrauch	45
6.4 Abfall- und Wasseraufkommen	46
6.5 Störungen des Naturraumes	48

7. Zusammenfassende Bewertung	52
7.1 Sozioökonomische Aspekte	52
7.2 Ökologische Bewertung	52
8. Empfehlungen	54
8.1 Empfehlungen aus sozioökonomischer Sicht	54
8.1.1 Empfehlungen zur Konzeption der Anlage	54
8.1.2 Empfehlungen zur Vertragsgestaltung	54
8.1.3 Empfehlungen zum Planungsverfahren	55
8.1.4 Empfehlungen zur Standortwahl	55
8.2 Empfehlungen aus ökologischer Sicht	56
8.2.1 Ökologische Kriterien zur Standortwahl	57
8.2.2 Empfehlungen zu Anlage und Betrieb	62
8.2.2.1 Flächenbeanspruchung	62
8.2.2.2 Verkehrsanbindung	63
8.2.2.3 Umweltschonende Ver- und Entsorgungskonzepte	65
8.2.2.4 Ökologische Grün- und Freiflächengestaltung	66
Zitierte Literatur	68
Informationsgrundlagen zur Durchführung von UVS	71

Bodo Temmen, Ulrich Hatzfeld, Ralf Ebert

Märchenwelt und Achterbahn
Freizeitparks im Land Nordrhein-Westfalen

1. Rahmenbedingungen	73
1.1 Anlaß, Zielsetzung und Aufbau der Untersuchung	73
1.2 Freizeitpark – ein Definitionsversuch als Momentaufnahme der Freizeitentwicklung	74
1.3 Rahmenbedingungen der bisherigen Freizeitentwicklung	75
Exkurs	75
Kirmes, Lunapark	
Zur Standortgeschichte der Vergnügungseinrichtungen	76
Amusement und Freizeit in der Stadt- und Regionalplanung – Stadtkultur braucht das Vergnügen	77
1.4 Freizeit und Erholung in der Regional- und Landesplanung	78
2. Erhebung und Beschreibung von Freizeitparks	80
2.1 Freizeitparks in Nordrhein-Westfalen	80
Methodik und Beschreibungsraster	80
Freizeitpark Ketteler Hof/Haltern-Lavesum	81
Freizeitpark Sauerland „Fort Fun"/Bestwig-Wasserfall	82
Hollywood-Park/Schloß Holte-Stukenbrock	83
Panorama-Park Sauerland/Kirchhundem	84

	Phantasialand/Brühl	85
	potts-park/Minden	86
	Traum-Land-Park/Bottrop	86
	Freizeitpark Schloß Beck/Bottrop-Kirchhellen	87
2.2	Freizeitparks im Einzugsbereich nordrhein-westfälischer Einrichtungen	87
	Methodik und Beschreibungsraster	87
	Freizeitpark Verden/Verden	88
	Heidepark Soltau/Soltau	88
	Serengeti Safaripark/Hodenhagen	88
	Rasti-Land/Salzhemmendorf-Benstorf	89
	Erlebnispark Ziegenhagen/Witzenhausen	89
	Familienfreizeitpark Lochmühle/Wehrheim, Taunus	90
	Taunus-Wunderland/Schlangenbad	90
	Eifelpark Gondorf/Gondorf	90
	Erse-Park/Uetze	91
	Familien-Park/Holle-Sottrum	91
	Ferienzentrum Schloß Dankern/Haren, Ems	91
2.3	Zusammenfassung	92

3. Zur Raumrelevanz von Freizeitparks
Auswirkungsbereiche auf kommunaler und regionaler Ebene 95

3.1	Auswirkungen auf den Verkehr	95
3.2	Auswirkungen auf die Umwelt	98
3.3	Effekte auf den kommunalen Haushalt	100
3.4	Effekte auf die kommunale und regionale Wirtschaft	100
3.5	Auswirkungen auf das Stadt- und Landschaftsbild	101
3.6	Auswirkungen auf die Stadtentwicklung und Zentrenstruktur	101
3.7	Auswirkungen auf den Planungsprozeß	102
3.8	Zusammenfassung	102

4. Rahmenbedingungen der zukünftigen Entwicklung von Freizeitparks 103

4.1	Nachfrageorientierte Faktoren	103
4.2	Angebotsorientierte Faktoren	105

5. Zur planerischen Behandlung großflächiger Freizeitparks –
Empfehlungen 106

5.1	Landes- und regionalplanerische Behandlung der Freizeitparks	106
5.2	Hinweis zur Standortbewertung	107
5.3	Genehmigung großflächiger Freizeitparkanlagen	108

Literatur 114

Verzeichnis der Übersichten

3.1	Freizeit- und Konsumangebot der Center Parcs	12
3.2	Der steinige Weg der Theorie zum sanften Tourismus – Begriffe und Autoren	21
3.3	Hauptkriterien für ein sanftes Nachfragepotential	22
3.4	Prinzipien eines umwelt- und sozialverträglichen Tourismus	22
4.1	Orientierungsrahmen für die Eignung von Standorten für Feriengroßprojekte laut Beschluß der Ministerkonferenz für Raumordnung vom 14.02.92	25
5.1	Mögliche soziokulturelle Effekte von Feriengroßprojekten	26
6.1	Wirkungsmatrix der bau-, anlage- und betriebsbedingten Auswirkungen	38
6.2	Umweltrelevante Prozesse bzw. Funktionen in Böden	37
8.1	Vergleich der Auswirkungen von Ferienparks der zweiten Generation mit innen- bzw. außenorientiertem Betriebskonzept	55

Verzeichnis der Tabellen

2.1	Entwicklungsdynamik der 10 Freizeitbereiche seit 1953	11
3.1	Verteilung der Besucher bei Center Parcs nach der Aufenthaltsdauer 1990 in %	15
5.1	Verhältnis von Einwohnerzahl und Fremdenverkehrsintensität	26
5.2	Zahl der Arbeitsplätze in einigen Ferienparks	30
5.3	Arbeitsplatzproduktivität von Ferienzentren und Hotels	30
5.4	Gründe für das Scheitern von Freizeitprojekten	33
5.5	Gegenüberstellung der Rentabilitätsberechnungen für die Ferienparks Medebach und Brilon (in Mio DM)	36
6.1	Flächennutzung bestehender Ferienzentren	42
6.2	Energieverbrauch von Ferienzentren	45
6.3	Wasserverbrauch von Ferienzentren	46
6.4	Abfallaufkommen von Ferienzentren	47
Anhang: A.1	Informationsgrundlagen zur Durchführung von UVS	71

Verzeichnis der Abbildungen

2.1	Entwicklung des durchschnittlichen täglichen Freizeitumfangs an Werktagen (Mo. – Fr.) 1952 bis 1985	9
2.2	Entwicklung der Masseneinkommen (1) 1960 bis 1990	10
2.3	Volumen des Freizeitmarktes 1950 bis 1988	10
2.4	Entwicklung des Bestandes an Personenkraftfahrzeugen 1960 bis 1989	10
2.5	Zusammenhang zwischen dem Einkommen und dem Antreten einer mindestens zweiwöchigen Urlaubsreise	11
3.1	Parkzentrum des Center Parcs Het Meerdal	13
3.2	Gestaltung eines Ferienparks der zweiten Generation – Der Center Parc De Vossemeren	14
3.3	Gestaltung eines Ferienparks der zweiten Generation – Der Gran Dorado Park Port Zélande	15
3.4	Entwicklung von Reisekennziffern	16
3.5	Anteile von Inlands- und Auslandsreisen 1954 bis 2000	17
3.6	Anteile der Urlaubsunterkünfte 1986	17
3.7	Standorte von Feriengroßprojekten in der Bundesrepublik Deutschland (Stand: Mai 1984)	19
3.8	Geplante und existierende Ferienparks der zweiten Generation in den Beneluxländern, Rheinland-Pfalz und NRW	20
3.9	Das sanfte Potential in der Bevölkerung in %	23
5.1	Regionales Wirtschaftsförderungsprogramm NRW	35
6.1	Versickerungsfähigkeit von Niederschlag nach Bodenbelägen in %	37
6.2	Foto: Anlage einer Wasserfläche mit Folienabdichtung	40
6.3	Foto: Großer See im Center Parc „Het Meerdal"	41
6.4	Foto: Intensiv gepflegte Grünflächen an den Bungalows	41
6.5	Verkehrsaufkommen an Wechseltagen	44
6.6	Foto: Fehlende Einbindung der Bungalows in die umgebende Landschaft	48
6.7	Mobilitätsdiagramm des Breitlaufkäfers (Abax ater)	49
6.8	Wirkungen (mechanischer) Belastungen	50
6.9	Wirkungsschema der Eutrophierung	51
6.10	Störungen von Nistvorgängen durch Angler	51
6.11	Potentielle Auswirkungen von Freizeiteinrichtungen und -aktivitäten auf den Landschaftshaushalt und das Landschaftsbild	53
8.1	Anteil der besiedelten Flächen in den Bundesländern 1985 in %	56
8.2	Unzerschnittene Räume über 100 km^2 in der Bundesrepublik Deutschland	57
8.3	Naturschutzgebiete und Naturparke in NW	59
8.4	Naturreservate in den Großlandschaften NWs	60
8.5	Naturschutzansprüche im Gesamtraum (Naturschutzpyramide)	61
8.6	Verfahren der Standortermittlung	62
8.7	Foto: Schlechte Lösung: Parkplätze in vorhandenem Baumbestand	64
8.8	Wassereinsparung durch Mehrfachnutzung	65
8.9	Foto: Abstandsgrün mit geringer ökologischer Wertigkeit	66
8.10	Wildwiese und artenarmer Rasen im Vergleich	66
8.11	Foto: Fehlende Einbindung von Bungalows in die Landschaft	67

Bildnachweis: Abbildung 6.2 Foto Center Parcs; alle anderen Fotos PLANUM GmbH

*Bernd Mielke, Helga Sander, Hartmut Koch**

Großflächige Ferienzentren

Bernd Mielke

1. Problemstellung

In den achtziger Jahren wurde von der niederländischen Firma Center Parcs eine neuartige Konzeption von Ferienparks entwickelt. Der Erfolg der Konzeption und ähnlicher Konzepte anderer Anbieter vor allem in den Niederlanden und Belgien hat dazu geführt, daß auch in der Bundesrepublik Standorte für derartige Ferienparks, die auch als Ferienparks „der zweiten Generation" bezeichnet werden (Herrmann u. a. 1990, Strasdas 1991) gesucht wurden. Auch Nordrhein-Westfalen ist mit seinem großen Bevölkerungspotential für die Betreiber der Parks ein attraktiver Standort. Vor diesem Hintergrund soll im folgenden versucht werden,
- Anhaltspunkte zum Bedarf und zu den räumlichen Wirkungen der Ferienparks zu gewinnen und daraus
- Eignungs- und Ausschlußgrundsätze für NRW sowie
- Empfehlungen für eine umweltverträgliche Ausgestaltung der Ferienparks

abzuleiten.

Bernd Mielke

2. Determinanten des Urlaubs- und Freizeitverhaltens

2.1 Entwicklung des Urlaubs

Urlaub ist ein von Arbeitsverpflichtungen freier Zeitraum. Der Urlaubsanspruch hat sich in der Nachkriegszeit erheblich erhöht. Besonders stark hat er im Zeitraum von 1975 bis 1985 zugenommen, nämlich um 72 % auf 30,3 Tage (s. Gross/Garhammer/Eckardt 1988). Auch

* Die mit Sander/Koch gekennzeichneten Abschnitte sind einer im Auftrag des ILS erstellten Arbeit von PLANUM – Büro für Stadt-Verkehrs- und Umweltplanung GmbH. Dortmund mit dem Titel „Ökologische Bewertung von Freizeitgroßprojekten" entnommen.

Die Verlängerung des Urlaubs steht nicht isoliert, sondern ist eingebettet in eine Zunahme auch der Alltagsfreizeit. Sowohl nach Einschätzung der Betroffenen als auch nach den Ergebnissen „objektiver" Messungen auf der Basis von Tageslauferhebungen hat der Anteil der Freizeit in den letzten Jahren deutlich zugenommen. Das wöchentliche Freizeitvolumen hat mit 42,4 (Gesamtheit der Befragten) bzw. 41,2 (Berufstätige) Stunden inzwischen die effektive Arbeitszeit von 39 Stunden übertroffen (s. GfK-Freizeitmonitor Arbeit und Freizeit (1986); zu den Ergebnissen objektiver Messungen s. Gross/Garhammer/Eckardt 1988). Abbildung 2.1. gibt die Entwicklung des durchschnittlichen täglichen Freizeitumfangs an normalen Werktagen (Montags bis Freitags) wieder. Die Freizeit am Wochenende wurde für 1986 auf durchschnittlich 14,4 Stunden geschätzt (s. Gross/Garhammer/Eckardt 1988). Mit den in den letzten Jahren tarifvertraglich vereinbarten Arbeitszeitverkürzungen dürfte sich dieses Verhältnis noch mehr zugunsten der Freizeit verschoben haben. Die Gesellschaft entwickelt sich von einer Arbeits- zu einer Freizeitgesellschaft.

Abb. 2.1
Entwicklung des durchschnittlichen täglichen Freizeitumfangs an Werktagen (Mo.- Fr.) 1952 bis 1985

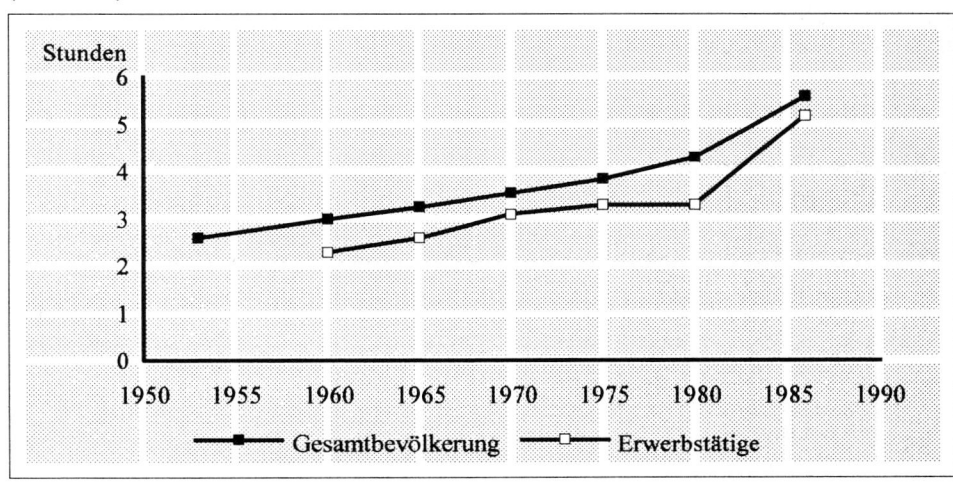

Quelle: Gross/Garhammer/Eckardt (1988)

die Verkürzung der Wochenarbeitszeit erfolgt z. T. über freie Tage, die zusammen mit einem Feiertag und einem Wochenende Gelegenheit zu einem Kurzurlaub bieten.

Das Freizeitvolumen ist allerdings ungleich verteilt. Relativ benachteiligt sind: berufstätige Mütter, Hausfrauen mit mehreren Kleinkindern, Berufstätige der mittleren Altersjahrgänge, Selbständige sowie Nacht- und Schichtarbeiter. Andere Gruppen, etwa nicht berufstätige Hausfrauen ohne Kinder, verfügen dagegen über einen relativen Zeitüberschuß (s. Gross/Garhammer/Eckardt 1988).

2.2 Determinanten des Urlaubs- und Freizeitverhaltens

a) Wertewandel

Der Freizeitbereich zählt zu den Ausgangspunkten des Wertewandels. Andererseits ist der Wertewandel auch im Freizeitbereich nachweisbar. Urlaub und Freizeit sind nicht nur mehr, sondern auch wichtiger geworden und ha-

Abb. 2.2
Entwicklung der Masseneinkommen(1) 1960 bis 1990

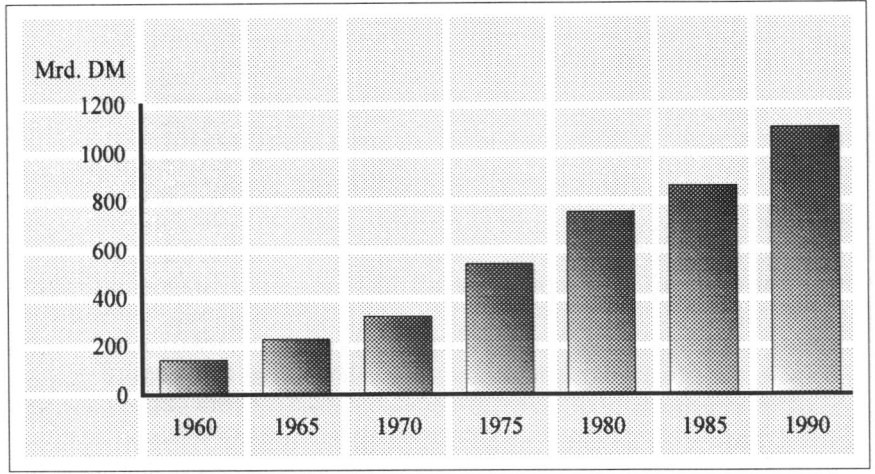

(1) Nettolöhne und -gehälter abzügl. öffentl. Einkommensübertragungen; kleinere Revisionen haben 1971 und 1988 stattgefunden
Quelle: Monatsberichte der Deutschen Bundesbank

Abb. 2.3
Volumen des Freizeitmarktes 1950 bis 1988

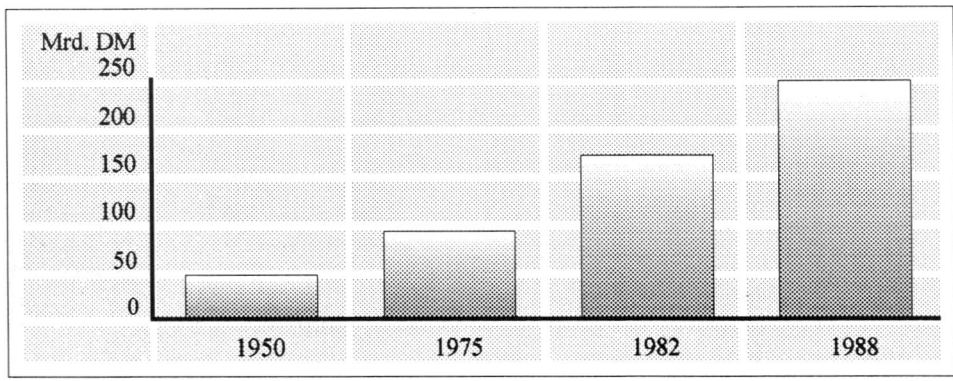

Quelle der Daten: Gross/Garhammer/Eckhardt (1988)

Abb. 2.4
Entwicklung des Bestandes an Personenkraftfahrzeugen 1960 bis 1989

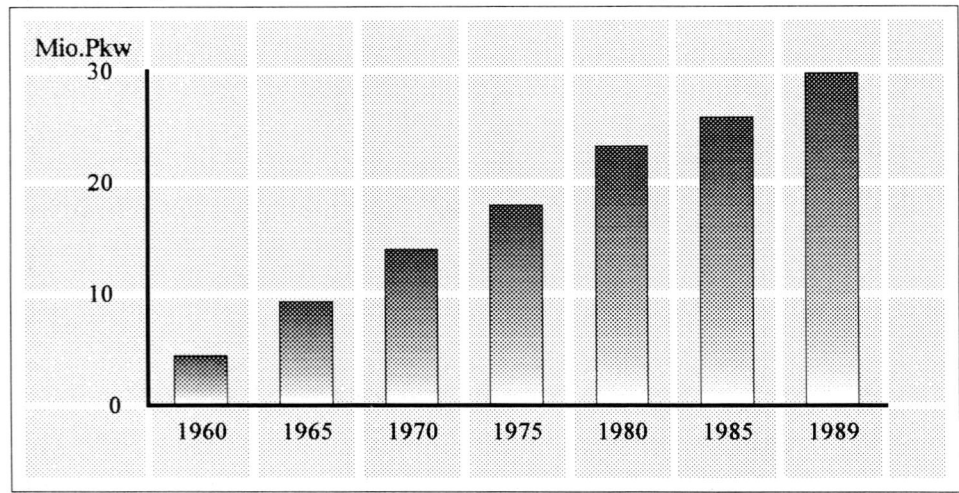

Quelle der Daten: Statistisches Bundesamt, Statistische Jahrbücher

ben vielfach die Arbeit als wichtigsten Lebensinhalt abgelöst. Es hat sich ein Lebensstil herausgebildet, in dessen Mittelpunkt die Orientierung auf Aktivität und Erleben steht. Dieser „freizeitkulturelle Lebensstil" ist durch fünf Merkmale geprägt:
– Selbermachen/Selbst-Aktiv-Sein/ Aktivität
– Spontaneität/Kreativität/Selbstentfaltung
– Sozialkontakt/Zusammensein/ Gemeinsamkeit
– Sichentspannen/Wohlfühlen/Wohlbefinden
– Spaß/Freude/Lebensgenuß
(Opaschowski 1983).

b) Entwicklung des Wohlstands

Voraussetzung für Urlaubsreisen und die Ausübung vieler Freizeitaktivitäten ist eine entsprechende Kaufkraft. So kosten
– Sportgeräte und Outfit
– Vereinsmitgliedschaft, Eintrittsgelder
– Anreise und Unterkunft
Geld.

Das Einkommen in der alten Bundesrepublik ist, wie Abbildung 2.2 zeigt, in den letzten Jahrzehnten erheblich angestiegen. Nach der Befriedigung anderer Konsumwünsche steht nun breiten Schichten erhebliche Kaufkraft für Urlaub und Freizeit zur Verfügung. Abbildung 2.3. gibt einen Eindruck von der Entwicklung des Freizeitmarktes.

Eine andere Voraussetzung vieler Freizeitaktivitäten ist durch den hohen Grad der Motorisierung gegeben. Abbildung 2.4 gibt die Entwicklung wieder.

Auch im Hinblick auf Einkommen und Pkw-Besitz sind allerdings die Lebenschancen ungleich verteilt. Abbildung 2.5 zeigt den Zusammenhang zwischen Einkommen und dem Antreten einer Urlaubsreise. Auch wenn das Einkommen die Unterschiede nicht allein erklären kann (s. Osterland u. a. 1973), ist einleuchtend, daß sich ein Teil der Bevölkerung teure Urlaubsreisen einfach nicht leisten kann.

Abb. 2.5
Zusammenhang zwischen dem Einkommen und dem Antreten einer mindestens zweiwöchigen Urlaubsreise

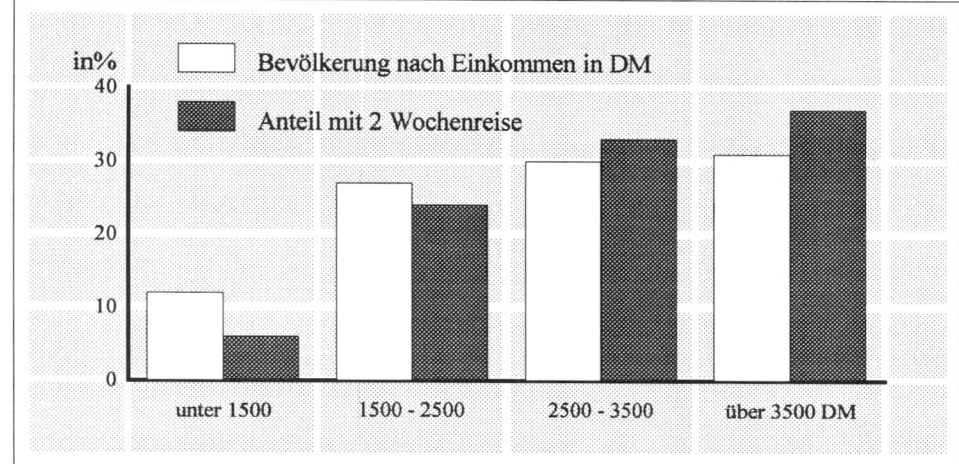

Quelle: Opaschowski (1989)

2.3 Veränderung des Freizeitverhaltens

Mit der Zunahme der Freizeit hat sich auch das Freizeitverhalten geändert. Wurde die Freizeit früher vor allem zur Regeneration benötigt, so ist heute eine aktive Freizeitgestaltung gefragt. Leitbilder sind dabei
– Erlebnisorientierung
– Genußorientierung
– Gegenwartsorientierung und die
– Natur- und Freizeitorientierung
(Opaschowski 1983).

Beim Freizeitverhalten ist vor allem das Interesse
– am Selbermachen
– an Sozialkontakten und
– an Bewegung
steigend (Opaschowski 1983). Rezeptive und passive Erholung und die Arbeit in informellen Organisationen sind, wie Tabelle 2.1 zeigt, dagegen „out".

Interessant ist ferner, daß auch die Breite des Aktivitätsspektrums zugenommen hat. Lag 1974 die durchschnittliche Zahl der (frei genannten) Freizeitaktivitäten noch bei 4,4, so waren es 1986 13,1 Aktivitäten (Gross/Garhammer/Eckardt 1988; s. auch Gross 1990). Dazu hat auch die Ausbreitung neuer Sportarten (Surfen, Moutain-Biking) in Wechselwirkung mit der Schaffung neuer Produkte beigetragen.

Tabelle 2.1
Entwicklungsdynamik der 10 Freizeitbereiche seit 1953

Stark zunehmend	1. Freizeitarbeiten in Haus, Wohnung und Garten 2. Informelle Geselligkeit mit Familie, Freunden/Bekannten, Verwandten und Nachbarn 3. Bewegungsaktive Erholung/Gesundheits- und Körperpflege 4. Naherholung
Leicht zunehmend	5. Sport 6. Andere Hobbies 7. Mediennutzung
Stagnierend	8. Besuch von Veranstaltungen und Gaststätten/Einkaufen 9. Passive Erholung
Abnehmend	10. Aktivitäten in informellen Organisationen: Partei, Gewerkschaft, Kirche, Verein

Quelle: Gross/Garhammer/Eckardt (1988)

Bernd Mielke

3. Ferienparks der zweiten Generation

3.1 Wesentliche Kennzeichen der Ferienparks

Ferienparks der zweiten Generation markieren eine neue Phase in der Entwicklung von Ferienzentren, für die die von der Firma Center Parcs errichteten Anlagen Maßstab und Vorbild sind. Der etwas umständliche Begriff soll den Entwicklungssprung gegenüber den Anfang der 70er Jahre vor allem im damaligen Zonenrandgebiet errichteten Ferienzentren – der ersten Generation – verdeutlichen. Es handelt sich um sehr großflächige Ferienhauskomplexe, deren Kennzeichen eine große Zentralanlage – mit einem sogenannten subtropischen Schwimmparadies und anderen Sport- sowie Konsum- und Restaurationsangeboten – ist.

Der erste derartige Bungalowpark wurde 1980 von Center Parcs in den Niederlanden eröffnet. Mittlerweile betreibt die Firma 12 Ferienparks in den Niederlanden, Belgien, Frankreich und Großbritannien. Ähnliche Anlagen wurden von anderen Firmen, etwa Gran Dorado und Sun Parks, vor allem in den Niederlanden, Dänemark, aber auch in Deutschland gebaut. In anderen Fällen sind Versuche, große Ferienparks zu errichten, spektakulär an Bürgerinitiativen und Gerichten gescheitert. Planungen für eine große Zahl weiterer Parks laufen.

Die Konzeption der Center Parcs beinhaltet eine Kombination von Komfort-Bungalows, Freizeitangeboten und Naturnähe:

– Die Bungalows sind mit Kamin, Farb-TV mit parkeigenem Videonetz, Einbauküche etc. komfortabel ausgestattet – wenn auch einige Details (z. T. Stahlrohrgestelle der Betten oder Kunstlederbezüge der Sitzgelegenheiten im Wohnzimmer) den besonders anspruchsvollen deutschen Kunden nicht ganz zusagen sollen. Die Bungalows werden versetzt aneinandergesetzt, um einige Ungestörtheit zu bieten.

– Die Ferienparks bieten eine breite Palette von Freizeitmöglichkeiten an

(s. Übersicht 3.1). Hauptattraktion ist dabei die Zentralanlage mit dem „subtropischen Schwimmparadies", das unter einer gläsernen Kuppel, die geöffnet werden kann, und mit einer Ausstattung mit exotischen Pflanzen und Tieren bei 29 °C verschiedene Freizeitangebote im und am Wasser zusammenfaßt. Auch andere Sportarten (Tennis, Squash u. a.) werden in der Zentralanlage angeboten. Daneben bietet sie ein subtropisches Ambiente zum Einkaufen und Verweilen in Restaurants und Cafes (s. Abbildung 3.1). Z. T. werden daneben besondere Attraktionen für Kinder (großer Spielplatz, Kinderbauernhof) angeboten. Alle Läden, Restaurants und Sporteinrichtungen werden von Center Parcs selbst betrieben.

- Trotz der großen Eingriffe in Natur und Landschaft wird versucht, den Eindruck von Naturnähe zu erwecken. Dafür werden von Center Parcs Kiefernwälder als Standorte bevorzugt, die Bungalows werden unter Schonung vorhandener Bäume errichtet und es werden zusätzliche Gehölze gepflanzt sowie künstliche Gewässer angelegt. Damit wird das Parkgelände selbst attraktiv für Spazierengehen und Radfahren. Auch daß Autos nur an den An- und Abreisetagen zugelassen sind, soll zum Eindruck, Urlaub in der Natur zu machen, beitragen. Um „unberührte Natur", wie es in der Werbung heißt, handelt es sich allerdings nicht.

Übersicht 3.1
Freizeit- und Konsumangebot der Center Parcs

Subtropisches Schwimm-paradies* (29°C Lufttemp.)	Freizeitsport-möglichkeiten	Andere Möglichkeiten der Freizeitgestaltung	Konsumangebot und Serviceleistungen	Spezielle Familien-angebote
- Wellenbad (27°C) - Brausebad - Hot-Whirlpool (36°C) - Sprudelbad (30°C) - Wasserrutschen - Wasserpisten - Planschbecken (30°C) - Wasserfall - Wärmewand - Schwimmer-Bar - Wildwasserbahn (30°C) - Außenbad - Kaskadenbahn - Wildwassergrotte - Kinder-Spiel-Bad - Sauna - Türkisches Dampfbad - Solarium - Gesichtsbräuner - Schnellbräuner - Salzwasser-Schwebebad - Thalasso (pflegende kosmetische Behandlung für Sie und Ihn) - Karwendel - Floating - Kräuterbad	- Bowling* - Billard* - Fitness-Zentrum* - Bogenschießen* - Squash* - Tennis* (auch Kurse) - Volleyball* - Badminton* - Basketball* - Tischtennis* - Aerobic* - Darts* - Angeln - Golf - Tret- & Ruder-bootfahren - Wasserski (a.K.) - Segeln (a.K.) - Katamaran-Segeln (a.K.) - Surfen (a.K.) - Segeln für Kinder (a.K.) - Minigolf - Skilaufen (auf Kunststoffpiste) - Tennis (Frei-luft)	- Bingo - Disco - Spielautomaten - Kreativkurse für: + Zeichnen/Malen + Fotografieren + Modellieren - Naturführungen - Body-Fit-Programme (physiotherapeutische Programme zum Abnehmen/gegen Streß) - Tierpark - Videoprogramm (6 Filme täglich)	- Boutique - Andenkenladen - Sportique/Sport-Shop - Getränke-Shop - Supermarkt - Süßigkeitenladen - Metzgerei - Familienrestaurant - Bistro - Grill-Restaurant - Pfannkuchenhäuschen - Pizzeria - Fisch-Restaurant - Bar-Bowling - Croissanterie - Sportcafe - Eis-Snack - Fernost-Restaurant - Bankfiliale - Apotheken-Service - Friseur - Poststelle - Schließfächer - Tankstelle - Wäscherei - Festsaal - Tagungsräume - Kapelle/Kirche - Fahrrad-Verleih	- Spielplätze - Spielwiesen - Kinderstühle in Bungalows & Restaurants - Spielecke im Familienrestaurant - Crossradbahn - Babysitter-Service - Kindergarten - Spiel- & Bastelnachmittage - Puppentheater

* Wetterunabhängige Sport- und Freizeitangebote im Zentrum

Quelle: Hermann u. a. 1990

Abb. 3.1
Parkzentrum des Center Parcs Het Meerdal

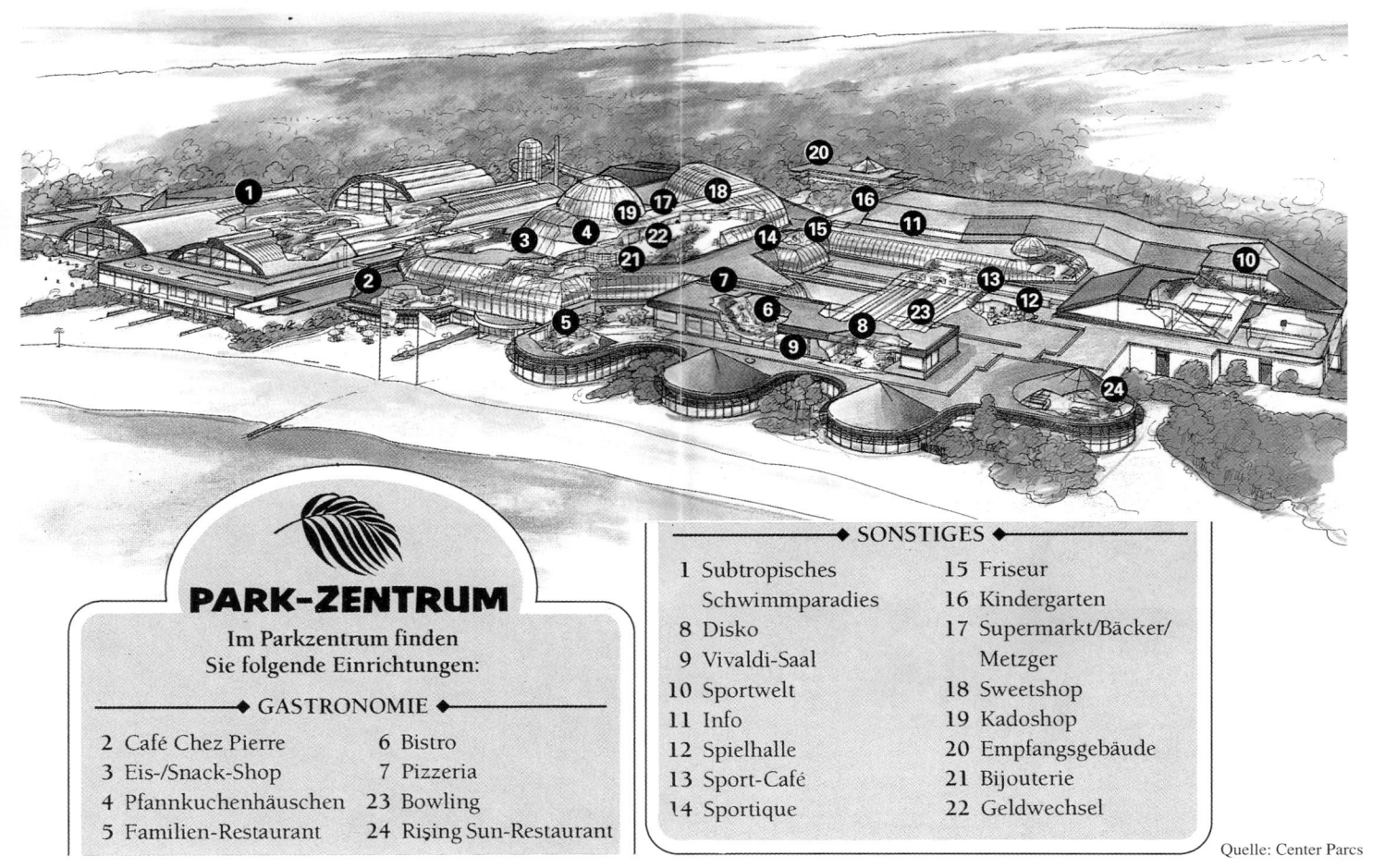

PARK-ZENTRUM

Im Parkzentrum finden Sie folgende Einrichtungen:

◆ GASTRONOMIE ◆

2 Café Chez Pierre
3 Eis-/Snack-Shop
4 Pfannkuchenhäuschen
5 Familien-Restaurant
6 Bistro
7 Pizzeria
23 Bowling
24 Rising Sun-Restaurant

◆ SONSTIGES ◆

1 Subtropisches Schwimmparadies
8 Disko
9 Vivaldi-Saal
10 Sportwelt
11 Info
12 Spielhalle
13 Sport-Café
14 Sportique
15 Friseur
16 Kindergarten
17 Supermarkt/Bäcker/Metzger
18 Sweetshop
19 Kadoshop
20 Empfangsgebäude
21 Bijouterie
22 Geldwechsel

Quelle: Center Parcs

Abb. 3.2
Gestaltung eines Ferienparks der zweiten Generation – Der Center Parc De Vossemeren

Quelle: Center Parcs

Aktuelle Planungen beinhalten den Bau von mindestens 600 Bungalows und eines Hotels. Es handelt sich also um sehr große Anlagen. Abbildung 3.2 gibt einen Eindruck von der Anlage eines Center Parcs. Die hohe Zahl der Wohneinheiten wird mit der Notwendigkeit der Auslastung der Zentralanlagen begründet. Bei voller Belegung, die in den Ferienzeiten erreicht wird, halten sich nahezu 4000 Personen in einem Center Parc auf. Auch zu anderen Saisonzeiten wird eine sehr hohe Auslastung erreicht.

Die Konzepte anderer Betreiber der neuen Ferienparks weisen zwar Gemeinsamkeiten mit dem Vorbild auf, aber auch deutliche Unterschiede dazu. Gemeinsam ist die große Zahl von Bungalows und die Zentralanlage. Unterschiede gibt es dagegen vor allem hinsichtlich folgender Merkmale:

a   Innen-/Außenorientierung
b   Standortwahl
c   Größe und Gestaltung der Anlagen

ad a) Center Parcs versucht, möglichst viel innerhalb des Parks anzubieten. Die Gäste brauchen den Park an sich gar nicht zu verlassen. Ein nicht unbeabsichtigter Nebeneffekt dieser Konzeption ist, daß auch die Nebenausgaben der Gäste weitgehend im Park getätigt werden. Entsprechend entfallen nur noch ca. 50 % des Umsatzes der Center Parcs auf die Vermietung der Bungalows, während die Läden und Restaurants ca. 40 % und die Sportangebote – neben der kostenlosen Schwimmbadbenutzung – ca. 10 % zum Gesamtumsatz beitragen (Strasdas 1991). Dafür sind aber Tagesgäste nur in begrenztem Umfang zugelassen. Die Konzepte anderer Firmen sind einerseits offener für Tagesgäste, andererseits aber mehr auf eine Einbeziehung der Umgebung als Betätigungsfeld und Ausflugsziel angelegt. Dies wird auch an den Standorten und an der Größe und Gestaltung der Anlagen deutlich.

ad b) Center Parcs hatte bisher Standorte im Binnenland in Gebieten ohne entwickelten Fremdenverkehr ausgewählt – und damit touristisch vergleichsweise unattraktive Gebiete. Gran Dorado und Sun Parks setzen demgegenüber auf Standorte an der Küste oder in anderen Gebieten mit Fremdenverkehrstradition. Sie planen damit die Attraktivität der Umgebung als Ausflugsziel und als Akti-

Abb. 3.3
Gestaltung eines Ferienparks der zweiten Generation: Der Gran Dorado Park Port Zélande

Quelle: Gran Dorado

vitätsbereich ein. Entsprechend höher ist auch die Ausflugshäufigkeit der Gäste. In der Bundesrepublik betreibt Center Parcs allerdings eine andere Standortpolitik und präferiert – bei Beibehaltung der innenorientierten Konzeption – ebenfalls landschaftlich attraktive Standorte wie die Lüneburger Heide oder die Eifel.

ad c) Die Ferienparks unterscheiden sich erheblich in Größe und Gestaltung. Bei jeweils etwa 600 Bungalows sind die Center Parks mit um die 100 ha im Vergleich zur Konkurrenz mit 30 bis 40 ha sehr viel größer. Auch die Zentralanlage und die anderen Sportangebote sind bei Center Parcs größer und aufwendiger. Andererseits gehört eine naturnahe Anlage der Parks in Kiefernwäldern zum Konzept von Center Parcs. Die dichter bebauten Anlagen von Gran Dorado und Sun Parcs lassen Naturnähe nur begrenzt zu. Gran Dorado bevorzugt auch eher waldfreie Flächen, um Probleme mit den Genehmigungsbehörden zu vermeiden (Dogterom mdl.). Das Parkgelände ist hier deshalb für Aktivitäten wie Spazierengehen oder Radfahren weniger geeignet. Als Beispiel für einen Gran Dorado Ferienpark zeigt Abbildung 3.3. den Park Port Zélande. Das Parkgelände ist nur 23,2 ha groß und beherbergt 722 Bungalows und Appartments.

Zwischen den drei Aspekten bestehen Zusammenhänge. So soll die Größe und naturnahe Gestaltung der Center Parcs dazu beitragen, die Gäste an den Park zu binden, zumal auch die vergleichsweise unattraktive Umgebung der bestehenden Parks wenig zu Ausflügen einlädt. Hinter der offeneren Konzeption der Konkurrenz steht auch das Kalkül, daß dadurch die Zentralanlagen kleiner und damit billiger werden können. Deshalb wiederum

– sind bei einer außenorientierten Konzeption auch kleinere Parks offenbar rentabel zu betreiben (der geplante Loreley Park von Gran Dorado soll „nur" über 2000 Betten verfügen)
– ist bei Center Parcs eine höhere Mindestauslastung erforderlich.

Weitere Merkmale der Ferienparks sind:

– Ausrichtung auf Kurzurlauber: Außerhalb der Hochsaison sind auch Buchungen für drei oder vier Tage

Tabelle 3.1
Verteilung der Besucher bei Center Parcs nach der Aufenthaltsdauer 1990 in %

Wochenende	40,9
Wochenmitte	33,4
Woche	22,3
Länger	3,4

Quelle: Center Parcs 1991; nur deutscher Markt

möglich. Dieses Angebot wird, wie Tabelle 3.1 zeigt, intensiv genutzt. Feste Wechseltage sind dabei Montag und Freitag.

– Entsprechend der kurzen Aufenthaltsdauer sind die Einzugsbereiche im Vergleich zu anderen Ferienzielen klein. Center Parcs geht von 100 bis 150 km aus, manche Schätzungen sprechen von zwei bis drei Stunden, während Gran Dorado davon ausgeht, daß die Gäste wegen der Sehenswürdigkeiten der Region bereit sind, 3 bis 4 Stunden zu fahren. Die Besucher kommen meist aus städtischen Ballungsgebieten.

– Hauptzielgruppe sind Familien mit Kindern, die etwa 70 % des Gästeaufkommens ausmachen (Strasdas 1991). Eine weitere wichtige Gruppe sind junge freizeitorientierte Erwachsene ohne Kinder; der Unterbringung dieser Zielgruppe dient das Hotels, das neuere Planungen oft beinhalten. Es wird aber zunehmend versucht, auch andere Gäste – Senioren (z. Z. ca. 10 % der Gäste), Tagungsgäste – zu gewinnen.

3.2 Nachfrage/Bedarf

3.2.1 Zur Ermittlung des Bedarfs seitens der Regionalplanung

Innerhalb der Regionalplanung wird immer wieder diskutiert, ob sich die Regionalplanung mit der Prüfung von Bedarfsfragen beschäftigen solle bzw. dürfe. Schließlich sei dies in erster Linie Aufgabe der Investoren. Daß diese den Bedarf sorgfältig prüften, sei schon dadurch gesichert, daß sie Geld investieren und riskieren würden. Die Regionalplanung solle schließlich auch keine Verhinderungsplanung sein.

Andererseits ist zu bedenken, daß mit Großprojekten wie Ferienparks unwiderrufliche Veränderungen in der Nutzung einer nicht vermehrbaren Ressource vorgenommen werden. Deshalb ist eine Prüfung des Bedarfs im Landesentwicklungsplan III ausdrücklich vorgeschrieben (Ziel 1.2.1): Der Freiraum „darf nur in Anspruch genommen werden, wenn die Inanspruchnahme erforderlich ist; dies ist insbesondere dann der Fall, wenn Bedarf für eine bestimmt Nutzung besteht, die nicht innerhalb des Siedlungsraumes oder durch Ausbau vorhandener Infrastruktur möglich ist." Denn die neue Nutzung bleibt in aller Regel erhalten, auch wenn sich der Park entgegen der Auffassung des Investors nicht rentieren sollte. Das Risiko liegt also keineswegs allein beim Investor, sondern zu einem wesentlichen Teil bei der Allgemeinheit (s. hierzu auch Abschnitt 5.2.4).

Schließlich sind die großräumigen Einzugsbereiche derartiger Anlagen zu bedenken. Werden von verschiedenen Kommunen oder RPs parallel Ferienparks geplant, so muß bei sich überschneidenden Einzugsbereichen geprüft werden, ob die Projekte gleichzeitig verwirklicht werden können. Auch in diesem Fall ist die Bedarfsdiskussion nicht zu umgehen.

3.2.2 Für die Bedarfsanalyse wichtige Urlaubstrends

Folgende Trends des Urlaubsverhaltens sind im Hinblick auf das Thema von Bedeutung:

– Die Urlaubsintensität – der Anteil der Bevölkerung, der eine oder mehrere mindestens fünftägige Urlaubsreise(n) gemacht hat – ist von 1970 bis 1987 von 41,6 auf 64,6 % gestiegen (s. Abbildung 3.4).

– Als wichtigste Urlaubsmotive und -erwartungen gelten:
  • Sonne, Ruhe, Natur, Wasser
  • Kontrast, Kontakt, Komfort
  • Spaß, Freiheit, Aktivität
  Die Sonne rangiert dabei an erster Stelle (Opaschowski 1989).

– Der Anteil der Auslandsreisen hat erheblich zugenommen. 1970 konnte Deutschland noch 46 % seiner Urlauber an sich binden. 1987 hatten dagegen nur noch 31 % aller Reisen ein Ziel im Inland (s. Abbildung 3.5). Als wichtigster Grund für die zunehmende Auslandsorientierung gilt dabei das unbeständige Wetter in Deutschland. Die Wärme- und Sonnengarantie ist dabei besonders für die jüngere Generation wichtig. Wesentlich erscheint ferner das Kontrastmotiv. Man sucht im Urlaub ein Gegenbild zur Alltagswelt. Dies wird eher im Ausland vermutet. Anzeichen für eine Trendumkehr lassen sich nicht erkennen. Selbst die wirtschaftliche Stagnation Ende der 70er/Anfang der 80er Jahre hat den Trend – entgegen damaligen Hoffnungen – nur gebremst, nicht aber umgekehrt.

– Innerhalb Deutschlands haben die Mittelgebirgsräume Anteile an die Bergregionen Bayerns sowie an Nord- und Ostsee verloren (Datzer 1988)

Abb. 3.4
Entwicklung von Reisekennziffern

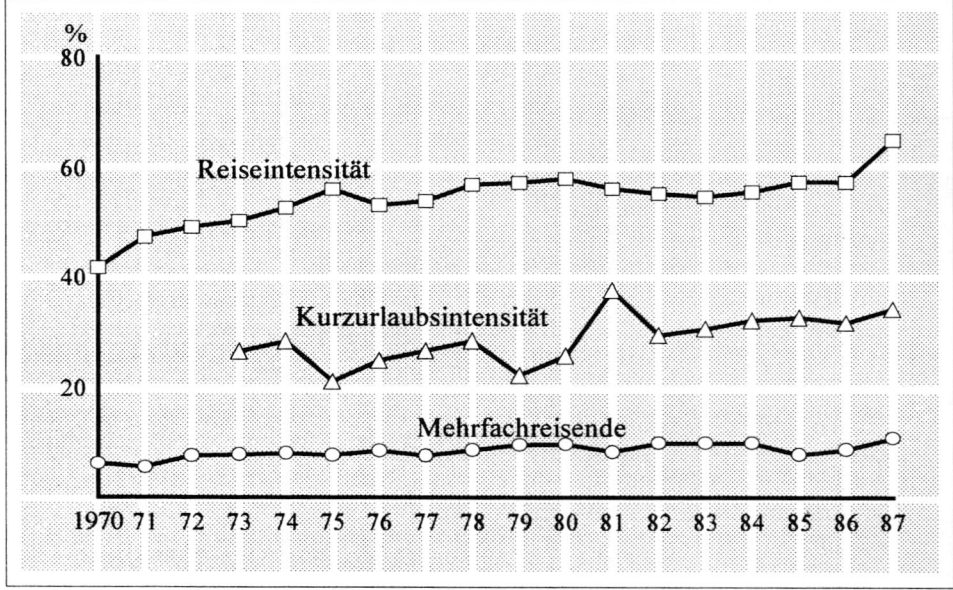

Quelle der Daten: Herrmann/Lambrecht/Wagner 1990

- Das Potential der Deutschlandurlauber bilden z. Z. vor allem zwei Gruppen:
- Ältere Urlauber, die aus Gesundheitsgründen die längere Anfahrt ins Ausland scheuen oder Urlaub in vertrauter Umgebung bei bekannten Gastgebern verbringen wollen sowie
- Familien mit kleinen Kindern ebenfalls wegen Problemen mit langen Anreisen.

  Dabei sind die Familien eher seeorientiert und fallen für die Mittelgebirge Nordrhein-Westfalens weitgehend aus. So sind nur noch 15,2 % der Urlauber im Sauerland Familien mit Kindern (Scherrieb 1988). Die Senioren wiederum sind zwar eine der am stärksten wachsenden Zielgruppen (Opaschowski 1989), beim etwas risikoscheuen Stammgastpotential dürfte es aber drastische Rückgänge geben, da die ältere Generation zunehmend über Auslandserfahrung und ein höheres Einkommen verfügt und daher stärker als früher auslandsorientiert bleibt (vgl. Scherrieb 1988).

- Steigende Tendenz weisen auch die Kurzreisen auf (s. Abb. 3.4). Dieser Trend könnte sich für Inlandsreisen positiv auswirken, da hier wegen des knappen Zeitbudgets lange Anreisen ungern in Kauf genommen werden.

- Urlaub bedeutet Freizeit und Freiheit, gleichzeitig aber auch Risiko und Unsicherheit. Auf die Gestaltung des Urlaubs ist der Urlauber aber nur unzureichend vorbereitet. Der ungewohnte Freiraum macht Angst und verunsichert (Opaschowski 1989). Ein vorhandenes Angebot an Freizeitmöglichkeiten bietet da erwünschte Strukturhilfen (Fache 1991).

- In der Organisation werden Professionalität und Perfektion sowie Bequemlichkeit und Sicherheit gesucht. Der Anteil der über Reisebüros gebuchten Reisen ist daher steigend. Hatten 1970 erst 17 % der Urlaubsreisenden eine Reise in einem Reisebüro gebucht, so waren es 1987 bereits 41 % (Hamele 1990).

- Hinsichtlich der Unterkunft sind Ferienwohnungen und -häuser die einzige Kategorie mit Anteilsgewinnen. Der Anteil der Ferienwohnungen an den Unterkünften stieg von 3 % 1966 auf 16,7 % 1986 (Scherrieb 1988; s. Abbildung 3.6).

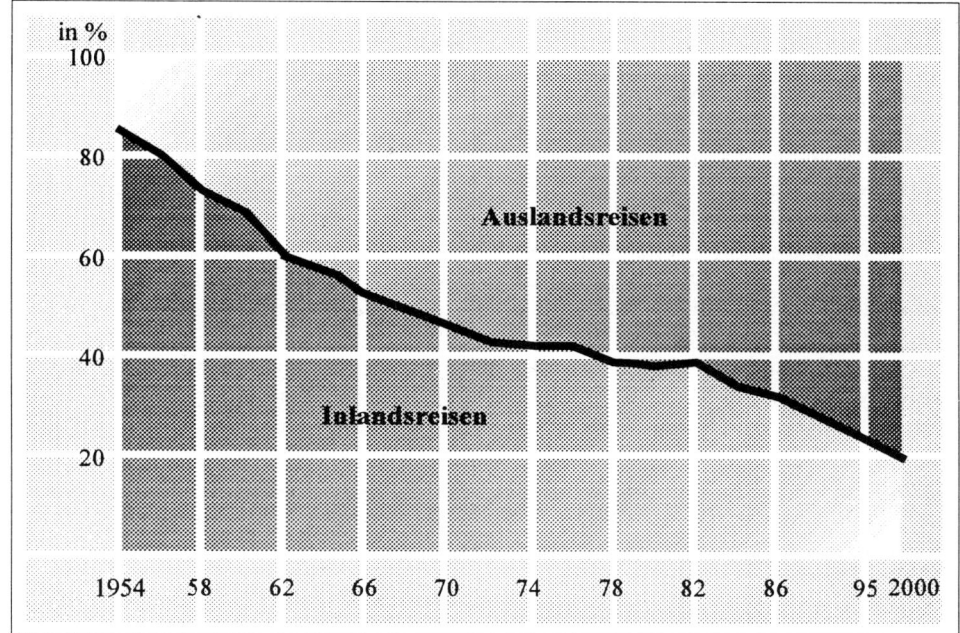

Abb. 3.5
Anteile von Inlands- und Auslandsreisen 1954 bis 2000[1]

1) 1990 bis 2000 geschätzt
Quelle der Daten: Opaschowski 1990, S. 112

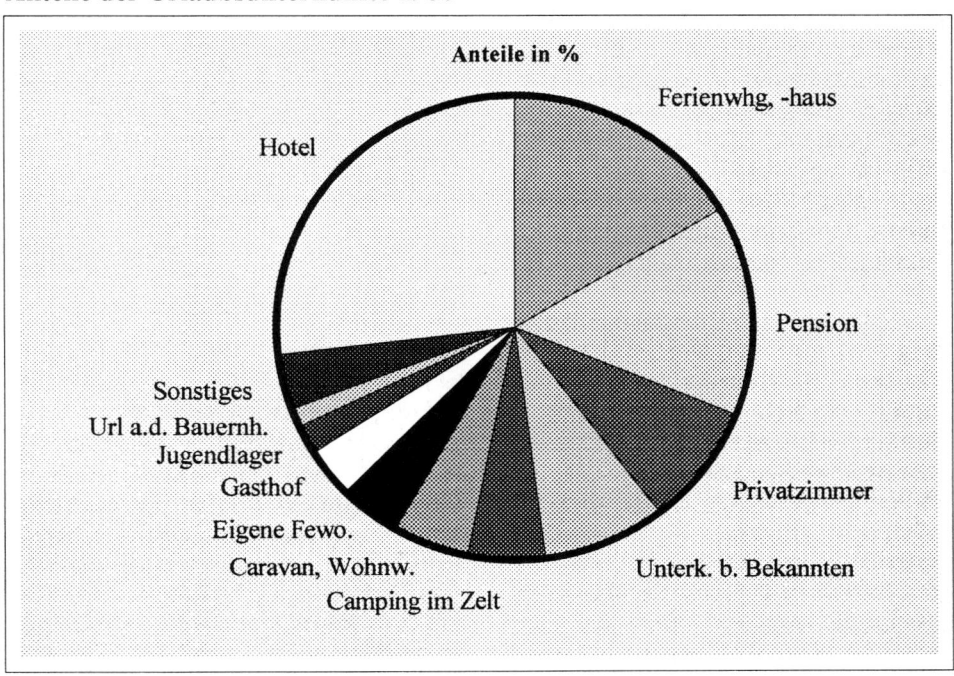

Abb. 3.6
Anteile der Urlaubsunterkünfte 1986

Quelle der Daten: Scherrieb 1988

Das hat mehrere Gründe:
- Die Urlauber wollen sich im Urlaub wie zu Hause fühlen und auch kostensparend am Urlaubsort einen kleinen Minihaushalt zur Selbstversorgung einrichten (Opaschowski 1989)
- In Ferienhäusern oder -wohnungen lassen sich Schlechtwetterperioden besser überstehen als im Hotelzimmer (Scherrieb 1988)
- Der Tagesablauf ist bei einem Urlaub in einer Ferienwohnung freier planbar, weil nicht auf zeitlich vorgegebene Mahlzeiten Rücksicht genommen werden muß. Auch Rücksichtnahme auf andere Gäste muß in geringerem Maße erfolgen. Dies ist besonders für Familien mit Kindern wichtig (Herrmann u. a. 1990).

– Dabei nehmen die Komfortansprüche zu. Eine Urlaubsreise, die unterhalb des eigenen Lebensstandards liegt und persönliche Komfortbedürfnisse unbefriedigt läßt, wäre für viele ein Widerspruch in sich (Opaschowski 1989).

3.2.3 Motive für den Besuch eines Ferienparks der zweiten Generation

Die Ferienparkanlagen der zweiten Generation greifen den Trend zu Ferienhäusern auf und bieten im Vergleich zu Einzelanbietern aus der Sicht vieler Urlauber folgende Vorteile:
– Das breite Freizeit- und Versorgungsangebot und
– die Buchungsmöglichkeit nach Prospekt bzw. über Reisebüros

Nur größere Anlagen sind in der Lage, ein breites Angebot an Freizeitinfrastruktur – einschließlich wetterunabhängiger Angebote und des Schwimmbads – selbst anzubieten. Das erspart dem Urlauber die Suche nach Angeboten in der Umgebung und die Unsicherheit über die Qualität der Anlagen sowie darüber, wie man dort empfangen wird (Fache 1991). Insbesondere beim Kurzurlaub wird dies angesichts des knappen Zeitbudgets geschätzt. Dabei ist zu bedenken, daß ein großer Teil der z. B. in Ferienparks angebotenen Freizeitinfrastruktur in den NRW-Fremdenverkehrsgebieten gar nicht vorhanden ist (Scherrieb 1988). Die Verschiedenheit der in großen Anlagen angebotenen Möglichkeiten bietet für Familien oder Gruppen ferner den Vorteil, daß alle etwas ihnen zusagendes finden können. Auch wenn nur ein Teil der Angebote genutzt wird, scheint die Möglichkeit der Nutzung buchungsfördernd zu sein. Große Ferienparkanlagen der zweiten Generation entwickeln daher eine von der Attraktivität des Umfeldes unabhängige eigene Anziehungskraft.

Kataloge haben für den Urlauber den Vorteil, daß er in etwa weiß, was er bekommt. Auch in den Reisebüros wird hauptsächlich nach Katalog verkauft; die Ortsprospekte sind weitgehend aus den Reisebüros verschwunden. Für den Kunden ist die Buchung über Reisebüros insofern bequem als er nicht mit einer Vielzahl von Einzelanbietern in Kontakt treten muß. Die Aufnahme in Kataloge ist aber nur bei Wohnungen möglich, die in standardisierter Form in möglichst großer Zahl vorhanden sind. Ein erheblicher und steigender Anteil der Reisenden ist damit aber für die Fremdenverkehrsbetriebe in den deutschen Mittelgebirgen fast gar nicht erreichbar.

Die Vermarktung von Ferienparkanlagen war in der Vergangenheit häufig nicht optimal, da die Gesellschaften, die die Ferienparks erstellt haben, i.d.R. mehr Interesse am Bau der Anlagen als an deren Betrieb hatten. Auch Anlagen, bei denen die Wohnungen im Besitz vieler Einzelner sind, sind oft schwer einheitlich zu vermarkten, vor allem, wenn ein (im Zeitablauf zunehmender) Teil der Wohnungen nicht mehr für die Vermietung zur Verfügung steht. Die Bedeutung der Vermarktung verdeutlicht dabei folgendes Beispiel: Gran Dorado ist es (nach eigenen Angaben) gelungen, die Auslastung des Ferienparks Heilbachsee nur über ein besseres Marketing – also ohne größere bauliche Maßnahmen – innerhalb von zwei Jahren von 37 % auf 80 % zu erhöhen (Dogterom mdl.).

Die Isolation der Urlauber von der einheimischen Bevölkerung in großen Ferienanlagen wird demgegenüber von einem großen Teil der Urlauber nicht als Nachteil empfunden (Opaschowski 1989). Da im Urlaub ein Gegenbild zum Alltag gesucht wird, könnte der Alltag der Einheimischen sogar als störend empfunden werden. Zumindest vom Anblick von Gewerbebetrieben sollte, so empfehlen Experten (z. B. Scherrieb 1988), der Urlauber verschont werden.

3.2.4 Bestand an Ferienparks

Aktuelle Daten über den Bestand an Ferienparkgroßprojekten in der Bundesrepublik oder in NRW gibt es nicht. Den Stand 1984 gibt Abbildung 3.7 wieder. Dabei wurden 137 Anlagen mit mehr als 35 Wohneinheiten bzw. 200 Ferienbetten in der Bundesrepublik ermittelt; das waren 5,4 % der Beherbergungskapazität. Erkennbar ist, daß sich die größeren Projekte im Zonenrandgebiet häufen, insbesondere an der Ostsee und im Harz. Im Mittelgebirge dominieren kleinere Projekte. In NRW gibt es bisher keinen größeren Ferienpark. Eine zweite Bestandsaufnahme zum Jahre 1986 führte zu einem ähnlichen Ergebnis (Scherrieb 1988).

Als Boomphase der Feriengroßprojekte der ersten Generation gelten 1969 bis 1973. Gründe waren die Flucht in die Sachwerte zu Beginn der 70er Jahre als Folge von Inflationsängsten und günstige Fördermöglichkeiten.

Die Ausstattung der meisten dieser Ferienzentren mit Zentralanlagen muß als mangelhaft eingestuft werden (Scherrieb 1988), was auch daran liegen dürfte, daß die Einrichtungen oft als Abschreibungsobjekte nach dem Bauherrenmodell errichtet wurden. Die Bauträger waren am Bau, nicht aber am Betrieb des Zentrums interessiert. Die Erstellung von Freizeitinfrastruktur hätte über den Kaufpreis der Wohnungen finanziert werden müssen, diese also verteuert, was den Absatz erschwert hätte. Vor allem witterungsunabhängige Freizeitmöglichkeiten fehlen deshalb. Vorhandene Anlagen werden ferner als unattraktiv und z. T. überaltert eingeschätzt (Scherrieb 1988). Nachteilig für die Vermarktung ist ferner, daß sich die Häuser oder Wohnungen in vielen Anlagen im Einzelbesitz befinden und es keine einheitliche Vermarktung bzw. Buchungsmöglichkeit über Reisebüros gibt.

An Ferienzentren der zweiten Generation existieren in der Bundesrepublik bisher lediglich vier Anlagen, und zwar zwei an der Ostsee (Damp und Weissenhäuser Strand) und zwei in Rheinland-Pfalz (Ferienpark Heilbachsee und Hunsrück Ferienpark). Allerdings befinden sich weitere Anlagen in der Planung. Ferner sind die Ferienparks von Center Parcs, Gran Dorado, etc. in Belgien und den Niederlanden gerade von Nordrhein-Westfalen aus schnell er-

Abb. 3.7
Standorte von Feriengroßprojekten in der Bundesrepublik Deutschland (Stand: Mai 1984)

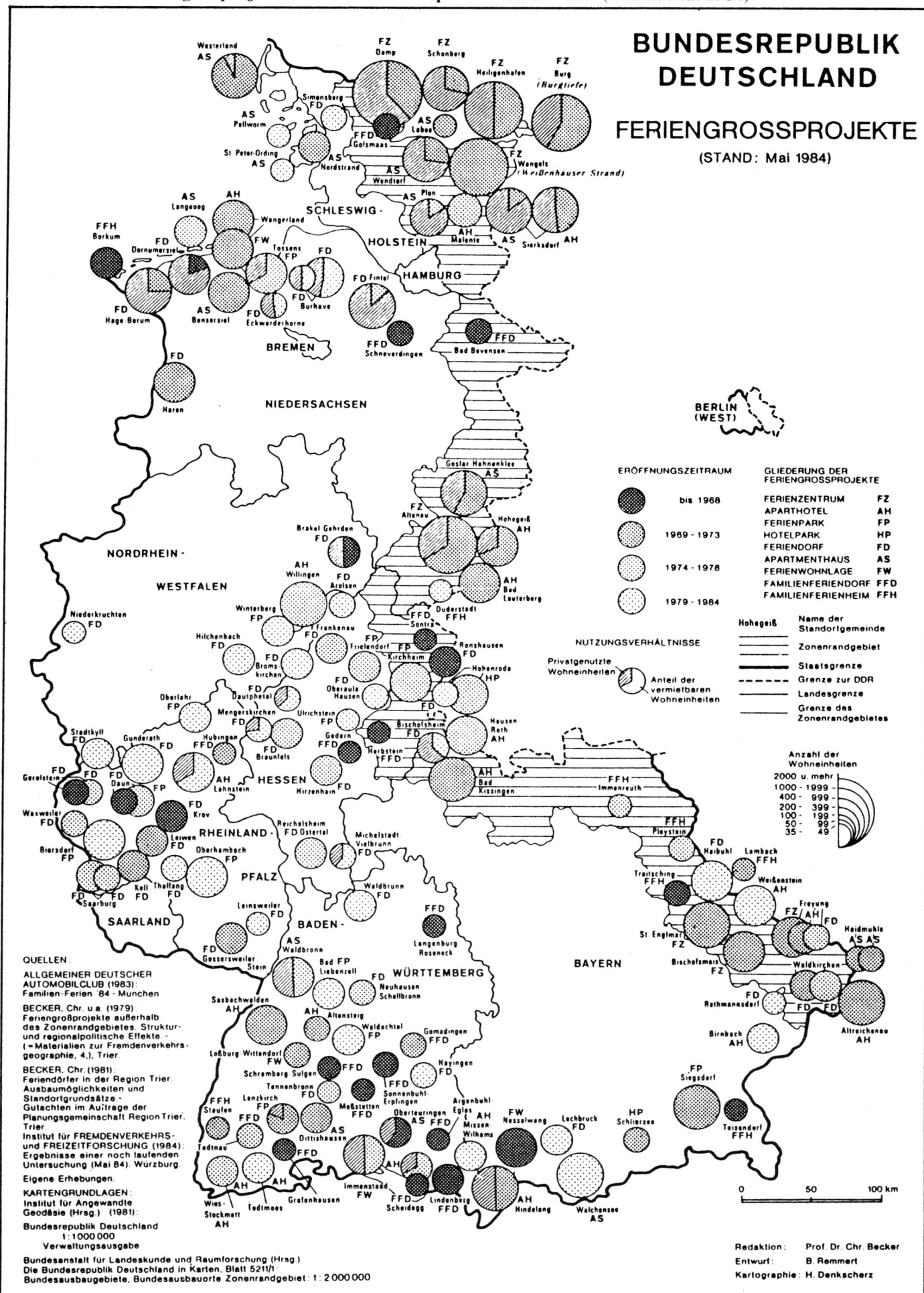

reichbar. Eine Übersicht bietet Abbildung 3.8[1].

Abb. 3.8
Geplante und existierende Ferienparks der zweiten Generation in den Beneluxländern, Rheinland-Pfalz und NRW

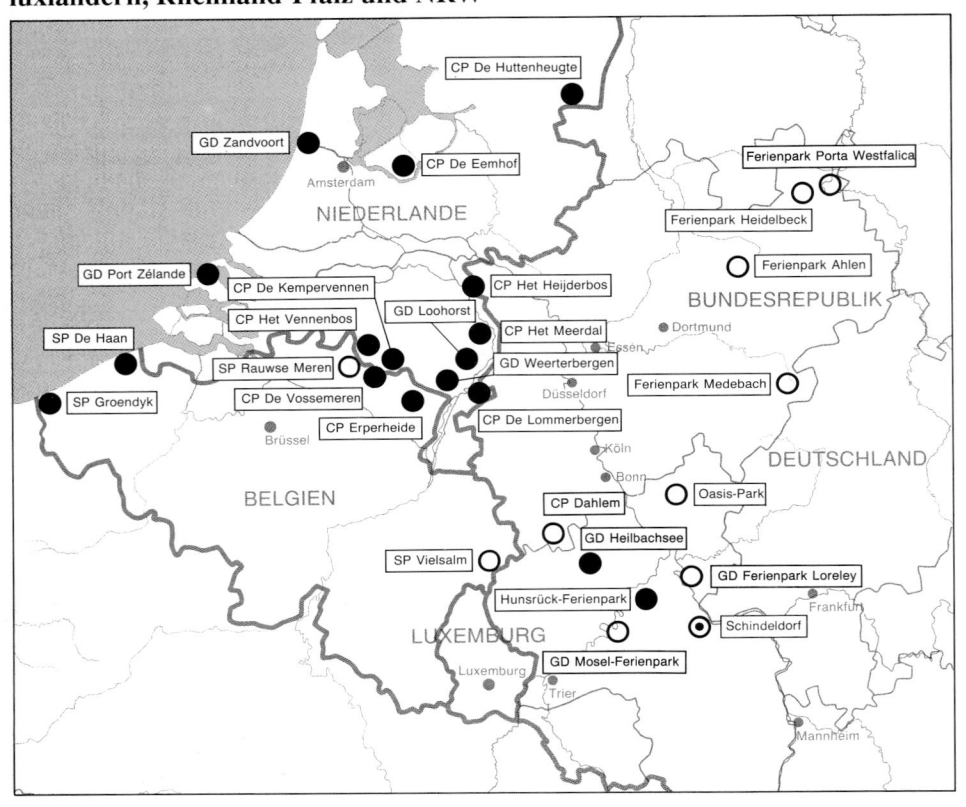

- ● realisiert
- ⊙ im Bau
- ○ in der Planung

- CP Center Parcs
- GD Gran Dorado
- SP Sun Parks

Quelle: Strasdas 1991 (nur vorhandene und im Bau und in der Planung befindliche Anlagen; zu Ahlen und Heidelbeck s. Fußnote 1)

blen Betrieb einer Anlage erforderlich sind (Strasdas 1991), müßte das Bevölkerungspotential von NRW für mehrere – vier bis fünf – Anlagen ausreichen. Da beim Kurzurlaub Wert auf kurze Anfahrtwege gelegt wird – Center Parcs geht von einem Einzugsgebiet von 100 bis 150 km aus –, sind die Chancen gut, einen größeren Teil der Nachfrage in NRW zu binden als bei den Urlaubsreisen insgesamt (MWMT 1989).

Zu berücksichtigen sind dabei allerdings die vorhandenen bzw. entstehenden Parks vor allem in Belgien und den Niederlanden bzw. in Rheinland-Pfalz (s. Abbildung 3.8). In den Ferienparks der Firma Center Parcs haben 1990 ca. 290.000 deutsche Gäste Urlaub gemacht (Center Parcs 1991). Das entspricht ca. 1,3 Mio. Übernachtungen bzw. der Kapazität eines Parks mit über 600 Bungalows. Wegen der Entfernungsempfindlichkeit von Kurzurlaubsreisen dürften die meisten dieser Urlauber aus NRW stammen.

Auch die bestehenden oder entstehenden Parks in Rheinland-Pfalz dürften zu einem erheblichen Anteil auf auswärtige Besucher setzen, denn das eigene Bevölkerungspotential des Landes von ca. 3,7 Mio. Einwohnern dürfte gerade für einen Park reichen. Als Einzugsgebiet für die Parks in Rheinland Pfalz kommen vor allem Hessen (5,6 Mio. Einw.), das Saarland (1 Mio. Einw.), die Niederlande, für die die Eifel traditionell ein beliebtes Urlaubsziel ist, und NRW in Frage.

Andererseits könnten Parks im Sauerland und im nordrhein-westfälischen Teil der Eifel sicherlich mit Urlaubern aus den Niederlanden rechnen, die einen Teil der in andere Länder abfließenden Nachfrage ersetzen könnten. Insgesamt müßten sich danach drei bis vier Parks in NRW rentabel betreiben lassen.

Ferienparks für Kurzurlauber befinden sich z.Zt. im Trend. Die Parks greifen offenbar Bedarfe einer erheblichen Gruppe von Nachfragern auf. Anzeichen, die auf ein Abflauen der Nachfrage nach Ferienparks hindeuten, sind nicht erkennbar. Insofern sind auch die mittelfristigen Aussichten der Parks positiv zu beurteilen. Die Voraussage von Trendbrüchen, z. B. als Folge wirtschaftlicher oder ökologischer Krisen, liegt außerhalb des Rahmens von Prognosen. Die Möglichkeit solcher Änderungen muß aber bedacht werden.

3.2.5 Marktchancen für NRW

Insbesondere in den Niederlanden waren die Betreiber von Ferienparks der zweiten Generation außergewöhnlich erfolgreich. Dort haben mehr als die Hälfte der Bevölkerung schon einmal einen Ferienpark von Center Parcs oder Gran Dorado besucht, wobei 71 % Wiederholungsbesucher sind und 28 % schon fünfmal oder öfter einen solchen Park besucht haben (Fache 1991).

Auch die Bundesrepublik gilt als aussichtsreicher Markt für derartige Anlagen, wenn auch als sicher gilt, daß eine vergleichbare Marktdurchdringung in absehbarer Zeit nicht gelingen wird. Darüber, wieviele derartige Ferienanlagen der deutsche Markt verträgt, gibt es aber unterschiedliche Meinungen. 15 Anlagen für die gesamte Bundesrepublik (z. T. einschließlich der neuen Länder) werden in der Literatur mehrfach genannt bzw. empfohlen (Becker 1989, Strasdas 1991). Andere halten 25 Anlagen (Agricola/Wehr 1989) für möglich.

Angesichts des erheblichen mit dem Bau der Ferienparks verbundenen Risikos (s. Abschnitt 5.2.5) sollte von der vorsichtigeren Schätzung ausgegangen werden. Gegen eine Inflation derartiger Anlagen sind übrigens auch die Investoren (Dogterom mdl.). Aber auch wenn man vorsichtigerweise davon ausgeht, daß ca. drei bis vier Mio. Einwohner im Einzugsbereich für einen renta-

---

[1] Die Parks in Ahlen und Heidelbeck werden in der Abbildung dargestellt, weil hier der GEP geändert wurde – auch wenn die Investoren inzwischen abgesprungen sind

3.2.6 Alternative sanfter Tourismus?

Ferienparks der zweiten Generation werden z. T. heftig kritisiert. Durch sie würden
- die Menschen der Natur entfremdet und
- die Kommerzialisierung der Freizeit sowie
- ressourcenbelastende Urlaubsformen und Erlebnisweisen gefördert.

Insbesondere bestehe die Gefahr, daß Standards, die in den Ferienparks geboten würden, nun überall erwartet würden. Erlebnisse würden nur noch vorstellbar, wenn sie ähnlich wie in einem Center Parc abliefen, mit Komfort und Technik. Auf diese Weise würden Bedürfnisse entwickelt, die der Kapitalverwertung dienen, nicht aber dem Erholungsbedürfnis der Menschen (Kramer 1989, Herrmann u. a. 1990, Kals 1991).

Als Alternative der Fremdenverkehrsentwicklung wird der sanfte Tourismus oder ähnliche Konzepte vorgeschlagen. Im folgenden soll diskutiert werden, inwieweit derartige Vorstellungen für die Fremdenverkehrsgebiete NRWs realistisch sind.

Der Begriff sanfter Tourismus wird hier zur Kennzeichnung einer Gruppe von Konzepten verwendet, die eine Alternative zum sog. harten Tourismus suchen (s. Übersichten 3.2 bis 3.4; für eine ausführliche Analyse s. Strasdas 1987).

Gemeinsames Anliegen der Konzepte ist ein größeres Gewicht ökologischer Belange, was dem Touristen ggf. einen Verzicht auf Komfort und ökologisch unvertretbare Angebote abverlangt.

Übersicht 3.2
Der steinige Weg der Theorie zum sanften Tourismus – Begriffe und Autoren

sanftes Reisen	Jungk, 1980	naturnaher Tourismus	Fach, 1981 Dorner, 1981
sanfter Tourismus	Krippendorf, 1982 Oberkirchner, 1982 Haßlacher, 1982 Kramer, 1983 Hahne, 1984 Spiegler, 1984	naturorientierte(r) Tourismus(formen)	Bernt, 1982 Weber, 1983
		Alternativer Tourismus	Dernoi, 1981 Pompl, 1984
umwelt- und sozialverträglicher Tourismus	Kramer, 1983	umweltfreundlicher Fremdenverkehr	Institut für Höhere Studien, 1984
stiller Tourismus	Krippendorf, 1975 Schiesser, o. J.	schützende Fremdenverkehrsentwicklung	ARGE Informationsgestaltung Tourismus, 1980
stille Erholung	Hausberg, 1982		
stille, ruhige, motorlose Erholungsformen	Krippendorf, 1975	extensiver Tourismus	Dorner, 1981
		angepaßter Tourismus	Krippendorf, 1982
nicht-technisierter Fremdenverkehr	Krippendorf, 1975 Haimayer, 1977 Tschurtschenthaler, 1982	ökologisch orientierter Tourismus	Infratest Industria, 1983
nicht-technisierte motorlose Erholung	Danz, 1979	einfacher Tourismus	Becker, 1983 Meinung, 1983

Quelle: Opaschowski (1983)

Übersicht 3.3
Hauptkriterien für ein sanftes Nachfragepotential

Bereitschaft zum evtl. Komfortverzicht
Sanfter Tourismus bedeutet Nutzung vorhandener Ressourcen, Förderung der einheimischen Kultur und Wirtschaft, Schonung nicht regenerierbarer Rohstoffe und Energien, weniger Verbrauch von materiellen Gütern. Dies kann in einigen Fällen ein Verzicht auf gewohnten Komfort bedeuten.

Bereitschaft zur Nutzung öffentlicher Verkehrsmittel
Ein Großteil der Umweltbelastungen durch Tourismus wird durch den individuellen PKW-Verkehr verursacht (auch soziale Belastungen). Sanfte Touristen sind bereit, öffentliche Verkehrsmittel zu nutzen, zumal wenn das Angebot noch verbessert wird.

Bereitschaft zu mehr Muße
Sowohl für Gäste wie für Gastgeber soll der Tourismus nicht unnötig Streß und Hektik verursachen. Das Kennenlernen einer anderen Umgebung und Kultur braucht Zeit. Das Abhaken von Sehenswürdigkeiten ist mit sanftem Tourismus nicht vereinbar.

Bereitschaft zur Rücksichtnahme auf den Alltag der Einheimischen
Der Lebensstil, die Kultur im besuchten Urlaubsgebiet soll durch Tourismus nicht ungewollt verfälscht werden. Sitten und Gebräuche sind zu respektieren. Dadurch kann der (sanfte) Tourismus den Alltag, die Besonderheiten des Gastlandes kennenlernen.

Bereitschaft zum aktiven Natur- und Umweltschutz
Jeder Mensch belastet durch seine Aktivitäten die Umwelt. Diese Belastungen dürfen langfristig nicht zu Zerstörungen führen, vor allem dann nicht, wenn es sich um Belastungen durch die Freizeit handelt. Der sanfte Tourist versteht seine Freizeit als Möglichkeit, sich aktiv für die Erhaltung bzw. Wiederherstellung einer intakten Natur und Umwelt einzusetzen.

Problembewußtsein
Feste Einstellungen und Meinungen für ein umwelt- und sozialverträgliches Verhalten werden gestützt durch ein gewisses Problembewußtsein. Der sanfte Tourist weiß, daß Tourismus zu Belastungen in den Urlaubsgebieten beiträgt.

Quelle: Hamele (1990)

Übersicht 3.4
Prinzipien eines umwelt- und sozialverträglichen Tourismus

Prinzip der Vorsorge
Fremdenverkehrs- und Umweltschutzpolitik müssen zu einer Gesamtpolitik integriert werden. Die Verantwortung für die natürlichen Grundlagen darf daher nicht primär bei den Natur- und Umweltschützern liegen, sondern auch bei den touristischen Leistungsträgern. Die natürlichen Gegebenheiten müssen den Rahmen setzen für die touristische Ausbauplanung. Dies betrifft gleichermaßen deren Quantität wie Qualität (Wasserbedarf, Wasserqualität, Energie, Tiere, Pflanzen).

Prinzip der ausbalancierten Entwicklung
Bei den Ausbaumaßnahmen ist darauf zu achten, daß nicht nur ein Angebotssektor isoliert entwickelt werden darf. Das Zusammenwirken aller Bereiche erfordert eine ständige Überprüfung, ob nicht ein Angebotselement zum Engpaßfaktor der touristischen Entwicklung zu werden droht. So gilt es zum Beispiel zu überprüfen, welche Folgemaßnahmen durch die Steigerung der Beherbergungskapazitäten im Bereich der Ver- und Entsorgung oder der Verkehrsinfrastruktur notwendig werden. Beachtet man diese Effekte nicht, kommt es zu einer ungewollten Aufschaukelung der touristischen Erschließung.

Prinzip der ressourcenschonenden Innovation
Vor dem Bau neuer Einrichtungen sollten die Ausbau-, Modernisierungs- und Verbesserungsmöglichkeiten bestehender Einrichtungen überprüft werden. Bestandspflege muß vor Bestandserweiterung gehen.

Prinzip der Kooperation
Die Politik des „von allem für jeden etwas haben" muß durch eine übergemeindliche Abstimmung der Ausbauziele und Maßnahmen ersetzt werden. Gemeinsame Bauträger und Betriebsgesellschaften sind bei kommunalen Einrichtungen anzustreben. Genossenschaftlich betriebene Vorhaben und „non profit"-Organisationen sind in besonderem Maße zu fördern.

Prinzip der längerfristigen Wirtschaftlichkeit
Maßnahmen, insbesondere spektakuläre, unterhaltungskostenintensive Einrichtungen sowohl öffentlicher wie privater Träger sind umfassenden, alternativen Wirtschaftlichkeitsberechnungen zu unterziehen. Viele Vorhaben, die kurzfristig erhebliche Einkommens- und Arbeitsplatzeffekte versprechen, können sich in einer längerfristigen Perspektive für die Kommunalwirtschaft als Trojanisches Pferd erweisen (Zuschußbedarf, Folgekosten).

Prinzip der Animation
Fremdenverkehrspolitik setzt zu einseitig auf den Ausbau der materiellen Infrastruktur. Die Förderung der „personellen Infrastruktur" (Personen, die mit den Touristen etwas tun) ist sowohl unter Umweltaspekten wie fremdenverkehrswirtschaftlich von wachsender Bedeutung und muß daher forciert werden.

Quelle: Scharpf (1990)

Dennoch meinen die Befürworter des sanften Tourismus, daß
- es ein genügend großes sanftes Nachfragepotential gäbe und
- sanfter Tourismus auch regionalwirtschaftlich vertretbar sei.

Hinsichtlich des Nachfragepotentials wird auf das steigende Umweltbewußtsein verwiesen. Zu den regionalwirtschaftlichen Effekten meinen die Befürworter, daß zwar nicht die Umsätze des harten Tourismus erreicht würden. Dafür seien aber auch die Kosten geringer, da auf teure technische Infrastruktur z. T. verzichtet werden könne. Außerdem sei der regionale Multiplikator höher, da sanfter Tourismus mit regionalen Ressourcen betrieben werden könne, während Feriengroßprojekte von externer Investoren errichtet und betrieben würden, die auswärtige Bauunternehmen und Zulieferer bevorzugten und ihre Gewinne exportierten. Schließlich sei sanfter Tourismus auch eher sozialverträglich als Feriengroßprojekte.

Das steigende Umweltbewußtsein läßt sich durch eine Vielzahl von Umfragen belegen. Andererseits vermitteln die Analysen jedoch gerade im Bereich Freizeit und Tourismus ein eher widersprüchliches Bild. Einerseits gab z. B. 1988 ein im Vergleich zu 1984 größerer Teil der 14 bis 24jährigen an, sich in der Freizeit umweltbewußt zu verhalten und z. B. abgelegene Natur- und Landschaftsschutzgebiete nicht mehr aufzusuchen (Opaschowski 1989). Insgesamt wird das Potential sanfter Urlauber in der (alten) Bundesrepublik auf 20 % der Bundesbürger über 14 Jahre oder 10 Millionen geschätzt (s. Abbildung 3.9, Hamele 1989). Daß sich etwa 20 % der Menschen in der Bundesrepublik umweltbedingter Einschränkungen der Lebensqualität bewußt sind, geht in die gleiche Richtung (Klockow/Matthes 1991).

Andererseits
- wird mit Ausnahme der Verschmutzung der Natur durch Abfälle der erhebliche Teil der Umweltbelastung, der der Freizeit und Erholung zuzurechnen ist, gar nicht wahrgenommen; die Umweltbelastung wird vielmehr der Industrie angelastet (Opaschowski 1991, Klockow/Matthes 1991)
- steigt das Anspruchsniveau an den Komfort der Unterkunft und den Erlebniswert der Freizeit seit Jahren an (Opaschowski 1989). Komfortver-

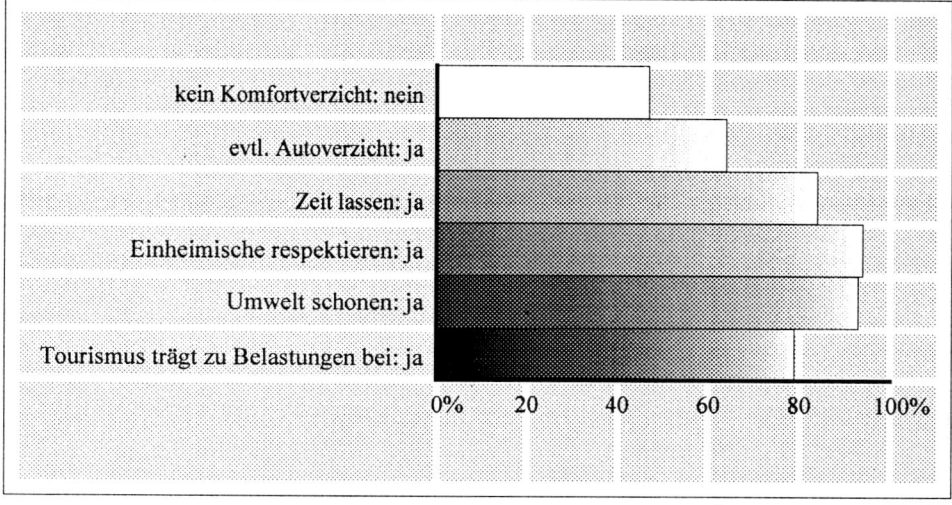

Abb. 3.9
Das sanfte Potential in der Bevölkerung in %

a) Teilpotentiale:
Quelle: Hamele (1989)

b) Hauptpotential (Überschneidungsbereich der Teilpotentiale): 20 %

zicht ausgerechnet im Urlaub wäre für die meisten Urlauber ein Widerspruch in sich. Gerade die „sanften" einfacheren Unterkunftsformen wie Unterkunft bei Bekannten und Verwandten, Privatzimmer, Urlaub auf dem Bauernhof, einfache Gasthäuser etc. haben in den letzten Jahren Anteile verloren (Opaschowski 1989). Daß fast die Hälfte aller Bundesbürger zum Komfortverzicht im Urlaub bereit sein soll (Hamele 1989), erscheint daher wenig realistisch.

Lediglich Umweltschutzmaßnahmen, die einfach und bequem zu praktizieren sind und einen unmittelbar erkennbaren Effekt haben, werden weithin akzeptiert. So nehmen 83 % bei Ausflügen ihre Abfälle wieder mit nach Hause (Opaschowski 1991). Daneben wird Umweltbewußtsein demonstriert, wenn es um die eigene Gesundheit geht (Klockow/Matthes 1991). Die Bundesbürger zeigen aber größte Vorbehalte, wenn im Interesse des Umweltschutzes ihre Dispositionsfreiheit – und sei es nur hinsichtlich der Fahrgeschwindigkeit – und liebgewonnene Bequemlichkeiten eingeschränkt werden sollen. Erst im „Notfall", den jeder gern selbst definieren möchte, sind 81 % der Bevölkerung zu spürbaren Einschränkungen ihres Freizeitverhaltens bereit (s. Opaschowski 1991) – wobei offen bleiben muß, ob diese verbale Opferbereitschaft dann auch wirklich Leitlinie des Handelns wäre.

Was den Tourismus angeht, so ist die kognitive Dissonanz hier besonders groß. Eine Veränderung des Massenverhaltens ist nicht in Sicht (Maier u. a. 1988). Für die meisten Urlauber handelt es sich nach wie vor um wenige kostbare Tage im Jahr, in denen möglichst viel erlebt werden soll. Dies gilt besonders für die für inländische Reiseziele besonders interessante Zielgruppe der Kurzurlauber, die in gedrängter Zeit genauso viel erleben will wie bei einem längeren Urlaub (Opaschowski 1989).

Daß Umweltfaktoren im Rahmen von Befragungen regelmäßig ein hoher Stellenwert eingeräumt wird, wirkt sich also bisher kaum auf das Verhalten aus. Nur 11 % befragter Kurzurlauber gaben an, daß Eingriffe in die Landschaft oder andere Umweltprobleme ausschlaggebend waren, um bestimmte Orte oder Gegenden nicht mehr zu besuchen. Und dabei dürften Imagefaktoren und die Berichterstattung der Medien eine größere Rolle spielen als die reale Umweltsituation (Klockow/Matthes 1991).

Auf der Angebotsseite dürfte eine ausreichende Kapazität bei den einfacheren Unterkünften in den Fremdenverkehrsgebieten NRWs vorhanden sein. Experten gehen eher von einem Überbesatz aus (Opaschowski 1989, Scherrieb 1988, MWMT 1989). Da Betriebe mit weniger als neun Betten von der amtlichen Statistik nicht mehr erfaßt werden, viele Anbieter einfacherer Unterkünfte aber unter dieser Grenze liegen, gibt es keine genauen Zahlen. Am fehlenden Angebot dürfte eine Entwicklung in Richtung sanfter Tourismus aber nicht scheitern.

Damit ist es aber nicht getan. Die Tourismus-Strategie des sanften Tourismus fordert vielmehr nicht nur vom Touristen, sondern auch von den Ansässigen Umdenken und Verzicht, z. B. auf Großprojekte der materiellen Infrastruktur und die dadurch erhofften Wachstumschancen. Dabei sind Konflikte zwischen Einheimischen mit unterschiedlicher Interessenlage unvermeidlich. Konzepte des sanften Tourismus stoßen daher z. T. auch bei der Bevölkerung der Fremdenverkehrsgebiete auf wenig Interesse (Klemm 1989) bzw. scheitern an politischen Widerständen (Strasdas 1987). Gerade in strukturschwachen Gebieten ist das Problembewußtsein nur wenig entwickelt (Klemm 1989).

Angesichts des Trends zu mehr Komfort könnte eine nachfragegerechtere „sanfte" Strategie auf die Umstrukturierung der vorhandenen Betriebe in Richtung mehr Komfort und mehr Ferienwohnungen setzen. Auch der Bau kleinerer – mehr in den Ort integrierter – Ferienhausgruppen und die Umnutzung vorhandener Bausubstanz für Ferienwohnungen können noch als „sanft" bezeichnet werden. An einer Modernisierung des Angebots führt kein Weg vorbei (MWMT 1989). Erfahrungsgemäß ist jedoch ein Teil der kleineren und mittleren Betriebe zu größeren Investitionen konzeptionell oder finanziell nicht in der Lage. Auch bei der Umnutzung vorhandener Bausubstanz, z. B. im Rahmen von Ortskernsanierungen, ergeben sich Probleme. So fehlt in den Ortskernen ein Natur- und Landschaftsbezug. Auch decken sich die Phasen der Investitionsbereitschaft von örtlichen Unternehmen und die der Ortskernsanierungen nicht unbedingt. Wegen der Interessendichte im Ortskern ist dieser Weg auch vergleichsweise mühsam und aufwendig (Becker 1984). Trotz dieser Probleme gibt es inzwischen eine größere Zahl erfolgreicher Beispiele für sanften Tourismus (Strasdas 1987, Hamele/Laßberg 1991).

Nachteile gegenüber großen Ferienparks weisen Ansätze des sanften Tourismus noch in zwei anderen Bereichen auf: Bei der Vermarktung und bei den Freizeitangeboten. Die z. B. bei der Umnutzung vorhandener Bausubstanz entstehenden individuellen Wohnungen lassen sich kaum über Kataloge vermarkten, sodaß die Auslastung oft gering bleibt (Becker 1989). Bei den Ferienparks der großen Anbieter kann der Kunde dagegen nach Katalog auswählen und im Reisebüro buchen. Er muß also nicht mit einer Vielzahl von Einzelanbietern in Kontakt treten und weiß anders als bei einer Buchung über den Fremdenverkehrsverband in etwa, was er bekommt[2].

Ferner ist das Angebot an Freizeitinfrastruktur innerhalb der Parks vor allem bei Kurzreisen ein erheblicher Wettbewerbsvorteil. Auch in Bezug auf diesen Aspekt sind die Gäste in den letzten Jahren immer anspruchsvoller geworden (Opaschowski 1989). Dabei bereitet das Wetter den deutschen Feriengebieten zusätzliche Probleme. Angesichts der überragenden Bedeutung des Urlaubsmotivs Sonne erscheint das unbeständige Wetter als Urlaubsrisiko Nummer eins (Opaschowski 1989). Die Urlaubsangebote in Deutschland müßten also wetterunabhängiger werden, d.h. mehr überdachte Freizeitmöglichkeiten beinhalten. Demgegenüber setzen die Verfechter des sanften Tourismus auf einen Ausbau der personellen statt der materiellen Infrastruktur. Es gibt aber bisher keinen Beleg dafür, daß die Masse der Urlauber dies als Sonnenersatz akzeptiert.

Dennoch bietet das Potential sanfter Urlauber noch erhebliche Entwicklungschancen. So ist es dem Münsterland gelungen, durch eine geschickte, auf Kurzurlauber ausgerichtete Strategie auch ohne Großprojekte im Gegensatz zu anderen Feriengebieten NRWs eine Steigerung der Übernachtungszahlen zu erreichen (MWMT 1989; s. auch Strasdas' (1987) Plädoyer für den sanften Tourismus). Diese Chancen zu nutzen ist schon deshalb unverzichtbar, weil nicht in jeder Gemeinde ein großflächiger Ferienpark errichtet werden kann. Die Nachfragergruppen, die den Besuch von Ferienparks vorziehen, wird man aber mit „sanften" Angeboten nur zu einem geringen Teil gewinnen können.

---

[2] Dieser Nachteil wird auch durch regionale Informations- und Buchungssysteme, an denen sich wegen der hohen Kosten von 8 – 15 % des Übernachtungspreises nur ein Teil der Betriebe beteiligt (MWMT 1989), nur z. T. beseitigt

Ferienparks und sanfter Tourismus sollten nicht als Alternative, sondern als Ergänzung betrachtet werden. Einen Einheitsurlauber gibt es nicht. Das Angebot der Ferienparks ist offenbar für einen Teil der Urlauber attraktiv, während andere einen mehr landschaftsbezogenen Urlaub bevorzugen. Angesichts des voraussichtlichen Rückgangs des Stammgastpotentials muß versucht werden, neue Zielgruppen für den Fremdenverkehr in NRW zu gewinnen und alte (z. B. Familien mit Kindern) zurückzugewinnen. Hierzu bieten Ferienparks der zweiten Generation eine Ansatzmöglichkeit.

Da große Ferienhausanlagen eine Eigenattraktivität entwickeln und in erster Linie als solche und nicht wegen der attraktiven Landschaft der Umgebung gebucht werden, stellen sie auch nur in begrenztem Maße eine Konkurrenz zu den ansässigen Unterkunftsbetrieben dar (s. näher Abschnitt 5.2). Die Besucher wollen meist in einen bestimmten Ferienpark und nicht in erster Linie in eine bestimmte Region, z. B. ins Sauerland. Dies dürfte sich noch verstärken, wenn die Spezialisierung der Anlagen ausgebaut wird und dann in bestimmten Parks Sport- oder Kinderangebote zu finden sind, die in anderen nicht angeboten werden (Fache 1991).

Bernd Mielke

4. Ziele der Landes- und Regionalplanung

Bei der Planung von Feriengroßanlagen zu beachtende Ziele der Landes- und Regionalplanung finden sich vor allem im
– Landesentwicklungsprogramm (LEPro)
– Landesentwicklungsplan (LEP) III
– sowie auf regionaler Ebene in den Gebietsentwicklungsplänen (GEP).

Weiterhin hat die Ministerkonferenz für Raumordnung Grundsätze zur Eignung bzw. Nichteignung von Standorten für Freizeitgroßprojekte verabschiedet.

Im LEPro wird einerseits gefordert, daß „in allen Teilen des Landes...Voraussetzungen für die Tages-, Wochenend- und Ferienerholung gesichert und entwickelt werden." Dabei sollen in den ländlichen Gebieten „vor allem die für die Wochenend- und Ferienerholung besonders geeigneten Fremdenverkehrsgebiete" weiter entwickelt werden (§29). Andererseits sind die natürlichen Lebensgrundlagen zu schützen, wobei der Sicherung des Freiraums besondere Bedeutung zukommt (§2). Freiraum ist für Siedlungszwecke nur zur Verfügung zu stellen, wenn die Inanspruchnahme erforderlich ist und andere Flächen nicht zur Verfügung stehen (§20(4)). Dabei setzen „Eingriffe in den Bestand an Waldflächen ... voraus, daß der Bedarf ... nicht anderweitig gedeckt werden kann" (§27).

Im LEP III werden die freiraumschützenden Vorgaben aufgegriffen und konkretisiert. Die Inanspruchnahme von Freiraum muß „nachprüfbar erforderlich" sein, d.h. es muß Bedarf für eine bestimmte Nutzung bestehen, der nicht innerhalb des Siedlungsraums oder durch den Ausbau vorhandener Infrastruktur gedeckt werden kann. Den ökologischen Belangen „steht jedoch der Anspruch der Menschen auf Erholung ...gleichberechtigt gegenüber. Dieser Anspruch findet allerdings seine Grenze, wenn er droht, Landschaft und Natur zu zerstören". Für Freizeitgroßprojekte sind in den GEP Freizeit- und Erholungsschwerpunkte (FES) auszuweisen. „Diese sollen räumlich und funktional auf Siedlungsbereiche ausgerichtet sein".

Vom Themenbereich der GEP sind hier die Ziele zum Freizeitwohnen und zu den FES von Interesse. Zum Freizeitwohnen werden in den meisten GEP folgende Ziele genannt:

– Zuordnung zu vorhandenen Ortslagen oder geeigneten FES
– Beachtung der Belange von
  • Natur und Gewässerschutz
  • Orts- und Landschaftsbild
  • Abwasserbeseitigung
  • Verkehr
– Nutzbarkeit der Anlagen für einen wechselnden Personenkreis.

Mit den in den GEP dargestellten FES sollen verschiedenartige Angebote für Freizeitgestaltung und Erholung räumlich zusammengefaßt werden. Damit sollen

– die Zersiedelung der Landschaft verhindert,
– die Attraktivität der Anlagen gesteigert und
– bereits getätigte Investitionen gesichert werden.

Die Gebietsentwicklungspläne enthalten weiterhin z. T. Zielvorgaben für die einzelnen FES.

Auch die Ministerkonferenz für Raumordnung hat sich mit Feriengroßprojekten befaßt und am 14.2.1992 die in der Übersicht 4.1 genannten Grundsätze zur Standortbewertung verabschiedet.

Übersicht 4.1
Orientierungsrahmen für die Eignung von Standorten für Feriengroßprojekte laut Beschluß der Ministerkonferenz für Raumordnung vom 14. 2. 1992

Der Bestimmung von Standorten für großflächige Freizeiteinrichtungen soll folgender Orientierungsrahmen zugrunde gelegt werden:

1. In der Regel nicht in Betracht kommende Gebiete:
– Naturschutzgebiete und vergleichbare Teilgebiete von Nationalparken und von Naturparken
– Vorranggebiete, z. B. für Natur und Landschaft, Trinkwasserschutz und für oberflächennahe Rohstoffe
– Wald
– Gebiete mit einem hohen Anteil an ökologisch und landschaftlich wertvollen oder gering belastbaren Flächen.
– Gebiete mit besonderer Bedeutung für das ruhige Landschaftserleben und die landschaftsorientierte siedlungsnahe Erholung,
– kulturhistorisch, geologisch und geomorphologisch besonders bedeutsame Gebiete.

2. In Ausnahmefällen in Betracht kommende Gebiete:
– Landschaftsschutzgebiete und vergleichbare Teilgebiete von Naturparken, wenn der Schutzzweck nicht in Frage gestellt wird und die landschaftlichen Gegebenheiten eine besondere Berücksichtigung finden,
– Gebiete mit ökologisch und landschaftlich wertvollen oder gering belastbaren Flächen, wenn diese in das Projekt integriert werden können, ohne daß eine Beeinträchtigung zu befürchten ist,
– struktur – und artenreiche Landschaften, wenn die landschaftstypischen Strukturen und das Artenpotential erhalten und gesichert werden können,
– Gebiete mit erheblichem Fremdenverkehr und Vorranggebiete für Erholung, wenn die allgemeine Zugänglichkeit gewährleistet bleibt.

3. Grundsätzlich in Betracht kommende Gebiete:
– nicht überlastete Naherholungs-/Fremdenverkehrsgebiete,
– ehemals militärisch genutzte-Flächen
– aufgelassene Industrie- und Gewerbeflächen,
– Flächen, die zuvor dem großflächigen Abbau von oberflächennahen Rohstoffen dienten
– landwirtschaftliche Flächen mit geringer wirtschaftlicher und landschaftspflegerischer Wertigkeit sowie
– ökologisch verarmte Kulturlandschaften.

4. Kleinräumige Standortkriterien

Freizeiteinrichtungen sollen nach Möglichkeit in bestehende Siedlungsbereiche integriert oder zumindest in Anlehnung an diese errichtet werden. Im Außenbereich ist der Umnutzung bereits vorhandener baulicher Einrichtungen gegenüber der Errichtung neuer baulicher Anlagen der Vorzug zu geben.

Freizeiteinrichtungen mit hohem Besucherverkehr sollen an öffentliche Verkehrsmittel angeschlossen sein und/oder eine direkte Anbindung an bestehende, leistungsfähige Bundesfernstaßen haben.

Bernd Mielke

5. Sozioökonomische Effekte von großflächigen Ferienparks

5.1 Soziokulturelle Effekte

5.1.1 Einflußfaktoren der soziokulturellen Effekte

Soziokulturelle Effekte werden in der Literatur in bezug auf
- die Gäste des Ferienparks
- die Gäste der traditionellen Beherbergungsbetriebe im Ort und
- die Einheimischen

diskutiert. Die Diskussion wird hier auf die letzte Gruppe begrenzt, da die Gäste der Ferienparks und der traditionellen Beherbergungsbetriebe eventuellen Belastungen nicht das ganze Jahr über ausgesetzt sind und sie ihnen auch ausweichen können. Im Falle der Gäste anderer Fremdenverkehrsbetriebe im Ort ergäben sich dann ökonomische Probleme, die im Abschnitt 5.2 diskutiert werden.

Mit soziokulturellen Effekten sind Einflüsse von außen gemeint, die regionale oder örtliche Verhaltensmuster, Wertvorstellungen und Sozialgefüge verändern (s. Übersicht 5.1). Anders als bei einer allmählichen Fremdenverkehrsentwicklung, mit der die Individuen im Zeitablauf umzugehen lernen können, erhöht sich die Fremdenverkehrsintensität im Falle großer Ferienparks schlagartig.

Empirische Untersuchungen über die soziokulturellen Auswirkungen von Feriengroßprojekten in der Bundesrepublik gibt es nicht. In der Literatur werden allerdings verschiedene Einflußgrößen diskutiert, die für die Frage von Bedeutung sind, ob und wenn ja in welchem Ausmaß es zu derartigen Effekten kommt. Wichtig scheinen vor allem:
- das Größenverhältnis Ferienpark – Gemeinde
- der vorhandene Fremdenverkehr
- der Lagetyp der Standortgemeinde und
- das Betriebskonzept des Ferienparks.

Es leuchtet ein, daß die soziokulturellen Auswirkungen um so größer sind, je kleiner die Standortgemeinde im Verhältnis zum Ferienpark ist, da die Gäste dann eher zum dominierenden Faktor

---

Übersicht 5.1
Mögliche soziokulturelle Effekte von Feriengroßprojekten

- Veränderung des Ortsbildes / der Landschaft durch die dominierende „urbane" Architektur der Ferienzentren
- Gefühl der Überfremdung bei den Einheimischen durch die dominierende Präsenz der Feriengäste im Ort
- Zuwanderung von Arbeitskräften von außerhalb
- unkritische Übernahme von Verhaltensmustern und Werten der Feriengäste/ Zugewanderten
- damit zusammenhängend der Zerfall traditioneller Wertvorstellungen und der lokalen Identität
- Konfrontation mit dem „großindustriellen", von auswärts kommenden Management der Ferienzentren
- damit zusammenhängend die Gefahr des Verlustes der politischen Autonomie in kommunalen Angelegenheiten
- Zunahme sozialer und wirtschaftlicher Disparitäten aufgrund unterschiedlicher Partizipation an den von den Ferienzentren ausgelösten ökonomischen Effekten

Quelle: Strasdas 1991

---

werden. Hinzu kommt, daß in kleinen Gemeinden in ausgesprochen ländlichen Räumen oft noch eine traditionelle Wertestruktur vorherrscht, die mit dem Urlauberverhalten kollidieren kann. Dabei dürfte nicht die Einwohnerzahl der Gemeinde, sondern die des Ortsteils, dem der Ferienpark räumlich zugeordnet ist, wichtig sein. In der Literatur wird mehrfach empfohlen, ein Verhältnis von 1: 1 nicht zu überschreiten

(z. B. Harfst/Scharpf 1982, Becker 1989, Strasdas 1991). Tabelle 5.1 gibt Eckwerte für vier in NRW geplante Ferienparks an.

Die Ferienparks der zweiten Generation werden tendenziell immer größer, sowohl was die Flächengröße als auch was die Zahl der Bungalows als auch was das Angebot an Freizeitinfrastruktur angeht. Die Bettenzahl der Parks wird mit der Notwendigkeit, die zentralen Anlagen auszulasten, begründet. Andererseits werden mit zunehmender Besucherzahl auch die Auswirkungen im soziokulturellen Bereich immer größer. Becker schlägt – allerdings vornehmlich aus Gründen des Landschaftsschutzes – eine Begrenzung der Bettenzahl von Ferienparks auf im Regelfall 200 Betten, maximal 1000 Betten vor (Becker 1989), Blumenroth u. a. (1991) für den Ferienpark Medebach maximal 300 Betten. Ein Ferienpark dieser Größenordnung kann allerdings umfangreiche Freizeit- und Versorgungsmöglichkeiten nicht anbieten und dürfte deshalb außerhalb der Saison schwierig zu vermarkten sein. Immerhin zeigen durchgeführte Planungen, daß die von den Investoren angestrebte Bettenzahl nicht immer das letzte Wort ist. So soll der geplante Gran Dorado Park Loreley statt ca. 3000 nur ca. 2000 Betten aufweisen (Rönneper 1992). Die Größe des Parks kann also durchaus Verhandlungsgegenstand sein, wobei außenorientierte Konzepte, bei denen der Park selbst nur einen Teil der Attraktivität darstellt, hier flexibler sein dürften.

Die vorhandene Fremdenverkehrsintensität ist insofern von Interesse, als sich die Bevölkerung von Fremdenverkehrsgemeinden an die Präsenz von Gästen allmählich gewöhnen konnte. Als problematischer wird im allgemeinen eine plötzliche Vervielfachung des Fremden-

Tabelle 5.1
Verhältnis von Einwohnerzahl und Fremdenverkehrsintensität

Standortgem. (betr. Ortsteil)	Einwohnerzahl	Verh. zur Bettenzahl d. Ferienzentrums	Fremdenverkehrsint.[1] ohne/mit Ferienz.
Kalletal (Heidelbeck)	13999 520	5:1 1:5	3/52
Ahlen	53761	18:1	0,3/18
Medebach (Kernort)	7344 3800	3:1 1,5:1	9/98
Dahlem	3776	0,8:1	18/450

Quelle : Kalletal, Ahlen, Medebach (Strasdas 1991), Dahlem (LDS 1987; eigene Berechnungen)
[1] Übernachtungen je Einwohner

verkehrs angesehen. Gegen eine Ansiedlung in Spitzenorten des Fremdenverkehrs sprechen wiederum die zu befürchtenden Überlastungserscheinungen.

Für die Auswirkungen ist weiter von Bedeutung, ob das Ferienzentrum am Ortsrand oder isoliert in größerer Entfernung vom nächsten Ortsteil liegt. Im letzten Fall sind die Auswirkungen möglicherweise gering. Bei einer Lage am Ortsrand ist dagegen eher zu erwarten, daß die Feriengäste den Ort aufsuchen, um Einkäufe zu tätigen, um essen oder auch nur um spazieren zu gehen. Der Umfang dieser Beziehungen ist natürlich auch davon abhängig, was im Ortsteil geboten wird.

Ein weiterer Aspekt, der unter Lagegesichtspunkten diskutiert wird, ist die vorhandene Wertestruktur. In ausgesprochen ländlichen Gebieten könnten die Einheimischen Probleme mit den städtischen Wertmustern der Urlauber haben. In NRW dürften sich als Folge der Mediennutzung und der Mobilität die Wertemuster zwischen Stadt und Land allerdings weitgehend angenähert haben.

Schließlich gibt es Unterschiede zwischen den beiden Betriebskonzepten: Beim innenorientierten Betriebskonzept, wie es von Center Parcs vertreten wird, dürften die soziokulturellen Auswirkungen geringer sein, da darauf abgestellt wird, daß die Gäste möglichst alle Angebote im Park vorfinden. Stärker außenorientierte Konzepte wie das von Gran Dorado beziehen die Attraktivität der Umgebung dagegen bewußt ein.

Innenorientierte Parkkonzepte lassen sich nur dann idealtypisch umsetzen, wenn ein großes und attraktives Parkgelände mit umfassender Ausstattung und eine unattraktive Umgebung zusammenkommen. Im Falle der beiden britischen Center Parcs, bei denen diese Voraussetzungen gegeben sein sollen, verließ nur ein Drittel der Gäste während des Aufenthalts überhaupt den Park (Strasdas 1991). Ist der Park kleiner oder schlechter ausgestattet und die Umgebung für Einkäufe oder zum Spazierengehen attraktiv, so verlassen bis zu 40 % der Gäste pro Tag die Anlage. Angesichts der hohen Besucherzahlen kommen dabei sehr große absolute Zahlen zustande. Unter soziokulturellen Aspekten dürften dabei die Aktivitäten Einkaufen und Restaurantbesuch, so positiv diese auch ökonomisch sein mögen, problematischer sein, da die Gäste dabei in die Ortschaften „eindringen". Die landschaftsbezogenen Aktivitäten finden hingegen meist in unmittelbarer Nähe des Parks statt.

Zur Ausflugshäufigkeit von Parks mit außenorientierten Betriebskonzepten liegen keine empirischen Untersuchungen vor. Ein Parkmanager gab für den Ferienpark Heilbachsee eine Ausflugshäufigkeit von 50 % pro Tag an (Dogterom mdl.).

Insgesamt sind geringere soziokulturelle Auswirkungen unter folgenden Umständen zu erwarten:
– Bettenkapazität des Ferienparks kleiner als Einwohnerzahl des Ortsteils
– Vorherrschen städtischer Wertmuster
– Fremdenverkehrstradition, aber keine Überlastungserscheinungen
– Isolierte Lage des Parks
– Innenorientiertes Betriebskonzept
– Großer attraktiver Park mit umfassender Ausstattung
– Unattraktive Umgebung für landschaftsbezogene Aktivitäten
– Fehlende bzw. unattraktive Möglichkeiten für Einkaufen/Restaurantbesuche

Die Bedingungen sind z. T. widersprüchlich. So wird im Fall von Orten mit Fremdenverkehr im allgemeinen eine attraktive Umgebung vorhanden sein und in größeren Orten werden sich Möglichkeiten zum Einkaufen befinden. Diese Umstände sind dann alternativ zu sehen.

Bei den bestehenden Parks in den Beneluxländern hat es nach Angaben von Gemeindevertretern keine gravierenden soziokulturellen Probleme gegeben (Strasdas 1991). Dies dürfte einmal dadurch begründet sein, daß es sich vorwiegend um Parks in isolierter Lage mit innenorientierten Betriebskonzepten handelt, die sich in den Orten nur wenig bemerkbar machen. Hinzu kommt eine gegebene Verstädterung der Standortregionen mit der entsprechenden Wertestruktur.

Inwieweit internationale Konzerne als Investoren von Vor- oder Nachteil für die Region sind, ist umstritten. Einerseits werden damit Probleme bei der Finanzierung unwahrscheinlicher. Unter soziokulturellem Aspekt wird aber befürchtet, daß die kommunalpolitische Autonomie durch einen beherrschenden Einfluß des Investors Schaden nehmen könnte, während die Standortgemeinden auf die Firmenpolitik kaum Einfluß haben (Strasdas 1991). Dies wäre allerdings bei einem größeren Investor im sekundären Sektor nicht anders. Dafür, daß sich eine größere kommunalpolitische Abhängigkeit von einem Ferienpark als von einem anderen größeren Betrieb ergeben könnte, gibt es keine Anhaltspunkte. Auch eine Befragung von Standortgemeinden existierender Anlagen ergab dafür keinen Beleg (Strasdas 1991).

5.1.2 Spannungen zwischen Befürwortern und Gegnern von Feriengroßprojekten

Eine weiteres soziokulturelles Problem sind die sich heutzutage an fast allen Großprojekten entzündenden Auseinandersetzungen, die z. T. sehr erbittert geführt werden und Zerwürfnisse bis in den privaten und familiären Kreis zur Folge haben. Bei den meisten der z. Z. geplanten Ferienparks haben sich Bürgerinitiativen gegen die Projekte gebildet. Durch eine späte Einschaltung der Öffentlichkeit und einseitige Darstellungen haben Investoren und politische Führung der Standortgemeinden sicherlich einen Teil zu der emotionsgeladenen Atmosphäre der Diskussionen beigetragen (Strasdas 1991). Allerdings ist zu bezweifeln, ob sich auch bei bestem Informations- und Beteiligungsmanagement an landschaftlich oder ökologisch herausgehobenen Standorten eine sachliche Diskussion führen läßt.

Bei den Gegnern von Feriengroßprojekten lassen sich i.d.R. zwei Gruppen unterscheiden, die sich z. T. überschneiden: Ein Teil der Einwender fühlt sich persönlich als Verlierer des Projekts, sieht sich also z. B. als Anlieger des Parks oder einer Zufahrtstraße Belastungen ausgesetzt, ohne in größerem Umfang von dem Projekt zu profitieren, während für eine andere Gruppe die Verluste an Landschaft und Umwelt im Vordergrund stehen. Ein Teil der zuletzt genannten Gruppe lehnt dabei Feriengroßprojekte als Irrweg der Wachstumsgesellschaft und Kommerzialisierung der Freizeit auch grundsätzlich ab. Kritiker und Befürworter der Anlagen unterscheiden sich damit oft nicht nur auf der Sach-, sondern auch auf der Wertebene.

Auch den Ferienparks wohlwollende Betrachter fragen sich, ob die Einheimischen zu den Gewinnern oder zu den Verlierern der Projekte zählen (Spindler 1992). Bei genauerer Betrachtung dürfte es innerhalb der Gruppe der Ansässigen sowohl Gewinner (Arbeitsplätze, Umsatzsteigerungen) wie auch Verlierer (Verschlechterung der Wohnbedingungen) geben. Erschwert wird die Diskussion bereits auf dieser Sachebene dadurch, daß die tatsächlichen Konsequenzen sehr komplexer Vorhaben wie einer Ansiedlung von Großprojekten für den Einzelnen letztlich kaum durchschaubar bzw. plastisch vorstellbar sind (Wiegand 1981). Immerhin ist es prinzipiell möglich, die Verlierer des Projekts – z. B. mittels Kompensationszahlungen (Bergkamen-Fall; s. Wahl 1990) – für ihre Verluste zu entschädigen. Auf regionaler Ebene ist dieser Ansatz der Verhandlungs- und Kompensationslösung nicht unüblich, wenngleich der Ausgleich hier nicht monetär erfolgt (etwa Bau eines Schwimmbads zum Ausgleich der Nachteile einer Mülldeponie).

Allerdings sind individuelle Kompensationen selten und der Weg zu regionalen Lösungen ist oft undurchsichtig. Während zwischen Vorhabenträger und Behörden Vorverhandlungen laufen, in denen die Grundzüge des Projekts vorabgeklärt werden, bevor die Betroffenen davon erfahren, haben diese formell erst im Anhörungsverfahren die Möglichkeit, ihre Interessen zu artikulieren, also zu einem Zeitpunkt, zu dem die Würfel zumeist schon gefallen sind. Kommt dann noch hinzu, daß der Öffentlichkeit wichtige Informationen vorenthalten werden (Strasdas 1991), wird das Anhörungsverfahren zur Farce, bei der die Behörden nur noch ihre Entscheidung verkünden und verteidigen, während die Bürger Punkte für das anschließende Gerichtsverfahren zu sammeln suchen.

Im Interesse einer Vermeidung gerichtlicher Auseinandersetzungen, die Projekte wesentlich verzögern können, aber auch zur Vermeidung von Spannungen vor Ort erscheint es sinnvoll, die Betroffenen bereits zu einem frühen Zeitpunkt zu informieren und in die Vorverhandlungen einzubeziehen und ggf. Kompromisse auszuhandeln. In den USA wird bereits seit einigen Jahren mit Verhandlungslösungen unter Einbeziehung eines Konfliktmittlers experimentiert (Holznagel 1990, Gusy 1990, Hoffmann-Riem u. a. 1990). Auch in der Bundesrepublik sind Verhandlungslösungen grundsätzlich zulässig. Die Letztverantwortung der Behörden für ihre Entscheidungen wird dadurch nicht angetastet.

Bei grundlegenden Meinungsverschiedenheiten auf der Werteebene gibt es nur begrenzte Ausgleichsmöglichkeiten. So wird es z. Z. kaum möglich sein, einen Konsens über einen Standort für ein Atomkraftwerk herzustellen. So gravierend dürften die Meinungsunterschiede bei den meisten Ferienparkvorhaben aber nicht sein. Durch ein offenes Verfahren unter Einbeziehung der Betroffenen und eine Gestaltung des Projekts, die Bedenken der Gegner aufnimmt (z. B. naturnahe Gestaltung, Beeinflussung der Verkehrsmittelwahl, Aussparung von Biotopen, Verkleinerung des Projekts), kann dann u.U. verhindert werden, daß es zu einer Spaltung der Bevölkerung in feindliche Lager kommt.

Die kleinen Gemeinden, in denen die Projekte meist angesiedelt werden, haben jedoch im Umgang mit Großvorhaben wenig Übung (Scharpf/Lambrecht 1989). Hier erscheint daher eine Unterstützung durch die Regionalplanung zweckmäßig.

5.2 Wirtschaftliche Auswirkungen

Wirtschaftliche Auswirkungen der Parks sollen in folgenden Bereichen untersucht werden:

– Auswirkungen auf die Umsätze von Handel, Gewerbe und Gastronomie
– Auswirkungen auf die Gästezahlen des bestehenden Fremdenverkehrs
– Auswirkungen auf den Arbeitsmarkt
– Auswirkungen auf die kommunalen Haushalte

5.2.1 Auswirkungen auf die Umsätze von Handel, Gewerbe und Gastronomie

Betriebe vor Ort können auf folgenden Wegen vom Ferienpark profitieren:
– Aufträge beim Bau des Ferienparks
– Aufträge für Unterhaltungs- und Reparaturarbeiten
– Ausgaben für den Wareneinkauf der Geschäfte und Restaurants des Parks
– Ausgaben der Feriengäste

Inwieweit das örtliche Baugewerbe vom Bau des Ferienparks profitiert, ist umstritten. In der Regel werden Großunternehmen beautragt, da nur diese den Bau in der von den Investoren gewünschten kurzen Bauzeit erstellen können. Für das örtliche Baugewerbe fallen evtl. Unteraufträge beim Innenausbau ab. In welcher Größenordnung dies der Fall ist, dürfte allerdings je nach Einzelfall unterschiedlich sein (Scherrieb 1988), wobei die örtliche Wirtschaftsstruktur von entscheidender Bedeutung ist. Vorhaben, bei denen die Gemeinde eine bestimmte Mindestbeteiligung örtlicher Unternehmen oder deren Bevorzugung bei gleichem Angebot[3] vertraglich vereinbart hat, sind nicht bekannt. Derartige Vorstellungen würden von den Betreibern wohl auch nicht akzeptiert, da sie kaum kalkulierbare Risiken mit sich bringen. Andererseits wird in diesem Zusammenhang auch davor gewarnt, daß die Zahl der Insolvenzen als Folge des Baus zunehmen könnte, weil Unternehmen, um Aufträge zu erhalten, Maschinen erwerben, die sich nach Abschluß der Bauarbeiten als eine Nummer zu groß erweisen (Kals 1991). Belegt ist das allerdings nicht[4].

Vom Bau kann auch das örtliche Gastgewerbe profitieren, weil zahlreiche auswärtige Arbeitskräfte am Ort untergebracht und versorgt werden müssen (Scherrieb 1988). Möglicherweise werden aber gleichzeitig Feriengäste durch den Bau und die damit verbundene Unruhe und Belegung der Unterkünfte verdrängt. Dies wäre dann schmerzlich, wenn es sich um Stammgäste handelt, die dem Ort evtl. dauerhaft den Rücken kehren. Untersuchungen hierzu sind nicht bekannt.

Bei den notwendigen Reparatur- und Instandhaltungsarbeiten in der Betriebsphase werden örtliche Handwerksbetriebe in stärkerem Maße beteiligt, soweit die Arbeiten nicht durch festangestellte Mitarbeiter des Parks erledigt werden (Strasdas 1991). Die Höhe des jährlichen Erhaltungsaufwands als Prozent der Herstellungskosten differiert stark. Scherrieb (1988) hat zwischen 0,4 % bei den Erschließungen und 8 % bei der Einrichtung ermittelt. Für den geplanten Ferienpark Medebach kommt

---
3 Diese Empfehlung gibt Strasdas 1991
4 Kals beruft sich auf „Analysen, die im Auftrag der Europäischen Gemeinschaft angefertigt wurden", macht hierzu aber keine näheren Angaben

er danach auf 2,5 Mio. DM pro Jahr. Im Rahmen einer Analyse der regionalwirtschaftlichen Effekte müßten dabei die Aufträge, die überregional vergeben werden, sowie die durch eigene Mitarbeiter des Parks erledigten Arbeiten abgezogen werden (letztere, um Doppelzählungen zu vermeiden).

Auch beim Wareneinkauf gibt es Möglichkeiten für regionsansässige Anbieter, wenn auch der größte Teil der Ausgaben in andere Regionen abfließt. Insbesondere bei Frischwaren haben dabei auch kleinere Produzenten Chancen. Nach der einzigen vorliegenden quantitativen Untersuchung über zwei britische Center Parcs gehen 18 bzw. 27 % der Ausgaben an Anbieter in einem Umkreis von 40 Meilen (Strasdas 1991). Der Anteil hängt natürlich von der regionalen Wirtschaftsstruktur ab und dürfte in ausgesprochen strukturschwachen Regionen nicht erreicht werden. Scherrieb (1988) veranschlagt den Wareneinsatz in der Gastronomie und im Dorfladen des Ferienparks Medebach auf zusammen etwa 5 Mio. DM. Nimmt man an, daß 20 % dieser Summe der Region zugute kommen, wären das 1 Mio. DM pro Jahr.

Center Parcs selbst gibt 5 Mio. DM an, die durch den Betrieb eines Center Parcs in den örtlichen Markt geleitet werden. Diese Summe umfaßt Reparatur- und Instandhaltungsarbeiten sowie den örtlich bezogenen Wareneinsatz (Center Parcs 1991). Auch wenn die Center Parcs größer und mehr auf Autarkie bedacht sind als die in Medebach geplante Anlage erscheint die Angabe von Center Parcs optimistisch. Parks mit eher außenorientierten Betriebskonzepten sowie kleinere Anlagen werden diesen Wert auf jeden Fall nicht erreichen, da sie innerhalb des Parks weniger umsetzen. Dafür sind bei außenorientierten Konzepten die Nebenausgaben der Gäste höher.

Als Nebenausgaben der Gäste werden Ausgaben außerhalb des Ferienparks bezeichnet, z. B. für Lebensmittel, Restaurantbesuche, Benzin und sonstige Ausgaben für Ausflüge. Ihre Höhe hängt von mehreren Faktoren ab, u. a. von
- dem Betriebskonzept des Parks und
- der Attraktivität der Umgebung und der Angebote außerhalb des Parks.

Bei geschlossenen Betriebskonzepten wie dem von Center Parcs verlassen die Gäste den Park während ihres i.d.R. kurzen Aufenthalts idealtypisch nicht und tätigen ihre Nebenausgaben vollständig im Park. Insbesondere bei den Wochenend-Kurzurlauben werden die Einnahmen im örtlichen Einzelhandel minimal sein. Bei außenorientierten Konzepten gilt das nur eingeschränkt.

Eine attraktive Umgebung reizt sicherlich eher dazu, Ausflüge zu machen. Dabei werden dann auch oft Ausgaben getätigt. Schließlich ist plausibel, daß mehr außerhalb des Parks ausgegeben wird, wenn in den benachbarten Orten Einkaufs- und Restaurationsangebote vorhanden sind. Hinsichtlich des Umfangs der Effekte sei auf Abschnitt 5.2.3 verwiesen.

Ein interessanter Ansatzpunkt für eine globale Abschätzung der ökonomischen Auswirkungen des Fremdenverkehrs ist die Abschätzung seines Beitrags zum Regionaleinkommen. Bundesdurchschnittliche Verhältnisse unterstellt ergibt sich bei einer Fremdenverkehrsintensität von einem Bett je Einwohner und einer Auslastung von 35 % ein Beitrag des Fremdenverkehrs zum Regionalprodukt von 24 % (Koch/Zeiner 1988). Der Beitrag des Fremdenverkehrs zum Regionaleinkommen kann also erheblich sein. Zum Beitrag von Ferienzentren liegen keine Untersuchungen vor. Die geringe Personalintensität spricht für einen eher niedrigeren, die hohe Auslastung für einen höheren Beitrag (s. Abschnitt 5.2.3).

5.2.2 Auswirkungen auf den vorhandenen Fremdenverkehr

Die Analyse der Auswirkungen von Ferienparks der zweiten Generation auf den traditionellen Fremdenverkehr werden dadurch erschwert, daß die existierenden Parks weitgehend in Gebieten liegen, in denen der Tourismus vorher nicht oder nur sehr schwach entwickelt war. Auswirkungen auf den traditionellen Fremdenverkehr gab es dort deshalb nicht. Bei den geplanten Parks ist dagegen eine Präferenz für auch schon bisher für den Fremdenverkehr attraktive Standorte zu erkennen, die eine Untersuchung der Auswirkungen auf die schon vorhandenen Fremdenverkehrsbetriebe erforderlich macht.

Zwischen einem neu angesiedelten Ferienpark der zweiten Generation und den vorhandenen Fremdenverkehrsbetrieben sind

- unmittelbare Konkurrenzbeziehungen und
- mittelbare (positive oder negative) Beziehungen möglich.

Eine unmittelbare Konkurrenz zwischen dem Ferienpark und den traditionellen Fremdenverkehrsbetrieben dürfte sich aus folgenden Gründen in Grenzen halten:
- Der bisherige Mittelgebirgstourismus ist vor allem auf Ruhe sowie Landschafts- und Naturbezug ausgerichtet, während die neuen Ferienparks eher aktivitäts- und erlebnisorientiert sind.
- Die Hauptzielgruppe der Ferienparks, Familien mit Kindern, zählt nicht zu den Hauptzielgruppen der traditionellen Betriebe.
- Die die Ferienparks betreffende Nachfrage ist teilweise durch das Angebot generiert. Nach einer Befragung in den britischen Center Parcs hätten 35 % der Besucher keinen Urlaub gemacht, wenn es das Park-Angebot nicht gegeben hätte und weitere 20 % wären ins Ausland gefahren. Nur 4 % wären auch so in die Region gekommen (Strasdas 1991).

Auch bei den vorhandenen Feriendörfern in Rheinland-Pfalz konnten negative Auswirkungen auf vorhandene Fremdenverkehrsbetriebe nicht festgestellt werden (Becker 1981)[5].

Die Überschneidungen könnten allerdings zukünftig zunehmen, da die Parks die Zielgruppe der Senioren stark umwerben. Wahrscheinlich sind ferner Konkurrenzbeziehungen zu vorhandenen Ferienparks in der Region, da diese ebenfalls die Zielgruppe Familien mit Kindern ansprechen.

Als mittelbare Beziehungen sind denkbar:
- Abwanderung bisheriger Gästegruppen, die sich durch den Ferienpark gestört fühlen
- Anziehung zusätzlicher Gäste als Folge der Verbesserung der Infrastruktur und des Imageeffektes.

Eine Abwanderung bisheriger Gästegruppen ist vor allem dann denkbar, wenn sich der Ferienpark deutlich aus-

---

[5] Bei den Anfang der siebziger Jahre an der Ostsee gebauten Ferienzentren hat es dagegen erhebliche Einbrüche bei traditionellen Betrieben gegeben, da hier Familien mit Kindern eine Hauptzielgruppe darstellten (Strasdas 1991)

wirkt. Dies dürfte vor allem bei einer ortsnahen Lage in Verbindung mit einer außenorientierten Betriebskonzeption der Fall sein. Bei einem isolierten Standort und einer geschlossenen Betriebskonzeption dürften sich die Auswirkungen in Grenzen halten (s. Abschnitt 5.1).

Die Störungsresistenz der Urlauber scheint jedoch recht groß zu sein: Von Urlaubern und Kurzurlaubern gaben nur 9 bzw. 11 % an, daß die Beeinträchtigung der Landschaft oder Umweltprobleme ausschlaggebend waren, diesen Ort nicht mehr zu besuchen. Diese Nennungen beziehen sich meist auf Nord- und Ostseestrände und dürften eher auf dem Imageeffekt infolge der Berichterstattung in den Medien beruhen (Klockow/Matthes 1991). Nur spektakuläre Eingriffe werden von den Reisenden als Einbuße an Lebensqualität wahrgenommen. Auch an den Anfang der achtziger Jahre in Rheinland-Pfalz vorhandenen Feriendörfern, die allerdings wesentlich kleiner sind, entzündete sich keine Kritik seitens der Gäste traditioneller Betriebe; eher wurden die Einrichtungen der Anlagen mitgenutzt (Becker 1981). Sollten Gäste verdrängt werden, weil ihnen ein Ort zu unruhig wird, könnte der Ort auch für andere Gästegruppen attraktiver werden.

Eine Mitnutzung der Anlagen durch Externe ist bei den geplanten Ferienparks allerdings meist nur in beschränktem Umfang vorgesehen, da diese in erster Linie den Gästen des Parks zur Verfügung stehen sollen. Meist werden 150 bis 300 Tagesgäste im Erlebnisbad akzeptiert. Darüber, inwieweit sich die Möglichkeit der Mitnutzung der Einrichtungen des Parks auf vorhandene Fremdenverkehrsbetriebe auswirkt, kann mangels vorhandener Untersuchungen nur spekuliert werden. Ein positiver Effekt erscheint aber wahrscheinlich, weil das Fehlen von Angeboten für schlechtes Wetter zu den wesentlichen Problemen der deutschen Fremdenverkehrsgebiete zählt.

Was den Imageeffekt angeht, wird ein Ort mit einem Ferienpark der zweiten Generation zunächst auf jeden Fall bekannter. Geht man davon aus, daß es z.Zt. Umschichtungen der Inlands-Urlaubsnachfrage in Richtung auf Kurzurlaub, Komfort und Unterhaltung gibt, dürfte sich das modernere Image eher positiv auch für die bisherigen Betriebe auswirken. Ferner ist denkbar, daß Besucher des Ferienparks in späteren Phasen des Lebenszyklus als Gäste traditioneller Betriebe in die Region zurückkehren.

Insgesamt könnte es bei der Ansiedlung eines Ferienparks der zweiten Generation Probleme für vorhandene kleinere Feriendörfer mit schlechter Ausstattung mit Freizeitinfrastruktur geben. Der Effekt für traditionelle Betriebe könnte eher positiv sein.

5.2.3. Auswirkungen auf den Arbeitsmarkt

Auf den Arbeitsmarkt wirkt sich die Ansiedlung eines Ferienparks über folgende Wege aus:
- Arbeitsmöglichkeiten beim Bau des Ferienparks
- Beschäftigung im Ferienpark
- indirekte Effekte durch
  - die Ausgaben der direkt Beschäftigten
  - die Aufträge und Käufe des Ferienzentrums und
  - die Ausgaben der Gäste außerhalb des Ferienzentrums

Dabei ist zwischen quantitativen und qualitativen Effekten zu unterscheiden.

Beim Bau von Ferienparks werden zwar auswärtige Großunternehmen eingesetzt, die ihre Arbeitskräfte jedoch nur z. T. mitbringen und z. T. vor Ort anwerben. Beim Bau der beiden britischen Center Parcs sollen nach einer Schätzung in der Region (inkl. der Ausgaben für Materialkäufe) 650 Arbeitsplätze für ein Jahr geschaffen oder gesichert worden sein (Strasdas 1991).

Die direkten Beschäftigungseffekte durch die Arbeitsplätze im Ferienpark sind im Prinzip vergleichsweise leicht zu ermitteln. Für die vorhandenen wie auch für die geplanten Parks werden allerdings unterschiedliche und z. T. widersprüchliche Zahlen genannt. Eine Erklärung hierfür ist schwer zu finden. Die genannten Zahlen sollten deshalb mit Vorbehalt betrachtet werden (Strasdas 1991).

Das Investitionsvolumen pro Arbeitsplatz ist mit fast 1 Mio. DM weit höher als im traditionellen Fremdenverkehrsgewerbe (s. Tabelle 5.3). Mit der gegebenen Investitionssumme könnten also im traditionellen Fremdenverkehrsgewerbe weit mehr Arbeitsplätze geschaffen werden. Daß die Arbeitsplätze verschiedener Betriebe derselben Branche

Tabelle 5.2
Zahl der Arbeitsplätze in einigen Ferienparks

		Betten	Arbeitsplätze	Vollzeitäquivalente (VZÄ)	Betten pro VZÄ
Existierende Parks	Center Parc De Vossemeren	3742	600	350	10,7
	Gran Dorado Port Zélande	3740	300 bis 400	200 bis 267	16,1
	Gran Dorado Heilbachsee	2400	400	190	12,6
Geplante Parks	Gran Dorado Loreley	2025	275	208	9,7

(Quelle Strasdas 1991)

Tabelle 5.3
Arbeitsplatzproduktivität von Ferienzentren und Hotels

	Ferienzentren der 2. Generation	Ferienzentren der 1. Generation	Großhotels	mittelgroße Hotels u. Pensionen
Gästebetten pro VZÄ (1)	12,7	18,9 bis 22	3,3	5,4
Übernachtungen pro VZÄ	3711	1807	300 bis 500	300 bis 500
Investitionen pro VZÄ (1000 DM)	938	572	180	130

Quelle: Strasdas 1991
(1) Vollzeitarbeitsplatz-Äquivalent

unterschiedlich teuer sind, ist allerdings normal. Die Alternative, die Investitionen in traditionelle Betriebe umzuleiten, existiert i.d.R. nicht. Insofern haben entsprechende Überlegungen nur theoretische Bedeutung.

Indirekte Effekte könnten sich ergeben, wenn aufgrund der zusätzlichen Umsätze als Folge z. B. der Käufe des Ferienzentrums oder der Ausgaben der Gäste (s. Abschnitt 5.2.1) Arbeitsplätze entstehen. Man kann diese in Beschäftigungseffekte umrechnen. Zu beachten ist dabei, daß die Ausgaben z. T. auf Betriebe mit geringer Wertschöpfung (z. B. Tankstellen) entfallen. Eine zweite Frage ist, wieviele der errechneten Arbeitsplätze tatsächlich neu entstehen. Denn oft können die zusätzlichen Umsätze vom vorhandenen Personal bewältigt werden, vor allem, da sich die Ausgaben meist auf einen größeren Raum verteilen und auf den einzelnen Betrieb nur eine geringe Umsatzsteigerung entfällt.

Im einzelnen gibt es folgende Schätzungen:
Durch Wareneinkäufe und Dienstleistungen eines britischen Center Parcs wurden rechnerisch 86 Vollzeitarbeitsplätze in der Region geschaffen (Strasdas 1991). Center Parcs gibt 150 Arbeitsplätze am Ort an (Center Parcs 1991). Nach einer Untersuchung der Feriendörfer der Region Trier mit über 600.000 Übernachtungen/Jahr führten deren Betriebsausgaben zu 81 Arbeitsplätzen (Becker 1981).

Anhaltspunkte für die durch Nebenausgaben der Gäste geschaffenen Arbeitsplätze geben folgende Angaben: Für die beiden britischen Center Parcs mit je ca. 1,2 Mio. Übernachtungen/Jahr wurden 20 bzw. 23 Vollzeitarbeitsplätze in der Region errechnet; allerdings ist die Ausflugshäufigkeit der Gäste in diesen Parks auch sehr gering (Strasdas 1991). Nach der schon zitierten Studie über die Feriendörfer der Region Trier konnten durch die Ausgaben der Gäste rechnerisch 140 Arbeitsplätze geschaffen werden, von denen aber 105 auf Einkäufe von Lebensmitteln und Restaurantbesuche entfallen (Becker 1981), also auf einen Bereich, den die Ferienparks großenteils selbst abwickeln; diese Arbeitsplätze sind also schon bei den direkten Effekten berücksichtigt. Auch hier ist wieder die Frage, wieviele der errechneten Arbeitsplätze tatsächlich neu entstanden sind.

Schließlich werden auch die regionalen Multiplikatoreffekte als gering angesehen (Strasdas 1991), da sich die Wirkungen infolge der zunehmenden überregionalen Verflechtungen auf einen großen Raum verteilen.

Insgesamt müssen daher die indirekten Effekte als eher gering angesehen werden (Strasdas 1991). Die Schätzung von Center Parcs, wonach zusätzlich zu der durch den Einkauf von Waren und Dienstleistungen bedingten Beschäftigung 388 Arbeitsplätze am Ort indirekt geschaffen würden (Center Parcs o.J., ca. 1991), erscheint deutlich überhöht. Selbst der halbe Wert dürfte in einer ländlichen Region kaum erreicht werden.

Zu den qualitativen Effekten am Arbeitsmarkt gehören die Fragen
– zur Saisonalität
– zur Arbeitsplatzsicherheit
– zum Qualifikationsgrad und
– zur Arbeitszeitverteilung.

Infolge der hohen Auslastung der Betriebe über das ganze Jahr ist die Saisonalität der Arbeitsplätze im Gegensatz zu denen in anderen Fremdenverkehrsbetrieben sehr gering. Dies gehört sicher zu den positiven Aspekten der Arbeitsplätze in Ferienparks der zweiten Generation.

Die Arbeitsplatzsicherheit bei Arbeitsplätzen im Freizeitbereich gilt im allgemeinen als gering (Opaschowsky 1990). Da die Marktchancen der Ferienparks günstig zu sein scheinen, dürfte dies für die hier diskutierten Anlagen nur eingeschränkt zutreffen. Allerdings wird berichtet, daß die Parks in der Anlaufphase deutlich mehr Personal benötigen und später Arbeitsplätze abbauen[6]. Auch ist die Fluktuation – zumindest in der Anfangsphase – hoch[7].

Der überwiegende Teil der Arbeitskräfte in Ferienparks übt un- oder geringqualifizierte Tätigkeiten aus. Die in Studien über vorhandene oder geplante Anlagen genannten Anteile liegen zwischen 75 und 83 % (s. Strasdas 1991). Die Unternehmen bilden dabei ihre Arbeitskräfte in einer Kurzausbildung selber aus. Qualifizierte Ausbildungsplätze, die in einem anerkannten Abschluß münden, werden nur in geringer Zahl angeboten. Das Lohnniveau entspricht nach einer englischen Studie den regionalen Verhältnissen.

Von den Arbeitsplätzen wird ferner ein erheblicher Teil – etwa zwei Drittel (Strasdas 1991) – als Teilzeitarbeitsplätze angeboten, ein nicht unerheblicher Teil (um 30 %) sogar mit Arbeitszeiten von 10 Stunden und weniger. Ungünstig dürfte dabei die Konzentration vieler Tätigkeiten, insbesondere des Reinigungsdienstes auf die An- und Abreisetage Montag und Freitag sein. Der hohe Anteil an Teilzeitarbeitsplätzen wird z. T. auch generell kritisiert (z. B. Kals 1991). Das Angebot an Teilzeitbeschäftigung entspricht jedoch offenbar einer vorhandenen Nachfrage. So ist das Verhältnis offene Stellen/Arbeitssuchende bei Teilzeitstellen seit Jahren besonders ungünstig, da insbesondere Frauen sich z. T. bei einer Vollzeitbeschäftigung nicht in der Lage sehen, ihre Arbeit mit ihren anderen Aufgaben (etwa Kinderbetreuung) in Einklang zu bringen. Teilzeitbeschäftigung wird deshalb auch von Seiten der Gewerkschaften nicht mehr so negativ bewertet wie noch vor einigen Jahren. Problematisch ist allerdings, wenn sich die Arbeitszeiten weitgehend nach betrieblichen Bedarfen ausrichten und die Abendstunden sowie das Wochenende einschließen. Der freie Samstag hat für die Arbeitnehmer einen sehr hohen Stellenwert[8]; der arbeitsfreie Sonntag hat sogar Verfassungsrang (Art 140 GG: „Der Sonntag und die staatlich anerkannten Feiertage bleiben als Tage der Arbeitsruhe und der seelischen Erhebung gesetzlich geschützt").

Insgesamt ist die Qualität der Arbeitsplätze also eher negativ zu beurteilen.

Im Zusammenhang mit den Arbeitsmarkteffekten ist noch von Interesse, inwieweit die Arbeitsplätze aus der Region besetzt werden. Dies war bei den Ferienzentren der ersten Generation weitgehend nicht der Fall[9]. In den neueren

---

6 Kals 1991 spricht von 30 %. Auch die Ferienparks der ersten Generation haben nach der Anlaufphase Personal abgebaut; s. Strasdas 1991
7 Im Center Parc Elveden Forest im ersten Betriebsjahr 97 %, in Sherwood Forest nach drei Jahren 54 %

8 Bei einer IG-Metall-Umfrage sprachen sich 95 % der Befragten gegen einen Tausch des arbeitsfreien Samstags gegen die Arbeitsbefreiung an einem anderen Wochentag aus; s. Garhammer 1992
9 Nur 40 % der Beschäftigten aus der Standortregion, insbesondere Fachpersonal wurde aus anderen Regionen angeworben; s Strasdas 1991

Parks stammte dagegen der weit überwiegende Teil der Arbeitskräfte aus der Region, nur die führenden Positionen sind mit Kräften von außerhalb besetzt. Die Besetzung aus der Region kann jedoch für das einheimische Fremdenverkehrsgewerbe problematisch sein. Es ist denkbar, daß die nicht-saisonalen Arbeitsplätze im Park bevorzugt werden. In welchem Umfang mit einer Abwerbung aus vorhandenen Betrieben zu rechnen ist, ist nicht bekannt, weil es erst seit kurzer Zeit Parks in Gebieten mit traditionellem Tourismus gibt.

5.2.4 Auswirkungen auf die kommunalen Haushalte

Zu den wesentlichen Argumenten für die Ansiedlung eines Ferienparks zählen positive Auswirkungen für den kommunalen Haushalt. Die Gemeinden versprechen sich insbesondere Steuermehreinnahmen, z. T. wurden auch mögliche Einsparungen durch Verringerung der Betriebsausgaben von Infrastruktureinrichtungen, insbesondere von Schwimmbädern, als Vorteil genannt (Stadt Medebach 1988, Strasdas 1991).

Die Erfahrungen mit der Ansiedlung der Ferienzentren der ersten Generation Anfang der siebziger Jahre waren eher negativ. Während die Steuermehreinnahmen geringer als erwartet waren, weil kaum Gewinne anfielen, mußten die erheblichen Kosten für die externe Erschließung meist von den Gemeinden aufgebracht werden. Hieraus scheinen die Gemeinden gelernt zu haben. Zumindest die unmittelbar dem Park zuzurechnenden Ausgaben werden i.d.R. dem Betreiber angelastet (Strasdas 1991).

Was die Steuereinnahmen angeht, so sind hier vor allem
– die Grunderwerbsteuer
– die Grundsteuer,
– die Gewerbesteuer und
– evtl. Fremdenverkehrsabgaben
von Interesse. Die jeweiligen Regelungen sind außerordentlich kompliziert und ständigen Änderungen unterworfen, sodaß die Steuermehreinnahmen schwer abzuschätzen sind. Einige Anhaltspunkte sollen aber aufgeführt werden:

Die Grunderwerbsteuer beträgt bundeseinheitlich 2 % des Kaufpreises. In NRW verbleiben davon 9/14 im Kreis, den Rest erhält das Land (Hardt 1988).

Bei der Grundsteuer wird nach Grundsteuer A (für landwirtschaftliche Betriebe) und B differenziert. Die Steuermeßzahl beträgt für bebaute Grundstücke 3,5 v.T. des Einheitswerts von 1964. Hierauf wenden die Gemeinden ihren Hebesatz an. Die Gemeinde Dahlem rechnet damit, daß von dem dort geplanten Center Parc Grundsteuer in Höhe von 250.000 DM/Jahr gezahlt wird.

Bei der Gewerbesteuer wird zwischen der Steuer auf den Ertrag und der auf das Kapital unterschieden. Dabei gibt es Freibeträge, die kleine und z. T. auch mittlere Betriebe von der Steuerzahlung ausschließen. Wieviel Gewerbesteuer ein Ferienpark der zweiten Generation zahlen müßte, ist schwer abzuschätzen, da unbekannt ist, ob und wenn ja wieviel Gewinn erzielt wird. Ausländische Unternehmen können der Steuerzahlung im Inland ferner durch überhöhte Verrechnungspreise für interne Leistungen teilweise ausweichen. Zumindest in den ersten Jahren dürfte das Aufkommen wegen der hohen Abschreibungen eher gering sein.

Von der Einkommensteuer verbleibt 15 % des örtlichen Einkommens bis zu einem Sockelbetrag (z. Z. 32000 bzw. 64000 DM (Allein-/Zusammenveranlagte)) bei den Gemeinden. Die Gemeinde kann hier durch den Ferienpark profitieren,
– soweit das Einkommen von Einwohnern bis zu diesem Betrag steigt sowie
– durch den Zuzug neuer Einwohner – die allerdings auch zusätzliche Bedarfsträger sind.

Fremdenverkehrsabgaben zählen zu den sog. „Kleinen Gemeindesteuern", bei denen die Länder die Befugnis zur Gesetzgebung an die Gemeinden übertragen haben. Die Satzungen sind genehmigungspflichtig und durch die Kommunalabgabengesetze der Länder reglementiert. Bei den hohen Bettenzahlen fielen entsprechend hohe Summen an (bei einem Satz von 1 DM je Übernachtung und 1,3 Mio. Übernachtungen z. B. 1,3 Mio. DM).

Die Abschätzung der Auswirkungen der Ansiedlung von Ferienparks für die Gemeinden wird weiter durch den kommunalen Finanzausgleich erschwert, mit dem ein Ausgleich zwischen Gemeinden mit unterschiedlicher Finanzkraft und unterschiedlichem Finanzbedarf angestrebt wird. Der Bedarfsaspekt wird im folgenden nicht diskutiert, es wird also davon ausgegangen, daß die Ansiedlung des Ferienparks nicht zu Bedarfen führt, die im Finanzausgleich berücksichtigt werden.

Bei der Berechnung der gemeindlichen Steuerkraft werden nur die Grundsteuern, die Gewerbesteuer und der Gemeindeanteil an der Einkommensteuer berücksichtigt. Fremdenverkehrsabgaben gehen nicht in den Finanzausgleich ein, verbleiben also voll bei der Gemeinde.

Bei den sog. Realsteuern (den Grundsteuern und der Gewerbesteuer) wird ferner mit fiktiven Hebesätzen gerechnet, sodaß sich Anhebungen Hebesätze ebenfalls weitgehend ungekürzt auf die Einnahmen der Gemeinde auswirken. Veränderungen der Bemessungsgrundlage, um die es hier geht, werden dagegen im Finanzausgleich berücksichtigt.

Im Rahmen des Finanzausgleichs werden nun der Finanzbedarf und die (fiktive) Finanzkraft miteinander verglichen und die Finanzkraft der finanzschwächeren Gemeinden durch Zuweisungen des Landes an die stärkerer Gemeinden angeglichen. Da diese Zuweisungen verringert werden, wenn durch die Ansiedlung eines Ferienparks Steuermehreinnahmen erzielt werden, kommen die Mehreinnahmen nicht nur der Standortgemeinde, sondern auch anderen Gemeinden und dem Land zugute.

Die Höhe dieses Anteils hängt von einer Vielzahl von Determinanten ab; allgemeingültige Aussagen sind daher schwierig. Daß auch Fachleuten der Überblick verloren gehen kann, zeigt die Übernivellierung durch die sog. Aufstockung I und II im Gemeindefinanzierungsgesetz (GFG) 1983, die dazu führte, daß steuerschwächere Gemeinden z. T. besser gestellt wurden als steuerstärkere und Steuermehreinnahmen z. T. zu einer Verringerung der Finanzkraft führten (Deubel 1984). Diese Regelung ist vom Verfassungsgericht NRW für verfassungswidrig erklärt worden.

Nach dem GFG 1992 erhält die Gemeinde 95 % des Unterschiedsbetrags zwischen Ausgangs(=Bedarfs-)meßzahl und der Steuerkraftmeßzahl als Zuweisung. Erreicht oder überschreitet die Steuerkraftmeßzahl die Ausgangsmeßzahl, so erhält die Gemeinde keine Schlüsselzuweisungen, die höheren Steuereinnahmen werden aber auch nicht abgeschöpft; dieser Fall dürfte aber bei den in Frage kommenden Gemeinden selten sein.

Die Ausgleichsregelungen des Finanzausgleichs führen dazu, daß den Gemeinden Mehreinnahmen an Grund- und Gewerbesteuern als Folge von Betriebsansiedlungen nur zum Teil verbleiben. Günstiger sieht es bei Fremdenverkehrsabgaben aus, da diese nicht in den Finanzausgleich eingehen.

5.2.5 Planungs-, Realisierungs- und Betriebsrisiko

Ein Ferienparkvorhaben kann in verschiedenen Phasen scheitern. Es ist möglich, daß
– das Vorhaben vor Baubeginn abgebrochen wird (Planungsrisiko)
– der Bau nicht zu Ende geführt wird (Realisierungsrisiko) und
– die Anlage nach Inbetriebnahme nicht rentabel arbeitet (Betriebsrisiko).

Weiter muß zwischen dem Risiko für den Investor und dem für die Öffentlichkeit unterschieden werden. Das Risiko für den Investor besteht darin, daß Aufwendungen getätigt werden, ohne daß das Vorhaben verwirklicht wird, oder daß seine Investition nicht den erwarteten Gewinn abwirft, eventuell sogar Verluste einfährt – bis hin zum vollständigen Verlust des eingesetzten Kapitals. Risiken für die öffentliche Hand können einmal darin bestehen, daß Planungsaufwendungen für dann nicht durchgeführte Vorhaben getätigt werden. Wird das Vorhaben nicht zu Ende geführt oder arbeitet die Anlage nicht rentabel, können weiter Nutzungsänderungsvorschläge oder Brachflächenprobleme auf die Öffentlichkeit zukommen. Auch können die erwarteten Steuereinnahmen ausbleiben. Aus diesem Grund ist das Risiko des Investors auch für die Öffentlichkeit von Interesse.

Insgesamt gilt der Freizeitmarkt als einer der risikoreichsten Märkte, der hohe Anforderungen an Planung und Management stellt. Tabelle 5.4 gibt die Gründe des Scheiterns von Freizeitprojekten wieder, wie sie eine Studie für einen US-Investor ermittelt hat.

Tabelle 5.4
Gründe für das Scheitern von Freizeitprojekten

	Anzahl
Finanzierung	34
Unprofessionalität	24
Genehmigungsprobleme	14
Umweltschutz	10
unseriös	12
Konkurrenz	4
unbekannt	22
insgesamt	120

Quelle: Wenzel 1991

Im folgenden wird auf verschiedene Risikofaktoren nach Phasen eingegangen.

a) Planungsrisiko
Eine Vielzahl von Ferienparkprojekten ist in den letzten Jahren in unterschiedlichen Planungsstadien abgebrochen worden. Gründe für den Abbruch der Projekte waren:
– trägerexterne Gründe wie Genehmigungsschwierigkeiten, Scheitern vor Gericht sowie
– trägerinterne Gründe: Finanzierungsprobleme oder mangelndes Interesse.

Genehmigungsschwierigkeiten können sich vor allem bei der Wahl eines ungeeigneten Standorts ergeben. Daß sich eine Genehmigungsbehörde grundsätzlich gegen Ferienparks ausgesprochen hätte, ist nicht bekannt. Der Bezirksplanungsrat in Arnsberg hat allerdings beschlossen, vorerst nur eine derartige Anlage im Regierungsbezirk zuzulassen und sich auch gegen eine Anlage in Ahlen im benachbarten Regierungsbezirk Münster gewandt, weil Zweifel bestanden, ob das Marktpotential für mehrere Anlagen in diesem Raum ausreicht. Ferner werden sich die Anforderungen der einzelnen Genehmigungsbehörden und Gerichte unterscheiden. Es erscheint plausibel, daß potentielle Investoren ihnen zu hoch erscheinenden Anforderungen ausweichen.

Vielfach sind Projekte aber wohl auch an Finanzierungsschwierigkeiten der Interessenten gescheitert. So ist ein Teil der Projekte von Gesellschaften mit geringem Eigenkapital geplant worden, die vorhatten, das erforderliche Kapital mit Hilfe eines Investmentfonds aufzubringen, was z. T. mißlungen ist (Strasdas 1991). Ferner werden von den Investoren oft Scheinverhandlungen geführt, ohne daß echtes Interesse für einen Standort besteht, oder es wird mit mehreren Gemeinden verhandelt, beides in der Absicht, günstige Bedingungen für den gewünschten Standort auszuhandeln. Welche Gründe letztlich tatsächlich für das Abspringen des Investors maßgeblich waren, ist meist nicht eindeutig festzustellen.

Die Planungsverfahren erfordern Aufwendungen der öffentlichen Hand, die bei einem Abbruch der Planung verloren sind, soweit die Verfahren nicht kostenpflichtig sind. Immerhin sind die Folgen begrenzt.

b) Realisierungsrisiko
Wird der Bau nicht zuende geführt wird, bleibt ein mehr oder weniger großer und funktionsfähiger Torso. Die wichtigsten Gründe für einen Abbruch der Bauarbeiten dürften
– Gerichtsentscheidungen und
– Finanzierungsschwierigkeiten
sein.

Ein Beispiel für ein nach Baubeginn durch Gerichtsentscheid gestopptes Vorhaben ist der geplante Center Parc Bispingen, bei dessen Planung das OVG Lüneburg schwerwiegende Mängel festgestellt hat. Vor dem Baustop waren jedoch aufgrund der erteilten Baugenehmigung bereits u. a. umfangreiche Rodungs- und Erdarbeiten durchgeführt und Bungalows im Rohbau errichtet worden. Dafür sollen 17 Mio. DM investiert worden sein. Ob der Investor bei einer Feststellung der Rechtswidrigkeit des Baugenehmigungsverfahrens einen Anspruch auf Schadensersatz hätte (Lambrecht/Herrmann 1989), kann hier nicht geklärt werden. Auf jeden Fall wären erhebliche Schäden am Naturhaushalt angerichtet, ohne daß dem ein Nutzen gegenübersteht. Als Konsequenz der Gerichtsentscheidung haben die Gemeinde und Center Parcs die Planung geändert. Ob der Park nunmehr fertiggestellt werden kann, ist noch unklar, da noch eine Klage anhängig ist.

Auch für nicht in vollem Umfang realisierte Ferienhausanlagen gibt es viele Beispiele. Dies gilt vor allem für Projekte, die über Bauherrenmodelle finanziert wurden. Häufig wurden weniger Wohneinheiten als geplant errichtet und/oder der Zentralanlagenbereich wurde nicht wie geplant fertiggestellt. Da die Zentralanlagen über den Verkaufspreis für die einzelnen Wohneinheiten finanziert werden sollten und oft ein Teil der geplanten Häuser nicht plaziert werden konnte, war es nicht möglich, die Infrastruktur wie geplant zu erstellen. Dies kann dann zur Folge haben, daß die Anlage wegen zu geringer Betriebsgröße nicht rentabel betrieben werden kann (Scherrieb 1988).

c) Betriebsrisiko
Auch wenn es dem Investor nicht gelingt, das Projekt rentabel zu betreiben oder er aus Gründen, die mit dem Projekt nichts zu tun haben, in Schwierigkeiten gerät, kann es Probleme geben. Möglich ist dann:

– Der Park kann – evtl. mit Verlust – verkauft und im wesentlichen unverändert weitergeführt werden. Durch besseres Management und ggf. durch eine andere Kalkulationsbasis als Folge des niedrigeren Kaufpreises kann die Rentabilitätsschwelle erreicht werden. So soll der französische Freizeitpark Big Bang Schtroumpf nach Investitionen von 220 Mio. DM für 16 Mio. DM verkauft worden sein (Jetter 1991). Für die Öffentlichkeit ist dies der günstigste Fall.

– Es werden – ggf. nach einem Verkauf – bauliche Änderungen oder Erweiterungen vorgenommen, um den Park attraktiver zu machen. So hat Gran Dorado den Ferienpark Heilbachsee nach der Übernahme erweitert und mit einer großen Zentralanlage mit „Schwimmparadies" versehen. Aus dem Freizeitpark-Bereich ist ferner bekannt, daß ständig neue Attraktionen geboten werden müssen, um für Wiederholungsbesucher interessant zu bleiben. Zumindest für innenorientierte Betriebskonzepte dürfte dies ebenfalls gelten, wenn auch in abgeschwächtem Maße. In der Tat sind alle Center Parcs erweitert und z. T. umgebaut worden und es wird versucht, neue Attraktionen zu bieten. Für Gran Dorado soll dies nach eigener Einschätzung nicht gelten, da diese Parks in stärkerem Maße von der Attraktivität der Umgebung leben (Dogterom 1992).

Möglicherweise befürchtet auch Center Parcs, daß Schwimmparadiese und Sportangebote allein auf die Dauer nicht attraktiv genug sind. Dies könnte die Hinwendung auch von Center Parcs zu landschaftlich attraktiven Standorten erklären, die für ein innenorientiertes Betriebskonzept an sich nicht erforderlich sind. Derartige Standorte sind sicherlich resistenter gegenüber Veränderungen von Urlaubsmoden. Insofern ist die Änderung der Standortanforderungen von Center Parcs keineswegs unlogisch[10].

– Der Park wird umgenutzt, indem die Wohneinheiten teilweise oder vollständig in Einzeleigentum umgewandelt werden. So wurde die Kapazität der sieben großen Ferienzentren an der Ostsee über Privatisierungen und in einem Fall über die Überführung eines Teils der Betten in eine Kurklinik um 51 % reduziert und damit der Nachfrage angepaßt (Becker 1984). Dies würde allerdings den Zielen der Regional- und Landesplanung widersprechen. Im Falle der Ferienparks neuen Stils stellt sich ferner die Frage, was mit den Zentralanlagen mit ihren hohen Betriebskosten wird, da diese von den Einzeleigentümern kaum unterhalten werden könnten und abseits der Ballungsräume auch kaum ausreichend Tagesgäste anziehen werden.

– Als letzte Alternative könnte der Park zur Ruine werden. Dies wäre etwa im Falle einer tiefgreifenden wirtschaftlichen oder ökologischen Krise denkbar, die zu einer radikalen Verteuerung der Energiekosten und zu einem wesentlichen Rückgang des Kurzurlaubstourismus führt. Es wäre dann möglich, daß die Anlage wegen ihrer hohen Betriebskosten im einsetzenden Verdrängungswettbewerb um die verbleibende Nachfrage preislich nicht mithalten kann. Wegen der Zentralanlage könnte selbst die Umwandlung in Einzeleigentum Probleme aufwerfen, vor allem bei einem isolierten Standort der Anlage und möglicherweise bei schlechter werdender Auslastung jahrelang unterlassener Instandhaltung der Häuser. Diese Möglichkeit erscheint zwar aus heutiger Sicht unwahrscheinlich. Wie schnell sich Trends ändern, wird jedoch deutlich, wenn man bedenkt, daß noch Mitte der achtziger Jahre von einer Abnahme der Reiseintensität als Folge stagnierender Einkommen ausgegangen wurde (Nake-Mann 1984).

Das Risiko für den Investor muß als hoch angesehen werden. Einmal scheint zwar die Rentabilität der bisherigen

10 Diese Auffassung vertritt Strasdas 1991

Parks nach den vorliegenden Informationen hoch. Gegen eine einfache Übertragung dieser Werte auf geplante Parks in NRW werden jedoch mehrere Argumente vorgebracht:

– Center Parcs hat in den Niederlanden die erforderlichen Grundstücke z. T. kostenlos erhalten; die Investitionen sind ferner von der öffentlichen Hand mit 25 % gefördert worden (Scherrieb 1988). Eine staatliche Förderung aus Mitteln der Gemeinschaftaufgabe regionale Wirtschaftsförderung oder aus Länderprogrammen gibt es zwar auch in der Bundesrepublik, allerdings ist eine staatliche Förderung in NRW nur in wenigen Regionen möglich (s. Abbildung 5.1) und z. T. auf kleinere und mittlere Unternehmen beschränkt (s. MWMT 1991). Bei den Grundstückspreisen scheinen die Gemeinden den Unternehmen allerdings entgegen zu kommen. So soll die Stadt Medebach dem Investor vertraglich zugesichert haben, zwei Drittel des Grunderwerbspreises in Form von Steuererleichterungen bei der Gewerbesteuer zu erstatten (Strasdas 1991). Auch von anderen Gemeinden ist bekannt, daß sie die gemeindeeigenen Flächen zu einem Preis verkauft haben, der eher dem für land- oder forstwirtschaftliche Flächen als dem für Baugelände entspricht (s. auch Kals 1991).

– Höhere Kosten ergeben sich ferner infolge strengerer Bauvorschriften und Komfortbedürfnisse sowie höherer Energiekosten in Deutschland (Scherrieb 1988).

– Die Investitionskosten sind mit ca. 200 Mio. DM (Strasdas 1991) sehr hoch. Mit durchschnittlich 75000 DM liegen auch die Investitionen pro Bett erheblich über den in älteren Ferienzentren und besonders über den im traditionellen Fremdenverkehr investierten Beträgen. Dies schlägt sich in einer sehr hohen Mindestauslastung von 65 bis 90 % (Strasdas 1991) nieder. Die Mindestauslastung von Center Parcs liegt dabei besonders hoch, weil die Anlagen sehr anspruchsvoll und aufwendig sind. Laut Gutachten für die geplante Anlage in Medebach sind derartige Anlagen ständig in Gefahr, ihre Wirtschaftlichkeit zu verlieren. Auch wenn der Gutachter für ein Konkurrenzprojekt in Brilon dem Medebachgutachter zu Recht vorwirft, Fehler bei der Be-

Abb. 5.1
NORDRHEIN-WESTFALEN

Regionales Wirtschaftsförderungsprogramm NRW Stand: März 1992

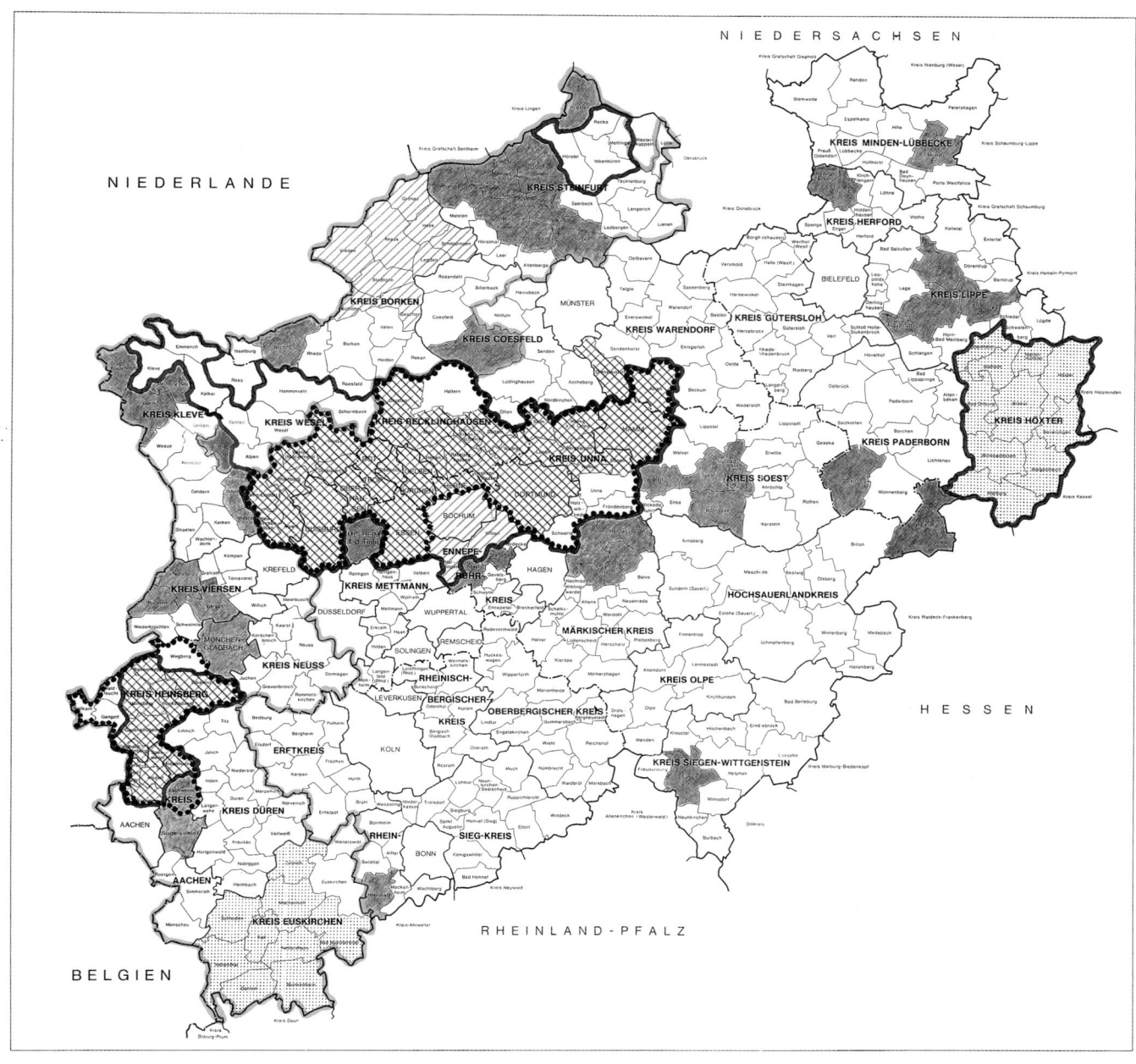

Verwaltungsgrenzen Stand 1.1.1984
- – · – Staatsgrenze
- ——— Landesgrenze
- – · · – Regierungsbezirksgrenze
- ——— Kreisgrenze
- ——— Gemeindegrenze

Maßstab: 1 : 1 500 000

Bearbeitung und Kartographie:
Institut für Landes- und Stadtentwicklungsforschung
des Landes Nordrhein-Westfalen (ILS)

━━━ Gemeinschaftsaufgabe

Fördergebiete von NRW-EG-Programmen

- ZIEL-2
- RECHAR
- Ziel-5b
- INTERREG

Bei ZIEL-2 und RECHAR sind einzelne Stadtteile nicht Fördergebiet; bei Ziel-5 b in Zülpich nur Ortsteil Bürvenich.

•••••• **Handlungsrahmen Kohlegebiete**
(in Dortmund, Duisburg und Essen gehören nur die Bergbaustadtteile zum Handlungsrahmen)

Landesfördergebiete

rechnung gemacht zu haben (Datzer 1988), sollte das Risiko nicht unterschätzt werden. Größere Marktschwankungen können bei der erforderlichen Mindestauslastung nicht verkraftet werden. Wichtige Kennzahlen beider Berechnungen sind Tabelle 5.5 zu entnehmen.

Tabelle 5.5
Gegenüberstellung der Rentabilitätsberechnungen für die Ferienparks Medebach und Brilon (in Mio. DM)

	Medebach	Medebach 2 (1)	Brilon (2)
Einnahmen			
Mieterlöse	21,935	21,935	27,955
Einnahmen Ferienpark-Einzelhandel, -Gaststätten, Freizeiteinrichtungen, Sonstiges	16,130	16,130	18,157
Einnahmen externe Spaßbadgäste	0,000	0,000	4,077
insgesamt	38,065	38,065	50,189
Kosten			
variable Kosten			
Personalkosten	6,624	6,624	9,785
Wareneinsatz	4,983	4,983	5,201
Energie, Wasser	3,016	3,016	4,326
Provisionen	1,645	1,645	4,904
sonstige Kosten	0,338	0,338	1,270
Mehrwertsteuer	4,675	4,675	5,931
insgesamt	21,281	21,281	31,417
anlagebedingte Kosten			
Zinsen (Annuitäten(1))	11,815	8,271	7,244
Abschreibungen	6,795	6,795	6,469
Instandhaltung/Sonstiges	2,594	2,594	2,305
insgesamt	21,204	17,660	16,018
Kosten insgesamt	42,485	38,941	47,435
Betriebsergebnis	–4,420	–0,876	2,754

Anmerkungen: 1. Scherrieb (Medebach) verwendet Annuitäten anstelle von Zinsen bei der Berechnung der anlagebedingten Kosten. Bei der Berechnung Medebach 2 wird dies korrigiert, ansonsten aber mit Scherriebs Werten gerechnet. 2. mittlere Variante mit 80% Auslastung

Quellen: Scherrieb 1988, Datzer 1988, eigene Berechnungen

Helga Sander/Hartmut Koch

6. Ökologische Auswirkungen von großflächigen Ferienparks

In dem nun folgenden Kapitel soll es darum gehen, einige der mit Ferienzentren der 2. Generation verbundenen Folgewirkungen qualitativ und soweit möglich auch quantitativ abzuschätzen.

Neben der direkten Beanspruchung von Flächen verursachen Ferienzentren durch ihren Betrieb weitere Auswirkungen, zu denen unter anderem Störungen des Naturraumes (innerhalb und außerhalb der Parks) durch Besucher, verkehrliche Auswirkungen, der Verbrauch von Energie und Wasser sowie das Abwasser- und Abfallaufkommen zählen.

Belastungen treten zum einen während der Bauphase, zum anderen durch die Anlagen selbst sowie durch deren Betrieb auf. Da die Belastungen durch Feriengroßprojekte als gravierend angesehen werden, sind bei ihrer Planung sowohl ein Raumordnungsverfahren als auch eine Umweltverträglichkeitsprüfung durchzuführen.

Die ökologische Einschätzung im Rahmen dieses Kapitels soll einige der wichtigsten Auswirkungen der Anlage und des Betriebes von Ferienzentren aufzeigen. Im Rahmen einer Umweltverträglichkeitsprüfung (UVP) sind die Auswirkungen eines Projektes erheblich detaillierter abzuschätzen, wobei auch die baubedingten Auswirkungen zu erfassen sind.

Einen Überblick über die möglichen, von Bau, Anlagen und Betrieb ausgehenden Auswirkungen von Feriengroßprojekten bietet Übersicht 6.1.

Die Schwere möglicher Auswirkungen hängt sowohl vom baulichen und betrieblichen Konzept des geplanten Ferienprojekts als auch insbesondere von der Empfindlichkeit des betroffenen Raumes ab, in dem die Anlage realisiert werden soll.

Der nachfolgenden ökologischen Einschätzung liegen, wie auch bei anderen Studien (vgl. Strasdas u. a. 1991, Herrmann u. a. 1990) im wesentlichen Angaben der Betreiber derartiger Anlagen zugrunde, deren Richtigkeit an dieser Stelle nicht geprüft werden kann. Eine genauere Prüfung und Bewertung bleibt ohnehin den Genehmigungsbehörden im Rahmen der durchzuführenden Verfahren vorbehalten.

6.1 Flächenbeanspruchung

Die nachfolgende Darstellung zur Inanspruchnahme von Flächen beschränkt sich auf die anlagenbedingten Auswirkungen und läßt somit den Flächenbedarf innerhalb der Bauphase außer acht. Die während der Bauzeit auftretenden Flächenansprüche für Lagerzwecke, Baumaschinen, Zufahrtswege etc. lassen sich durch entsprechendes Management der Baustelle weitgehend auf die Flächen begrenzen, die ohnehin später überbaut werden.

Der anlagenbedingte Flächenverbrauch bei den beispielhaft betrachteten Projekten von Center Parcs und Gran Dorado differiert in Abhängigkeit von der Nutzung sowohl bezüglich der Intensität der Beanspruchung als auch in den daraus resultierenden Folgewirkungen. Bevor dies für einzelne Nutzungsarten dargelegt wird, sollen zunächst die Funktionen des Bodens und die Folgen seiner Beanspruchung durch Verdichtung, Versiegelung, Reliefänderung etc. dargelegt werden.

Die nachfolgende Tabelle zeigt zunächst die umweltrelevanten Prozesse bzw.

Funktionen in Böden, deren Vielfältigkeit bei der Inanspruchnahme oftmals übersehen wird:

Übersicht 6.2
Umweltrelevante Prozesse bzw. Funktionen in Böden

Prozeß/Funktion	Beispiele
1. Filterung	Stäube
	Gase
2. Pufferung	Mineraldünger
	Schwermetalle
	Säuren
3. Transformation	Feldspat → Tonmineral
	Streu → Humus
	Herbizid → ($CO_2 + H_2O$)
4. Speicherung	Wasser
	Nährstoffe
	Energie
	Humus
5. Quellung	SiO_2
	Al_2O_3
	Nährstoffe (K, Ca, Mg, P)
	CO_2

Quelle: BfLR, 1986, S. 2

Alle dargestellten Prozesse können durch eine Beanspruchung verändert werden: So verändert etwa die Bodenverdichtung (durch Tritt, Befahren, Maschinen) die Fähigkeit der Wasserspeicherung, die Veränderung des Bodenreliefs durch Bodenbewegungen verändert die Bodenschichtung und damit das Bodenleben (z. B. der Mikroorganismen).

Besonders gravierende Folgen hat die Bodenversiegelung durch Gebäude, Straßen und andere Maßnahmen: Neben einer Vernichtung des Bodenlebens wird der Wasserhaushalt des Bodens gestört, was wiederum zur Verringerung der Grundwasserneubildung bei gleichzeitiger Erhöhung des Oberflächenabflusses führt. Die Folge sind sprunghaft steigende Wassermengen in Bächen und Flüssen, die zu Überschwemmungen führen können, aber auch das Versiegen von Grundwasservorkommen durch fehlende Neubildung.

Die Versickerung von Niederschlagswasser in Abhängigkeit von Bodenbelägen zeigt die nachstehende Abbildung:

Abb. 6.1
Versickerungsfähigkeit von Niederschlag nach Bodenbelägen in %

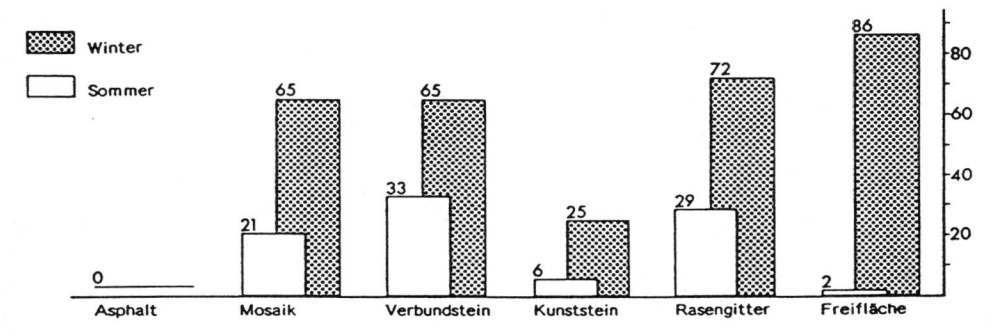

Belag	Sommer	Winter
Asphalt	0	—
Mosaik	21	65
Verbundstein	33	65
Kunststein	6	25
Rasengitter	29	72
Freifläche	2	86

Quelle: Berliner Wasserwerke 1984, in: Pauen-Höppner/Höppner 1989, S. 93

Versiegelung verändert außerdem das Mikro-/Mesoklima, weil die natürlichen Vorgänge der Wasserspeicherung und der Verdunstung durch Pflanzen auf versiegelten Böden nicht stattfinden können. Versiegelte Flächen erzeugen, insbesondere wenn sie großflächig vorkommen, ein staubig-trockenes Klima und kühlen nach intensiver Sonneneinstrahlung am Tage während der Nachtzeit nur langsam ab.

Ein Einfluß durch Versiegelung ergibt sich auch für Flora und Fauna und zwar über den direkten Entzug von natürlichem Lebensraum hinaus auch durch Zerschneidung und Trennwirkung, die zur Verinselung von Biotopen und zum Rückgang von Pflanzen- und Tierarten mit spezialisierten Standortansprüchen führen.

In der Regel gilt für alle diese Faktoren, daß mit wachsender Naturferne des Bodens die Auswirkungen umso gravierender ausfallen.

Nachdem die Folgen der Flächen- bzw. Bodenbeanspruchung dargelegt wurden, sollen im folgenden die unterschiedlichen Arten der Beanspruchung bezogen auf unterschiedliche Nutzungskategorien dargelegt werden. Die entsprechenden Flächendaten werden soweit verfügbar im Anschluß dargestellt:

Gebäudeflächen
In diese Kategorie fallen die Flächen für Bungalows (ggfs. auch Hotelgebäude), Zentralgebäude bzw. Einzelgebäude für Gastronomie, Geschäfte etc., Sporthallen, Lager- und Nebengebäude sowie Anlagen der technischen Ver- und Entsorgung (auch außerhalb der Ferienparks, z. B. als Ergänzung der gemeindeeigenen Kläranlage).

Gebäude bewirken eine vollständige Versiegelung des Bodens sowie die Zerstörung des Bodenlebens im Oberboden durch Verdichtung, Abräumen der obersten Bodenschicht oder andere Eingriffe. Je nach Standortvoraussetzungen wird das Geländerelief für die Errichtung von Gebäuden verändert.

Niederschläge werden in der Regel in die Kanalisation geleitet und dort mit den Abwässern gemischt (Mischsystem). Bestehende Anlagen von Center Parcs und Gran Dorado, die mit einer Versickerung der Niederschläge in Mulden, Sickerschächten o.ä. arbeiten, sind derzeit nicht bekannt.

Übersicht 6.1
Wirkungsmatrix bau-, anlage- und betriebsbedingter Auswirkungen

Wirkfaktoren, Vorhabenmerkmale bzw. Tätigkeiten / Belastungen der Faktoren der Umwelt	VERBRAUCH VON ROHSTOFFEN UND SONSTIGEN GÜTERN: Wasser (Brauch-, Trinkwasser)	Wärmeenergie (Brennmaterialien, Öl, Gas, Strom, Holz etc.)	Elektrische Energie (Strom)	Antriebsenergie (Öl, Benzine, Gas, Strom etc.)	Baumaterialien (Steine, Holz, Beton, Stahl, sonst. Metalle, Asphalt, Kunststoffe, Glas, Kies, Sande etc.)	Pflanzenmaterialien (Pflanzen, Dünger etc.)	Chemikalien (Reinigungs-, Lösungsmittel, Pestizide, sonst. Pflege- u. a. Mittel)	Versorgungsgüter (inkl. Verpackungsmaterialien)	BELASTUNGEN DES BODENS (inkl. des Reliefs): Veränderung des Bodenreliefs	Bodenerosion (Wind/Wasser)	Veränderung der Durchwurzelbarkeit, des Porenvolumens	Veränderung der Bodenfeuchte/Wasserdurchlässigkeit, Austrocknung tieferer Bodenschichten	Veränderung/Zerstörung der Nährstoffverhältnisse, der Bodenfruchtbarkeit	Akkumulation von giftigen/toxischen Stoffen	Veränderung/Zerstörung (weiterer) gewachsener Bodeneigenschaften (Struktur, Profil, Sorptionsverm.)	Vernichtung/Beeinträchtigung von Bodenlebewesen
BAUBEDINGTE WIRKFAKTOREN																
Baustelleneinrichtungen					○				○		●	●	○	○	○	●
Bautätigkeiten – Einrichtung und Abbau der Baustelle			○	○	○				○	○	○	○	○		○	○
Bautätigkeiten – Verkehr und Transport – innerhalb				●			○		●	○	●	●	○	●		●
Bautätigkeiten – Verkehr und Transport – ausserhalb				●			○						○	●		
Bautätigkeiten – Bauarbeiten – Baubetrieb	●	○	○				○	○	○		○	○	○	○		○
Bautätigkeiten – Bauarbeiten – Rodungsarbeiten			○	●	○		○		●	●		●	○			●
Bautätigkeiten – Bauarbeiten – Erd-/Schacht-/Gründungsarbeiten			○	●	●		○		●	●	●	●	●		●	●
Bautätigkeiten – Bauarbeiten – Gebäudeerstellung (Rohbau)	●	○	●	●	●		●		●	●	●	●	●	●	●	●
Bautätigkeiten – Bauarbeiten – Ausführungsarbeiten (Innenausbau)	○	○	●	○	●		●						○	●		
Bautätigkeiten – Bauarbeiten – Anlage von Straßen, Wegen, (Park-)Plätzen	●	●	○	●	●		○		●	●	●	●	●	●	●	●
Bautätigkeiten – Bauarbeiten – Landschaftsbauarbeiten	●		○	●	●	●	○		●	●	●	●	●	○	●	●
Bautätigkeiten – Bauarbeiten – Wasserbauarbeiten	●	○	●	●	●		○			●	●	●	●	○	●	●
Bautätigkeiten – Bauarbeiten – Deponierung				○	○				●	●	●	●	●	●		●
Bautätigkeiten – Bauarbeiten – Abpumpen des Grundwassers				○								●				
Bautätigkeiten – ausser-gewöhnliche Ereignisse – Brände	●		○	○			●					○	○	●		●
Bautätigkeiten – ausser-gewöhnliche Ereignisse – Unfälle	○		○	○			●						○	●		●
ANLAGEBEDINGTE WIRKFAKTOREN (innerhalb der Anlage)																
Bebauung									○	○	○	●	○	●	○	●
Wege- und Verkehrsflächen									○	○	○	●	○	●	○	●
Wasserflächen									○	○	○	●	○	○	○	●
Sicht-/Lärmschutzwälle u. Zäune									○	○	○	○	○			
Sport- u. gartentechnische Anlagen									○	○	○	○	○	○	○	○
von Bebauung/Gestaltung freigehaltene Wald- u. andere Bereiche																
gestaltete, angepflanzte Grünbereiche									○	○	○	○	○		○	○
Ver- u. Entsorgungseinrichtungen/-leitungen									○	○	○	○	○	○	○	●
BETRIEBSBEDINGTE WIRKFAKTOREN																
Verkehr und Transport – innerhalb				●			○		○		○	○	○	●		○
Verkehr und Transport – ausserhalb				●			○						○	●		
Betriebs- u. Unterhaltungsprozesse/-vorgänge – Gästeversorgung	●	●	●	○			●	●						○		
Betriebs- u. Unterhaltungsprozesse/-vorgänge – Dienstleistungen etc.	○	○	○	○			○									
Betriebs- u. Unterhaltungsprozesse/-vorgänge – Unterhaltungs-/Pflegemaßnahmen, Renovierung	●	○	●	○	○	●	●		○			○	○	○		○
Aktivitäten der Gäste – Wohnen	●	●	●				●	●	○		○		○	○		○
Aktivitäten der Gäste – Freizeit-, Erholungs-, Sportaktivitäten – innerhalb – gebäudegebunden	●	●	●	○			●	○								
Aktivitäten der Gäste – Freizeit-, Erholungs-, Sportaktivitäten – innerhalb – im Freien mit Anlage	○		○	○				○	○		○		○	○		
Aktivitäten der Gäste – Freizeit-, Erholungs-, Sportaktivitäten – innerhalb – im Freien ohne Anlage								○	●		●	○	●	○		●
Aktivitäten der Gäste – Freizeit-, Erholungs-, Sportaktivitäten – außerhalb								○	●		●	○	●	○		●
ausser-gewöhnliche Ereignisse – Brände	●		○	○			●					○	○	●		●
ausser-gewöhnliche Ereignisse – Unfälle	○		○	○			●						○	●		●

LEGENDE: ○ Auswirkungen/Belastungen möglich bzw. wahrscheinlich

Quelle: Herrmann u. a. 1990, S. 88f

● erhebliche/schwerwiegende Auswirkungen/Belastungen möglich bzw. wahrscheinlich

Das Ausmaß der Flächenbeanspruchung richtet sich zum einen nach der Zahl der Bungalows, ihrer Wohnfläche und dem Maß der Grundstücksnutzung (Anzahl der Geschosse, GRZ, GFZ). Zum anderen ist das Angebot im Konsum- und Sportbereich, und damit die Größe der entsprechenden Gebäude für die Flächenbeanspruchung maßgebend.

Als Beispiel seien hier die Gebäudeflächen für den geplanten Center Parc in Köselitz, Sachsen-Anhalt genannt: Die gesamte Gebäudefläche von 7,5 ha setzt sich zusammen aus zwei Zentralgebäuden mit zusammen fast 2,4 ha Flächenbedarf, den Bungalowflächen mit 4,8 ha und dem 0,3 ha umfassenden Rezeptionsgebäude (Center Parcs 1992).

Verkehrsflächen
Sowohl der Grad der Versiegelung als auch der Umfang der Verkehrsflächen hängen von mehreren Faktoren ab:

— Für den Versiegelungsgrad ist entscheidend, welche Oberfläche gewählt wird (Asphalt, Pflaster, Rasengittersteine, wassergebundene Decke) und ob diese der Beanspruchung angemessen ist.

So ist für reine Fuß- und Fahrradwege eine wassergebundene Decke ergänzt durch einen gepflasterten Streifen für schlechte Witterung ausreichend. Ebenso können Erschließungswege zu den Bungalows mit geringer Fahrzeugfrequenz gepflastert ausgeführt werden. Denkbar ist auch die Pflasterung schmaler Streifen, die von Fahrzeugen mit den Rädern befahren werden können und einen Wiesenstreifen in der Mitte besitzen.

Während die Erschließungswege in den Center Parcs Het Heijderbos und Het Meerdal, die im Rahmen der Untersuchung besichtigt wurden, mit einer Asphaltdecke ausgestattet sind, hat Gran Dorado im Park Heilbachsee gepflasterte Erschließungswege angelegt.

— Der Umfang der Verkehrsflächen ist unter anderem abhängig vom Erschließungskonzept (z. B. zentrale oder dezentrale Parkplätze; Autos im Park zugelassen oder nicht) und von der Stellplatzquote je Bungalow oder Appartement.

Center Parcs geht im Falle des geplanten Vorhabens in Köselitz (Kapazität ca. 3.800 Gäste) von insgesamt 7,1 ha befestigter Verkehrsflächen aus. Diese setzen sich jeweils zur Hälfte aus Wegeflächen und Parkplätzen zusammen. Hinzu kommen noch 0,65 ha unbefestigter Wegefläche. Insgesamt liegen damit die Verkehrsflächen in der gleichen Größenordnung wie die Summe der Gebäudeflächen (7,1 ha ohne unbefestigte Wege; 7,7 ha insgesamt; nach: Center Parcs 1992).

Nicht berücksichtigt sind bei dieser Darstellung Erweiterungen vorhandener Verkehrsflächen außerhalb der Anlage (z. B. Ausbau von Ortsdurchfahrten) sowie außerhalb der Anlage angelegte Erschließungsstraßen.

Bei asphaltierten Verkehrsflächen werden die Funktionen des Oberbodens durch Verdichtung und Versiegelung zerstört. Eine starke Verdichtung erfolgt ebenfalls durch das Befahren mit Kraftfahrzeugen, auch wenn die Wege gepflastert oder mit einer wassergebundenen Decke versehen sind. Darüber hinaus verursacht der Betrieb mit Kraftfahrzeugen Schadstoffeinträge, die von der Nutzungsfrequenz abhängig sind (s. auch Kapitel 6.2).

Wasserflächen
Wasserflächen zählen vor allem in Center Parcs zu wichtigen Elementen, mit denen „für einen höheren Erholungswert und eine Verschönerung der Ferienhäuser" (Center Parcs 1991, S. 43) gesorgt wird. Darüber hinaus sieht Center Parcs in den Wasserflächen einen Beitrag zur Erhöhung der Artenvielfalt (ebd.) der allerdings kritisch hinterfragt werden muß (s. Kapitel 8.2.1).

Da sowohl Seen als auch Wasserwege innerhalb der Parks mit einer Folienabdichtung künstlich angelegt werden, entsprechen sie insoweit versiegelten Flächen als eine Versickerung von Niederschlägen und damit ein Beitrag zur Grundwasserneubildung nicht stattfindet.

Dieses Faktum ist insbesondere dort problematisch, wo die Beanspruchung der Grundwasservorkommen groß ist, wie beispielsweise in der Lüneburger Heide, die Standort für mehrere Ferienzentren ist (Bispingen, Soltau).

Der Flächenbedarf für Wasserflächen liegt bei den vorhandenen Center Parcs zwischen 0,7 ha (De Lommerbergen) und 40 ha (De Kempervennen), wobei größere Wasserflächen vor allem in den Anlagen mit einer Gesamtfläche über 60 ha zu finden sind[11].

[11] Eine Ausnahme stellt der 50 ha große Center Parc De Eemhof dar, dessen 17 ha große Wasserfläche aber einen Anschluß an vorhandene Gewässer besitzt.

Abb. 6.2
Anlage einer Wasserfläche mit Folienabdichtung

Abb. 6.3
Großer See im Center Parc „Het Meerdal"

Sport- und Spielflächen

Neben den Sportmöglichkeiten, die in entsprechenden Sporthallen bzw. im Zentralkomplex angeboten werden, verfügen die Anlagen von Center Parcs und Gran Dorado auch über Außenflächen für Spiel und Sport. Außer Kinderspielflächen sind Plätze für Ballsportarten (Volleyball, Basketball, Tennis), Minigolf sowie weitere Sportarten, wie Bogenschießen, Sommerskifahren (CP De Kempervennen) und Golf (18-Loch-Anlage in Het Heijderbos und 2 kleinere Anlagen) vorzufinden.

Während einige dieser Spielflächen keinen befestigten Untergrund benötigen, werden andere, z. B. Tennisplätze, durch einen entsprechenden Belag wetterfest gemacht. Zum Teil sind demnach auch die Sport- und Spielflächen zu den versiegelten Bereichen zu rechnen.

Eine Quantifizierung dieser Flächen kann allerdings wegen fehlender Angaben der Betreiber nicht vorgenommen werden.

Abb. 6.4
Intensiv gepflegte Grünflächen an den Bungalows

Grünflächen

Bei den Grünflächen innerhalb von Ferienzentren ist zu unterscheiden zwischen gärtnerisch gestalteten (Zier-)Grünflächen (Rasenflächen, Pflanzbeete etc.), kleinteiligen naturnahen Grünflächen (z. B. Grünbestand zwischen den Bungalows) und zusammenhängenden naturnahen Grünflächen.

Letztere finden sich naturgemäß vorwiegend in größeren Anlagen (über 50 ha), weil der Flächenbedarf der übrigen Nutzungen dort nur einen geringeren Teil der Gesamtfläche beansprucht. Aber auch in großflächigen Ferienzentren kann sich der Begriff naturnah nur auf die Intensität gärtnerischer Eingriffe in den Grünbestand beziehen, da sämtliche Flächen innerhalb einer Anlage aufgrund der Störungen durch Feriengäste zu den belasteten Bereichen gezählt werden müssen.

Eine Zusammenstellung zum Flächenbedarf der Ferienzentren von Center Parcs und Gran Dorado, die auf Angaben der Betreiber basiert, ist der nachfolgenden Aufstellung zu entnehmen:

Tab. 6.1
Flächennutzung bestehender Ferienzentren

Center Parcs

De Lommerbergen (1968)
Gesamtgröße:	31 ha
Wasserfläche:	0,7 ha
Land: gesamt:	30,3 ha
bepflanzt:	25 ha
versiegelte Fläche:	5,3 ha
Anzahl Bungalows:	502
Bungalowfläche:	3,449 ha
Anzahl Betten:	2.265

Het Vennenbos (1970)
Gesamtgröße:	50 ha
Wasserfläche:	3 ha
Land: gesamt:	47 ha
bepflanzt:	35 ha
versiegelte Fläche:	12 ha
Anzahl Bungalows:	524
Bungalowfläche:	4,254 ha
Anzahl Betten:	2.735

Het Meerdal (1971)
Gesamtgröße:	60 ha
Wasserfläche:	3 ha
Land: gesamt:	57 ha
bepflanzt:	40 ha
versiegelte Fläche:	17 ha
Anzahl Bungalows:	654
Bungalowfläche:	5,512 ha
Anzahl Betten:	3.535

De Huttenheugte (1972)
Gesamtgröße:	105 ha
Wasserfläche:	20 ha
Land: gesamt:	85 ha
bepflanzt:	45 ha
versiegelte Fläche:	40 ha
Anzahl Bungalows:	677
Bungalowfläche:	5,943 ha
Anzahl Betten:	3.803

De Vossemeren (1987)
Gesamtgröße:	83 ha
Wasserfläche:	30 ha
Land: gesamt:	53 ha
bepflanzt:	30 ha
versiegelte Fläche:	23 ha
Anzahl Bungalows:	708+Hotel
Bungalowfläche:	6,018 ha
Anzahl Betten:	3.742

De Eemhof (1980)
Gesamtgröße:	50 ha
Wasserfläche:	17 ha
Land: gesamt:	33 ha
bepflanzt:	24 ha
versiegelte Fläche:	9 ha
Anzahl Bungalows:	700
Bungalowfläche:	6,295 ha
Anzahl Betten:	3.954

Erperheide (1981)
Gesamtgröße:	47 ha
Wasserfläche:	2 ha
Land: gesamt:	45 ha
bepflanzt:	32 ha
versiegelte Fläche:	13 ha
Anzahl Bungalows:	616
Bungalowfläche:	4,87 ha
Anzahl Betten:	2.833
Subtropisches Bad:	0,281 ha
Parc Plaza:	0,16 ha
Sonstige Fläche:	7,689 ha

Het Heijderbos (1986)
Gesamtgröße:	71 ha
Wasserfläche:	11 ha
Land: gesamt:	60 ha
bepflanzt:	40 ha
versiegelte Fläche:	20 ha
Anzahl Bungalows:	680+Hotel
Bungalowfläche:	6,153 ha
Anzahl Betten:	3.740

De Kempervennen (1976)
Gesamtgröße:	132 ha
Wasserfläche:	40 ha
Land: gesamt:	92 ha
bepflanzt:	62 ha
versiegelte Fläche:	30 ha
Anzahl Bungalows:	717
Bungalowfläche:	5,716 ha
Anzahl Betten:	3.762

Les Bois Francs (1988)
Gesamtgröße:	300 ha
Wasserfläche:	7 ha
Land: gesamt:	293 ha
bepflanzt:	275 ha
Anzahl Bungalows:	740+Hotel
Bungalowfläche:	6,884 ha
Anzahl Betten:	3.834

Sherwood Forest (1987)
Gesamtgröße:	150 ha
Wasserfläche:	10 ha
Land: gesamt:	140 ha
bepflanzt:	100 ha
Anzahl Bungalows:	720+Hotel
Bungalowfläche:	-
Anzahl Betten:	3.806

Gran Dorado

Heilbachsee (1982 – Erweiterung 1990)
Gesamtgröße:	10 ha/ 26 ha
Anzahl der Bungalows:	470
Bungalowfläche:	3,767 ha

Port Zélande (1990)
Gesamtgröße:	24 ha
Anzahl der Bungalows:	722
Bungalowfläche:	6,462 ha

Zandvoort (1989 – Erweiterung 1990)
Gesamtgröße:	28 ha
Anzahl der Bungalows:	568
Bungalowfläche:	4,009 ha

Weerterbergen (1985)
Gesamtgröße:	40 ha
Anzahl der Bungalows:	496
Bungalowfläche:	4,255 ha

Loohorst (1979 – Erweiterung 1986)
Gesamtgröße:	40 ha/ 52 ha
Anzahl der Bungalows:	500
Bungalowfläche:	4,188 ha

Quelle: Angaben von Center Parcs und Gran Dorado sowie eigene Berechnungen auf der Grundlage von Angaben in den Reisekatalogen (Bruttofläche der Bungalows = Wohnfläche zuzgl. 25 %).

6.2 Verkehrliche Auswirkungen

Nachdem im vorangegangenen Abschnitt bereits der Flächenbedarf u. a. für Verkehrsflächen erläutert wurde, sollen nachfolgend die betriebsbedingten verkehrlichen Auswirkungen von Ferienzentren analysiert werden.

Aus mehreren Gründen gehören die Verkehrsbelastungen zu den besonders problematischen Folgewirkungen von Ferienanlagen:

- Durch die periphere bis isolierte Lage der Parks und ein zumeist beschränktes Angebot öffentlicher Verkehrsmittel erfolgt die Anreise zu mehr als 90 % mit dem eigenen PKW (Auskunft Center Parcs und Gran Dorado; vgl. auch Strasdas u. a. 1991, S. 154).
- Die Entfernung von den Ballungsgebieten mit hoher Bevölkerungsdichte macht Fahrzeiten von 2-4 Stunden zu den Ferienparks erforderlich[12]. Außer der Anreise werden von den Gästen auch noch Ausflüge mit dem PKW unternommen.
- Bedingt durch die kurze Aufenthaltsdauer von durchschnittlich 3,6 Tagen (Center Parcs) bzw. 5,2 Tagen (Gran Dorado) weisen Freizeitgroßprojekte einen hohen Personen- und damit Fahrzeugumsatz auf.
- Die Verkehrsbelastungen werden zum Teil in bislang wenig belastete Gebiete getragen mit der Folge, daß dort zusätzliche Belastungen durch Verkehrslärm, Luftschadstoffe und Bodenverunreinigungen entlang der Verkehrswege und -flächen entstehen.

Hinzu kommen die allgemeinen Probleme, die durch den Autoverkehr verursacht werden: Der Straßenverkehr ist die mit großem Abstand bedeutendste Quelle der Luftverschmutzung. 1991 entstammten in den alten Bundesländern 68 % aller emittierten Stickoxide, 52 % der Kohlenwasserstoffe und 74 % des Kohlenmonoxids dem Verkehr.

Insbesondere Gesundheitsrisiken und ökologische Schäden sind als bedeutende Umweltgefahren, -belastungen zu benennen. Abgesehen von Lärmemissionen, die störende Umweltbelastungen darstellen, zählen verschiedene Stoffe in den Abgasen von Benzin- und Dieselmotoren zu den direkten Faktoren, die beim Menschen zu Krebserkrankungen führen können (z. B. Benzol/ Rußpartikel im Dieselabgas, Dioxine, Furane im Otto-Motor).

Zu den ökologischen Schäden zählen in erster Linie die CO_2-Emissionen sowie das vom Verkehr ausgehende Ozon, Methan und Distickstoffoxid, die erheblich zum Risiko möglicher Klimaveränderungen beitragen und durch das Stickoxid zur Entstehung des sauren Regens auch an Waldschäden und Bodenbelastungen beteiligt sind (vgl. Rudel 1992, S. 30 f.).

Bodenbelastungen als Auswirkungen des Kfz-Verkehrs kommen u. a. durch Öl, Reifenabrieb, Schwermetalle, organische Verbindungen zustande.

Die Studie von HÖPFNER u. a. (1988) zieht einen Vergleich der Umweltbelastungen zwischen PKW, Bussen und Bahnen bezogen auf das Jahr 1984: In Hinblick auf den spezifischen Primärenergieverbrauch liegt der PKW-Anteil mehr als 3 mal so hoch wie der von Bus und Bahn. Das insgesamt günstigste Verkehrsmittel sind die Bahnen, gefolgt von Bussen. Der Schadstoffmengenausstoß der Bahnen liegt jedoch weit unter dem Emissionsniveau, das Stickoxide, Kohlenwasserstoffe oder Partikel bei den Kraftfahrzeugen aufweisen (vgl. Höpfner u. a. 1988, S.161 ff.).

Bei dem nachfolgenden Versuch einer Quantifizierung der verkehrlichen Auswirkungen sollen die Belastungen durch LKW während der Bauphase außer Betracht bleiben. Der durch den Betrieb von Ferienzentren entstehende Verkehr setzt sich aus mehreren Arten zusammen:

- An- und Abreiseverkehr der Urlauber
- Ausflugsverkehr der Urlauber
- Verkehr durch Tagesgäste
- Lieferverkehr
- Arbeitswege der Beschäftigten

Diese Teilverkehre werden im folgenden dargestellt und soweit möglich quantifiziert.

An- und Abreiseverkehr

Bedingt durch die überwiegende Zahl von Kurzurlaubern, die eine Aufenthaltsdauer von 3–4 Tagen wählen, ergeben sich in den Anlagen von Center Parcs und Gran Dorado zwei Wochentage, an denen ein Großteil der Bungalows vormittags von den abreisenden Gästen verlassen und nachmittags von neuen Gästen belegt wird.

Während dieser Zeiten kommt es dementsprechend zu Überlastungserscheinungen sowohl bei der Aus- und Einreise an den Zufahrten als auch im nachgeordneten Straßennetz[13].

Über den durchschnittlichen Besetzungsgrad der Kfz werden widersprüchliche Angaben gemacht: So gehen Center Parcs für die inzwischen aufgegebene Planung in Hergenrath ebenso wie Gran Dorado für den Ferienpark Loreley von 1 PKW pro Wohneinheit aus (Strasdas u. a. 1991, S. 154). Demgegenüber werden in anderen Quellen Besetzungsgrade von 2,5 Personen pro PKW (RWTH Aachen 1989, S. 39) bzw. 3,6 Personen pro PKW für den Sun Park De Haan angenommen (Strasdas u. a. 1991, S. 235).

Insbesondere unter Berücksichtigung der Hauptbesuchergruppe, die von jungen Familien mit Kindern gestellt wird, scheint die zuletzt genannte Zahl von 3,6 Personen pro PKW der Wirklichkeit am nächsten zu kommen.

Am Beispiel des geplanten Center Parcs in Dahlem mit einer Gästekapazität von 4.500 Personen ergeben sich an den An- und Abreisetagen Belastungen von rd. 2000 PKW[14].

Die bereits erwähnte Studie für den Center Parc Hergenrath zeigt deutlich, welche Belastungen an den Wechseltagen auf das lokale Verkehrsnetz zukommen.

Die Auswirkungen dieser Verkehrsmengen sind abhängig von der Leistungsfähigkeit des örtlichen Verkehrsnetzes, der Notwendigkeit von Ortsdurchfahrten (und deren Länge bzw. der Anzahl der belasteten Personen) sowie vom Einzugsbereich der Anlage und der entsprechenden Aufteilung der Verkehrsströme.

---

[12] Die angestrebte Fahrzeit von 1 bis 1,5 Autostunden (Center Parcs 1991, S. 19) erscheint zu gering; Gran Dorado nennt für die Anlage Heilbachsee mit rd. 75 % niederländischer Gäste auch längere Reisezeiten bis zu 4 Stunden.

[13] Die Rezeption im CP De Vossemeren nennt Abreisezeiten zwischen 10 und 12 Uhr für 80 % der Gäste, zwischen 15 und 18 Uhr für die verbleibenden 20 % und eine Anreisezeit von 15 bis 17 Uhr (RWTH Aachen 1989, S. 40)

[14] Eigene Berechnung für 90 % Auslastung, 90 % Anreise per PKW, 3,6 Pers./PKW, Summe für an- und abreisende Gäste

Abb. 6.5
Verkehrsaufkommen an Wechseltagen

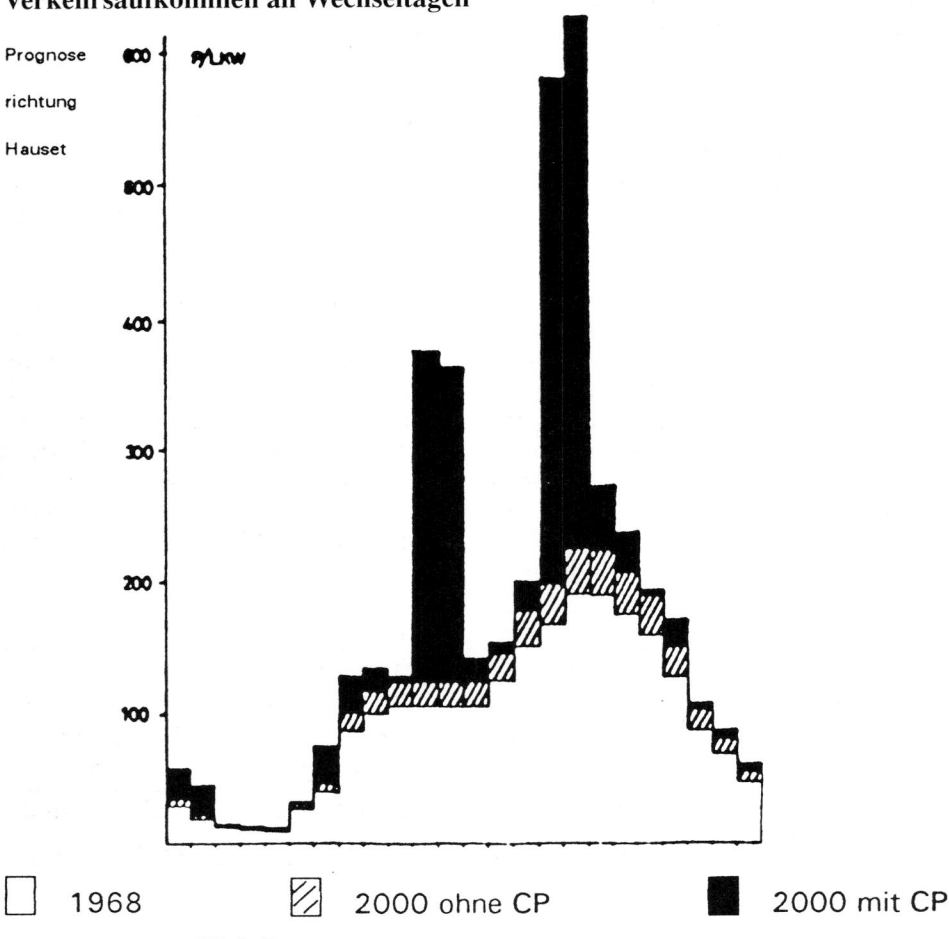

Prognoserichtung Hauset

□ 1968   ▨ 2000 ohne CP   ■ 2000 mit CP

Quelle: RWTH Aachen, 1989, S. 42

Ausflugsverkehr
Der Umfang des motorisierten Ausflugsverkehrs ist bestimmt von der Größe und Attraktivität der Ferienanlage im Verhältnis zur Attraktivität der Umgebung der Anlage. Darüber hinaus besitzen Jahreszeit und Aufenthaltsdauer einen Einfluß auf die Zahl der Ausflugsfahrten.

Während bei einigen Anlagen mit innen-orientierten Betriebskonzepten durch Größe und Attraktivität der Anlagen und die isolierte Lage kaum Ausflüge zu verzeichnen sind (z. B. im CP Sherwood Forest, vgl. Strasdas u. a. 1991, S. 222) wird für den niederländischen CP De Kempervennen eine Ausflugshäufigkeit von 57,7 % festgestellt (Van Rooy 1984, nach: ebd.). Der Anteil der Kfz-Fahrten an den Ausflügen wird allerdings nicht genannt.

Für Anlagen mit außen-orientierten Betriebskonzepten liegt eine Angabe zum Park GD Heilbachsee vor, die bei 50 % Ausflugshäufigkeit pro Tag und 80 % bezogen auf die gesamte Aufenthaltsdauer liegt. Der Aktionsradius ist dabei mit durchschnittlich 80 km beträchtlich und deutet auf eine überwiegende Kfz-Nutzung hin (Auskunft Gran Dorado 1992).

Allerdings ist es aufgrund der Datenlage nicht möglich, generelle Unterschiede zwischen Anlagen mit innen- bzw. außen-orientierten Konzepten abzuleiten oder sogar zu quantifizieren.

Nimmt man bei vorsichtiger Schätzung an, daß 50 % der motorisierten Gäste mindestens einen Ausflug pro Aufenthalt mit dem PKW unternehmen, so ergäben sich bei einer Belegung mit 3,6 Personen pro PKW mehr als 500 Fahrten pro Aufenthaltszeit, das sind bezogen auf die durchschnittliche Aufenthaltsdauer rd. 140 Fahrten am Tag.

Verkehr durch Tagesgäste
Während für den CP Hergenrath von insgesamt 300 Tagesgästen, entsprechend 120 PKW jeweils für die An- und Abreise, ausgegangen wird (RWTH Aachen 1989, S. 40), werden für den geplanten GD Ferienpark Loreley jeweils 250 An- und Abfahrten pro Tag angenommen (Karst 1990, S. 34).

Das für Center Parcs berechnete Fahrtenvolumen von 240 Fahrten pro Tag liegt an der unteren Grenze (entsprechend dem innen-orientierten Konzept mit wenig Tagesgästen), wird aber dennoch der Ermittlung des Gesamtvolumens der täglichen Fahrten zugrundegelegt.

Lieferverkehr und Beschäftigte
Als Lieferverkehr werden die für den CP Hergenrath genannten 150 LKW pro Woche, entsprechend 30 LKW pro Tag angenommen (RWTH Aachen 1989, S. 40).

Für die Beschäftigten geht Karst für den Ferienpark Loreley von je 250 An- und Abfahrten pro Tag aus (Karst 1990, S. 34), die in der nachfolgenden Gesamtrechnung ebenfalls angesetzt werden. Eine Bedarfsspitze tritt bei den Angestellten an den Wechseltagen auf, da dann die Reinigung und Vorbereitung der Bungalows sowie die An- und Abmeldeformalitäten zu erledigen sind.

Verkehr insgesamt
Zusammengefaßt entstehen zu den An- und Abreisetagen durch eine Ferienanlage mit 700 Bungalows rd. 2.700 zusätzliche Kfz-Fahrten. An den übrigen Tagen sind rd. 700 zusätzliche Fahrten zu erwarten.

Da qualifizierte Zählergebnisse aus vorhandenen Anlagen nicht vorliegen, sind die Zahlen mit großen Unsicherheiten behaftet, insbesondere beim Ausflugsverkehr der Besucher. In der Realität dürften die errechneten Angaben eher die Untergrenze der möglichen Belastung darstellen.

Auf lokaler Ebene kann es durch diese zusätzlichen Verkehrsmengen, die mit Stauerscheinungen einhergehen können, zu einer erheblichen Zunahme der Belästigung kommen. Bedenklich erscheint dabei, daß im Gegensatz zu den Wunschvorstellungen der Betreiber, Ortsdurchfahrten möglichst zu vermeiden (Center Parcs 1991, S. 21), im Rahmen einer Ex-post-Analyse bei vier von sechs untersuchten Anlagen eine Ortsdurchfahrt notwendig ist (CP Het Vennenbos, CP De Kempervennen, CP De Vossemeren, Sun Park De Haan). Im

Falle des CP De Vossemeren wird inzwischen der Bau einer Ortsumfahrung erwogen (Strasdas u. a. 1991, S. 235 f.).

Auch bei den in Deutschland geplanten Anlagen stellt sich das Bild nicht besser dar, denn hier liegen in 5 von 12 untersuchten Fällen die Ferienzentren mehr als 20 km von der nächsten Autobahn entfernt. Allerdings wurden zwischenzeitlich drei dieser Projekte aufgegeben (Strasdas u. a. 1991, S. 157).

Die umweltverträgliche Anreise mit öffentlichen Verkehrsmitteln besitzt bisher offensichtlich keine wesentliche Bedeutung. Abgesehen von einigen Arrangements mit örtlichen Taxiunternehmen, die Bahnreisende zu ermäßigten Preisen vom nächsten Bahnhof abholen (Auskunft Center Parcs), ist die Anreise per Bahn von so geringer Bedeutung, daß sie in den Anreisebeschreibungen nur vereinzelt überhaupt erwähnt wird (GD Weerterbergen, GD Loohorst sowie GD Zandvoort im Gesamtprospekt 1991/92).

Die Quantifizierung der durch den Kfz-Verkehr zu Ferienzentren verursachten Belastungen (Lärm, Luftschadstoffe, Bodenkontaminationen) ist aufgrund der fehlenden bzw. nicht abgesicherten Basisdaten nur projektbezogen möglich. Sie sollte allerdings ebenso wie die Ermittlung des Flächenbedarfs für den Kfz-Verkehr (innerhalb und außerhalb der Anlagen) im Rahmen einer UVP geleistet werden. Dabei ist zu berücksichtigen, daß es sich bei diesen Verkehren zum größten Teil um neu erzeugte Verkehre handelt, also nicht um Verlagerungen vorhandener Verkehrsströme im Freizeitverkehr auf andere Routen.

Hingewiesen sei an dieser Stelle nochmals auf den enormen Flächenbedarf für den ruhenden Verkehr. Um die Fahrzeuge von Dauergästen, Tagesgästen und Angestellten unterbringen zu können, werden nach den obigen Annahmen (zum fließenden Verkehr) Einstellplätze für rd. 1.300 Fahrzeuge notwendig. Bei einem Flächenbedarf von 25 m^2 pro PKW (EAR 1991, S. 25 ff u. Anhang) wird somit eine Gesamtfläche von mehr als 3,2 ha allein für Stellplätze benötigt (s. Kapitel 6.1).

6.3 Energie- und Wasserverbrauch

Der Verbrauch von Energie und Wasser durch Ferienzentren erreicht insbesondere durch das ganzjährige Angebot beheizter Schwimmbäder und Zentralgebäude erhebliche Ausmaße.

Gerade diese ganzjährige Verfügbarkeit, die einen besonders hohen Ressourcenverbrauch nach sich zieht, zählt aus ökonomischer Sicht zur tragenden Säule derartiger Ferienzentren der 2. Generation.

Energieverbrauch

In Ferienanlagen wird Energie sowohl zur Beheizung, Warmwasserversorgung und zum sonstigen Bedarf der Bungalows als auch in besonderem Umfang für den Zentralkomplex und die Nebengebäude (z. B. Sportanlagen) benötigt. Im Zentralkomplex dient er vor allem der Raumheizung, der Erwärmung und Aufbereitung des Schwimmbadwassers sowie der Beleuchtung und sonstigen Zwecken.

Allein der Energieverbrauch für den Zentralkomplex soll dabei, wie der geplante Ferienpark Loreley zeigt, 40 % der insgesamt benötigten Gasmenge betragen (Strasdas u. a. 1991, S. 161; vgl. auch die folgende Tabelle).

Die nachfolgende Zusammenstellung zum Energieverbrauch bestehender und geplanter Anlagen basiert auf Daten der Betreiber, die aus verschiedenen Studien entnommen wurden. Zur besseren Übersicht wurden alle Verbrauchswerte auf die Einheit kWh umgerechnet[15] und als Tagesverbrauch bzw. Jahresverbrauch (GWh = Mio. kWh) angegeben:

Tab. 6.2
Energieverbrauch von Ferienzentren

Name/Standort	Gasverbrauch	Stromverbrauch	Summe
CP De Vossemeren/	58.615 kWh/d	20.000 kWh/d	78.615 kWh/d
CP Sherwood Forest	21,1 GWh/a	7,2 GWh/a	28,3 GWh/a
CP Bispingen	27,8 GWh/a	4,5 GWh/a	32,3 GWh/a
GD Heilbachsee	41.000 kWh/d	8.700 kWh/d	49.700 kWh/d
	14,8 GWh/a	3,1 GWh/a	17,9 GWh/a

Quelle: Strasdas u. a. 1991, S. 161

Ein Blick auf die dargestellten Daten zeigt, daß der Energieverbrauch der Anlagen unterschiedlich hoch ausfällt. Um eine bessere Vergleichbarkeit herzustellen, wurde der jährliche Energieverbrauch durch Bereinigung um die Bettenkapazität – bezogen auf jeweils einen Übernachtungsplatz – berechnet:

Während der Verbrauch der Anlagen CP De Vossemeren (3.700 Betten) und GD Heilbachsee (2.300 Betten) mit 7.650 bzw. 7.780 kWh/a je Platz vergleichbar ist, fällt er in der geplanten Anlage CP Bispingen (3.300 Betten) mit 9.800 kWh/a je Platz erheblich höher aus (Quelle: Kapazität: Betreiberangaben; eigene Berechnungen).

Dieser deutliche Unterschied verwundert um so mehr, als heutige Techniken der rationellen Energieerzeugung und -einsparung sowie zur verstärkten Nutzung regenerativer Energien selbst bei einer Ausweitung des Angebotes nicht zu einem derartigen Verbrauchszuwachs führen dürften.

Es kann an dieser Stelle nur vermutet werden, daß den dargestellten Verbrauchswerten für den CP Bispingen keine optimalen Einsparungsmaßnahmen (z. B. Wärmedämmung und Wärmerückgewinnung) und rationellsten Erzeugungskonzepte (z. B. Kraft-Wärme-Kopplung) zugrundeliegen.

Darüber hinaus sind gerade in flächenintensiven Anlagen mit innen-orientiertem Betriebskonzept die Bungalows im Unterschied zu den kompakteren außenorientierten Anlagen nur schlecht zentral mit Energie zu versorgen. Der nur 23 ha große Bungalowpark GD Port Zélande ist nach Angaben der Betreiber mit einer Anlage zur Kraft-Wärme-Kopplung ausgerüstet (Strasdas u. a. 1991, S. 237).

Center Parcs denkt nach eigenen Angaben über eine Reduzierung des Energieverbrauchs durch sparsame Beleuchtungskörper (die z. T. bereits eingesetzt werden) und Sonnenkollektoren nach, ohne daß hierzu konkrete Einsparungsquoten oder Realisierungszeiträume ge-

---

15 Als Umrechnungsfaktor für Gas wurden 9,7692 kWh/m3 angesetzt (Quelle: Ruhrgas AG)

nannt werden. Ein Blockheizkraftwerk im niederländischen Park De Eemhof (50 ha) soll sich als unzuverlässig und unwirtschaftlich herausgestellt haben.

Nicht quantifizierbar sind Energieverbrauch und Umweltbelastung durch die – zusätzlich mögliche – Nutzung offener Kamine in den Bungalows. Auch der Umfang, in dem von diesem Angebot (der Brennstoff muß im Geschäft erworben werden) Gebrauch gemacht wird, ist nicht bekannt.

Als Folge des insgesamt hohen Energieverbrauchs in den Ferienanlagen sind vor allem auf lokaler Ebene die Entstehung von Luftschadstoffen und kleinklimatische Veränderungen (z. B. Wärmeinseln) zu verzeichnen.

Der hohe Energieverbrauch wird auch von den Betreibern zugegeben. Allerdings wird betont, daß der Energieverbrauch der Anlagen geringer sei als in Gemeinden mit vergleichbarer Einwohnerzahl (Center Parcs 1991, S. 36).

Der vorgenommene Vergleich läßt sich zum einen nicht mit Vergleichszahlen bestätigen, weil eine korrekte Zuordnung zu den Verbrauchergruppen fehlt und beispielsweise unklar ist, ob nur der Haushaltsbedarf oder auch Kleinverbraucher und Gewerbe erfaßt sind. Zum zweiten muß berücksichtigt werden, daß es sich beim Verbrauch von Ferienanlagen um einen Zusatzverbrauch handelt, dem nicht etwa deutliche Einsparungen an anderer Stelle gegenüberstehen.

Wasserverbrauch

Auch der Wasserverbrauch von Ferienzentren ist, den Angaben der Betreiber zufolge, beträchtlich, ohne daß die vorgelegten Daten an dieser Stelle überprüft werden können. Die nachfolgende Tabelle zeigt, daß deutliche Differenzen im Wasserbedarf bestehen, die mit technischen oder betrieblichen Unterschieden nicht erklärt werden können.

Während ein für andere Center Parcs genannter Wert von 630 m³/Tag sich aus 150 l pro Person und Tag für Bungalows und Gastronomie zuzüglich 30 l pro Person und Tag für das Schwimmbad bei einer Belegung von 3.500 Personen zusammensetzt (Strasdas u. a. 1991, S. 232), heißt es zu dem besonders hohen Verbrauch der beiden Gran Dorado Anlagen:

Tab. 6.3
Wasserverbrauch von Ferienzentren

Name/Standort	Bettenzahl	Wasserverbrauch/Tag	Bemerkungen
CP Bispingen	3.300	767 m³	Auslastung 85–90 %
GD Medebach	2.385	650 m³	vor Übernahme GD
GD Mosel-Ferienpark/ GD Loreley		1.500 m³	incl. Brandreserve 200–300 m³
GD Port Zélande	3.780	500 m³	u. U. nicht ausreichend
Sun Park De Haan	2.950	330 – 400 m³	Bedarf wurde unterschätzt

Quellen: Strasdas u. a. 1991, S. 151 u. 232; Blumenroth u. a. 1991, S. 168

„Unklar bleibt, wie sich die Summe zusammensetzt. Für das Erlebnisbad werden 150 m³/Tag, für den persönlichen Verbrauch in den Ferienhäusern 150 l pro Person und Tag angesetzt. Der übrige Verbrauch von 700 m³ würde demnach aus den Sporteinrichtungen, Geschäften und Restaurants resultieren, was aber wenig plausibel erscheint (...)." (Strasdas u. a. 1991, S. 151 f.)

Der Wert für die Anlage GD Port Zélande scheint hingegen zu niedrig angesetzt, so daß die Schaffung zusätzlicher Pumpkapazitäten erwogen wird. (a.a.O., S. 232) Das Beispiel Sun Park De Haan zeigt, daß bei zu niedrig angesetzten Verbrauchswerten Versorgungsengpässe auftreten können, die nur durch aufwendige Infrastrukturverbesserungen gelöst werden können. In diesem Beispiel werden die zusätzlich benötigten Wassermengen aus anderen Landesteilen bezogen und verursachen dort eine Ressourcenverknappung (ebd.).

Nach wie vor besteht also Unklarheit über den genauen Wasserbedarf von Ferienzentren und die Aufteilung auf einzelne Verbrauchsgruppen (Bungalows, Gastronomie, Schwimmbad, Ergänzungsbedarf für Wasserflächen). Demzufolge sind auch die Möglichkeiten der Verbrauchssenkung derzeit zumindest quantitativ nicht zu beziffern.

6.4 Abfall- und Abwasseraufkommen

Ähnlich wie zum Bereich Versorgung von Freizeitgroßprojekten liegen auch für die Entsorgung in den Bereichen Abfall und Abwasser nur einzelne Daten aus anderen Studien vor, die wiederum auf Angaben der Betreiber basieren.

Genauere quantitative und vor allem qualitative Angaben, z. B. zur Aufteilung auf die einzelnen Fraktionen beim Abfall oder zur Zusammensetzung der Abwässer, sind nicht bekannt, so daß eine genaue Bewertung der ökologischen Auswirkungen kaum möglich ist.

Abfallaufkommen

Die in Ferienanlagen entstehenden Abfälle sind sowohl hinsichtlich ihrer Menge als auch in bezug auf die Zusammensetzung von der Konzeption der Betreiber auf der einen Seite und – in geringerem Maße – vom Konsumverhalten der Gäste auf der anderen Seite abhängig.

Im Konsum- und Gastronomiebereich steht dabei die Produktpalette in direktem Zusammenhang zum möglichen Umfang der Müllvermeidung. Auf der anderen Seite ergibt sich ein Zusammenhang zwischen den praktizierten Anstrengungen zum Recycling von Wertstoffen und der letztendlich als Abfall verbleibenden Menge, die einer Deponierung zugeführt werden muß.

Die Produktpalette ist zumindest nach den derzeitigen Beobachtungen und nach Gesprächen mit den Betreibern Center Parcs und Gran Dorado nicht auf Müllvermeidung ausgerichtet. Es wird im Gegenteil beispielsweise im Gastronomiesektor durch Portionspackungen und durch Wegwerfgeschirr (Fast-Food-Bereich) das Abfallaufkommen unnötig erhöht.

Auch in den Geschäften ist keineswegs ein Verzicht auf Einwegverpackungen und die Umstellung auf Pfandbehälter durchgesetzt. Während Center Parcs diese Umstellung als Absichtserklärung erwähnt und in einer Anlage ein Versuch zur Müllvermeidung (Einsparung bis zu 25 %) und Getrenntverwertung läuft (Strasdas u. a. 1991, S. 238), treibt Gran Dorado nach eigenen Angaben die Müllvermeidung nicht aktiv voran.

Auch die zweite Stufe zur Verminderung der Abfallmengen, ein möglichst umfassendes Recyclingkonzept, kann nur in Ansätzen festgestellt werden. So wird in den Center Parcs Glas getrennt gesammelt (die Standorte der Container sind in Übersichtsplänen einiger Anlagen verzeichnet), bei Gran Dorado werden Glas und Papier in Containern gesammelt. Als Problem sieht Gran Dorado in diesem Zusammenhang die Organisation der Abholung der Wertstoffe an.

Im geplanten Ferienpark Medebach soll nach den Vorstellungen der Stadt Medebach der Müll nach kompostierbaren Stoffen, Glas, Papier und der Restfraktion getrennt werden (Stadt Medebach 1990, nach: Blumenroth u. a. 1991, S. 170). Unklar ist, ob diese Auflagen noch Bestand haben (Eigentümerwechsel zu Gran Dorado) und ob sie bei zukünftigen Betrieb umsetzungsfähig sind.

Die anfallenden Abfallmengen werden in der nachfolgenden Übersicht zusammengestellt. Zur Vereinfachung wurden die Werte auf Wochenmengen und soweit erforderlich auf Volumen umgerechnet[16]:

Tab. 6.4
Abfallaufkommen von Ferienzentren

Name/Standort	Bettenzahl	Abfallmengen
Center Parcs allgemein	3.000	3 t/Tag 28 l/Pers. u. Woche.
CP Erperheide	2.833	102 m³/Wo. 36 l/Pers. u. Woche
GD Heilbachsee (80 % Belegung)	2.400	10 m³/Tag 33,5 l/Pers. u. Woche
Ferienzentren allgemein	3.000	5.000 m³/a 32 l/Pers. u. Woche

Quellen: Strasdas u. a. 1991, S. 161 f. u. S. 238; RWTH Aachen 1989, S. 16; eigene Berechnungen – Umrechnung s. Fußnote 16

Zum Vergleich mit dem Müllaufkommen einer Kommune seien hier die Mengen aus dem Hausmüllsektor für die Stadt Dortmund im Jahre 1988 genannt, die bei 29,5 Litern je Einwohner wöchentlich liegen. (Stadt Dortmund 1989, S. 2–13) Die Müllmengen von Freizeitgroßeinrichtungen liegen also in den meisten der untersuchten Fälle etwas höher als das normale Hausmüllaufkommen.

In der Zusammensetzung dürften aufgrund der Verbrauchsstrukturen höhere Anteile an Verpackungsmaterialien und Einwegprodukten als beim normalen Hausmüll vorliegen (vgl. auch Strasdas u. a. 1991, S. 162).

Es erscheint offenkundig, daß ein derartiges Müllvolumen erhebliche Anforderungen an die Deponiekapazitäten der (zumeist kleinen) Standortgemeinden stellt. Bei nicht ausreichenden Kapazitäten müssen entweder vorhandene Deponien erweitert werden, oder der Müll muß mit einem entsprechenden Transportaufwand auf entferntere Deponien verbracht werden.

Im Fall der geplanten Anlage in Medebach fehlt im Erläuterungsbericht zum Flächennutzungsplan ein Hinweis, auf welcher Deponie der Müll abgelagert werden soll, so daß auch die Frage ausreichender Kapazität nicht geklärt werden kann (Blumenroth u. a. 1991, S. 170 f.). Es ist zu vermuten, daß auch keine Quantifizierung des zusätzlichen Landschaftsverbrauchs für Deponieflächen bei der planerischen Beurteilung des Vorhabens durchgeführt wurde.

Abwasseraufkommen
Bei der Ermittlung des Abwasseraufkommens für eine Ferienanlage ist, anders als bei Siedlungsbereichen, nicht nur die Zahl der Dauergäste zu berücksichtigen, sondern es sind auch Personal und Tagesgäste zu berücksichtigen. Die spezifische Verbrauchsstruktur durch den Schwimmbadbereich und den häufigen Gästewechsel (je 2 Gebäudereinigungen und Wäschewechsel pro Woche) beieinflussen das Abwasseraufkommen und die Zusammensetzung ebenfalls erheblich.

Nachfolgend sollen zunächst die Berechnungsergebnisse für einzelne Projekte aufgeführt werden (Darstellung jeweils in Einwohnergleichwerten = EGW):

– GD Ferienpark Loreley
  Bungalowgäste (2.025)
      2.025 EGW
  Tagesbesucher(Bad)   300 EGW
  Besucher Tagungsräume (max. 600)
      130 EGW
  Beschäftigte (max. 250)
      130 EGW

  Summe (gerundet)   **3.000 EGW**
  (Karst 1990, nach:
  Strasdas u. a. 1991, S. 152)

– Center Parc Heinsberg-Herzogenrath
  Bungalowgäste (3.990)
      3.990 EGW
  Hotel (Betten x 0,4)   225 EGW
  Wäscherei (1 t Wäsche)
      625 EGW
  Duschen (200 l/d u. Nutzer)
      300 EGW
  Schwimmbad (200 l/d u. Nutzer)
      2.250 EGW

  Summe   **7.390 EGW**
  (RWTH Aachen 1989, S. 16)

– GD Medebach
  Bungalowgäste (2.385)
      1.935 EGW
  nicht berücksichtigt:
  Tagesbesucher   400 EGW

  Summe   **2.335 EGW**
  (Blumenroth u. a. 1991, S. 170)

Allein die Unterschiede in der Berechnung zeigen, daß eine realistische Beurteilungsgrundlage für das Abwasseraufkommen noch gefunden werden muß. Unstritig erscheint allenfalls, daß auch Tagesbesucher und Beschäftigte in die Berechnung einbezogen werden müssen.

Wahrscheinlich ist darüber hinaus, daß die Gleichsetzung von Bettenzahl und Einwohnergleichwerten zu kurz greift, da gerade der Zentralbereich mit dem Schwimmbad einen enormen Wasserverbrauch aufweist (s. Kap. 4.3), der sich auch im Abwasseraufkommen widerspiegeln muß.

---

16 Die Umrechnung von Gewichtsangaben auf Volumen erfolgte mit der durchschnittlichen Dichte für Hausmüll von ca. 0,25 t/m3 (Quelle: tel. Auskunft AGR)

Zur Zusammensetzung der Abwässer wird unter anderem angemerkt, daß diese wegen der Aufbereitung des Schwimmbadwassers (Chlorung), des hohen Einsatzes an Wasch- und Reinigungsmitteln (kurze Reinigungszyklen) und der besonderen Belastung durch die Konzentration von Gastronomiebetrieben (mit fetthaltigen Abwässern) höhere Einwohnergleichwerte bei der Kapazitätsbemessung der Kläranlagen erfordern (Blumenroth u. a. 1991, S. 170).

6.5 Störungen des Naturraumes

Die über den Flächenverbrauch hinausgehenden Auswirkungen von Ferienzentren auf Natur und Landschaft lassen sich zwei Kategorien zuordnen. Zum einen handelt es sich um anlagenbezogene Wirkungen, wie die Beeinträchtigung des Landschaftsbildes oder vorhandener Naturräume. Zum anderen entstehen Auswirkungen betriebsbezogener Art durch die Feriengäste, insbesondere durch Trittbelastungen, Verunreinigungen und Störungen der Tierwelt. Beide Auswirkungen werden nachfolgend näher dargestellt.

Auswirkungen auf das Landschaftsbild

Die Auswirkungen von Ferienzentren auf das Landschaftsbild sind sowohl standortabhängig als auch abhängig von Art und Größe der Gebäude. Während 1- bis 2-geschossige Bungalows sich relativ problemlos in die umgebende Landschaft einfügen lassen (ggfs. durch nachträgliche Eingrünung), stellen mehrgeschossige Hochbauten, wie z. B. Hotels und insbesondere die mit einer oder mehreren Glaskuppeln überdachten Zentralbereiche (Schwimmbad, Gastronomie etc.) diesbezüglich ein Problem dar.

Bei den Zentralgebäuden mit Glaskuppeln ist es nicht nur die Höhe von bis zu 25 m (CP Bispingen), sondern auch das als „futuristisch" beschriebene Äußere, welches zusammen mit der Baumasse des Gesamtkomplexes (Fläche rd. 2,5 ha im CP Bispingen) das Landschaftsbild erheblich verändern kann (Herrmann u. a. 1991, S. 175).

Auch für den geplanten Park in Medebach (Eigentümer ist inzwischen Gran Dorado) ist durch ein bis zu 25 m hohes Zentralgebäude mit erheblichen Veränderungen des Landschaftsbildes zu rechnen (Blumenroth u. a. 1991, S. 156 ff, 191).

Da die Zentralkomplexe älterer Anlagen geringere Ausmaße als heute geplante Anlagen aufweisen, erleichterte dies ihre landschaftliche Einbindung[17]. Allerdings ergaben sich auch in früheren Zeiten bereits standortabhängige Unterschiede:

[17] Im CP Het Heijderbos wird das überdachte Zentrum (Parc Plaza) nachgerüstet und im Juli 1992 eröffnet. Von Gran Dorado verfügen alle Anlagen außer Weerterbergen bereits über einen „Gran Place".

Während die in bestehende Wälder gebauten Center Parcs von außen kaum einsehbar sind, da die Nadelholzbestände auch im Winter einen Sichtschutz gewähren, sind die küstennahen Standorte von Gran Dorado und Sun Parks wegen der fehlenden Einbindung noch aus größerer Entfernung einzusehen. Allerdings befinden sich diese Anlagen auch nicht in landschaftlich sensiblen Bereichen (Strasdas u. a. 1991, S. 231). Auch das 10-geschossige Hotel des GD Zandvoort erscheint angesichts mehrerer vorhandener Hotelhochhäuser nicht als nachhaltige Beeinträchtigung des ohnehin gestörten Landschaftsbildes.

Problematischer im Hinblick auf Beeinträchtigungen des Landschaftsbildes sind einige der geplanten Anlagen zu bewerten. Neben der bereits genannten Größe und Auffälligkeit der Zentralkomplexe sind es vor allem exponierte Lagen, die stellenweise zu empfindlichen Störungen des Landschaftsbildes führen.

Speziell im Bereich offener Küstenebenen oder in den Mittelgebirgen – dort vor allem in Hang- oder Kuppenlagen – sind starke Auswirkungen auf das Landschaftsbild zu erwarten, die auch durch Eingrünung der Anlagen kaum nachhaltig zu vermindern sind.

Beispiele für geplante Anlagen mit gravierenden Auswirkungen auf das Landschaftsbild sind der Nordsee-Tropen-Parc und der (inzwischen aufgegebene) Ferienpark Upleward in der Küstenregion und die von Gran Dorado geplanten Anlagen Ferienpark Loreley und Manderscheid in einer Hanglage. Problematisch wegen ihrer Lage auf einer Kuppe sind die (ebenfalls aufgegebenen Projekte) In Parc Stadensen und Ferienpark Heidelbeck sowie die Anlage GD Medebach (Strasdas u. a. 1991, S. 143).

Für das geplante Projekt in Dahlem betont Center Parcs hingegen, daß bereits durch den vorhandenen Baumbestand die künftige Anlage nur von wenigen Stellen aus einsehbar ist und durch zusätzliche Maßnahmen eine Einsehbarkeit gänzlich verhindert wird (Center Parcs 1991a, Karte 7).

Allerdings geht aus den vorgelegten Unterlagen nicht hervor, ob eine Einsehbarkeit von weiter entfernt liegenden Punkten aus gegeben ist, die stellenweise in einer Höhe von 590 m ü.M. und damit 30-40 m über dem mittleren Niveau

Abb. 6.6
Fehlende Einbindung der Bungalows in die umgebende Landschaft

des Plangebietes liegen (vgl. ebd., Karte 4).

In jedem Fall benötigt Center Parcs als Voraussetzung für eine geringere Beeinträchtigung des Landschaftsbildes vorhandene Altholzbestände, die als preiswerte Produktionsfaktoren Abschirmung und sofortige Nutzbarkeit eines bereits „grünen" Geländes gewährleisten.

Beeinträchtigung von Naturräumen

Großflächige Ferienanlagen sind in der Lage, vorhandene Naturräume durch Flächenverbrauch, Zerschneidung oder direkte Angrenzung zu beeinträchtigen. Bei der Anlage von Ferienzentren können wertvolle Biotope, z. B. durch Bebauung, aber auch als Folge der intensive Nutzung der Anlage durch die Feriengäste zerstört oder entwertet werden. Insbesondere für bestimmte Tierarten stellen bauliche Anlagen, also auch Freizeitparks, ferner eine unüberwindliche Barriere dar, die durch die Größe der Parks und der versiegelten Flächen hervorgerufen wird.

Die Zerstörung von Biotopen bei den älteren Anlagen wurde nicht untersucht. In den Standorten der geplanten Anlagen, die überwiegend in vergleichsweise naturnahen Räumen angesiedelt werden sollen, befinden sich jedoch nach den durchgeführten Untersuchungen z. T. in erheblichem Umfang wertvolle Biotope, die zugunsten einer anderen Nutzung der Fläche zerstört werden.

Durch Zerschneidung können ursprünglich zusammengehörige Biotope dauerhaft voneinander getrennt werden oder in ihrer Ausdehnung beschnitten werden. Dabei reicht bereits der Bau einer Straße oder eines Forstweges aus, um die Mobilität bestimmter Tierarten einzuschränken, wie die nachfolgende Abbildung zeigt.

Auch die Schaffung künstlicher Wasserflächen verändert die Biotopstruktur zum Teil erheblich und läßt Hindernisse entstehen, die von bestimmten bodengebundenen Tieren nicht überwunden werden können.

Die Auswirkungen treten zunächst unabhängig vom Betrieb innerhalb der Anlage nur durch die Schaffung baulicher oder sonstiger Anlagen auf (Gebäude, Wege, Wasserflächen etc.). Eine intensive Nutzung, so etwa eine hohe Besucherfrequenz auf den Wegen, verstärkt

Abb. 6.7
Mobilitätsdiagramm des Breitlaufkäfers (Abax ater)

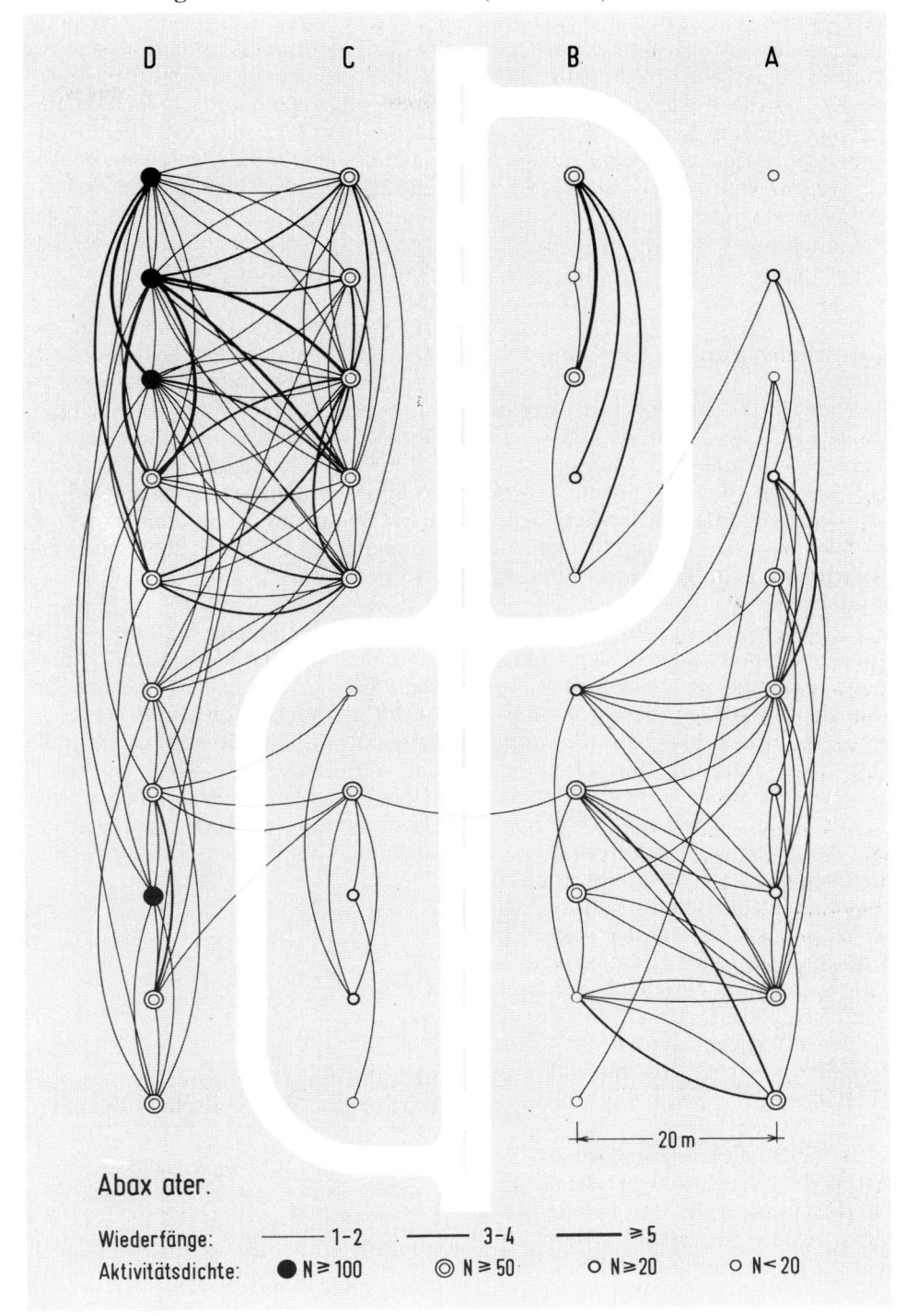

Quelle: Mader 1986, in: Bode u. a. 1986, S. 163

den Trenneffekt nochmals und führt zu Auswirkungen auf weitere Tier- und Pflanzenarten (vgl. dazu im folgenden).

Auch der Fortfall einzelner Biotopflächen durch Bauvorhaben kann, sofern er die für bestimmte Arten notwendigen Biotopstrukturen verändert, einen bestehenden Netzzusammenhang unterbricht oder zur Unterschreitung von Minimalarealen führt, die Abwanderung der entsprechenden Arten bewirken. Da die Prozesse, die zur Ansiedlung bestimmter Tierarten führen, nicht in allen Einzelheiten bekannt sind, ist eine Wiederansiedlung an anderer Stelle, beispielsweise im Rahmen von Ausgleichs- und Ersatzmaßnahmen, nur bedingt erfolgreich.

Bei der Ermittlung von anlagebedingten Belastungen durch Ferienzentren ist zu berücksichtigen, daß insbesondere in landschaftlich und touristisch attraktiven Gebieten bereits Belastungen durch vorhandene Infrastruktur vorliegen (Wanderwege, Straßen, Parkplätze etc.). Die zusätzliche Ansiedlung einer Ferienanlage muß in diesen Fällen zu den vorhandenen Belastungen hinzugerechnet werden. Anschließend ist zu prüfen, ob eine zusätzliche Belastung noch vertretbar erscheint.

Auswirkungen auf die Tier- und Pflanzenwelt
Der Betrieb von Ferienzentren bewirkt zusätzliche Störungen der Tier- und Pflanzenwelt innerhalb und außerhalb der Anlagen, deren Schwere sowohl vom Freizeitverhalten der Feriengäste als auch von der Empfindlichkeit des Naturraums bzw. einzelner Arten bestimmt wird.

Zu den hauptsächlichen Beeinträchtigungen zählen Trittschäden (bzw. vergleichbare Schäden durch Fahrräder o.ä.), Verunreinigung bzw. Eutrophierung sowie Störungen durch Beunruhigung von Tieren.

Das Auftreten von Trittschäden an der Vegetation ist am Rande markierter Wege, vor allem aber beim Verlassen dieser Wege mit zumeist problematischeren Konsequenzen, zu verzeichnen. In der Umgebung von Ferienanlagen beeinflussen Dichte und Attraktivität des vorhandenen Wegenetzes und Ausflugsneigung der Besucher die Entstehung von Trittschäden.

Während ein dichtes Wegenetz das Verlassen der Wege weniger wahrscheinlich macht, sind auf der anderen Seite durch diese Wege verstärkte Barriereeffekte zu verzeichnen. Es verbleiben abseits der Wege nur kleinflächige Gebiete, die weitgehend störungsfrei sind. Trotzdem kann es auch bei hoher Wegedichte zu einem Verlassen der markierten Wege kommen, wenn die Besucherfrequenz so hoch ist, daß „ruhige" Bereiche abseits der ausgewiesenen Wege gesucht werden (vgl. auch Kleinert 1986, S. 68).

Die Ausflugsneigung der Besucher als zweiter Einflußfaktor hängt wiederum von Attraktivität, Größe und Angeboten der Ferienanlage und demgegenüber der Attraktivität der natürlichen Umgebung ab.

Den Gästen außen-orientierter Anlagen in attraktiver Umgebung wird in diesem Zusammenhang eine größere Neigung zu Ausflügen zugeschrieben, als dies bei Gästen von Anlagen mit innen-orientierten Konzepten und großer Gesamtfläche der Fall ist. Genauere Vergleichszahlen, mit denen auch der Anteil der Gäste erfaßt wird, die Wanderungen oder Radfahrten in die nähere Umgebung der Freizeitparks unternehmen, liegen allerdings nicht vor.

Die Werbung der Betreiber zeigt zumindest keinen Unterschied zwischen innen- und außen-orientierten Konzepten: Sowohl Center Parcs als auch Gran Dorado werben besonders für Querfeldein-Radfahrten und deuten in ihren Prospektbildern keineswegs die ausschließliche Benutzung markierter Wege an (Center Parcs 1991b, S. 36; Gran Dorado 1991, S. 70).

Die Aufforderung im Katalog – „Per Mountainbike durch die Natur. Hin zu den schönsten Fleckchen." (Center Parcs ebd.) – spricht in diesem Zusammenhang für sich. Ebenso wird auch für die Lage der Parks in der Nähe von Naturschutzgebieten oder sehenswerten Landschaften geworben, und zwar unabhängig vom Betriebskonzept (Center Parcs 1991b, S. 22,36,50; Gran Dorado 1991, S. 52,60,75).

Eine niederländische Studie zum Freizeitverhalten der Besucher einer 50 ha großen Bungalowanlage (574 Häuser + Versorgungseinrichtungen) ergab einen Anteil von 40 % der Gäste, die an Aktivitäten außerhalb der Anlage teilnahmen. Zu den wichtigsten externen Erholungsaktivitäten zählten Spazierengehen und Radfahren (Voskens-Drijver u. a. 1987, nach: Blumenroth u. a. 1991, S. 172).

Während Spaziergänge in einem Gebiet von maximal 3 km Umkreis um die Anlage und mit einer Dauer von 0,5 bis 1,5 Stunden stattfinden, ist der Aktionsradius bei Radfahrten mit einem Umkreis von 10–15 km bei 2 bis 2,5 Stunden Dauer deutlich größer (ebd.).

Nach diesen Ergebnissen ist das Auftreten von Trittschäden in der Umgebung von Freizeitparks zumindest sehr wahrscheinlich, wobei kleinere, außen-orientierte Anlagen vermutlich zu einem höheren Anteil von Aktivitäten außerhalb des Parkgeländes führen.

Die Auswirkungen von Trittschäden zeigt die Abbildung 6.8.

Abb. 6.8
Wirkungen (mechanischer) Belastungen

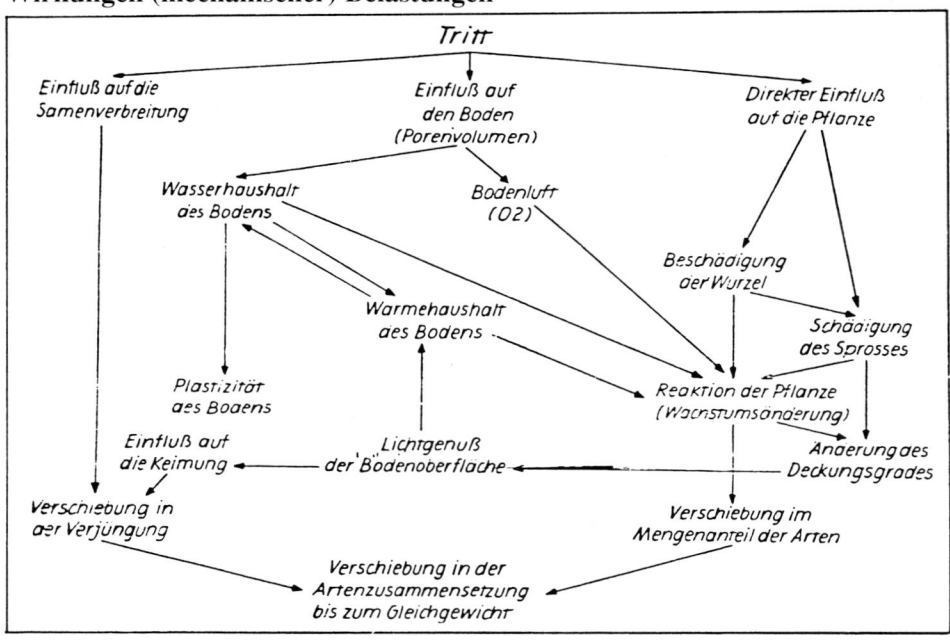

Quelle: Maier u. a., 1988, S. 65

Am Ende der Wirkungskette können demnach Verschiebungen in der Artenzusammensetzung der Flora und als deren Folge auch – hier nicht dargestellte – Auswirkungen auf die Fauna des betreffenden Standortes stehen.

Eine weitere Belastung, die durch Spaziergänger und andere Erholungssuchende verursacht wird, ist die Eutrophierung, d.h. die Zufuhr von organischem Material und Nährstoffen (z. B. Abfällen, Fäkalien). Ebenso wie bei den zuvor erwähnten Trittschäden spielt auch hier die Besucherfrequenz eine Rolle, wobei eine Eutrophierung ihre Schwerpunkte besonders entlang markierter Wege sowie in der Umgebung von Infrastruktureinrichtungen wie Rastplätzen, Schutzhütten und Parkplätzen auftritt.

Die Abbildung 6.9 zeigt, daß auch hier am Ende der Wirkungskette eine veränderte Artenzusammensetzung der Flora mit Tendenz zu den eutrophen (nährstoffliebenden) Arten steht, der entsprechende Artenverschiebungen der Fauna folgen können.

Da die Schadenshöhe, die durch Eutrophierung oder Tritt verursacht wird, einen Zusammenhang zur Besucherfrequenz aufweist, müssen bei der Ansiedlung von Freizeitgroßprojekten zwei verschiedene Fälle betrachtet werden.

Entweder stellen die Besucher aus der Ferienanlage eine zusätzliche Beeinträchtigung dar, die zu den bereits vorhandenen Besuchern hinzuzurechnen ist. In diesem Fall, der in touristisch attraktiven und bereits erschlossenen Gebieten häufig vorkommt, ist zu klären, ob die zusätzliche Belastung noch verkraftet werden kann.

Oder die Ferienanlage entsteht in einer bislang weitgehend durch Besucher unbelasteten Region, wie dies bei mehreren Anlagen in den Niederlanden und Belgien der Fall ist. Dann ist zu klären, ob Schäden durch Eutrophierung oder Tritt in der Umgebung der Anlagen auftreten können und wie sie sich verhindern lassen.

Eine dritte Kategorie von Belastungen stellt die Beunruhigung der Tierwelt in der Umgebung von Freizeitprojekten dar. Im Unterschied zu den vorgenannten Fällen ist diese Belastung von der Frequenz der Erholungssuchenden nur bedingt abhängig.

Gerade in der Phase der Brut bzw. Aufzucht von Jungen, bei Vögeln auch während der Mauser, reagieren Tiere empfindlich auf Störungen durch den Menschen. Hinweise darauf, ob durch die ganzjährige Nutzung der Ferienzentren das Risiko von Störungen der Tierwelt erhöht wird, liegen bislang nicht vor, so daß hier noch Forschungsbedarf besteht.

Das Verhalten gegenüber Störungen ist abhängig von der Fluchtdistanz der Tiere sowie von der Größe störungsfreier Räume. Tierarten mit großer Fluchtdistanz benötigen entsprechend große störungsfreie Gebiete. Ein dichtes Wegenetz führt demgegenüber zu einer Reduzierung der Größe störungsfreier Gebiete.

Die Fluchtdistanzen erreichen beispielsweise bei Wasservögeln mittlere Werte zwischen 20 m (Stockente) und fast 70 m (Gänsesäger), wobei als auslösender Faktor Spaziergänger am Ufer beobachtet wurden (Mader 1989, nach: Blumenroth u. a. 1991, S. 187).

Die Abbildung 6.10 zeigt, daß auch vermeintlich konfliktfreies, weil ruhiges Angeln zu deutlichen Beeinträchtigungen, in diesem Falle zu einer geringeren Dichte von Nestern am Ufer, führt:

Abb. 6.10
Störungen von Nistvorgängen durch Angler

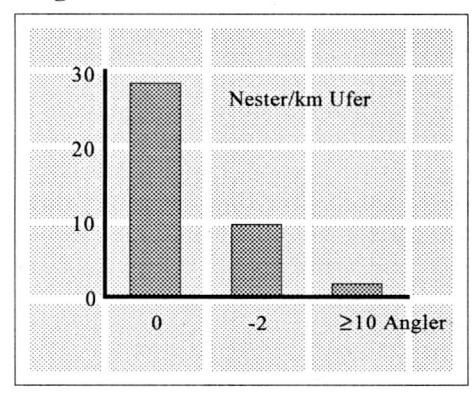

Quelle: Reichhoff 1983, in: Maier u. a., S. 57

Wenn zu den Störungen durch das Auftreten von Spaziergängern noch Geräusche, wie sprechen oder Lachen hinzukommen, vergrößert sich das Ausmaß der Störungen. Die Folgen aller Arten von Störungen können sein:

– Ausfall von Futterplätzen
– Streß, hoher Energieverlust (anfälliger für Krankheiten und Parasiten)
– erfolglose Brut- und Aufzuchtversuche
– Populationsverluste
– Abwanderung oder Aussterben der Population im betroffenen Gebiet."
(Kleinert 1986, S. 66)

Störungen wirken sich nicht nur innerhalb wertvoller Biotopstrukturen oder geschützter Bereiche aus. Auch intensiv landwirtschaftlich oder forstwirtschaftlich genutzte Flächen besitzen für die Fauna der umliegenden Landschaft eine Bedeutung (vgl. auch Strasdas u. a. 1991, S. 140; Kaule 1986, S. 23 ff).

Abb. 6.9
Wirkungsschema der Eutrophierung

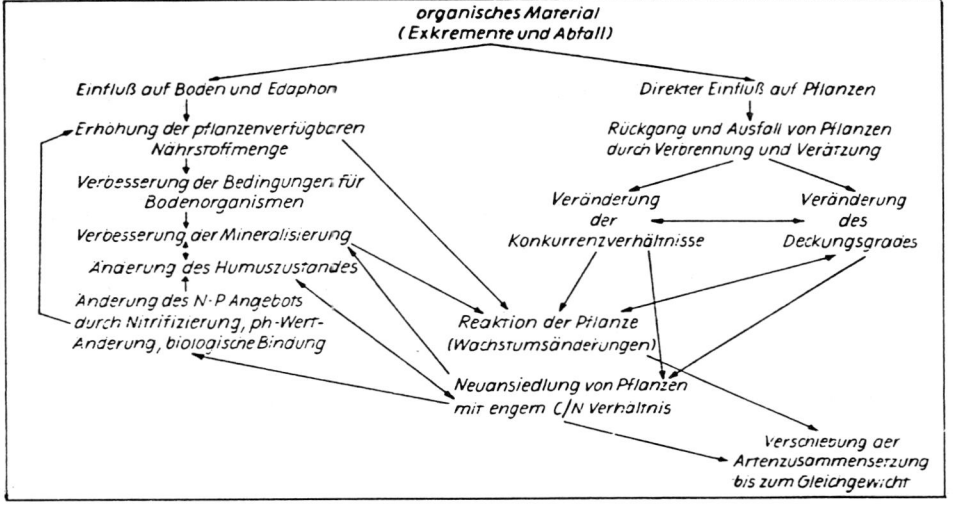

Quelle: Maier u. a. 1988, S. 65

Entscheidend für die Anwesenheit bestimmter, insbesondere seltener und anspruchsvoller Arten ist oftmals nicht nur ein bestimmter Biotoptyp, sondern ein Komplex verschiedener Biotopstrukturen mit jeweils bestimmten Merkmalen. Neben dem Brutrevier können für das Auftreten einer bestimmten Vogelart beispielsweise unterschiedliche Strukturen als Jagdrevier, Versteck, Nahrungsrevier und Sitzwarte erforderlich sein.

Bei der Beurteilung eines Freizeitgroßprojektes (wie auch anderer Vorhaben) und möglicher davon ausgehender Störungen kommt es demnach auf eine ökosystemare Betrachtungsweise an, die nicht nur einzelne Biotope im Untersuchungsgebiet auf ihre Wertigkeit untersucht, sondern auch das Zusammenwirken einzelner Elemente berücksichtigt, die für sich allein betrachtet möglicherweise nicht schützenswert erscheinen.

Obwohl einige Autoren davon ausgehen, daß die Ansiedlung von Freizeitgroßprojekten in attraktiven, möglichst naturnahen und unberührten Landschaftsräumen im wesentlichen der Schaffung einer „Kulisse" dient und werbewirksam vermarktet werden kann (vgl. Herrmann u. a. 1991, S. 68; Strasdas u. a. 1991, S. 128 ff.), sind mögliche Störungen angrenzender Naturräume durch die Gäste der Ferienanlagen nicht auszuschließen.

Insbesondere Störungen durch die Beunruhigung von Tieren, die nicht primär von der Nutzerfrequenz abhängen, sind in der Nähe von Ferienzentren, in denen sich 3000 und mehr Personen aufhalten, in hohem Maße wahrscheinlich. Problematisch wird dies insbesondere dort, wo sich in der Nähe der Freizeitparks ökologisch wertvolle bzw. geschützte Strukturen finden.

Mögliche Auswirkungen von Freizeiteinrichtungen und einzelnen Freizeitaktivitäten zeigt in einer Übersicht die Abbildung 6.11.

Daß die möglichen Auswirkungen von Ferienanlagen auf Natur und Landschaft gravierend sein können, wurde in den vorhergehenden Abschnitten ausgeführt. Die von Betreiberseite dargestellte Verbesserung der ökologischen Situation nach der Ansiedlung eines Freizeitparks, etwa indem sich neue Tier- und Pflanzenarten ansiedelten (Center Parcs 1991, S. 5,16; vgl. auch Strasdas u. a. 1991, S. 229), ist ohne eine Kenntnis der Standortbedingungen vor der Ansiedlung nicht als Beleg für ökologisch positive Auswirkungen derartiger Anlagen zu gebrauchen.

Dementsprechend urteilen auch die Autoren einer Studie im Auftrag des Bundesministers für Umwelt, Naturschutz und Reaktorsicherheit:
„Die in Betrieb befindlichen, innen-orientierten Ferienzentren in England und den Beneluxländern haben bewiesen, daß bei entsprechender Standortwahl schwerwiegende Beeinträchtigungen von Vegetation und Fauna vermieden werden können. An schon vorher intensiv genutzten, ökologisch degradierten Standorten kann bei einer guten Planung sogar eine Aufwertung des Geländes eintreten. Durch den intensiven Erholungsbetrieb ist aber bestenfalls eine ökologische Qualität möglich, die der von innerstädtischen Grünflächen entspricht (...)." (Strasdas u. a. 1991, S. 268)

Die Situation in Deutschland stellt sich jedoch anders dar, da hier bevorzugt landschaftlich attraktive Standorte gewählt werden, die vielfach ökologisch wertvoll sind oder sich in der Nähe wertvoller Strukturen befinden. Die Auswirkungen auf Natur und Landschaft am Standort und in der Umgebung sind in diesen Fällen erheblich schwerwiegender.

7. Zusammenfassende Bewertung

Bernd Mielke

7.1 Sozioökonomische Aspekte

a) Soziokulturelle Aspekte
Die Ansiedlung eines Ferienparks der zweiten Generation führt zu einem schlagartigen Anwachsen der Fremdenverkehrsintensität. Das kann insbesondere bei Ferienparks mit außenorientiertem Betriebskonzept in Ortsrandlage zu erheblichen Störungen der ansässigen Bevölkerung führen. Problematisch sind auch die häufig auftretenden, z. T. sehr emotional geführten Auseinandersetzungen in der Gemeinde über das Für und Wider der Ansiedlung.

b) Ökonomische Aspekte
Die Ansiedlung von Ferienparks der zweiten Generation stellt einen erfolgversprechenden Ansatz dar, angesichts der Umstrukturierung des Urlaubsmarktes in Richtung auf Kurz- und Mehrfachreisen wieder einen größeren Teil der Urlaubsnachfrage in NRW zu binden. Unter ökonomischen Gesichtspunkten ist die Ansiedlung eines Ferienparks insgesamt positiv zu bewerten. Insbesondere werden in größerem Umfang Arbeitsplätze geschaffen oder gesichert – innerhalb des Parks sowie durch Aufträge für Reparatur und Instandhaltung, Einkäufe für die Läden und Restaurants und durch Nebenausgaben der Gäste. Regionalpolitisch ist dabei von Vorteil, daß die Ansiedlung meist in strukturschwachen Gebieten erfolgt. Die Qualität der im Park geschaffenen Arbeitsplätze ist allerdings überwiegend gering.

Für vorhandene Fremdenverkehrsbetriebe können sich positive wie negative Effekte ergeben. Unmittelbare Konkurrenzbeziehungen dürften sich wegen der geringen Überschneidung der Nachfragergruppen in Grenzen halten.

c) Freizeitpolitische Bewertung
Das von den Ferienparks der zweiten Generation dargestellte Angebot entspricht offenbar einem vorhandenen Bedarf. Die Betreiber haben verschiedene Vorstellungen und Anforderungen von (Kurz-)Urlaubern aufgegriffen. Die Entscheidung für einen Urlaub im Ferienpark ist daher nicht als irrationale Modeerscheinung einzuschätzen, sondern nachvollziehbar. Die Parks sollten daher als eine der verschiedenen Möglichkeiten, Urlaub zu machen, akzeptiert werden.

Der sogenannte sanfte Tourismus ist nicht als Alternative zu Ferienparks anzusehen. Die beiden Tourismusformen sprechen unterschiedliche Nachfrager an und sollten als gegenseitige Ergänzung betrachtet werden.

Helga Sander/Hartmut Koch

7.2 Ökologische Bewertung

Die Anlage und der Betrieb von Ferienzentren haben erhebliche ökologische Auswirkungen, die sich nicht allein auf

Abb. 6.11
Potentielle Auswirkungen von Freizeiteinrichtungen und -aktivitäten auf den Landschaftshaushalt und das Landschaftsbild

		Faktoren des Landschaftshaushaltes															Landschaftsbild
		Boden			Wasser				Luft		Pflanzen		Tiere				
		Wassererosion	Winderosion	Bodenverdichtung	Grundwassermangel	Grundwasserverschmutzung	Abflußbeschleunigung	Oberflächenwasserverunreinigung	Luftverunreinigung	Lärm	Artendezimierung	Artenverschiebung	Störung	Artendezimierung	Artenmassierung	Ökologische Inaktivierung infolge Flächenverbrauchs	Nivellierung der landschaftlichen Vielfalt und Intensität
Auswirkungen durch Freizeitaktivitäten	Wandern	○	○	○			○				○	○	○				
	Lagern, Picknick, Geländespiel		○	○							●	●	○				
	Naturbeobachten												○				
	Geländelauf										○	○	○				
	Reiten	○	○	○							●		○	○			
	Schwimmen	○								○	●	○	●	○	○		
	Segeln, Surfen, Paddeln							○			○		●	○			
	Motorbootsport, Wasserski							●	○	●	○		●	○			
	Sporttauchen, Unterwasserjagd												○	●			
	Angeln										○		●	○			
	Skiabfahrt, Skibob	●		●							●	○	○	○			
	Skilanglauf																
	Rodeln																
	Bergsteigen										○						
	Bergwandern										○	○					
	Campen, Caravaning			○	○	○	○	●		○	●	●	●	○			
	Sportfliegen (Motorflug)								●	●			○				
	„Auto- u. Motorradwandern"						○		●	●			●	●			
	Geländefahren	●	●	●					●	●	●		●	●			
	Besuch von landschaftlichen Attraktionen	●		●		●			○		●	●	●	●			
	Zu- und Abfahrt bei der Ausübung von Aktivitäten				●		○	●	●				●	●			
Anlagebedingte Auswirkungen	Wanderwege	○		○			○				○			○			
	Erschließungsstraßen, Parkplätze	●		●			●				●		○	●		●	●
	Reitwege	○		○			○				○			○			
	Badestrände										●	○		●			
	Bootshäfen, Bootsanlegestellen										●			●			
	Skipisten/Aufstiegshilfen	●		●			○				●			●			●
	Bau von Beherbergungen und Verpflegungseinrichtungen	○		●			●	○		●	●	●	○	●		●	●
	Camping- und Caravaningplätze	○		●			○				●	●	○	●		○	●
	Wochenend- und Ferienhäuser			●			○				●	●	○	●		○	●
	Anlage flächenintensiver Freizeiteinrichtungen (Freizeitparks, Märchenparks, Wildgehege)	●	○	●		○	●	○			●	●	○	●		●	●

Intensität möglicher ökologischer Auswirkungen

○ = feststellbar
● = erheblich

Quelle: Scharpf 1980, in: Ott u. a. 1991, S. 126

den Standort der Anlagen beschränken. Während die baubedingten Auswirkungen sich – mit Ausnahme des damit verbundenen Ressourcenverbrauchs und Materialtransports – auf ökologisch weniger empfindliche Bereiche am Standort selbst begrenzen lassen, sind die anlage- und betriebsbedingten Folgen als deutlich gravierender einzuschätzen.

– Anlagebedingte Auswirkungen
Mit der Ansiedlung von Ferienzentren sind folgende anlagenbedingte Auswirkungen verbunden:
- Flächeninanspruchnahme
- Zerschneidungs- und Trenneffekte für zusammenhängende Landschaftsteile/Biotope
- Verdichtung und Versiegelung des Oberbodens durch Gebäude, Wegeflächen, befestigte (Sport-)Plätze und Wasserflächen (i.a. mit künstlicher Abdichtung durch Folien)
- Veränderung des Bodenreliefs
- Beeinträchtigung des Landschaftsbildes (insbesondere bei Hang- und Kuppenlagen)

Wegen ihrer deutlich höheren Gesamtfläche führen Anlagen mit innenorientierten Betriebskonzepten auch zu größeren Auswirkungen am Standort. Durch die Wahl geeigneter Standorte können die anlagenbedingten Auswirkungen – ausgenommen die direkte Flächenbeanspruchung – zwar in Grenzen gehalten werden. Eine ausgeglichene Bilanz aus ökologischer Sicht ergibt sich aber allenfalls bei der Ansiedlung von Ferienzentren auf bereits intensiv genutzten, ökologisch degradierten Standorten.

– Betriebsbedingte Auswirkungen
Die ökologischen Auswirkungen aus dem Betrieb von Ferienzentren lassen sich wie folgt zusammenfassen:
- Ressourcenverbrauch (Energie, Wasser, Rohstoffe)
- Erzeugung von Abfällen, Abwasser und Abluft
- Verkehrsaufkommen durch nahezu vollständige Kfz-Orientierung mit hohem Energieverbrauch, hoher Schadstoffproduktion und Lärmbelästigung der Wohnbevölkerung an den Zufahrtsstraßen
- Störungen der Natur und Landschaft durch Feriengäste innerhalb und außerhalb der Anlage:
  a) Schäden durch Tritt und Eutrophierung (abhängig von der Nutzerfrequenz)
  b) Beunruhigung der Tierwelt (bereits durch einzelne Störungen, z. B. Spaziergänger, möglich)

In den bestehenden Ferienzentren finden Versuche zur ökologischen Betriebsführung, die eine Verringerung des Ressourcenverbrauchs und der entstehenden Rest- bzw. Schadstoffe zur Folge hätten, bislang nur unzureichend statt. Auch Überlegungen zur Verlagerung des Verkehrs auf öffentliche Verkehrsmittel gibt es erst in Ansätzen.

Die Störungen von Natur und Landschaft, deren Konsequenz Verschiebungen des Artenspektrums bei Tieren und Pflanzen bis hin zur Abwanderung bzw. zum lokalen Aussterben einzelner Arten sein können, lassen sich durch die Wahl geeigneter Standorte zumindest in Grenzen halten. Bedingung hierfür ist, daß weder am Standort des Ferienzentrums noch in der näheren Umgebung sensible Landschaftsteile oder Biotope vorkommen und der ausgewählten Standortfläche auch keine Vernetzungs- oder Ergänzungsfunktion für vorhandene Biotopstrukturen zukommt.

Selbst bei Ausnutzung der – durchaus vorhandenen – Potentiale zur Minderung der anlagen- und betriebsbedingten Auswirkungen stellt die Ansiedlung von Ferienzentren einen gravierenden Eingriff dar. Während bei den anlagenbedingten Auswirkungen an Standorten mit geringer Wertigkeit durch kompensatorische Maßnahmen eine aus ökologischer Sicht näherungsweise ausgeglichene Bilanz erreichbar ist, lassen sich die betriebsbedingten Auswirkungen zwar minimieren, aber nicht ausgleichen.

8. Empfehlungen

Im folgenden werden die Ergebnisse der Arbeit in Empfehlungen zu verschiedenen Einzelfragen umgesetzt.

Bernd Mielke

8.1 Empfehlungen aus sozioökonomischer Sicht

8.1.1 Empfehlungen zur Konzeption der Anlage

– Betriebskonzept
Wie im Abschnitt 3 dargestellt, unterscheidet man bei den Ferienparks der zweiten Generation innen- und außenorientierte Betriebskonzepte, die jeweils Implikationen für die Auswirkungen der Ferienparks haben. Der zentrale Unterschied zwischen den Konzepten ist – kurz zusammengefaßt-, daß die (Kurz-)Urlauber in Anlagen mit innenorientiertem Betriebskonzept alle Angebote innerhalb des Parks finden sollen, während Anlagen mit außenorientiertem Konzept sowohl Angebote in der Anlage machen, aber auch auf Ausflüge setzen. Dies hat Folgen für verschiedene bei der Beurteilung wichtige Gesichtspunkte. Die wesentlichen Vorzüge der Konzepte sind in der Übersicht 8.1 zusammengefaßt.

Bei einigen Aspekten muß allerdings zwischen Theorie und Praxis unterschieden werden: So sind zwar Parks mit innenorientierten Konzepten prinzipiell auch an landschaftlich unattraktiven Standorten und sogar auf Industriebrachen möglich, es erscheint jedoch unwahrscheinlich, daß – angesichts der überregionalen Konkurrenz mit einer Vielzahl attraktiver Standorte – ein solches Gebiet von den Investoren und später von den Urlaubern akzeptiert würde. Auch bezüglich der Verlagerung des An- und Abreiseverkehrs auf öffentliche Verkehrsmittel sollten keine überzogenen Erwartungen gehegt werden (Fache 1991).

Insgesamt lassen sich aber für beide Konzepte Argumente finden. Eine Empfehlung für Ferienparks mit innenorientiertem Konzept (Strasdas 1991) erscheint daher nicht begründet.

– Größe des Parks
Die Festlegung der Größe des Parks sollte nicht allein dem Anbieter überlassen werden. Ggf. sollte auch hierüber verhandelt werden. Die Untergrenze für Parks der zweiten Generation könnte bei 1500 bis 2000 Betten liegen. Mehr als 4000 Betten sollten wegen der immer größer werdenden Auswirkungen und Risiken nicht zugelassen werden.

8.1.2 Empfehlungen zur Vertragsgestaltung

– Die Firmenstruktur sollte offengelegt werden (Strasdas 1991). Angesichts der Risiken sollte nur mit seriösen Interessenten ernsthaft verhandelt werden (Wenzel 1991)

Übersicht 8.1
Vergleich der Auswirkungen von Ferienparks der zweiten Generation mit innen- und außenorientiertem Betriebskonzept

	Innenorientierte Konzepte (z. B. Center Parcs)	Außenorientierte Konzepte (z. B. Gran Dorado)
Ökonomische Aspekte	Mehr Arbeitsplätze in der Anlage	Mehr Ausstrahlungseffekte auf vorhandene Betriebe durch höhere Ausflugshäufigkeit
		Offener für Tagesgäste; Mitnutzung der Anlagen durch Gäste anderer Fremdenverkehrsbetriebe möglich
Ökologische Aspekte	Geringere ökologische Belastung der Umgebung da die Gäste meist in der Anlage bleiben	Erheblich geringerer Flächenbedarf (30 bis 40 ha gegenüber 100 ha und mehr Anlagen mit innenorientierten Konzepten
		Es sind eher kleinere Anlagen möglich
		Für die Anlagen kommen auch ökologisch weniger wertvolle Gelände (z. B. Ackerflächen) in Frage, da der Freizeitwert eher auf der Attraktivität der Umgebung beruht
Verkehrliche Aspekte	Vermutlich geringere Verkehrsbelastung als Folge niedrigerer Ausflugshäufigkeit	
Energie		Kompaktere Anlagen begünstigen energiesparende Energienutzungskonzepte unter Einbeziehung der Fernwärme
Soziokulturelle Aspekte	Geringere soziokulturelle Belastung der umliegenden Orte (keine Überschwemmung durch Ausflügler)	
Standortwahl	Anlagen im Prinzip auch in touristisch weniger attraktiven Gebieten möglich	Wegen des geringeren Flächenbedarfs kommen mehr Standortalternativen in Frage
	Neuer Siedlungsansatz	Standort am Ortsrand möglich

- Die Kosten für erforderliche Infrastrukturen sollten vom Betreiber getragen werden (Strasdas 1991)
- Eine Nutzungsmöglichkeit der Anlagen für Externe sollte vereinbart werden. Die Ferienparks stellen für die ansässigen Beherbergungsbetriebe eine potentielle Konkurrenz dar. Als Ausgleich sollte auf einer Nutzungsmöglichkeit der Freizeitangebote, insbesondere des Schwimmbads, durch Tagesgäste bestanden werden.

8.1.3 Empfehlungen zum Planungsverfahren

- Die Öffentlichkeit sollte frühzeitig und umfassend unterrichtet und beteiligt werden. Eine einseitige Information sollte vermieden werden. Vielmehr sollten auch die erkennbaren Probleme und Belastungen thematisiert werden.
- Die Diskussion von Alternativen zählt zu den Grundvoraussetzungen jeder rationalen Entscheidungsfindung. Allerdings wird diese Diskussion z. Z. meist intern vom Investor geführt. Die Öffentlichkeit erfährt von einem Vorhaben i.d.R. erst, wenn nur noch ein Standort übrig geblieben ist. Dies ist zwar unbefriedigend, aber wohl unvermeidbar, weil nicht von der Hand zu weisen ist, daß eine frühere öffentliche Diskussion für den Investor riskant ist. Allerdings sollte der Projektträger nachvollziehbar machen, warum er sich für den ausgewählten Standort entschieden hat. Außerdem sollte auch die voraussichtliche Entwicklung bei der Entscheidung für die Nullvariante, also dem Verzicht auf das Vorhaben, analysiert und diskutiert werden.

8.1.4 Empfehlungen zur Standortwahl

Für Empfehlungen zur Standortwahl gibt es zwei Ansätze:

- Positiv- oder Negativplanung, d.h. die Ausweisung von für ein Vorhaben geeigneten bzw. nicht geeigneten Standorten oder Regionen
- Festlegung von Kriterien, die Standorte erfüllen müssen, bzw. von geeigneten oder ungeeigneten Gebietskategorien.

Die Ansätze überschneiden sich, weil durch die Festlegung von Kriterien indirekt Standorte positiv oder negativ bewertet werden bzw. die Ausweisung geeigneter bzw. ungeeigneter Standorte i.d.R. auf bestimmten Kriterien beruhen wird. Sie sind auch kombinierbar.

Der Ansatz der Festlegung von Standorten ist in NRW mit der Ausweisung der Freizeit- und Erholungsschwerpunkte (FES) verfolgt worden. Dieses Verfahren ist bei einem Land von der Größe NRWs sehr aufwendig und hat sich zudem nur z. T. bewährt. Während ein Teil der FES die zugewiesenen Funktionen erfüllt, sind andere nicht oder nur teilweise angenommen worden; gleichzeitig wurden andere Standorte für regional bedeutsame Freizeitvorhaben in Anspruch genommen, weil sie nach Auffassung der Investoren besser geeignet waren.

Neuere Überlegungen setzen deshalb auf den zweiten Ansatz. Dabei sollen unter sozioökonomischen Aspekten je zwei Empfehlungen zum Makro- bzw. Mikrostandort ausgesprochen werden:

– Zum Makrostandort:
a) Der Makrostandort sollte in strukturschwachen Gebieten mit Eignung für den Fremdenverkehr liegen.
b) Die Konkurrenzsituation mit anderen Ferienparks der zweiten Generation sollte bei der Wahl des Makrostandorts beachtet werden.

– Zum Mikrostandort:
c) Unter sozioökonomischen Gesichtspunkten ist eine Anlehnung an vorhandene Ortslagen nicht zwingend.

Wenn eine Anlehnung erfolgt, dann aber nur an Siedlungsschwerpunkte. Je größer die Anlage, desto mehr spricht für einen isolierten Standort.

d) Die Priorität des allgemeinen Erholungsanspruchs sollte bei der Wahl des Mikrostandorts beachtet werden.

Begründungen:

ad a) Ferienparks der zweiten Generation mit innenorientiertem Betriebskonzept sind prinzipiell auch in der Agrarsteppe und auf Brachflächen möglich. Die Empfehlung für strukturschwache Gebiete mit Eignung für den Fremdenverkehr hat vor allem zwei Gründe:

– Die Chancen, in diesen Regionen im gewerblichen Bereich eine wirtschaftliche Entwicklung in Gang zu setzen, sind oft gering.

– Das Risiko ist bei landschaftlich reizlosen Standorten größer. Zwar werden auch die Center Parcs an nach herkömmlichen Maßstäben touristisch unattraktiven Standorten rentabel betrieben. Die Anziehungskraft des Freizeitangebots in den Parks könnte jedoch nachlassen. In diesem Fall wäre es von Vorteil, wenn ein Park auch über eine reizvolle Umgebung verfügt.

Eine Ansiedlung in Spitzenorten des Fremdenverkehrs sollte aber vermieden werden, um Überlastungserscheinungen zu vermeiden (Becker 1989, Strasdas 1991). Der von Strasdas (1991) empfohlene Standort am Rande von Ballungsgebieten hat den Nachteil, daß

• die Anlage möglicherweise weniger gut angenommen würde, weil die Urlauber eine gewisse Distanz zum Alltag wollen,
• das Betriebsrisiko infolgedessen sowie infolge höherer Grundstückspreise höher und
• die Flächennutzungskonkurrenz mit anderen Belangen, etwa der Naherholung, größer wäre.

ad b) Bei der Diskussion des Makrostandorts sollten vorhandene und in fortgeschrittenem Planungsstadium befindliche Anlagen berücksichtigt werden. Dabei ist davon auszugehen, daß nach den vorliegenden Erkenntnissen ein nicht ausgeschöpftes Bevölkerungspotential von drei bis vier Millionen Menschen in einem Radius von zwei bis drei Stunden erforderlich ist. Die Entscheidung des Bezirksplanungsrates Arnsberg, zunächst nur ein Vorhaben im Regierungsbezirk zuzulassen, ist daher begründet. Eine Kooperation mit den Planungsbehörden von Rheinland-Pfalz, wo schon mehrere Parks vorhanden oder in Planung sind, erscheint zweckmäßig.

ad c) Die Anlehnung eines Ferienparks mit außenorientiertem Betriebskonzept an vorhandene Ortslagen dürfte für die örtliche Wirtschaft i.d.R. die vorteilhaftere Variante sein:

– Eine Mitnutzung der Anlagen durch Gäste der traditionellen Fremdenverkehrsbetriebe ist eher möglich.
– Vorhandene Einzelhandels- und Gastronomiebetriebe können eher von der Anlage profitieren.
– Im Falle einer krisenhaften Veränderung der Rahmenbedingungen ist es eher möglich, eine Nachnutzung zu finden.

Der soziokulturelle Preis für diese Effekte ist allerdings hoch: Der Ort wird von einem Tag zum anderen mit mehreren tausend Urlaubern konfrontiert. Auch die Konflikte mit den Anwohnern, denen mit einer derartigen Großanlage der angrenzende Freiraum verbaut wird, dürften erheblich sein.

Die positiven Gesichtspunkte kommen ferner nur bei größeren Ortslagen zum Tragen; insofern sollte ggf. eine Anlehnung nur an Siedlungsschwerpunkte erfolgen. Auch die soziokulturellen Probleme werden mit zunehmender Ortsgröße abgeschwächt.

Bei sehr großen Ferienparks mit 4000 Betten und mehr lassen sich aber in strukturschwachen Gebieten oft keine Orte mehr finden, die derartige Anlagen verkraften können. In diesem Fall wäre – unter sozioökonomischen Aspekten – ein isolierter Standort vorzuziehen.

ad d) Die Ferienparks entziehen große Flächen der öffentlichen Zugänglichkeit. Insbesondere am Rande von Verdichtungsräumen und an Gewässern kann es dabei zu Konflikten mit der Tages- oder Wochenenderholung kommen. In diesen Fällen sollte der allgemeinen Erholungsnutzung Priorität eingeräumt werden.

Helga Sander/Hartmut Koch

8.2 Empfehlungen aus ökologischer Sicht

Ausgehend von den dargestellten Wirkungen von Ferienzentren sollen nachfolgend Kriterien für die Auswahl von

Abb. 8.1
Anteil der besiedelten Flächen in den Bundesländern 1985 in %

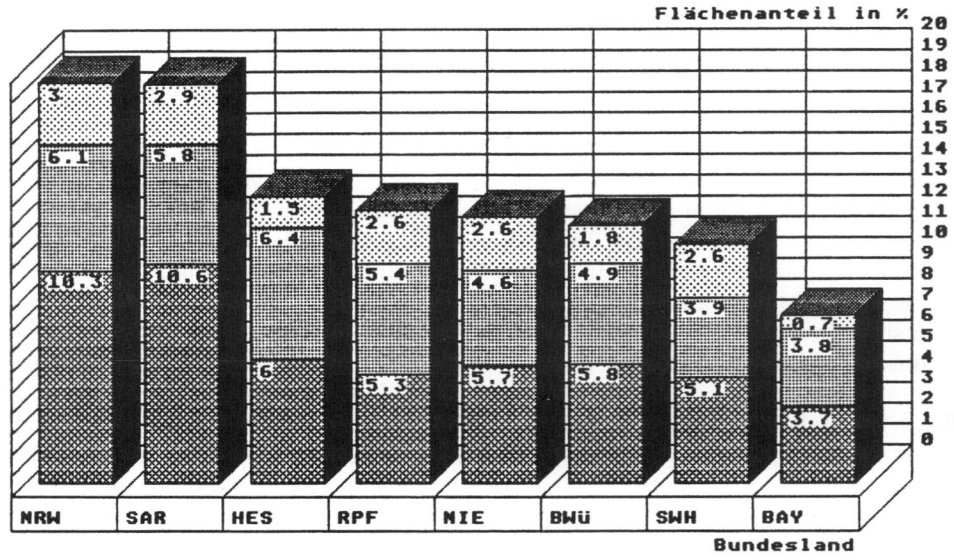

Standorten für Ferienprojekte unter Beachtung der naturräumlichen Gegebenheiten des Landes entwickelt werden. Schließlich sollen Hinweise für die möglichst umweltverträgliche Anlage und den Betrieb von Ferienprojekten gegeben werden, um das Ausmaß der Beeinträchtigungen zu minimieren.

8.2.1 Ökologische Kriterien zur Standortwahl

Bei der Entwicklung von Kriterien zur Standortwahl von Ferienzentren sollten neben den bereits dargestellten Auswirkungen durch Bau, Anlage und Betrieb noch einige zusätzliche Kriterien Beachtung finden, die zum Teil aus den Besonderheiten des Landes Nordrhein-Westfalen resultieren:

– Entscheidend für die Belastbarkeit eines Raumes sind nicht nur die mit der geplanten Anlage verbundenen Auswirkungen sondern auch die Vorbelastung des Raumes. Für das dichtbesiedelte Bundesland Nordrhein-Westfalen sind sowohl der hohe Anteil der Siedlungsflächen (s. Abbildung 8.1) als auch andererseits ein entsprechend hoher Druck auf die Erholungsgebiete zu berücksichtigen.

– Die als Naturparke ausgewiesenen Flächen, aber auch Natur- und Landschaftsschutzgebiete sowie geschützte Landschaftsbestandteile (§§ 20-23 LG NW) sind trotz ihrer Ausweisung bzw. Unterschutzstellung vielfältigen Belastungen durch Freizeit, Land- und Forstwirtschaft, Verkehr und andere Faktoren ausgesetzt (Fritz 1989, S. 228).

– Eine Vernetzung vorhandener Biotope, wie sie ein ökosystemarer Ansatz erfordert (vgl. MURL 1990, S. 4 ff), ist – wenn überhaupt – nur rudimentär vorhanden.

– Zusammenhängende Bereiche, die nicht durch stark belastete Verkehrsbänder zerschnitten sind, werden immer seltener. Die nachfolgende Karte zeigt, daß unzerschnittene verkehrsarme Räume über 100 km² in Nordrhein-Westfalen nur vereinzelt vorkommen und zwischen 1977 und 1987 auch hier Verluste (i.d.R. durch Zerschneidung) zu verzeichnen waren (siehe Abb. 8.2).

Abb. 8.2
Unzerschnittene Räume über 100 km² in der Bundesrepublik Deutschland

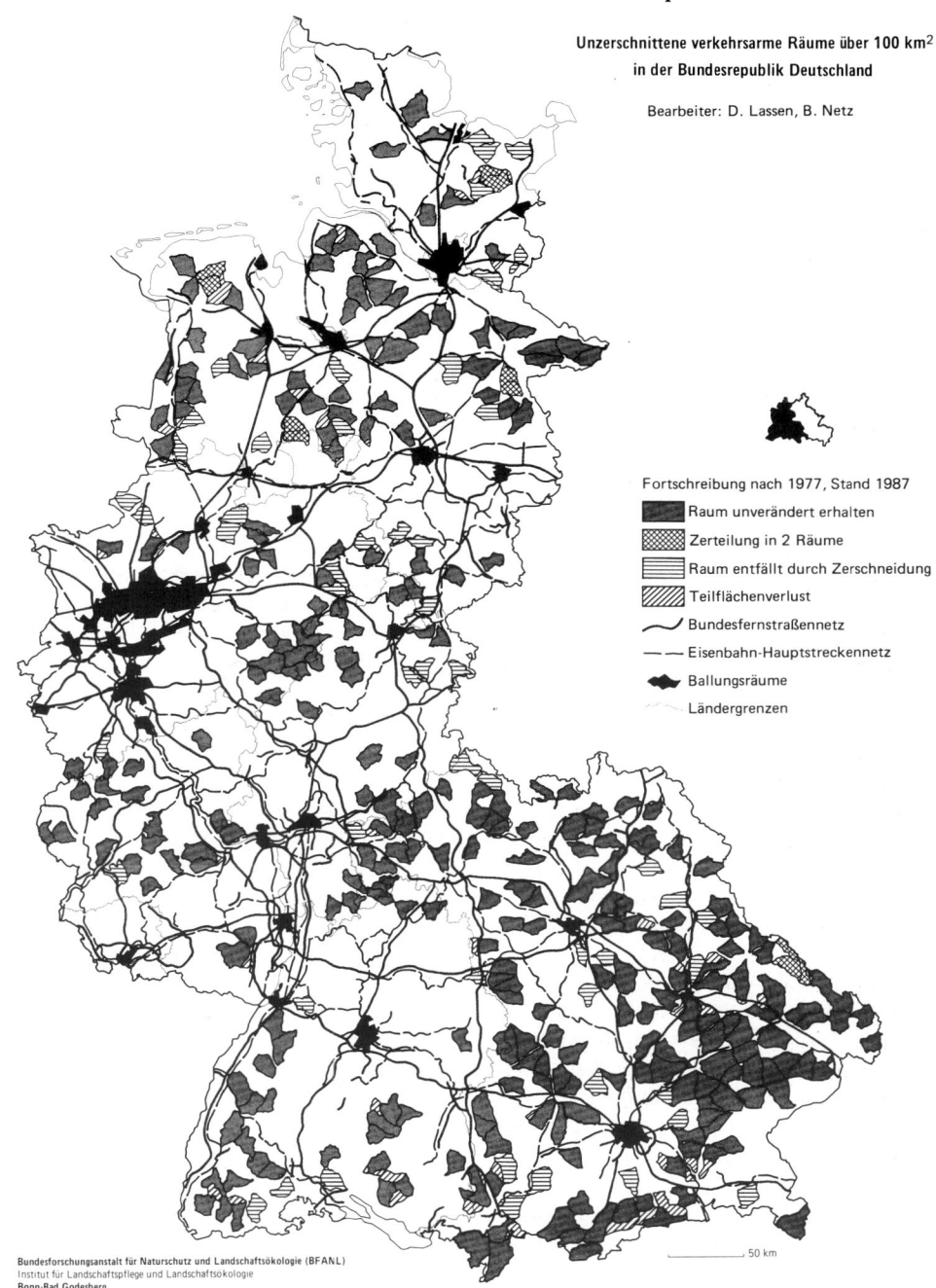

Quelle: Lassen 1987, in: Natur und Landschaft, Heft 12

– Die Folgen intensiver Erholungsnutzung, etwa durch Tritt und Eutrophierung oder durch die Beunruhigung von Tieren, lassen sich in ihrer Gesamtheit nur schwer erfassen, da genaue Untersuchungen nur lückenhaft vorliegen. Die Rote Liste gefährdeter Arten greift hier als Warninstrument zu kurz, da Schäden für den Naturhaushalt vielfach erst langfristig sichtbar werden.

Einen Überblick über das Natur- und Freiraumpotential des Landes Nordrhein-Westfalen liefert die folgende Darstellung: Als Informationsbasis wurden dazu der bereits genannte LEP III (MURL 1988) sowie eine Übersicht über vorhandene Naturparke (MELF 1984) und die unter dem Titel „Natur 2000 in Nordrhein-Westfalen" veröffentlichten Leitlinien und Leitbilder (MURL 1990) verwendet.

Abbildung 8.3 zeigt auf der Basis der genannten Unterlagen die Naturschutzgebiete mit einer Größe über 75 ha, die 14 festgelegten Naturparke sowie die Lage der geplanten Ferienanlagen in Nordrhein-Westfalen.

Auf die Wiedergabe von Naturschutzgebieten mit geringerer Größe und von Landschaftsschutzgebieten mußte aus Darstellungsgründen verzichtet werden. Die im LEP III dargestellten ebenfalls relevanten Bereiche (z. B. Feuchtgebiete, Grundwasservorkommen etc.) sind gleichfalls nicht in die Darstellung übernommen worden. Diese Flächen und Bereiche sind allerdings für eine Standortbeurteilung von großer Wichtigkeit. Gerade kleinere geschützte Gebiete (NSG, LSG und geschützte Landschaftsbestandteile LB) können auf lokaler Ebene bedeutsam sein und durch eine spätere Vernetzung – soweit dies nach den örtlichen Bedingungen möglich ist – wichtige Bausteine zu einem Biotopverbund darstellen.

Die Abbildung 8.3 zeigt, daß bis auf den Standort Ahlen und die abgebrochene Planung in Kalletal alle in Nordrhein-Westfalen geplanten Feriengroßprojekte innerhalb oder unmittelbar am Rande vorhandener Naturparke liegen.
Die 14 Naturparke in Nordrhein-Westfalen sind in § 44, Abs. 1 des Landschaftsgesetzes (LG NW i.d.F. vom 20.6.1989) charakterisiert als „Großräumige Gebiete, die sich durch Vielfalt, Eigenart oder Schönheit von Natur und Landschaft auszeichnen und für die Erholung besonders eignen (...)". Darüber hinaus sollen die Naturparke entsprechend ihrem Erholungszweck geplant, gegliedert und erschlossen werden (§ 44, Abs. 2 LG NW).

Naturparke stellen somit auf der einen Seite wichtige Natur- und Freiraumpotentiale innerhalb des Landes dar, andererseits sollen sie der Erholung dienen. Daß diese Doppelfunktion zu Konflikten führt, wurde bereits festgestellt, als die Planung großflächiger Ferienanlagen noch nicht zur Debatte stand (vgl. MELF 1984, S. 3).

Allerdings stellt die Anerkennung eines Gebietes als Naturpark noch keine Schutzkategorie dar, wie etwa die in den §§ 19-23 LG NW dargestellten besonders geschützten Teile von Natur und Landschaft. Die Großflächigkeit von Naturparken (vgl. die vorstehende Karte) führt vielmehr dazu, daß sich innerhalb ihrer Grenzen sowohl besonders geschützte Teilbereiche (NSG, LSG etc.) als auch Siedlungsflächen sowie eine ausgeprägte Infrastruktur für Erholungszwecke befinden (u. a. Wanderparkplätze, Aussichtstürme, Campingplätze; vgl. MELF 1984).

Die Ansiedlung eines Ferienzentums innerhalb eines Naturparks stellt aus diesem Grunde keine generell auszuschließende Nutzung dar. Jedoch kann durch große Freizeitanlagen sowohl der bereits existierende Erholungsdruck verstärkt werden als auch das Ziel einer Vernetzung der innerhalb von Naturparken vorhandenen, wertvollen Biotopstrukturen konterkariert werden.

Angesichts eines weiteren Rückgangs von Arten infolge fortgesetzter Überlastungen des Naturhaushalts sind Schritte notwendig, mit denen auch große, zusammenhängende Flächen vor einer Inanspruchnahme durch Siedlungen, Freizeiteinrichtungen und andere störende Nutzungen geschützt werden müssen.

Das Programm „Natur 2000 in Nordrhein-Westfalen" (MURL 1990) trägt dieser Notwendigkeit Rechnung, indem unter anderem Vorranggebiete des Naturschutzes innerhalb eines landesweiten Biotopverbundes geschaffen werden sollen. Als zentrale Aufgaben werden in diesem Zusammenhang genannt:

– „Flächen mit großer ökologischer Bedeutung (insbesondere naturnahe und halbnatürliche Ökosysteme) sind in Vorranggebieten des Naturschutzes zu sichern, zu erweitern und zu entwickeln; dies gilt vor allem für Biotope, deren Verlust als irreversibel angesehen werden muß.

– Diese Vorranggebiete sind zu einem funktionsfähigen Verbund durch Ausweisung und Sicherung geeigneter, wenig oder nicht bewirtschafteter Flächen in intensiv genutzten Landschaften zusammenzufügen. Solche Verbundstrukturen dienen als Refugialräume und Trittsteinbiotope, die sich bis in die intensiven Produktionsflächen und in den besiedelten Bereich hinein erstrecken." (MURL 1990, S. 4)

In Anwendung der Erkenntnisse aus der Populationsökologie, die einen Schutz der heimischen Tier- und Pflanzenwelt nur bei Erhalt geeigneter, ausreichend großer und miteinander vernetzter Lebensräume für möglich hält, sollen zunächst Naturreservate als Vorranggebiete für die Natur gesichert werden und anschließend in einen landesweiten Biotopverbund eingebunden werden (ebd., S. 5).

Die Lage dieser Naturreservate innerhalb der Großlandschaften Nordrhein-Westfalens geht aus der Abbildung 8.4 hervor:

Die in der Abbildung 8.4 dargestellten Naturreservate befinden sich teilweise innerhalb der Naturparke oder ergänzen diese. Zum Teil sind es aber auch eigenständige Bereiche, wie z. B. das westliche Münsterland, das obere Weserbergland oder die Emscherlandschaft.

Entsprechend den Leitbildern aus „Natur 2000" ist eine Verträglichkeit von Freizeitgroßanlagen innerhalb zu entwickelnder Naturreservate in Zweifel zu ziehen. Intensive Erholungsnutzung und die von Ferienzentren ausgehenden Beeinträchtigungen sind mit der Zielsetzung der Naturreservate, Vorranggebiete des Naturschutzes zu sein, nicht vereinbar.

Entscheidend für eine Beurteilung ist dabei nicht der generelle Verzicht auf Planungen innerhalb von Naturparken, sondern eine Standortwahl, die nicht den Zielen des Natur- und Landschaftsschutzes widerspricht. Diese Ziele sind jedoch, anders als dies früher der Fall war, vom bloßen Objektschutz (z. B. eines Naturschutzgebietes) hin zu einer ökosystemaren Betrachtungsweise zu erweitern.

Neben Vorranggebieten für den Naturschutz (NSG, Naturreservaten) und Gebieten mit Schutzstatus (LSG), die der Ansiedlung einer Ferienanlage generell nicht zur Verfügung stehen sollten, ist bei der Ansiedlung derartiger Anlagen auch das Entwicklungspotential am geplanten Standort sowie die mögliche Funktion für eine Biotopvernetzung zu beachten (vgl. dazu auch im folgenden).

Wenn nachfolgend Kriterien für die Standortwahl von Ferienzentren formuliert werden, sind die zuvor dargestellten Aspekte zu berücksichtigen. Grundsätzlich gilt für das Verhältnis von Naturschutz zu Nutzungen der in der Abbildung 8.5 dargestellte Zusammenhang.

Abb. 8.3

Naturschutzgebiete und Naturparke in Nordrhein-Westfalen

- ■ Naturschutzgebiete in NW (größer als 75 ha)
- ▦ Naturparke in NW
- ▲ Standorte vorhandener und geplanter Freizeitgroßprojekte in NW
  1. Ferienpark Porta Westfalica
  2. Ferienpark Heidelbeck
  3. Ferienpark Ahlen
  4. Ferienpark Wankumer Heide
  5. Coco-Park Medebach
  6. Center Parc Dahlem

N ↑

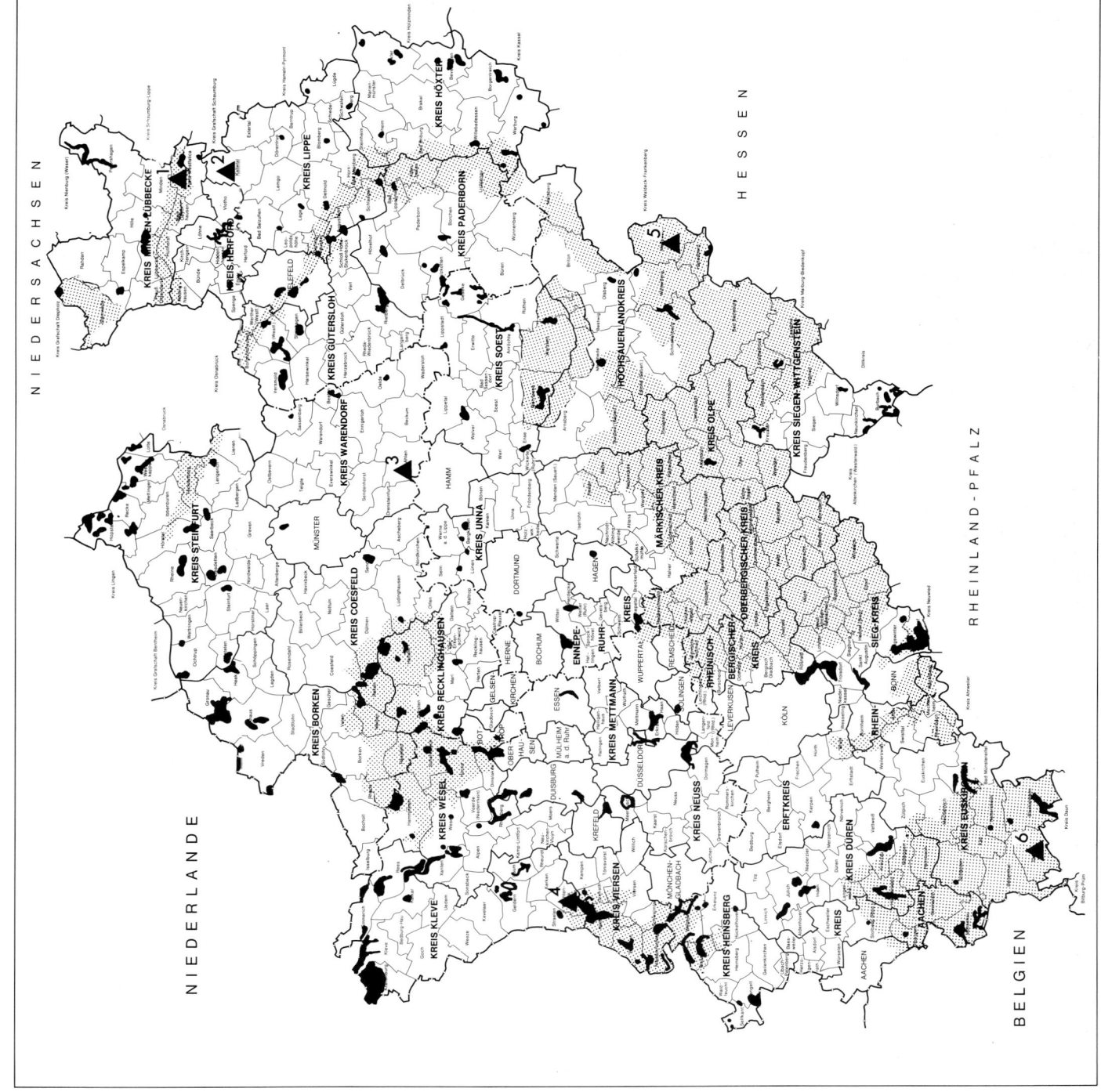

Quellen: LEP III und BFANL (Stand 1985)
Kartengrundlage: ILS

PLANUM 1992

Abb. 8.4
Naturreservate in den Großlandschaften Nordrhein-Westfalens

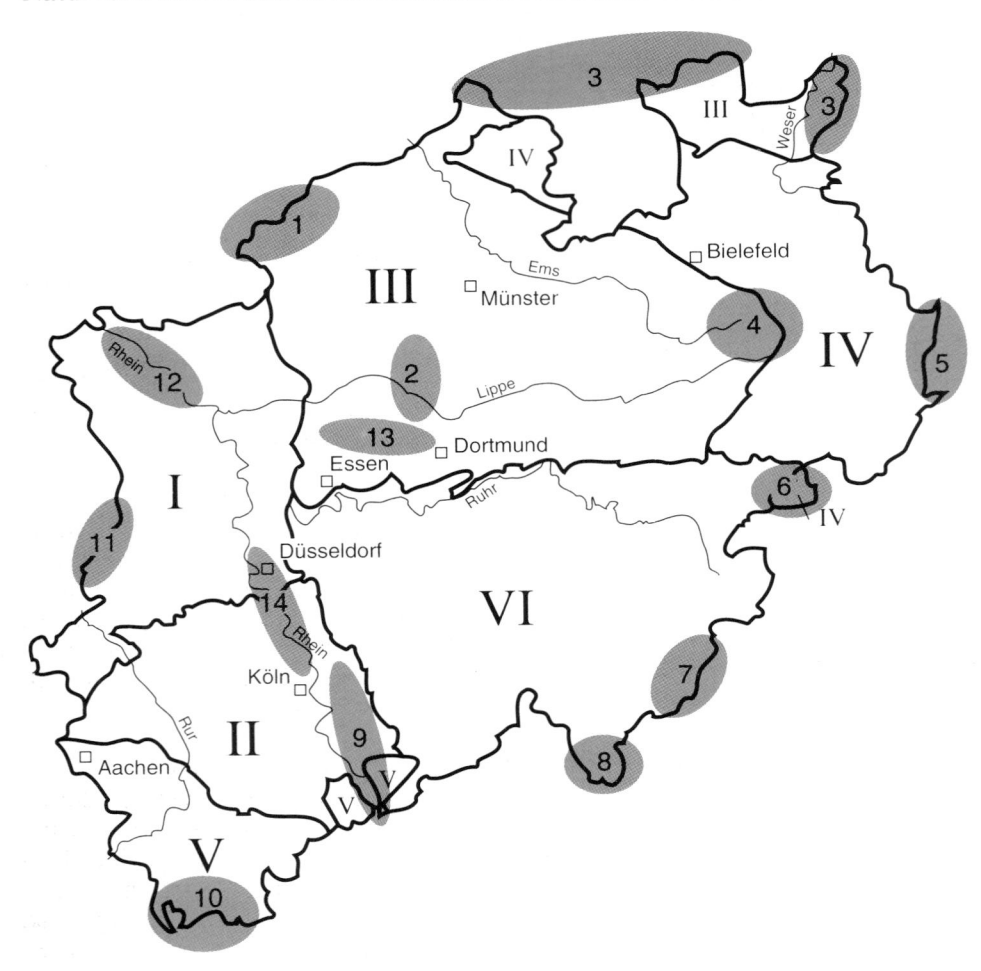

Großlandschaften

I   Niederrheinisches Tiefland
II Niederrheinische Bucht
III Westfälische Bucht (mit westfälischem Tiefland)
IV Weserbergland
V   Eifel
VI Süderbergland

Naturreservate

1 Moore und Feuchtwiesen im westlichen Münsterland
2 Heubach und Borkenberge
3 Altes Storchenland an der Weser, Moore am Dümmer
4 Senne und Sennebäche
5 Wälder des oberen Weserberglandes
6 Waldlandschaft zwischen Alme und Diemel
7 Kamm des Rothaargebirges
8 Wälder und Bergwiesen im südlichen Siegerland
9 Rheinterrasse, Siebengebirge und Kottenforst
10 Rur- und Kalkeifel
11 Feuchtwälder Schwalm-Nette
12 Gänserastplätze am unteren Niederrhein

Freiraumreservate

13 Emscherlandschaft
14 Rheinterrassenpark

Quelle: MURL 1990, S. 63

Ferienzentren sollten aufgrund ihrer Flächenansprüche und der erheblichen Auswirkungen aus dem Betrieb nur in der unteren Hälfte der Pyramide (Vorrang Nutzung) realisiert werden und möglichst weit von geschützten Bereichen entfernt liegen.

Schutzwürdige Bereiche

In Bereichen mit Schutzwürdigkeit kommt die Ansiedlung eines Ferienzentrums aus ökologischer Sicht nicht in Betracht. Bei der Festlegung, welche Gebiete als schutzwürdig gelten sollen, ergeben sich allerdings Unterschiede in der Auffassung.

So nennt die Ministerkonferenz für Raumordnung folgende Gebiete, die *in der Regel* nicht für großflächige Freizeiteinrichtungen in Betracht kommen:

– „Naturschutzgebiete und vergleichbare Teilgebiete von Nationalparken und Naturparken,
– Vorranggebiete, z. B. für Natur und Landschaft, Trinkwasserschutz und für oberflächennahe Rohstoffe,
– Wald,
– Gebiete mit einem hohen Anteil an ökologisch und landschaftlich wertvollen oder gering belastbaren Flächen,
– Gebiete mit besonderer Bedeutung für das ruhige Landschaftserleben und die landschaftsorientierte siedlungsnahe Erholung
– kulturhistorisch, geologisch und geomorphologisch besonders bedeutsame Gebiete." (MKR 1992, S. 4)

In Ausnahmefällen sollen als Standorte in Betracht kommen:

– „Landschaftsschutzgebiete und vergleichbare Teilgebiete von Naturparken, wenn der Schutzzweck nicht in Frage gestellt wird und die landschaftlichen Gegebenheiten besondere Berücksichtigung finden,
– Gebiete mit ökologisch und landschaftlich wertvollen oder gering belastbaren Flächen, wenn diese in das Projekt integriert werden können, ohne daß eine Beeinträchtigung zu befürchten ist,
– struktur- und artenreiche Landschaften, wenn die landschaftstypischen Strukturen und das Artenpotential erhalten und gesichert werden können,
– Gebiete mit erheblichem Fremdenverkehr und Vorranggebiete für Erholung, wenn die allgemeine Zu-

Abb. 8.5
Naturschutzansprüche im Gesamtraum (Naturschutzpyramide)

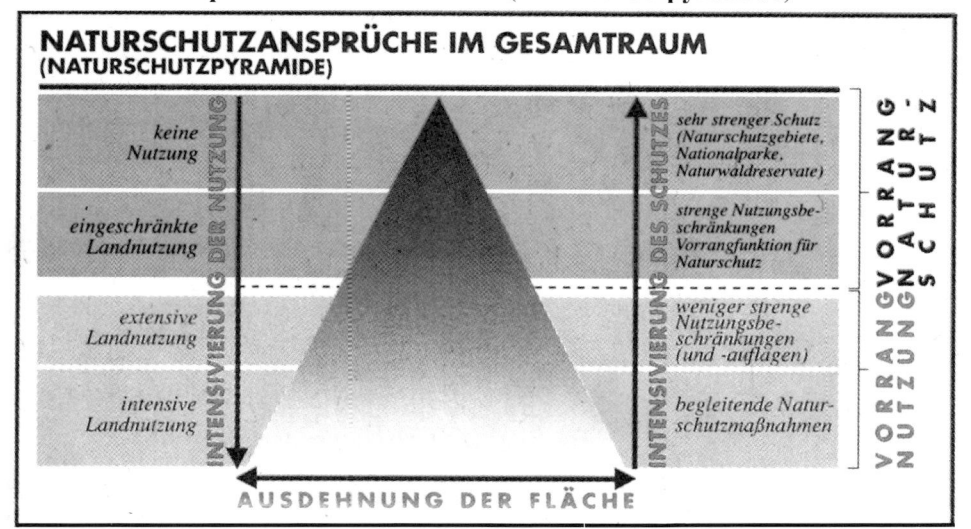

```
NATURSCHUTZANSPRÜCHE IM GESAMTRAUM
(NATURSCHUTZPYRAMIDE)

keine                                    sehr strenger Schutz
Nutzung                                  (Naturschutzgebiete,
                                         Nationalparke,              VORRANG
                                         Naturwaldreservate)         NATUR-
eingeschränkte                           strenge Nutzungsbe-         SCHUTZ
Landnutzung                              schränkungen
                                         Vorrangfunktion für
                                         Naturschutz
extensive                                weniger strenge
Landnutzung                              Nutzungsbe-
                                         schränkungen
                                         (und -auflagen)             VORRANG
intensive                                                            NUTZUNG
Landnutzung                              begleitende Natur-
                                         schutzmaßnahmen

           AUSDEHNUNG DER FLÄCHE
```

Quelle: BMU 1990, S. 59

gänglichkeit gewährleistet bleibt." (ebd., S.5 f)

Aus ökologischer Sicht erscheint insbesondere die nachträgliche Aufweichung des Schutzstatus einzelner Gebiete sehr bedenklich. Da Naturschutzgebiete die höchste Schutzkategorie nach § 20 LG NW genießen, sind sie Tabuzonen für bauliche Vorhaben jeglicher Art (vgl. auch Schemel 1988, S. 6).

Der Schutzstatus von Landschaftsschutzgebieten nach § 21 LG NW ist zwar demgegenüber als geringer einzustufen, so daß in eingeschränkter Form Freizeitaktivitäten (z. B. stille Erholung) zugelassen werden könnten. Freizeitgroßeinrichtungen, wie auch andere bauliche Anlagen sind jedoch mit Landschaftsschutzgebieten generell nicht vereinbar (vgl. ebd., S. 8). Allerdings ist eine Entlassung von Teilgebieten aus dem Landschaftsschutz möglich, da nicht alle Flächen in den LSG hohe ökologische Wertigkeit besitzen.

In diesem Zusammenhang muß bedenklich stimmen, daß bei Ferienprojekten (Feriendörfer und -parks) mehr als 80 % der vorhandenen Anlagen und mit einer Ausnahme alle Planungen Konflikte mit Landschaftsschutzgebieten zur Folge haben (Herrmann u. a. 1990, S.99).

Im übrigen sind angesichts der Forderung des Programms „Natur 2000 in Nordrhein-Westfalen" nach einem ökosystemaren Ansatz im Natur- und Landschaftsschutz Eingriffe in bestehende Gebiete mit Schutzstatus generell zu unterbinden. In diese Schutzkategorie gehören auch die vorgesehenen Naturreservate. Es ist vielmehr umgekehrt dafür Sorge zu tragen, daß geschützte Gebiete nicht als Inseln im umgebenden Landschaftsraum vorkommen, sondern miteinander vernetzt werden.

Großprojekte aus dem Freizeitsektor verhindern ebenso wie Siedlungsflächen oder andere intensive Nutzungen diesen Vernetzungsprozeß.

Der bereits großräumig am Beispiel des Rückgangs unzerschnittener verkehrsarmer Räume gezeigte Prozeß gilt auch in kleinem Maßstab. So führt der Rat von Sachverständigen für Umweltfragen im Umweltgutachten 1987 aus, daß der Artenrückgang vor allem durch Beeinträchtigung, Verkleinerung, Zersplitterung oder Beseitigung naturbetonter Biotope verursacht wird. Nur 35-40 % der gefährdeten Arten und ein noch geringerer Anteil der Biotoptypen werden in den ca. 2.400 NSG erfaßt. Diese nehmen nur ca. 1,1 % der Fläche der BRD (alte Bundesländer) ein und sind größtenteils so klein (15 % sogar unter 5 ha), daß sie schädlichen Randeinwirkungen offenstehen (vgl. BMU 1987, S. 13).

Angesichts der nachgewiesenen Bedrohung der Tier- und Pflanzenwelt, insbesondere der Arten mit spezialisierten Standortansprüchen, muß der Schutz von Natur und Freiraum ausgedehnt werden. Auch die Umgebung geschützter Gebiete muß in die Bemühungen um den Freiraumschutz einbezogen werden (beispielsweise durch Extensivierung land- oder forstwirtschaftlicher Nutzung), um die Unterschreitung von Minimalarealen zu verhindern, Störungen von geschützten Nutzungen fernzuhalten und Möglichkeiten für eine Biotopvernetzung zu schaffen.

So kann auch die Ansiedlung einer Ferienanlage in einem vormals forstwirtschaftlich genutzten Nadelholzforst die künftige Entwicklung dieser Fläche als Element der Biotopvernetzung blockieren oder die Entwicklung natürlicher Waldgesellschaften an diesem Standort auf Dauer verhindern.

Auch die Ausweisung zusätzlicher Flächen mit Schutzstatus ist angesichts des insgesamt geringen Anteils, den beispielsweise NSG an der Gesamtfläche der Bundesrepublik oder des Landes NW besitzen, eine dringend notwendige Maßnahme des Artenschutzes (vgl. auch Kaule 1986, S. 271 ff).

Auswahl von Standorten
Die Suche nach geeigneten Standorten für Ferienzentren sollte sich demnach – in Umkehrung der derzeit geübten Praxis – auf Räume konzentrieren, die entweder einen geringen ökologischen Stellenwert aufweisen, wie z. B. Flächen intensiver Landwirtschaft, sofern sie nicht für einen Biotopverbund oder eine naturnahe Entwicklung vorgesehen sind, oder ökologisch bereits geschädigte Bereiche wählen. In beiden Fällen ist eine ökologische Bilanz zumindest ausgeglichen. Bei zusätzlichen intensiven Aufwertungsmaßnahmen kann die Ansiedlung eines Ferienprojektes sogar mit einem leichten ökologischen Gewinn verbunden sein.

Entsprechende Vorschläge für geeignete Standorte enthält auch die Entschließung der Ministerkonferenz mit dem Vorschlag der nachstehenden Gebiete, die grundsätzlich für die Ansiedlung von Ferienzentren in Betracht kommen:

– „nicht überlastete Naherholungs-/ Fremdenverkehrsgebiete,
– ehemals militärisch genutzte Flächen,
– aufgelassene Industrie- und Gewerbeflächen,
– Flächen, die zuvor dem großflächigen Abbau von oberflächennahen Rohstoffen dienten,
– landwirtschaftliche Flächen mit geringer wirtschaftlicher und landschaftspflegerischer Wertigkeit sowie

– ökologisch verarmte Kulturlandschaften" (MKR 1992, S. 5).

Die Abbildung 8.6 zeigt ein mögliches Verfahren zur Ermittlung ökologisch unbedenklicher Standorte für Feriengroßanlagen. Durch Überlagerung der verschiedenen Funktionen eines Raumes läßt sich ermitteln, ob überhaupt geeignete Flächen für eine Ansiedlung vorhanden sind und ob auch die übrigen Standortfaktoren (z. B. Verkehrserschließung, technische Ver- und Entsorgung) im notwendigen Umfang vorliegen.

Die Standortfindung für Feriengroßanlagen vereinfacht sich auf den ersten Blick bei Anlagen mit geringen Flächenansprüchen (z. B. außen-orientierte Anlagen). Da eine Standortentscheidung aber neben den direkten Flächenansprüchen auch die zusätzlichen Auswirkungen aus dem Betrieb der Anlage berücksichtigen muß, sind auch die entsprechenden Störungen angrenzender Bereiche zu beachten.

Bislang können wegen fehlender Daten nur Vermutungen über das Ausmaß der Beeinträchtigung anliegender Gebiete angestellt werden. Die angenommenen größeren Auswirkungen außen-orientierter Anlagen (vgl. Strasdas u. a. 1991, S. 268) müßten allerdings erst durch genauere Untersuchungen erhärtet werden. In diesem Zusammenhang ist zu beachten, daß für Beeinträchtigungen der Tierwelt nicht die Zahl der störenden Personen entscheidend ist, während Tritt- und Eutrophierungsschäden frequenzabhängig sind.

Zusammengefaßt läßt sich eine Standortwahl für Ferienzentren nach ökologischen Kriterien in erster Linie als Negativabgrenzung im Sinne eines Ausschlusses geschützter und potentiell entwicklungsfähiger Bereiche für den Natur- und Artenschutz durchführen. Der Naturschutz soll dabei zur Erreichung eines Biotopverbundes eine stärkere Position als bislang erhalten und mit zusätzlichen Flächen ausgestattet werden. Im Sinne einer positiven Abgrenzung können als geeignete Standorte die von der Ministerkonferenz für Raumordnung bezeichneten Gebiete untersucht werden.

Einen Überblick über für bei der Beurteilung konkreter Standorte heranzuziehende Unterlagen vermittelt Tabelle A.1 (im Anhang).

Abb. 8.6
Verfahren der Standortermittlung

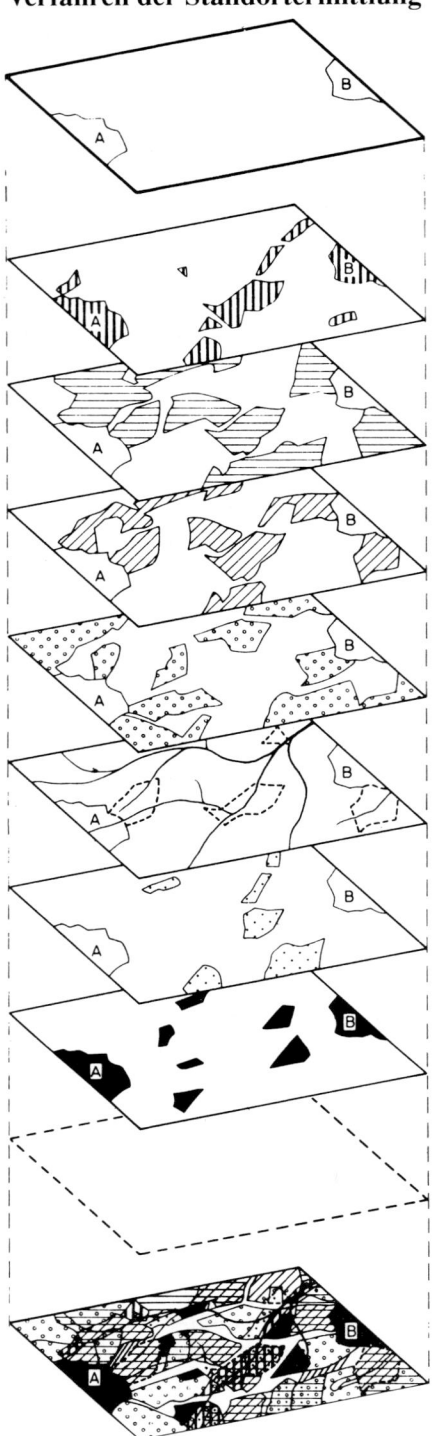

Untersuchungsraum

Schutzwürdigkeit, Bedeutung und Empfindlichkeit von Flächen mit

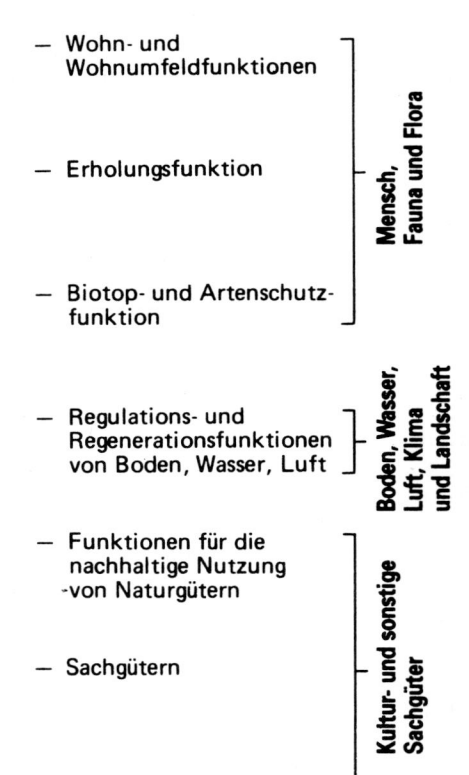

– Wohn- und Wohnumfeldfunktionen

– Erholungsfunktion

– Biotop- und Artenschutzfunktion

} Mensch, Fauna und Flora

– Regulations- und Regenerationsfunktionen von Boden, Wasser, Luft

} Boden, Wasser, Luft, Klima und Landschaft

– Funktionen für die nachhaltige Nutzung von Naturgütern

– Sachgütern

– Kulturellen Funktionen

} Kultur- und sonstige Sachgüter

Sonstige zu berücksichtigende Flächen (nachrichtlich)

Überlagerte Flächenfunktionen

Quelle: MUVS 1990, S. 10, abgeändert

8.2.2 Empfehlungen zu Anlage und Betrieb

8.2.2.1 Flächenbeanspruchung

Bevor nachfolgend Hinweise zur Flächenbeanspruchung von Ferienzentren ausgeführt werden, soll ein kurzer Blick auf den Flächenbedarf und die -aufteilung vorhandener bzw. geplanter Anlagen geworfen werden. Gleichzeitig können dabei mögliche Einsparungspotentiale aufgezeigt werden.

Vorhandene bzw. geplante Anlagen
Während der Flächenbedarf der betrachteten Ferienanlagen mit außen-orientierter Konzeption mit einer Ausnahme durchweg unter 50 ha liegt, stellt sich das Bild bei innen-orientierten Anlagen anders dar.

Hier liegen die Flächengrößen überwiegend über 50 ha und erreichen nicht selten Größenordnungen über 100 ha. Center Parcs nennt als angestrebte Größenordnung einen Flächenbedarf von 100–200 ha (Center Parcs 1991, S. 21).

Eine Analyse der Flächenaufteilung innerhalb innen-orientierter Anlagen zeigt, daß bei großflächigen Anlagen zum einen die Größe der Wasserflächen zunimmt, zum anderen größere Flächen ohne bauliche Nutzung als Freiflächen o.ä. zur Verfügung stehen. Auf der anderen Seite kommt die geplante Anlage von Center Parcs in Bispingen trotz großer Wasserflächen (insgesamt 19 ha, davon 15 ha für einen großen See; Herrmann u. a. 1990, S. 175) mit einer Gesamtfläche von 72,5 ha aus.

Die besondere Problematik von Wasserflächen mit Folienabdichtung und ohne natürlichen Zufluß besteht neben der Bodenversiegelung in dem technischen Aufwand der Unterhaltung (künstliche Sauerstoffzufuhr, Reinigung und Entfernung zersetzbarer Stoffe) und in der Notwendigkeit, Verdunstungsverluste durch (Trink-)Wasserzufuhr auszugleichen. Dem steht positiv allenfalls die Nutzung der Teiche als Löschwasserreservoir gegenüber.

Eine Reduzierung der Wasserflächen, die Verwendung ökologisch unbedenklicher Abdichtungen (z. B. Ton) und die Berücksichtigung der Standortumgebung (z. B. keine Wasserflächen in wasserarmen Heide- und Trockengebieten) können im Ergebnis zu einer Reduzierung der Flächenansprüche und einer besseren ökologischen Verträglichkeit führen.

Geringere Spielräume zur Flächenreduzierung bestehen im Bereich der Bungalows sowie der Zentralgebäude und eventueller Nebenanlagen. Während bei den Bungalows zumindest durch Festsetzung einer 1,5- bis 2-geschossigen Bauweise die notwendige Grundfläche reduziert werden kann (mögliche Einsparung 25-30 %), ist bei den Zentralgebäuden allenfalls eine Obergrenze zu ziehen, die nach den bisherigen Erfahrungen bei rd. 2,5 ha insgesamt liegen sollten (einschl. Nebengebäuden, wie Rezeption etc., ohne Versorgungsanlagen). Diese Größenordnung entspricht etwa den geplanten Dimensionen der Center Parcs Bispingen oder Köselitz.

Im Zuge einer ökologisch sinnvollen Verlagerung von Fahrten auf öffentliche Verkehrsmittel (vgl. dazu Kap. 8.2.2.2) können auch die Flächen für Parkplätze reduziert werden. Im übrigen erscheint es zum einen unnötig, die innere Erschließung der Anlagen durch asphaltierte Straßen vorzunehmen (bis auf eine Hauptzufahrt zum Zentralgebäude reichen hier schmale, gepflasterte „Wohnwege") und zum anderen sogar Parallelerschließungen mit einer Ringstraße und daneben verlaufenden Erschließungsstraßen anzulegen (wie im CP De Kempervennen). Bei den Verkehrsflächen sind also sowohl Flächenreduzierungen als auch Verringerungen des Versiegelungsgrades möglich.

Künftiger Flächenbedarf
Die vorstehenden Ausführungen zeigen, daß Einsparungen beim Flächenbedarf einzelner Nutzungen möglich sind, die sich auch auf die benötigte Gesamtfläche auswirken können. Die großzügige Vorhaltung nicht bebauter Flächen innerhalb von Ferienanlagen, wie sie für innen-orientierte Konzepte charakteristisch ist, führt, wie bereits erwähnt, nicht dazu, daß ökologisch wertvolle Flächen entstehen können, da der Nutzungsdruck innerhalb der Anlagen dies verhindert.

Unter diesem Aspekt erscheint es ökologisch sinnvoller, den Gesamtflächenbedarf für Ferienanlagen nach oben zu begrenzen, als weiträumige Anlagen zu schaffen, die weder für andere Erholungssuchende (außer Tagesgästen) nutzbar sind noch ökologisch wertvolle Bereiche entstehen lassen.

Als Obergrenze für den Flächenbedarf von Ferienzentren wird eine Größe von 100 ha angesehen, wobei als empfehlenswert eine weitere Beschränkung auf insgesamt 80 ha angesehen wird. Damit wird gleichzeitig verhindert, daß großzügige Anlagen geplant werden, um unter anderem später notwendige Erweiterungen problemlos durchsetzen zu können und trotzdem eine aufgelockerte Nutzung zu erhalten.

Die durch eine Flächenreduzierung verursachte höhere anteilige Versiegelung kann durch geeignete Maßnahmen, wie Wahl der Oberflächen von Straßen, Wegen und Parkplätzen sowie Fassaden- und Dachbegrünung ausgeglichen werden. Auch für Ferienzentren mit reduzierter Fläche gelten bezüglich der Standortwahl die bereits in Kap. 8.2.1 genannten Kriterien.

Keinesfalls sollte die Integration eines geschützten Bereiches in eine Freizeitgroßanlage erfolgen, und zwar unabhängig von der Gesamtfläche der Anlage. Die im geplanten Center Parc Köselitz erfolgte Einbeziehung eines fast 40 ha großen Naturschutzgebietes, das damit einen Anteil von 17,1 % an der Gesamtfläche der Anlage aufweist (Center Parcs 1992), muß aus ökologischer Sicht unbedingt rückgängig gemacht werden. Vielmehr ist zu schützenswerten Bereichen ein ausreichender Abstand einzuhalten (der nach den örtlichen Gegebenheiten festzusetzen ist), um Störungen ausschließen zu können.

8.2.2.2 Verkehrsanbindung

Die verkehrlichen Folgen von Großprojekten im allgemeinen und Ferienzentren im speziellen machen vor dem Hintergrund globaler Klimaveränderungen dringend Maßnahmen zur Änderung des bisherigen Verkehrsverhaltens notwendig. Da der Freizeitverkehr immer noch sowohl in seiner absoluten Höhe als auch nach dem Anteil an den Verkehrsarten zunimmt und dort auch der Anteil der Kfz-Nutzung überproportional hoch ist, sind hier auch die größten Erfolge durch Einsparung von Fahrten bzw. Verlagerung auf andere Verkehrsmittel möglich.

Auf seiten der Betreiber sind im Hinblick auf diese Reduzierung bzw. Verlagerung keinerlei Anstrengungen zu beobachten. Vielmehr wird davon ausgegangen, daß die Mehrzahl der Gäste (genannt werden Zahlen zwischen 90 und 98 %) mit dem eigenen PKW (bzw. mehreren PKW pro Bungalow) anreist und diesen auch für Ausflüge nutzt.

Aus ökologischer Sicht sind Veränderungen in zwei Hauptbereichen notwendig, um den Kfz-Anteil zu vermindern und damit auch die betriebsbedingten Folgen, wie Flächenbedarf, Lärm, Luft- und Bodenverunreinigung zu vermindern:

Anschluß öffentlicher Verkehrsmittel
An erster Stelle ist es notwendig, bereits bei der Standortwahl für Ferienzentren eine geeignete Erschließung durch öffentliche Verkehrsmittel sicherzustellen. Ein Bahnanschluß, möglichst an einer mindestens stündlich bedienten Strecke, sollte im Umkreis von 5-10 Kilometern um die geplante Anlage vorhanden sein.

Dieser Anschluß ist aber nur dann sinnvoll, wenn gleichzeitig besondere Transfermöglichkeiten für die Gäste (einschließlich ihres Gepäcks) angeboten werden, wie etwa besondere Vereinbarungen mit Taxibetrieben, bestehende oder geplante Busverbindungen mit gesichertem Anschluß an die Schiene o.ä.

Da aus der Vergangenheit bekannt ist, daß allein das Bemühen um verbesserte Erschließung durch öffentliche Verkehrsmittel nicht ausreicht – die Kfz-Quote in günstig zu Bahnhöfen gelegenen Anlagen zeigt dies –, müssen verbindlichere Formen der Vereinbarung gefunden werden.

Ein möglicher Weg dazu besteht in der Ausnutzung der Möglichkeiten, die das BauGB in Verbindung mit der BauONW und ergänzenden Bestimmungen zu Stellplätzen bieten: Bei der Berechnung und Ausweisung der benötigten Stellplätze für die Anlage wird eine niedrigere Stellplatzquote pro Bungalow festgesetzt, was de facto einem geringeren Kfz-Anteil entspricht.

Diese Festsetzung gilt nur in Verbindung mit Zusatzvereinbarungen, die der Betreiber der Anlage mit Verkehrsunternehmen trifft und in denen Regelungen für den Transfer der Fahrgäste in die Anlage mit bindender Wirkung festgelegt werden.

Die Vorteile für den Betreiber liegen in einem Flächengewinn durch Fortfall von Stellplätzen sowie geringeren Belastungen durch den Kfz-Verkehr (insbesondere an Wechseltagen). Die Vorteile für die Standortgemeinde liegen in geringeren Belastungen durch den Kfz-Verkehr der Anlage und in der Möglichkeit, auch Ausflüge für die Feriengäste durch ortsansässige Unternehmen organisieren zu können.

Verhalten der Feriengäste und Betreiber

Ein geändertes Verkehrsverhalten setzt neben der Bereitstellung akzeptabler Alternativen zum Auto auch ein geändertes Verhalten bei den Feriengästen voraus. Dies kann aber nicht erreicht werden, solange die Betreiber der Anlagen nur die freie Wahl des Verkehrsmittels durch die Gäste tolerieren (bzw. fördern).

Durch einige organisatorische Änderungen können auch Betreiber dazu beitragen, den Anteil der Verkehrsmittel des Umweltverbundes (ÖPNV, Rad, zu Fuß) gegenüber heute deutlich zu steigern.

Eine wichtige Voraussetzung betrifft die Organisation innerhalb der Parks, die einen bequemen Gepäcktransport vom Eingang zu den Bungalows derzeit (fast) nur mit dem Kfz zuläßt. Die Bereitstellung entsprechender Transporthilfen wäre eine erste Voraussetzung, um dieses Problem zu lösen. So könnte der Gepäcktransfer beispielsweise zentral über Elektro-/Solarfahrzeuge innerhalb der ansonsten vollkommen autofreien Anlagen erfolgen (für Behinderte sollten Sonderregelungen gelten).

Günstige Bedingungen für diese Art des Transports oder für den Einsatz von Handwagen bietet die bereits dargestellte Größenbeschränkung der Parks, weil dadurch weite Wege entfallen. Durch eine geschickte Plazierung der Bungalows können ebenfalls weite Wege zum Eingang und zum Zentralkomplex vermieden werden und der Anteil der Erschließungswege läßt sich gleichfalls reduzieren.

Insgesamt ist auf seiten der Betreiber dafür Sorge zu tragen, daß der Anteil der Kfz-Fahrten reduziert wird. Dazu gehören neben Hinweisen in den Anreisebeschreibungen auch Angebote für Bahnfahrer, Werbung für die Benutzung öffentlicher Verkehrsmittel und die dargestellten organisatorischen Regelungen.

Verkehrsflächen

Wie bereits in Kap. 8.2.1 ausgeführt ist sowohl eine Verringerung der Verkehrsflächen als auch eine veränderte Ausführung der Oberfläche notwendig. Verkehrsflächen sollten mit minimalem Versiegelungsaufwand ausgebaut werden, wobei für Parkplätze der Einsatz von Rasengittersteinen dann möglich ist, wenn dadurch keine Bodenverunreinigungen auftreten (z. B. durch tropfendes Öl).

Die in Abbildung 8.7 dargestellte Situation stellt trotz des Verzichts auf zusätzliche Versiegelung keine angemessene Lösung dar, weil erstens die Lebensbedingungen der Bäume stark beeinträchtigt werden und zweitens vorhandener Waldbestand generell nicht als Parkplatz genutzt werden sollte.

Eine Quantifizierung der Auswirkungen durch eine Reduzierung des Kfz-Anteils und der Verkehrsflächen sowie verminderte Versiegelung ist nicht möglich, da derzeit keine verläßlichen Vergleichsdaten zu diesen Faktoren vorliegen.

Abb. 8.7
Schlechte Lösung: Parkplatz in vorhandenem Baumbestand

8.2.2.3 Umweltschonende Ver- und Entsorgungskonzepte

Wie bereits die Ausführungen in Kap. 6.3 und 6.4 verdeutlicht haben, fehlen derzeit nachprüfbare und nach Bereichen aufgeschlüsselte Angaben zum Energie- und Wasserverbrauch sowie zum Abfall- und Abwasseraufkommen. Daher können im folgenden nur allgemeine Hinweise auf ökologische Verbesserungen gegeben werden.

Energieverbrauch

Maßnahmen zur Senkung des Energieverbrauchs sind sowohl auf der Bedarfs- wie auch auf der Erzeugungsseite anzusetzen. Auf der Bedarfsseite ist neben der Verminderung der Außenflächen von Gebäuden und Ausrichtung zur Sonne (passive Solarnutzung) eine verbesserte Wärmedämmung notwendig. Eine Senkung der im Zentralbereich benötigten Energie kann durch gezielte Nutzung der Abwärme, z. B. aus dem Schwimmbadbereich, erzielt werden.

Auf der Erzeugerseite sollte die dezentrale Beheizung und Warmwasserversorgung der Bungalows entweder durch Nutzung erneuerbarer Energien (z. B. solare Brauchwassererwärmung) oder durch eine zentrale Versorgung mit Hilfe eines Blockheizkraftwerks ersetzt werden. Bei dieser Art der Energieerzeugung ist wiederum eine kompakte Zuordnung der Bungalows nützlich, um unnötige Leitungswege und damit Wärmeverluste zu vermeiden. Auch hier ist eine geringere Größe der Anlagen eine günstige Voraussetzung zum wirtschaftlichen Energieeinsatz.

Die Nutzung der Wasserflächen in den Parks zur Energieerzeugung unter Verwendung von Wärmepumpen spart zum einen Energie und kann andererseits für den Temperaturverlauf in den Gewässern vorteilhaft sein, weil eine Überwärmung verhindert wird.

Wasserverbrauch

Der enorme Wasserverbrauch von Ferienanlagen verlangt danach, durch Mehrfachnutzung (Grauwassernutzung) Einsparungen zu erzielen. Die folgende Abbildung 8.8 zeigt Möglichkeiten, wie durch Mehrfachnutzung der Wasserverbrauch eines Haushalts von 150 l Frischwasser (mit Trinkwasserqualität) auf 67 l (jeweils pro Einwohner und Tag) reduziert wurde.

Der Einbau wassersparender Armaturen kann als ergänzende Maßnahme sinnvoll sein, reicht jedoch für sich genommen bei weitem nicht aus. Die hohe Verdunstungsrate der Wasserflächen kann vor allem durch Reduzierung der Größe erreicht werden, wobei in wasserarmen Gebieten sogar ein Verzicht auf Seen anzuraten ist.

Abfallaufkommen

Beim Abfallaufkommen sind Reduzierungen vor allem im Bereich der Verpackungen nicht nur notwendig, sondern auch umsetzbar. Ergänzend ist das Recycling von Wertstoffen in den Anlagen durchzuführen.

Die Reduzierungen lassen sich u. a. durch folgende Maßnahmen erreichen:
– genereller Verzicht auf Portionspackungen in Gastronomie und Geschäften;
– Umstellung auf Pfandsysteme für Getränke und andere Produkte;
– Verzicht auf zusätzliche Verpackungen in den Geschäften und auf Müllbeutel in den Bungalows;
– Verzicht auf Wegwerfverpackungen im Fast-food-Bereich.

Das Sammelsystem für Wertstoffe ist für die Fraktionen Glas, Papier, Metall und Problemabfälle anzulegen. Die organischen Stoffe aus dem Gastronomiebereich und möglicherweise aus den Bungalows sind zu kompostieren.

Ein Abfallwirtschaftskonzept, das auch die Deponierung der Reststoffe beinhaltet, ist in Abstimmung mit der Standortgemeinde und ggfs. Betreibern von Deponien und Verwertungsbetrieben zu erstellen und als Bestandteil der Baugenehmigung aufzunehmen.

Abwasseraufkommen

Ausgehend von den bereits beim Wasserverbrauch erzielten Einsparungen sind die Abwassermengen deutlich reduziert. Eine weitere Verminderung ergibt sich durch die Versickerung von Niederschlägen von Dächern (soweit keine Dachbegrünung möglich ist) und befestigten Flächen.

Ein Teil der Niederschläge kann dabei in die vorhandenen Wasserflächen geleitet werden (ggfs. mit zeitlicher Verzöge-

Abb. 8.8
Wassereinsparung durch Mehrfachnutzung

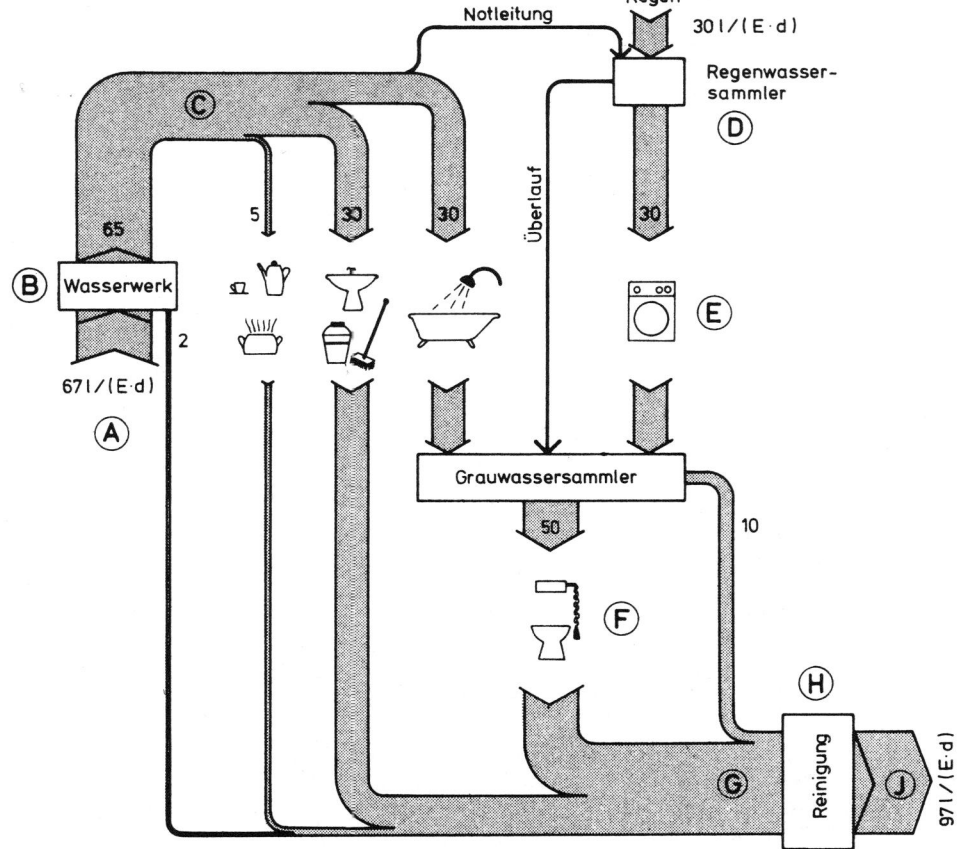

Quelle: Bossel u. a. 1982, S. 66

rung durch Sickerschächte), um die dortigen Verdunstungsverluste zu ersetzen. Die übrigen Niederschläge können gebäudenah versickert werden, wobei je nach Menge technische Maßnahmen zu ergreifen sind (Sickermulden und -schächte oder Rigolen).

Alle Abwässer aus den Bungalows und dem Zentralbereich sind in einer dreistufigen Kläranlage nach neuestem technischen Standard zu reinigen. Problematisch könnten in diesem Zusammenhang Stoffe aus dem Schwimmbadbereich (z. B. Chlor) sein, die ggfs. eine gesonderte Behandlung erfordern. Um den Verschmutzungsgrad der Abwässer genau zu bestimmen, sind entsprechende Analysen bei bestehenden Einrichtungen erforderlich.

8.2.2.4 Ökologische Grün- und Freiflächengestaltung

Mit Hilfe einer entsprechenden Gestaltung der Grün- und Freiflächen sowie gebäudebezogener Begrünung können die anlagebedingten Auswirkungen von Ferienprojekten deutlich gemindert werden.

Grün- und Freiflächengestaltung
Kennzeichen einer ökologischen Grün- und Freiflächengestaltung ist die Herstellung möglichst naturnaher und allenfalls extensiv gepflegter Standorte. Vor allem bei Projektstandorten in ökologisch verarmten Bereichen kann sich durch eine naturnahe Bepflanzung eine Kompensation der anlagebedingten Wirkungen ergeben (nicht jedoch der betriebsbedingten Wirkungen).

Die Anlage großer Rasenflächen ist zugunsten artenreicher Wildwiesen aufzugeben (außer im Bereich von Liegewiesen oder stark frequentierten Flächen). Das in Abbildung 8.9 gezeigte Abstandsgrün mit Rasenflächen und vereinzelten Bäumen genügt diesen Anforderungen nicht.

Den Unterschied zwischen artenarmen Rasenflächen und einer Wildwiese zeigt nochmals Abbildung 8.10.

Um die Gebäude in die Umgebung einzubinden, sind großkronige Bäume und Sträucher in abgestufter Größe anzupflanzen – die Ansiedlung von Ferienanlagen in bestehenden Waldflächen ist aus Gründen des Natur- und Artenschutzes zu vermeiden.

Abb. 8.9
Abstandsgrün mit geringer ökologischer Wertigkeit

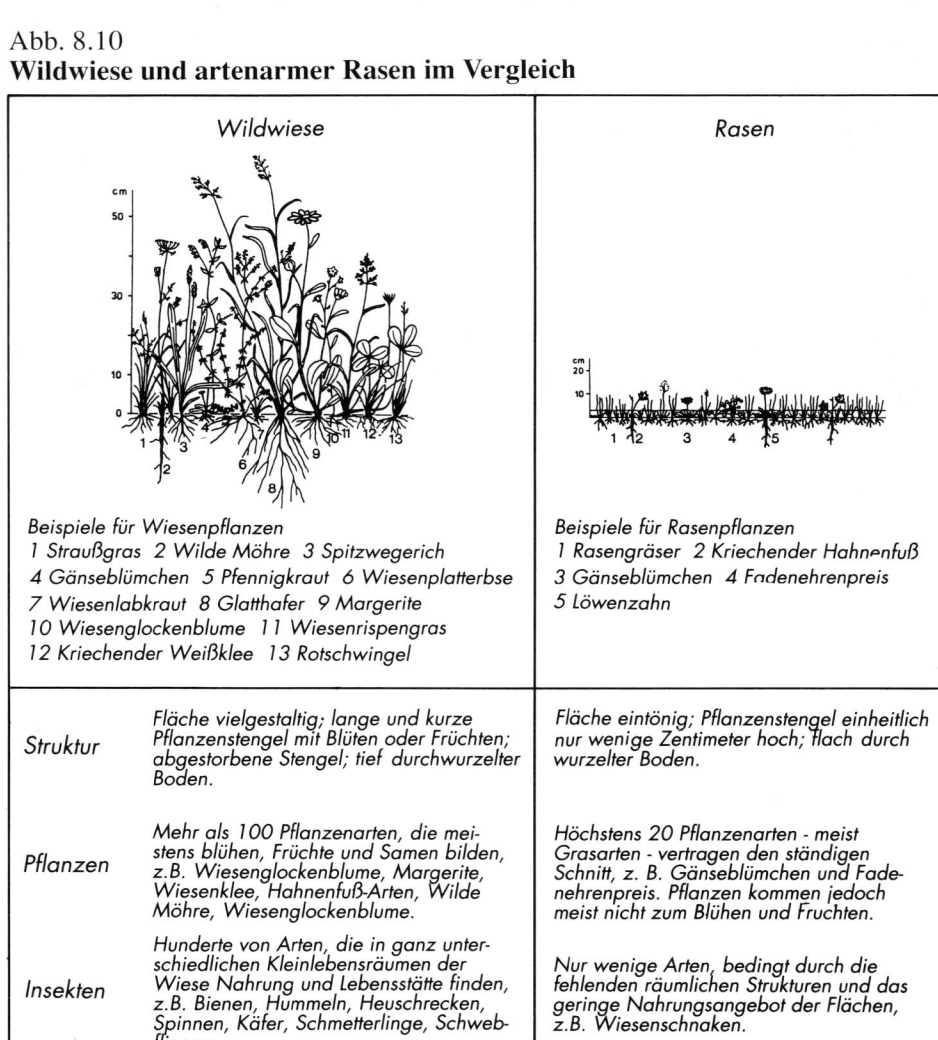

Abb. 8.10
Wildwiese und artenarmer Rasen im Vergleich

	Wildwiese	Rasen
	Beispiele für Wiesenpflanzen 1 Straußgras 2 Wilde Möhre 3 Spitzwegerich 4 Gänseblümchen 5 Pfennigkraut 6 Wiesenplatterbse 7 Wiesenlabkraut 8 Glatthafer 9 Margerite 10 Wiesenglockenblume 11 Wiesenrispengras 12 Kriechender Weißklee 13 Rotschwingel	Beispiele für Rasenpflanzen 1 Rasengräser 2 Kriechender Hahnenfuß 3 Gänseblümchen 4 Fadenehrenpreis 5 Löwenzahn
Struktur	Fläche vielgestaltig; lange und kurze Pflanzenstengel mit Blüten oder Früchten; abgestorbene Stengel; tief durchwurzelter Boden.	Fläche eintönig; Pflanzenstengel einheitlich nur wenige Zentimeter hoch; flach durchwurzelter Boden.
Pflanzen	Mehr als 100 Pflanzenarten, die meisten blühen, Früchte und Samen bilden, z.B. Wiesenglockenblume, Margerite, Wiesenklee, Hahnenfuß-Arten, Wilde Möhre, Wiesenglockenblume.	Höchstens 20 Pflanzenarten - meist Grasarten - vertragen den ständigen Schnitt, z. B. Gänseblümchen und Fadenehrenpreis. Pflanzen kommen jedoch meist nicht zum Blühen und Fruchten.
Insekten	Hunderte von Arten, die in ganz unterschiedlichen Kleinlebensräumen der Wiese Nahrung und Lebensstätte finden, z.B. Bienen, Hummeln, Heuschrecken, Spinnen, Käfer, Schmetterlinge, Schwebfliegen.	Nur wenige Arten, bedingt durch die fehlenden räumlichen Strukturen und das geringe Nahrungsangebot der Flächen, z.B. Wiesenschnaken.
Vögel	Viele Arten mit unterschiedlichem Nahrungsanspruch, z.B. Buchfink, Gimpel, Stieglitz, Rotkehlchen, Sumpfmeise, Kohlmeisen, Stare; fressen Samen, Insekten und Bodentiere.	Nur sehr wenige Arten, diese jedoch in größerer Individuenzahl z.B. Amseln, Kohlmeisen, Bachstelzen und Stare; ernähren sich vor allem von Insekten und Bodentieren.

Quelle: Gerhardt/Letschert 1989, S. 236

Zur rechtlichen Absicherungen besteht die Möglichkeit, die Grün- und Freiflächengestaltung bereits im B-Plan festzusetzen und auch genauere Angaben, z. B. in einem Pflanzplan, zu machen. Darin kann neben verwendbaren Arten auch die Größe der Pflanzen (z. B. Stammumfang von Bäumen) festgelegt werden. Damit wird vermieden, daß die Einbindung der Anlage in die Landschaft erst nach 20 Jahren hinreichend wirksam ist (s. Abb. 8.11).

Innerhalb von Ferienanlagen können auch Flächen zum Schutz, zur Pflege und zur Entwicklung von Natur und Landschaft festgesetzt werden (§ 9, Abs. 1 Z. 20 BauGB), so daß langfristig eine Entwicklung relativ naturnaher Flächen in Ferienanlagen möglich ist.

Gebäudebegrünung

Die Begrünung von Fassaden, die in einigen Anlagen bereits durchgeführt wurde, und Dächern ist im B-Plan festzusetzen, wobei für eine Fassadenbegrünung fast alle Gebäude in Frage kommen. Bei der Dachbegrünung ist die Festsetzung im Falle von Flachdächern obligatorisch in den B-Plan aufzunehmen (als extensive Begrünung). Im Falle von Satteldächern (z. B. bei 1,5-geschossigen Bungalows) ist eine Dachbegrünung nur bis zu einer Dachneigung von 30° sinnvoll und damit festzusetzen.

Weder die festgesetzte Gebäudebegrünung noch die Grün und Freiflächengestaltung sind als Ausgleichs- oder Ersatzflächen i.S. der §§ 4-6 LG NW anzusetzen.

Abschließend sei zur ökologischen Grüngestaltung noch ein Hinweis auf die Verwendung tropischer und subtropischer Pflanzen angemerkt: Nach Auskunft eines Grünpflegers im Center Parc De Vossemeren ist Center Parcs der größte Abnehmer tropischer Pflanzen in Europa. Diese auf den ersten Blick erstaunliche Tatsache resultiert daher, daß die Pflanzen als Verbauchsgüter behandelt werden und beispielsweise Orchideen nach der Blüte ausgedient haben und etwa alle drei Monate ersetzt werden (Gleich 1989, S. 137).

Auch wenn tropische Pflanzen eine der Attraktionen von Ferienzentrumen darstellen, ist eine derartige Ver(sch)wendung wegen der unabsehbaren Folgen für die Natur in den Herkunftsländern in Zukunft nicht mehr zu dulden.

Abb. 8.11
Fehlende Einbindung von Bungalows in die Landschaft

Zitierte Literatur

AGRICOLA, S., WEHR, P. (1989): Entwicklung landschaftsbelastender Freizeitgroßeinrichtungen. Freizeit – von der Residualkategorie zur sinnstiftenden und zeitstrukturierenden Instanz, in: UVP-Report, Heft 1/1989, S. 24ff.

BECKER, C. (1981): Feriendörfer in der Region Trier. Ausbaumöglichkeiten und Standortgrundsätze, Trier

BECKER, C. (1984): Neue Entwicklungen bei den Feriengroßprojekten in der BRD. Diffusion und Probleme einer noch wachsenden Betriebsform, in: Zeitschrift für Wirtschaftsgeographie, S.164ff.

BECKER, C. (1989): Ferienparks und Golfplätze. Anforderungen und Planungsgrundsätze für Freizeit-Großeinrichtungen, in: UVP-Report, Heft 1/1989, S.34ff.

BLUMENROTH, N./KEIL, H./MOHR, K./SCHADT (1991): Umweltverträglichkeitsstudie (UVS) Ferienpark Medebach. 3. Projekt am Institut für Landschaftspflege und Naturschutz der Universität Hannover, WS 89/90 – SS 91, Hannover, s. S. 126.

BODE, P. M./ HAMBERGER, S./ZÄNGL, W. (1986): Alptraum Auto, München

BOSSEL, H./GROMMELT, H.-J./OESER, K. (HG.) (1982): Wasser, Frankfurt

BFLR (BUNDESFORSCHUNGSANSTALT FÜR LANDESKUNDE UND RAUMORDNUNG/INSTITUT FÜR STÄDTEBAU DER DEUTSCHEN AKADEMIE FÜR STÄDTEBAU UND LANDESPLANUNG BERLIN) (HG.) (1986): Bodenschutz – Räumliche Planung und kommunale Strategien; Seminare, Symposien, Arbeitspapiere, Heft 21, Bonn

BMU (DER RAT VON SACHVERSTÄNDIGEN FÜR UMWELTFRAGEN): Kurzfassung des Umweltgutachtens (1987), Bundesminister für Umwelt, Naturschutz und Reaktorsicherheit (Hg.), Bonn

BUND (BUND FÜR UMWELT- UND NATURSCHUTZ DEUTSCHLAND, LANDESVERBAND NW) (HG.) (1989): Freizeit fatal – Über den Umgang mit der Natur in unserer freien Zeit, Köln 1989

BUNDESMINISTER FÜR UMWELT, NATURSCHUTZ UND REAKTORSICHERHEIT (HG.) (1990): Umwelt '90: Naturschutz/Bodenschutz, Bonn

CENTER PARCS: Reisekatalog 1991/92

CENTER PARCS (O. J., 1991 (?)): Eine Projektstudie, o. O.

CENTER PARCS (O. J., 1991 (?)): Projektstudie Ferienanlage in Dahlem/Eifel, o. O.

DATZER, R. (1988): Feriendorfanlage Brilon. Institut für Freizeit und Tourismusberatung, Ettlingen, als Ms. verv.

DEUBEL, J. (1984): Der kommunale Finanzausgleich in Nordrhein-Westfalen, Köln u.a.

DEUTSCHER RAT FÜR LANDESPFLEGE (HG.) (1990): Freizeit/Erholung und Landespflege, Schriftenreihe des Deutschen Rates für Landespflege, Heft 57, Meckenheim

DOGTEROM, R. J. (1992): Gespräch von E. Spindler mit Gran Dorado-Geschäftsführer R. J. Dogterom, in: UVP-Report, S.22f.

EAR (FORSCHUNGSGESELLSCHAFT FÜR STRAßEN- UND VERKEHRSWESEN) (HG.) 1991: Empfehlungen für Anlagen des ruhenden Verkehrs (EAR), Köln

FACHÉ, W. (1991): Großferiendörfer in den Beneluxländern. Externer Beitrag zum Forschungsvorhaben des BMUNR ‚Ferienzentren der zweiten Generation', als Ms. verv.

FRITZ, G. (1989): Schutzgebiete für die Natur-Schutzgebiete für die Erholung, in: BUND

FROELICH UND SPORBECK, BÜRO FÜR LANDSCHAFTS- UND ORTSPLANUNG (1990): Verzeichnis der verwendeten Unterlagen zur UVS 'Gewerbegebiet Volmarsteiner Straße in Hagen', Bochum

GARHAMMER, M. (1992): Verlust an Sozialzeit durch Wochenendarbeit?, in: WSI-Mitteilungen, S. 300 ff.

GERHARDT, A., LETSCHERT, U.: Naturnahe Gestaltung von Freizeitflächen, in: BUND 1989, S. 236 ff.

GFK – Freizeitmonitor Arbeit und Freizeit (1986)

GLEICH, M. (1989): Die Natur guckt in die Röhre, in: BUND 1989

GRAN DORADO: Reisekatalog 1992

GROSS P. (1990), WIRTSCHAFTSFAKTOR FREIZEIT, IN: Freizeitwirtschaft – Märkte und Konsumwelten, Erkrath und Wuppertal, S.47ff.

GROSS, P., GARHAMMER, M., ECKHARD, J. (1988): Freizeitmarkt Dienstleistungen und häuslicher Freizeitpfad, ILS-Schrift17

HAMELE, H. (1990): Entwicklung des Tourismus, in: Freizeit und Erholung – Herausforderungen und Antworten der Landespflege, Meckenheim

HAMELE, H. (1990): Nachfragepotential für umwelt- und sozialverträglichen Fremdenverkehr, in: Der Landkreis, S.369ff.

HAMELE, H., LAßBERG VON, D. (1991): Mehr Wissen – Mehr Handeln, München

HARDT, U. (1988): Kommunale Finanzkraft. Die Problematik einer objektiven Bestimmung kommunaler Einnahmemöglichkeiten in der gemeindlichen Haushaltsplanung und im kommunalen Finanzausgleich, Finanzwissenschaftliche Schriften 38, Frankfurt a M. u.a.

HARFST, W., SCHARPF, H. (1982): Feriendörfer, Pilotstudie Rheinland-Pfalz, Im Auftrag des Landesamtes für Umweltschutz, Oppenheim

HERRMANN, S., LAMBRECHT, H., WAGNER, R. (1990): Feriengroßprojekte unter UVP-Gesichtspunkten. Das Fallbeispiel „Center Parc Bispingen", Hannover

HLT (GESELLSCHAFT FÜR FORSCHUNG, PLANUNG, ENTWICKLUNG GMBH) (HG.) (1990): Beurteilungsverfahren für großflächige Freizeiteinrichtungen mit Beherbergung – Entscheidungsgrundlagen für die Ansiedlung des Center Parcs in der Stadt Heringen, Bearb.: Bloem, G./Schobeß, D., HLT-Report Nr.286, Wiesbaden

HOJA, C. (1987): Umweltverträglichkeitsprüfung Dortmund – Beitrag für die Bauleitplanung. Auftraggeber: Stadt Dortmund, Umweltamt, Dortmund/Hamburg

HÖPFNER, U./SCHMIDT, M./SCHORB, A./WORTMANN, J. (1988): PKW, Bus oder Bahn? – Schadstoffemissionen und Energieverbrauch im Stadtverkehr 1984 und 1995, IFEU-Bericht Nr.48, Heidelberg

JETTER, K. (1991): Das schwere Geschäft mit den Freizeitparks, in: FAZ vom 26.08.91

KALS, H-D. (1991): Ferienzentren der zweiten Generation – Beispiel einer Impact-Analyse für Feriengroßprojekte. Externer Beitrag zum Forschungsvorhaben des BMUNR Freizeitzentren der zweiten Generation, als Ms. verv.

KAULE, G. (1986): Arten- und Biotopschutz, Stuttgart

KIEMSTEDT, H. (1989): Bewertung im Rahmen der UVP – Zur Rolle der Landschaftsplanung bei der Bestimmung von Umweltqualitätszielen und -standards, in: Raumforschung und Raumordnung, Heft 2-3, S.94ff.

KLEINERT, R. (1986): Belastung der Landschaft durch Freizeit und Erholung am Beispiel des Naturparks Südeifel. Diplomarbeit am Fachbereich Raumplanung der Universität Dortmund, Dortmund

KLEMM, K. (1989): "Sanfter Tourismus" – ein regionalpolitisches Instrument? in: Freizeit und Umwelt im Konflikt, Jahrbuch für Naturschutz und Landschaftspflege, Bd. 42

KLOCKOW, S. (1991): Die volkswirtschaftlichen Kosten der Umweltverschmutzung im Bereich Freizeit und Erholung in der Bundesrepublik Deutschland, in: Zeitschrift für Umweltpolitik und Umweltrecht

KLOCKOW, S., MATTHES, U. (1991): Umweltbedingte Folgekosten im Bereich Freizeit und Erholung, Texte Umweltbundesamt, Berlin

KOCH, A., ZEINER, M. (1988): Wirtschaftliche Wirkungen des Urlaubsreiseverkehrs in der Bundesrepublik Deutschland, in: Fremdenverkehr und Regionalpolitik, ARL, Forschungs- und Sitzungsberichte 172, Hannover

KRAMER, D. (1989): Auf dem Weg zu einer wirklichen Tourismuspolitik? Strategien für eine umwelt- und sozialverträgliche Reisekultur, in: UVP-Report, Heft 1/1989, S.20

LAMBRECHT, H., HERMANN, S. (1989): Center Parc Bispingen, in: UVP-Report, Heft 1/1989, S.44ff.

LASSEN, D. (1987): Unzerschnittene verkehrsarme Räume über 100 km^2 – Flächengröße in der Bundesrepublik Deutschland – Fortschreibung 1987 -, in: Natur und Landschaft, Heft 12, S. 532ff.

MADER, H.-J. (1986): Staßen – Isolationsbarrieren für die freilebende Tierwelt, in: Bode u.a. (Hg.): Alptraum Auto,

MAIER, J. (1987): Neuere Entwicklungen auf der Nachfrageseite des Tourismus – Das Beispiel der Ferienwohnungen und Ferienhäuser anhand der Reiseanalyse des Studienkreises für Tourismus, in: Zeitschrift für Wirtschaftsgeographie, Heft 3-4, S.149ff.

MAIER, J., STRENGER, R., TRÖGER-WEISS, G. (1988): Wechselwirkungen zwischen Freizeit, Tourismus und Umweltmedien. Analyse der Zusammenhänge. Materialien zur Umweltforschung, hrsg. vom Rat von Sachverständigen für Umweltfragen, Karlsruhe

MAIER, J./TRÖGER-WEISS, G. (1989): Großflächige Freizeitprojekte in der Diskussion – Planung im Spannungsfeld zwischen marktwirtschaftlichen Interessen und regionalen oder kommunalen Handlungsbedarfen, in: UVP-report, Heft 1/1989, S.29ff.

MELF (MINISTERIUM FÜR ERNÄHRUNG, LANDWIRTSCHAFT UND FORSTEN DES LANDES NW) (HG.) (1984): Naturparke in Nordrhein-Westfalen, Düsseldorf

MURL (MINISTERIUM FÜR UMWELT, RAUMORDNUNG UND LANDWIRTSCHAFT DES LANDES NW) (HG.) (1988): Landesentwicklungsplan III – Umweltschutz durch Sicherung von natürlichen Lebensgrundlagen, Düsseldorf

MURL (MINISTERIUM FÜR UMWELT, RAUMORDNUNG UND LANDWIRTSCHAFT DES LANDES NW) (HG.) (1990): Natur 2000 in Nordrhein-Westfalen. Leitlinien und Leitbilder für Natur und Landschaft im Jahr 2000, Düsseldorf

MINISTERIUM FÜR WIRTSCHAFT, MITTELSTAND UND TECHNOLOGIE DES LANDES NRW (1992): Neuordnung und Zwischenbilanz des Regionalen Wirtschaftsförderungsprogramms NRW, Düsseldorf

MINISTERIUM FÜR WIRTSCHAFT, MITTELSTAND UND TECHNOLOGIE DES LANDES NRW (1989): Tourismus in NRW. Bericht und Perspektiven

MINISTERIUM FÜR WIRTSCHAFT, MITTELSTAND UND TECHNOLOGIE DES LANDES NRW (1991): Mit Gemeinschaftsprogrammen den Strukturwandel meistern, Düsseldorf

MINISTERKONFERENZ FÜR RAUMORDNUNG, (1992), Entschließung "Großflächige Freizeiteinrichtungen in der Raumordnung und Landesplanung" vom 14. Februar 1992

MUVS (FORSCHUNGSGESELLSCHAFT FÜR STRASSEN- UND VERKEHRSWESEN) (HG.) (1990): Merkblatt zur Umweltverträglichkeitsstudie in der Straßenplanung (MUVS), Köln

NAKE-MANN, B. (1984): Neue Trends in Freizeit und Fremdenverkehr, Schriftenreihe "Raumordnung" des Bundesministers für Raumordnung, Bonn

OPASCHOWSKI, H. W. (1983): Arbeit. Freizeit. Lebenssinn? Orientierung für eine Zukunft, die längst begonnen hat, Opladen

OPASCHOWSKI, H. W. (1985): Freizeit und Umwelt – Der Konflikt zwischen Freizeitverhalten und Umweltbelastung. Ansätze für Veränderungen in der Zukunft, Band 6 der Schriftenreihe zur Freizeitforschung, B.A.T. – Freizeit-Forschungsinstitut (Hg.), Hannover

OPASCHOWSKI, H. W. (1989): Tourismusforschung, Freizeit- und Tourismusstudien Bd. 3, Opladen

OPASCHOWSKI, H. W. (1991): Ökologie von Freizeit und Tourismus. Freizeit- und Tourismusstudien Bd. 4, Opladen

OSTERLAND, M., DEPPE, W., GERLACH, F., MERGNER, U., PELTE, K., SCHLOSSER, M. (1973): Materialien zur Lebens- und Arbeitssituation der Industriearbeiter in der BRD. Studienreihe des Soziologischen Forschungsinstituts Göttingen (SOFI),

OTT, ST./HARFST, W./SCHARPF, H. (1991): Anforderungsprofil für die Umweltverträglichkeitsprüfung (UVP) touristischer Großprojekte in Rheinland-Pfalz; Auftraggeber: Landesamt für Umweltschutz und Gewerbeaufsicht (LfUG), Oppenheim; Hannover

PAUEN-HÖPPNER, U./HÖPPNER, M. (FORSCHUNGSGRUPPE STADTVERKEHR BERLIN) (FGS) (1989): Flächenverbrauch durch den motorischen Verkehr in Nordrhein-Westfalen; Auftraggeber: Ministerium für Stadtentwicklung, Wohnen und Verkehr NW, Berlin

RÖNNEPER, H. (1992): Über den Schutz der Landschaft. Ein Gran Dorado Feriendorf am Rhein, in: Natur und Landschaft, S.65ff.

RUDEL, D. (1992): Energie und Umwelt, in: Bundeszentrale für politische Bildung (Hg.): Informationen zur politischen Bildung, Energie, Heft 234, München

RWTH AACHEN (HG.) (1989): UVP Center Parc Hergenrath-Hauset, Aachen

SCHARPF, H. (1990): Wege zu einem umwelt- und sozialverträglichen Tourismus, in: Garten und Landschaft, S.28ff.

SCHEMEL, H.-J. (1988): Sport- und Freizeitanlagen, in: Handbuch der Umweltverträglichkeitsprüfung (HdUVP) – Ergänzbare Sammlung der Rechtsgrundlagen, Prüfungsinhalte und -methoden für Behörden, Unternehmen, Sachverständige und die juristische Praxis, Berlin

SCHERRIEB, R. (1988): Ferienpark Medebach. Standortprüfung für ein Feriendorf. Institut für Fremdenverkehrs- und Freizeitforschung, Würzburg, als Ms. verv.

SPINDLER, E. A. (1992): Ausflug ins Urlaubsparadies, in: UVP-Report, S. 21f.

STADT DORTMUND (HG.) (1989): Abfallwirtschaftliches Gesamtkonzept Teil I: Abfallwirtschaftskonzept, A Textband, B Beilagenband, Bearb.: Arbeitsgemeinschaft Fichtner/IFEU, Stuttgart, Heidelberg

STADT DORTMUND (HG.) (1990): Handbuch zur Umweltbewertung – Konzept und Arbeitshilfe für die kommunale Umweltplanung und Umweltverträglichkeitsprüfung, Dortmund/München/Hannover

STADT HAGEN (HG.) (1991): Kommunale Umweltplanung, Bearb.: Kleinert, R., Hagen

STADT MEDEBACH (1986): Anlage zu Drucksache 903

HDUVP (STORM, P. CH./BUNGE, T.) (HG.): Handbuch der Umweltverträglichkeitsprüfung (1988) – Ergänzbare Sammlung der Rechtsgrundlagen, Prüfungsinhalte und -methoden für Behörden, Unternehmen, Sachverständige und die juristische Praxis, Berlin

STRASDAS, W. (1987): Der sanfte Tourismus – Theorie und Praxis. Diplomarbeit am Institut für Landschaftspflege und Naturschutz, 1987

STRASDAS, W. (1991): Ferienzentren der zweiten Generation. Ökologische, soziale und ökonomische Auswirkungen, Forschungsvorhaben im Auftrag des BMUNR, Institut für Landschaftspflege und Naturschutz, Universität Hannover, als Ms. verv.

VOSKENS-DRIJVER, M.E./MADE, J.G. VAN DER/BAKKER, J.G. (1987): Werkgroep Recreatie, Effekten van verblijfsrecreanten op het natuurlijk milieu, Landbouw Universiteit Wageningen

WAHL, R. (1990): Erweiterung des Handlungsspielraums: Die Bedeutung von Kompensation und Entscheidungsverknüpfungen, in: Hoffmann-Riem, W., Schmidt-Aßmann (Hg.): Konfliktbewältigung durch Verhandlungen, Baden-Baden

WENZEL, C. M. (1991): Viele Projekte nur Freizeit-Träume, Kompetenz und Erfahrung oft Mangelware, in: Amusement-Industrie

WIEGAND, J. (1981): Besser planen. Verlag Arthur Niggli AG, Teufen

A.1 Informationsgrundlagen zur Durchführung von UVS

Bezeichnung/Maßstab	Inhalte	Herausgeber / Quelle
BODENSCHUTZ		
Geologische Karten NW 1:25.000, 1:100.000	an der Erdoberfläche anstehende Gesteinsfolgen, ihre Beschaffenheit, Verbreitung, Lagerung, ihr geologisches Alter; tieferer Untergrund; Angaben über Vorkommen und Nutzungsmöglichkeiten von Rohstoffen, Böden und Grundwasser	Geologisches Landesamt NW
Deutscher Planungsatlas, Bd.1, Lfg.8: Geologie: Übersichtskarten NW 1:500.000	s.o.	Geologisches Landesamt NW
Geologische Karten für Teile NW 1:50.000 und 1:100.000	s.o.	Geologisches Landesamt NW
Lagerstättenkarten 1:10.000 bis 1:100.000	Art, Verbreitung, Besonderheiten vorhandener Lagerstätten	Geologisches Landesamt NW
Bodenkarten NW 1:25.000, 1:50.000, 1:100.000	Verbreitung vorhandener Bodeneinheiten, Angaben über Bodenarten, Bodenartenschichtung bis zu 2m Tiefe, Bodentypen, geologisches Ausgangsgestein, Wertzahlen der Bodenschätzung, Nutzungseignung, Ertragsfähigkeit und Bearbeitbarkeit, Wasserverhältnisse der Böden, bis auf Bk 50 ausführliche Beschreibung der Böden einschließlich ihrer chemischen und physikalischen Kennzeichen	Geologisches Landesamt NW
Bodenkarte auf der Grundlage der Bodenschätzung 1:5.000	Bodenarten, Bodentypen, Wertzahlen	Landesvermessungsamt NW
Ingenieurgeologische Karten 1:25.000	Darstellung der Art und Mächtigkeit der oberflächennahen Bodenschichten und des tieferen Untergrunds; bodenmechanische Kennwerte, typische Kornverteilungskurven der Gesteine; Angaben zum Grundwasserstand	Geologisches Landesamt NW
GEWÄSSERSCHUTZ		
Hydrogeologische Karten 1:25.000, 1:50.000, 1:100.00	Darstellungen der Grundwasservorkommen nach Tiefenlage, Größe und Qualität, der Grundwasserbewegung, des Flurabstandes, der Beschaffenheit des Grundwassers, des räumlichen qualitativen und quantitativen Grundwasserdargebots	Geologisches Landesamt NW
Deutscher Planungsatlas, Bd.1, Lfg.18: Hydrogeologie 1:500.000		Geologisches Landesamt NW
Arbeitskarte öffentliche Wasserversorgung 1:200.000	Trinkwasserförderung und -verteilung	Institut für angewandte Geodäsie. 1982.
Wasserwirtschaftliche Rahmenpläne	Sicherung wasserwirtschaftlicher Voraussetzungen unter Berücksichtigung des nutzbaren Wasserschatzes, des Hochwasserschutzes und der Reinhaltung der Gewässer	Minister für Umwelt, Raumordnung und Landwirtschaft NW (MURL), Regierungspräsidenten, Staatliche Ämter für Wasser- und Abfallwirtschaft
Bewirtschaftungspläne	Gewässernutzung, -merkmale, -maßnahmen	Minister für Umwelt, Raumordnung und Landwirtschaft NW (MURL), Regierungspräsidenten, Staatliche Ämter für Wasser- und Abfallwirtschaft
Ausweisung von Wasserschutzgebieten		Regierungspräsidenten
Wasserschutzgebiete und Vorranggebiete für Wasserschutz 1:50.000		Raumordnungsbericht 1989 (Hg. Bundesforschungsanstalt für Raumordnung und Landeskunde)
Abwasserbeseitigungspläne		Regierungspräsidenten
Daten der Wasserwerke	Schwankungen der Grundwasserstände, Grundwasserneubildungsrate, stoffliche Belastungen des Grundwassers	bei den jeweiligen Wasserwerken
Karte der Grundwasserlandschaften in NW 1:500.000		Geologisches Landesamt NW
Karte der Verschmutzungsgefährdung der Grundwasservorkommen in NW 1:500.000		Geologisches Landesamt NW
Verzeichnis der Hochwassergefährlichen Wasserläufe der Provinz Westfalen (Karten 1:25.000, 1:10.000)	Überschwemmungsgebiete	Quelle unbekannt. 1905.
Grundwasserüberwachung	Schwermetalle, organische Parameter	Staatliche Ämter für Wasser- und Abfallwirtschaft
Gewässergütekarte des Landes NW 1:300.000	Gewässergüte nach Klassen	Landesamt für Wasser und Abfall NW. 1990.
Gewässergütebericht	Beprobung verschiedener Wasserläufe, biologische, chemische, radiologische Untersuchungen	Landesamt für Wasser und Abfall NW; Staatliche Ämter für Wasser- und Abfallwirtschaft (jährliche Fortschreibung)
Grundwasservorkommen in der BRD 1:1.000.000	Gesamtdarstellung über Ergiebigkeit, Beschaffenheit und Verschmutzungsempfindlichkeit der Grundwasservorkommen für die Trinkwasserversorgung der BRD (alte Bundesländer); Grundwasser-Entnahme-Bedingungen (Transmissivität); Grundwasserbewegung; bedeutende und weniger bedeutende Grundwasservorkommen mit Ergiebigkeitsstufen für die Entnahme durch Einzelbrunnen oder Wasserwerke bei mittlerer möglicher Förderleistung; Eignung des Grundwassers für die Trinkwasserversorgung; Verschmutzungsempfindlichkeit entsprechend der Deckschichten; Karte 1: Ergiebigkeit der Grundwasservorkommen; Karte 2: Qualität des Grundwassers der bedeutenden Vorkommen; Karte 3: Verschmutzungsempfindlichkeit der bedeutenden Grundwasservorkommen	Bundesminister für Raumordnung, Bauwesen und Städtebau
		Institut für angewandte Geodäsie. 1982.
KLIMA		
Monatlicher Witterungsbericht	Meßwerte örtlicher Klimastationen: Luft- und Bodentemperatur, relative Luftfeuchte, Luftdruck, Schneefall und Schneedecke, Niederschlag; keine Aussagen zum Kleinklima	Deutscher Wetterdienst, Offenbach
Mittlere jährliche Niederschlagssummen der Periode 1931-1960 im Lande NW (Karte 1:500.000)		Landesamt für Wasser und Abfall NW. 1980.
Wuchsklimakarte des Ruhrgebiets und angrenzender Bereiche 1:50.000	Beobachtung der Lufttemperatur mit Hilfe von Bioindikatoren. Differenzierung nach Wuchsklimastufen und Angabe der durchschnittlichen Jahresmitteltemperatur	Kommunalverband Ruhrgebiet (KVR). 1985.
Klima-Atlas NW (thematische Karten 1:5.000.000 bzw. 1:1.000.000)	Niederschläge, Lufttemperatur, Sonnenschein, Bewölkung, Nebel, Wind, Verdunstung, bioklimatische Aspekte	Minister für Umwelt, Raumordnung und Landwirtschaft NW (MURL). 1989.
Klimaatlas von NW 1960, 1:500.000		Deutscher Wetterdienst, Offenbach
Nebelstruktur- und Häufigkeitskarte der BRD 1:200.000	Potentielle Belastungszonen von Autobahnen, Bundes- und Landstraßen; Anzahl der Nebeltage, Anzahl der Sommertage, Anzahl der Schwachwindtage, bedeutende Abflußbarrieren	Umweltbundesamt, Berlin
Das Bioklima in der Bundesrepublik Deutschland 1:2.700.000	Unterteilung der 3 Hauptklimazonen der BRD für die Erholung in 6 bioklimatische Belastungs-, Schon- und Reizstufen; Schwerpunkträume mit Industrie- und Großstadtklima	Becker, F., Wagner, M. in: Becker, F.: Bioklimatische Reizstufen für eine Raumbeurteilung zur Erholung. Veröff. der Akademie für Raumforschung und Landesplanung, Forsch.-und Sitzungsberichte 76. Hannover 1972.
LUFTREINHALTUNG		
Meteorologische Daten/ Luftschadstoffe	Windrichtung, -geschwindigkeit, Globalstrahlung, relative Luftfeuchte, Niederschlagsmenge/ SO_2, NO, NO_2, CO, Kohlenwasserstoffe, Schwebstaub, Ozon	Zimen (zentrales Immissionsmeßnetz); diverse Stationen

Bezeichnung/ Maßstab	Inhalte	Herausgeber / Quelle
Temes-Jahresberichte	Jahresbezogene geschlossene Darstellung der Immissionssituation	Landesanstalt für Immissionsschutz, Essen (LIS)
Temes-Monatsberichte	Luftschadstoffimmissionen, Windrichtung, Windgeschwindigkeit, Lufttemperatur, relative Luftfeuchte an einzelnen Meßstationen	Landesanstalt für Immissionsschutz, Essen (LIS)
Luftreinhaltepläne	Emissionen, Immissionen, Belastungsgebiete, Darstellung in Rasterkarten, bewertende Aussagen zu einzelnen Stoffkomponenten und Aggregaten sowie zu medizinischen Untersuchungen; Ausweisung besonders schutzwürdiger Gebiete	Minister für Umwelt, Raumordnung und Landwirtschaft NW (MURL)
Bericht über die Luftqualität in NW 86/87	Meßergebnisse Schwebstoffe, SO_2, NO_2, NO, CO; Windgeschwindigkeit, Windrichtung, weitere Auswertungen	Landesanstalt für Immissionsschutz, Essen (LIS)
Regelmäßige Immissionsmessungen		Umweltbundesamt, Berlin; Bundesanstalt für Straßenwesen, Köln (Bundesfernstraßen); Deutscher Wetterdienst, Offenbach
LÄRM		
Regelmäßige Lärmmessungen		Bundesanstalt für Straßenwesen, Köln; Bundesanstalt für Flugsicherung, Frankfurt; Landesanstalt für Immissionsschutz, Essen
NATUR UND LANDSCHAFT		
Geographische Landesaufnahme 1:200.000 - Naturräumliche Gliederung Deutschlands	Abgrenzung der naturräumlichen Einheiten mit ihren besonderen natürlichen Ausstattungen und entsprechenden Nutzungsmöglichkeiten	Bundesforschungsanstalt für Landeskunde und Raumordnung. 1974.
Deutscher Planungsatlas, Bd1, NW Vegetation (Potentielle natürliche Vegetation) 1:500.000	Potentielle natürliche Vegetation, differenziert nach Waldgesellschaften	Akademie für Raumforschung und Landesplanung. 1972.
Karte der Potentiell natürlichen Vegetation 1:500.000	Darstellung der Vegetation, die sich nach Beendung jeglicher menschlicher Einflüsse auf die Pflanzendecke einstellen würde; Natürliche Vegetationsgebiete, Klima, Niederschlag, Relief, Geologie, mögliche Bodentypen, Bodenfeuchte, -trophie, Biotoppotential, potentielle Nutzungsarten	Bundesforschungsanstalt für Naturschutz und Landschaftsökologie - in Bearbeitung
Biotopkartierung NW	Biotopbeschreibung	Landesanstalt für Ökologie, Landschaftsentwicklung und Forstplanung NW (LÖLF)
Rote Liste der gefährdeten Tiere und Pflanzen in der Bundesrepublik Deutschland	Aussagen zur Bestandssituation gefährdeter Arten	Blab, J./ Nowak, E. 1984.
Rote Liste der in NRW gefährdeten Pflanzen und Tiere		Landesanstalt für Ökologie, Landschaftsentwicklung und Forstplanung NW (LÖLF). 1986.
Rote Liste Biotoptypen und -strukturen; Beiträge zum Artenschutzprogramm NW		Landesanstalt für Ökologie, Landschaftsentwicklung und Forstplanung NW (LÖLF). 1986.
Artenschutzprogramm NW		Minister für Umwelt, Raumordnung und Landwirtschaft NW (MURL)
Dokumentation der Artenverbreitung	Tier- und Pflanzenarten	Raumordnungsbericht 1989/90; zur Zeit in Bearbeitung (Hg. Bundesforschungsanstalt für Landeskunde und Raumordnung)
Prioritätenliste für Naturschutzgebiete	Auswertung der Biotopkartierung	Raumordnungsbericht 1989/90; in Bearbeitung, Abschluß etwa 1992 (Hg. Bundesforschungsanstalt für Landeskunde und Raumordnung)
Schutzgebietsausweisungen	Naturschutzgebiete, Nationalparks, Landschaftsschutzgebiete, Naturparks	Bundesforschungsanstalt für Naturschutz und Landschaftsökologie
Angaben zu Waldschäden		Bundesministerium für Ernährung, Landwirtschaft und Forsten: Ergebnisse der Waldschadenserhebung. Reihe A, Angew. Wissenschaft (jeweils Bericht der letzten Erhebung)
Karte der unzerschnittenen Wälder 1:1.000.000		Bundesforschungsanstalt für Naturschutz und Landschaftsökologie
Waldfunktionskarte NW 1:50.000	Zuweisung von Schutzfunktionen: Wasserschutz, Klimaschutz, Sichtschutz, Immissionsschutz, Bodenschutz; Waldflächen mit Erholungsfunktion, Naturschutzgebiete, flächenhafte Naturdenkmale, Landschaftsschutzgebiete, Naturparks, Flächen für Forschung und Lehre, sonstige schutzwürdige Flächen	Minister für Ernährung, Landwirtschaft und Forsten NW/ Landesanstalt für Ökologie, Landschaftsentwicklung und Forstplanung (LÖLF). 1977.
Karte der unzerschnittenen verkehrsarmen Räume 1:1.000.000	Bereiche mit allgemein geringer Beeinträchtigung z.B. durch Verkehrslärm	Bundesforschungsanstalt für Naturschutz und Landschaftspflege
Wander-/ Naturparkkarten 1:50.000 und 1:25.000		Landesvermessungsamt NW
ABFALL		
Abfallentsorgungspläne		Regierungspräsidenten
RÄUMLICHE PLANUNG		
Landesentwicklungsprogramm	Zielvorstellungen der räumlichen Entwicklung	Minister für Umwelt, Raumordnung und Landwirtschaft NW (MURL)
Landesentwicklungsplan III 1:200.000	Freiraum, Natur und Landschaft, Wald, Wasser, Erholung	Minister für Umwelt, Raumordnung und Landwirtschaft NW (MURL)
Gebietsentwicklungspläne (einschl. Landschaftsrahmenpläne und forstliche Rahmenpläne)	regionale Entwicklungsziele	Regierungspräsidenten
Landschaftspläne	Nutzungen, Immissionen, Biotoptypen, Landschaftsstrukturen, Klimaschutz, Landschaftsbild, Erholungsgebiete, Ist-Zustand und anzustrebende Entwicklung	Gemeinden/ Kreise
Flächennutzungspläne	örtliche Entwicklungsziele	Gemeinden/ Kreise; zum Bestand bzw. Stand der Bearbeitung vgl. Raumordnungsbericht 1989 (Hg. Bundesforschungsanstalt für Landeskunde und Raumordnung)
SONSTIGE KARTEN		
Topographische Karten: DGK 1:5.000 TK 1:10.000 TK 1:25.000 TK 1:50.000 TK 1:100.000 Übersichtskarte 1: 500.000/ 1:2.000.000	Siedlungen, Verkehrswege, Gewässer, Geländeformen, Vegetation	Landesvermessungsamt NW
Kreiskarte 1:50.000	Kreisgrenzen	Landesvermessungsamt NW
Regionalkarte 1:100.000	Verwaltungsgrenzen	Landesvermessungsamt NW
Verwaltungs- und Übersichtskarten 1:200.000 - 500.000	Verwaltungsgliederung NW	Landesvermessungsamt NW
Luftbilder	Interpretation von Flächennutzung, Biotoptypen, Deponien, Ablagerungen, Emissionsquellen, geschädigte Wälder und Bäume, Veränderung der ökologischen Bodenbeschaffenheit durch Erosion	Landesvermessungsamt NW
Satellitenbildkarte 1:500.000		Landesvermessungsamt NW
Historische Karten: z.B.: Kartenaufnahme der Rheinlande durch Tranchot u. v.Müffling (1801-1828) 1:25.000/ 1:20.000 Topographische Uraufnahme (1826-1843) 1:25.000 preußische Kartenaufnahme - Neuaufnahme (1893-1901) 1:25.000	Inhalte z.T. wegen unterschiedlicher Darstellung nicht vergleichbar; Landschafts- und Siedlungsentwicklung zu Beginn der Industrialisierung; im Vergleich zu anderen Kartenblättern ist die Entwicklung der Landschafts- und Siedlungsstruktur ablesbar	Landesvermessungsamt NW
Verkehrsstärkenkarte	Straßenverkehrszählung 1985; Verkehrsstärken auf den Straßen des überörtlichen Verkehrs	Ministerium für Stadtentwicklung und Verkehr
GEMEINDESPEZIFISCHE DATEN		
Baumkataster, Naturdenkmale, Altlastenkataster, Abwasserbeseitigungs-, Abfallwirtschafts- und Energieversorgungskonzepte, Umweltqualitätszielsysteme, Lärmminderungspläne, Örtliche floristische und faunistische Einzelkartierungen		Untere Landschaftsbehörde, Stadtplanungs-/ Umweltämter, Untere Wasserbehörde, Stadtwerke, Untere Abfallbehörde, Grünflächenämter, Naturschutzverbände

Quellen: Ott u.a. 1991; Froelich + Sporbeck 1990
Stadt Hagen 1991; Hoja 1987

Planum 1992

Bodo Temmen, Ulrich Hatzfeld, Ralf Ebert

Märchenwelt und Achterbahn
Freizeitparks im Land Nordrhein-Westfalen

Raumrelevanz und Planungsempfehlungen

1 Rahmenbedingungen

1.1 Anlaß, Zielsetzung und Aufbau der Untersuchung

In den vergangenen zehn Jahren sind in vielen Städten und Gemeinden des Landes NRW und in den angrenzenden bundesdeutschen und ausländischen Gebieten großzügig gestaltete Einrichtungen für das Freizeitvergnügen entstanden. Diese Einrichtungen sind sowohl aus ehemaligen Märchenparks oder kleineren Tierparkanlagen hervorgegangen als auch als gebauter Ausdruck einer expandierenden Freizeitindustrie neu entstanden. Die überwiegend im ländlichen Bereich angesiedelten, großflächigen Freizeit- oder Entertainmentparks, wie beispielsweise *Panoramapark Sauerland/Kirchhundem*, *Fort Fun/Bestwig* oder *Phantasialand/Brühl*, verdanken ihr schnelles Wachstum dem für viele Bevölkerungsgruppen attraktiven Angebot und grundlegenden strukturellen Veränderungen im Verhältnis von Arbeitszeit und Freizeit. Heute treten relativ günstige Bodenpreise, günstige Erweiterungsmöglichkeiten, Höherbewertung der natürlichen Umgebung als Kontrast zur städtischen Umwelt, steigende PKW-Verfügbarkeit und ein relativ großes vorhandenes Arbeitskräftepotential hinzu.

Im Unterschied zu den mehr aktivitäts- und (kurz-)urlaubsorientierten Ferienzentren der zweiten Generation (z. B. *Centerparks* in den Niederlanden) präsentieren sich die neuen Großeinrichtungen des Vergnügens häufig als eine bunte Mischung aus traditionellem Kirmesvergnügen, überdimensionalen Rutsch- und Wasserbahnen, Themeninszenierungen (z. B. Westernstadt), High-Tech-Attraktionen, Gastronomie und Variete-, Film- und Showtheater. Sie stehen in der Tradition der ersten, im Stil von Landschaftsgärten inszenierten Parkanlagen und der früheren, oftmals am Stadtrand gelegenen Vergnügungsorte der 20er Jahre (z. B. Tivoli in Kopenhagen, Lunapark in Dortmund und Düsseldorf). Vergleichbare Einrichtungen gibt es unter der Bezeichnung „Amusementpark", „Parc d'Amusement" oder „Kulturpark" in Ost und West.[1]

Aus Sicht der Stadt- und Regionalplanung nimmt die Raumrelevanz der sich verstärkt etablierenden vergnügungsorientierten Freizeitparks[2] beständig zu, verursacht sowohl durch die Einrichtungen selber, deren spezifische Raumansprüche kontinuierlich wachsen, als auch durch die Zunahme des Freizeitverkehrs. Gegenüber kleinen Vergnügungsanlagen, die Folgeeinrichtungen von städtischen Parks oder regionalen (Nah-) Erholungsgebieten (z. B. Märchenparks) darstellten, ziehen die attraktiv gestalteten, großflächigen Freizeitparks Besucher aus regionalen und überregionalen Einzugsbereichen an. Mit der Vergrößerung der Einzugsbereiche nehmen die von diesen Einrichtungen ausgehenden Auswirkungen auf kommunale und regionale Belange zu, sei es der zunehmende Landschaftsverbrauch oder die zusätzliche Erzeugung von Verkehr. Generell markieren die Einrichtungen an den Ballungsrändern und im ländlichen Raum einen in anderen Infrastrukturbereichen bereits vollzogenen Maßstabssprung und einen Übergang zu gravierenden räumlichen Entmischungs- und Konzentrationseffekten.

Bislang gibt es noch wenig Kenntnisse über die Standort- und Flächenansprüche großflächiger Freizeitanlagen, die Voraussetzungen für ihren wirtschaftlichen Betrieb, die Trends in diesem Segment der Freizeitwirtschaft, die vielfältigen raumrelevanten Wirkungsebenen — abgesehen von der seit Jahren geführten grundlegenden Diskussion um den Fragenkomplex „Landschaft und Erholung"[3] – und die Erfahrungen mit den kommunalen Steuerungsmöglichkeiten zur Minimierung möglicher negativer Effekte. Vor diesem Hintergrund zielt die vorliegende Untersuchung darauf ab, eine erste Strukturierung der genannten Fragestellungen zu leisten. Aufgrund des begrenzten Arbeitsrahmens bedarf die Studie in jedem Fall der Vertiefung durch weitergehende empirische Untersuchungen.

Die vorliegende Untersuchung wurde im Juli 1991 abgeschlossen. Spätere Überarbeitungen beziehen sich im wesentlichen auf redaktionelle Änderungen oder Ergänzungen.

Aufbau der Untersuchung

Die Untersuchung gliedert sich in fünf Kapitel.

Im ersten Kapitel wird eine Definition der Freizeit- und Vergnügungseinrichtung *Freizeitpark* vorgestellt, die sowohl auf die aktuellen Erscheinungsformen Bezug nimmt, als auch zukünftige Trends in diesem Bereich einzubeziehen versucht. Die Frage nach den für die Entwicklung der Freizeitparks maßgeblichen Rahmenbedingungen im Freizeitbereich wird in einem weiteren Arbeitsabschnitt nachgegangen. Zusätzlich nimmt ein Exkurs auf die Geschichte städtischer Vergnügungsformen und -einrichtungen vor dem Hintergrund der jeweiligen gesellschaftspolitischen und räumlichen Rahmenbedingungen bezug.

Im zweiten Kapitel werden auf der Basis einer schriftlichen Befragung und von Expertengesprächen mit Betreibern von Freizeitparks bzw. Schlüsselpersonen in den Ansiedlungsgemeinden die acht großflächigen Freizeitanlagen in Nordrhein-Westfalen beschrieben (hinsichtlich Entstehungsbedingungen, Flächenverbrauch, Verkehrsanbindung, Einrichtungsmerkmalen, Besuchervolumen, Entwicklungsproblemen etc.). Anschließend werden auf der Grundlage einer schriftlichen Kurzbefragung die Anlagen in den Nachbarländern – bis zu einer Entfernung von 80 Kilometern, der durchschnittlichen Entfernung eines Tagesausfluges – mit einem vergleichbaren Beschreibungsraster dargestellt.

Im dritten Kapitel liegt der Schwerpunkt auf der Darstellung der Auswirkungen von Freizeitparks auf kommunale und regionale Belange. Als Informationsbasis hierfür dienen Expertengespräche mit den zuständigen Regional-, Kreis- und Fachplanungsstellen.

Das vierte Kapitel geht auf nachfrage- und angebotsorientierte Rahmenbedingungen der zukünftigen Entwicklung großflächiger Freizeitparkanlagen ein.

Im abschließenden fünften Kapitel werden planerische Empfehlungen für den Umgang sowohl mit bestehenden als auch mit zukünftig projektierten Freizeitparkanlagen vorgestellt.

1.2 Freizeitparks Ein Definitionsversuch als Momentaufnahme der Freizeitentwicklung

Freizeit- und Vergnügungseinrichtungen befanden sich in den vergangenen Jahrhunderten in einem ständigen Wandel, sowohl hinsichtlich ihrer einrichtungsbezogenen Ausprägungen (z. B. Größe, Angebote) als auch ihrer raumbezogenen Merkmale. Entsprechend gibt es keine eindeutige Definition des Begriffs „Freizeitpark". So werden beispielsweise von manchen Autoren der französisch-barocke Park, der Englische Garten und der Wiener Prater bzw. der Kopenhagener Tivoli mit den nordamerikanischen Amusementsparks, den sowjetischen Kulturparks und den sogenannten Revierparks des Ruhrgebietes verknüpft und unter den Begriff Freizeitpark subsumiert[4]. Vielfach wurden noch bis Ende der 70er Jahre solche Einrichtungen, die vorwiegend der Freizeit dienen, gleichgültig ob Minigolfplätze, Ponyhöfe oder kommunale Erholungsparks als „Freizeitparks" und im Ausland als „leisure parcs, parcs de loisirs, parc récréatifs" bezeichnet[5]. Diese Zusammenfassung von Anlagen deutet darauf hin, daß der Differenzierungsprozeß hinsichtlich eines erholungs-, sport- und vergnügungsorientierten Freizeitverständnisses noch nicht abgeschlossen ist. Auch in neueren Veröffentlichungen stehen unterschiedliche Begriffe nebeneinander, wie z. B. Freizeit- und Erlebnispark, Freizeit-Bungalow-Park, Safari- und Freizeitpark, Amusementpark, Themenpark, Vergnügungspark[6], wobei es keine eindeutige Abgrenzungen zwischen diesen unterschiedlichen Bezeichnungen gibt. Unter dem Begriff verbergen sich so unterschiedliche Anlagen wie Erlebnisparks (z. B. Safaripark), Erholungsparks (z. B. Naturpark), Badepark (z. B. Spaßbad) und Spiel- und Sportpark[7]. Selbst Centerparks werden manchmal unter den Begriff „Freizeitpark" gefaßt[8].

In der *Freizeitwirtschaft* wird von folgender Definition ausgegangen:

„Bei Freizeitparks handelt es sich um Anlagen auf einem abgegrenzten Gelände mit Unterhaltungs-, Vergnügungs- und Spielangeboten und/oder Angeboten zum Schauen und Besichtigen, die fest installiert sind. Freizeitparks verfügen darüber hinaus häufig über Gastronomie- oder Kioskangebote und Verkaufsstände. Einzelne Angebote können in festen Gebäuden untergebracht sein, der weitaus größere Teil des Angebotes befindet sich jedoch unter freiem Himmel. Für das Betreten des Freizeitparks wird ein Eintrittspreis erhoben, mit dem die Nutzung aller oder eines großen Teils der im Freizeitpark befindlichen Angebote abgegolten ist".

Diese Definition umfaßt alle Anlagen unabhängig von der jeweiligen Größe und Angebotsstruktur[9].

Eine ähnliche Definition verwendet der *Interessenverband der Deutschen Freizeitpark-Unternehmen,* wobei freizeitparktypische Einrichtungen und Angebote differenzierter beschrieben und Sportanlagen eingeschlossen werden:

„Ein Freizeitpark ist ein Unternehmen, das auf einem abgegrenzten oder umzäunten Gelände fest installierte Anlagen unterhält, in denen Spiele und Sporteinrichtungen, Großmodelle, Tiere, Grünanlagen, technische und kulturelle Einrichtungen entweder zusammen oder Teile davon zur Schau gestellt oder zur Benutzung überlassen werden. Einzelne Einrichtungen können auch in festen Gebäuden untergebracht sein. Charakteristiken von Freizeitparks sind auch angegliederte Gastronomie-Betriebe und Verkaufseinrichtungen in Kioskform. Für das Betreten eines Freizeitparks oder von Teilen von ihm wird in der Regel ein Eintrittspreis erhoben. Die Nutzung der darin enthaltenen Einrichtungen kann entweder über das Pauschalpreissystem, das Ticketpreissystem oder Einzelpreissystem erfolgen".[10]

Die *Deutsche Gesellschaft für Freizeit* definiert die Freizeitparks – in Abgrenzung zu Freizeitsportstätten, Freizeitsporteinrichtungen und Ferien- und Naherholungsgebiete – als öffentliche und an der sportlichen Betätigung orientierte Freizeit-Einrichtungen; sie lehnt sich damit stark an das frühere Konzept der „Freizeit- und Revierparks" an:

„Sie sind einerseits Erlebnis- und Vergnügungsparks, die je nach Gestaltung und Ausstattung auch freizeitsportliche Betätigung zulassen und anregen, andererseits kombinierte Angebote von Grünflächen, Mehrzweckräumen und -flächen für Freizeitsport, Kultur, Geselligkeit. Ihr Einzugsbereich umgreift größere Stadtteile, Stadtgebiete und mehr. Zumeist sind in ihnen mehrere Freizeitsportstätten und -einrichtungen enthalten"[11].

Da die vorliegende Untersuchung auf eine landesplanerisch orientierte Betrachtung der Auswirkungen bzw. Bewertung von vergnügungsorientierten Freizeitanlagen zielt, müssen neben einrichtungsbezogenen vor allem raumbezogene Kriterien zur Eingrenzung des Untersuchungsgegenstandes herangezogen werden. Zu den raumbezogenen Kriterien zählen vor allem

– die Größe des Freizeitparks,
– die Besucherzahl sowie
– der Standort.

Unter Berücksichtigung dieser Kriterien liegt der vorliegenden Untersuchung die folgende Definition zugrunde:

„Ein Freizeitpark ist eine großflächige Freizeit- und Vergnügungsanlage mit einer Fläche von mindestens 10 ha und/oder einer jährlichen Besucherzahl von mindestens

100.000 Personen. Die privat betriebenen Anlagen verfügen über unterschiedliche stationäre Vergnügungseinrichtungen (z. B. Fahrgeschäfte, Themenwelten, Ausstellungsobjekte, Spielplätze, Tiergehege, Shows, Revuen etc.) sowie ergänzende Gastronomieeinrichtungen, die sowohl als „outdoor-" als auch als „Indoor-Anlage" betrieben werden. Für den Besuch wird eine Eintrittsgebühr erhoben. Aufgrund ihrer Autokundenorientierung benötigen diese Anlagen große Parkplatzflächen. Die Standorte der Freizeitparks befinden sich vor allem außerhalb von Siedlungsbereichen, so z. B. im Außenbereich von Städten und Gemeinden."

1.3 Rahmenbedingungen der bisherigen Freizeitentwicklung

Die Ursachen für die kontinuierliche Ausweitung des Freizeitsektors und der innerhalb dieses Prozesses zunehmenden Bedeutung spezifisch vergnügungsorientierter Freizeitformen sind der Freizeitforschung weitgehend bekannt. Zu den wesentlichen Einflußfaktoren zählen Veränderungen im Verhältnis zwischen Arbeitszeit und Freizeit und Veränderungen der Freizeitbudgets bei zunehmendem gesellschaftlichem Wohlstand:

- Durch die schrittweise Reduzierung der Wochenarbeitszeit ab den 50er Jahren nahmen die freizeitbezogenen Zeitbudgets der Bevölkerung zu. In den 70er Jahren setzte sich für einen Großteil der Erwerbstätigen die 40-Stunden-Woche durch: die 5-Tage-Woche und der 8-Stunden-Arbeitstag wurden zur weit verbreiteten Alltags-Normalität. Zusätzlich wurden, insbesondere seit Mitte der 70er Jahre, die Urlaubszeiten verlängert. Rund drei Viertel aller Arbeitnehmer haben – tariflich geregelt – Anspruch auf mindestens sechs Wochen Urlaub. Ergänzt wurde diese Entwicklung häufig durch Vorruhestandsregelungen.

- Neben einer Zunahme der freien Zeit begünstigte der wachsende Wohlstand eine aktive Gestaltung der Freizeit: Seit den 70er Jahren ist eine sogenannte „Hochkonjunktur des Vergnügens" festzustellen. Gemessen am privaten Verbrauch nahmen die Freizeitausgaben überproportional zu, was sich förderlich auf die Etablierung und Entwicklung freizeitbezogener Anlagen und Einrichtungen auswirkte. Seit Anfang der 80er Jahren nimmt der Anteil der Freizeitausgaben am privaten Verbrauch tendenziell wieder ab[12].

In der Freizeitforschung geht man davon aus, daß der Aufschwung des Freizeitbereiches in den vergangenen 20 Jahren nicht nur das Ergebnis von mehr freier Zeit und zunehmendem Wohlstand ist, sondern in seiner konkreten Ausprägung auch durch die rasche Zunahme qualifizierter Schul- und Bildungsabschlüsse bewirkt wurde[13].

Die Entwicklung zur Kleinfamilie und zu Einpersonenhaushalten – nicht zuletzt aufgrund zunehmender Ehescheidungen, einem frühen Verlassen des Elternhauses und einer Zunahme alleinstehender Senioren – hat ebenfalls die Bedeutung des Freizeitbereiches erhöht. Manche Haushalte haben auf diese Weise ein größeres verfügbares Einkommen, gleichzeitig besteht für diese Haushalte eine stärkere Notwendigkeit zur Gestaltung der Freizeit[14].

Im Zuge der aktuellen Wertediskussion wird unterstellt, daß die Freizeit gegenüber der Arbeit für alle gesellschaftlichen Gruppen an Bedeutung gewonnen und neue Lebensstile (z. B. das genußorientierte Leben) hervorgebracht hat[15]. Die allgemeine Zunahme der Freizeit ist jedoch von einer Polarisierung zwischen freizeitpriviligierten (z. B. Rentner, Alleinstehende mit Teilzeitbeschäftigung) und freizeitbenachteiligten (z. B. Selbständige, Arbeitnehmer mit geringen Einkommen) Bevölkerungsteilen begleitet. Nur unter diesen Bedingungen wurde die Freizeit zu einem neuen Statussymbol[16].

Die heutige Freizeit präsentiert sich in sehr unterschiedlichen Erscheinungsformen und an unterschiedlichen Orten (Wohnung, Wohnumfeld, Stadtteil, Region), mit verschiedenen Funktionen, Ansprüchen und Problemen. Dabei bestehen zwischen einigen Freizeitaktivitäten Substitutionsbeziehungen, zwischen anderen wiederum nicht (z. B. zwischen dem innerstädtischen Parkbesuch und der Ausflugsfahrt in die Naherholungsgebiete). Die großflächigen Freizeitparkeinrichtungen sind dabei als eine kommerzielle Variante in der Palette aller möglichen Freizeitaktivitäten (wie Sport, Selbsthilfe, Tourismus, Kultur, Mediennutzung, Bildung, Konsum) anzusehen[17]. Ihre Attraktivität bezieht sich nach Erkenntnissen der Freizeit- und Tourismusforschung auf den Bereich des vorwiegend auf einen Tag beschränkten Ausflugsverkehrs.

Bei den zumeist spontan getroffenen Entscheidungen für Tagesausflüge spielt eine Kombination von Faktoren wie Wetter, Lust und Geld eine zentrale Rolle. Für die planerische Bewertung der großflächigen Einrichtungen ist zudem von Bedeutung, daß die durchschnittliche Ausflugsentfernung ca. 85 Kilometer beträgt und eine relative „Zielgebietstreue", d.h. das wiederholte Aufsuchen einer vertrauten Umgebung, zu beobachten ist[18].

Eine Differenzierung der Ausflugsintensität nach sozio-ökonomischen Merkmalen führt zu folgenden Beobachtungen:

- Haushalte mit höherem Einkommen beteiligen sich tendenziell stärker am Aus-flugsverkehr als niedrige Einkommensgruppen,
- je größer der Haushalt, desto höher die Ausflugsbeteiligung,
- mit zunehmenden Alter nimmt die Ausflugsaktivität nur geringfügig ab[19].

EXKURS

Zur Standortgeschichte von Vergnügungseinrichtungen

Amusement und Freizeit in der Stadt- und Regionalplanung

Der nachfolgende Exkurs vermittelt einen historischen Abriß der Bedeutung von Freizeit und Amusement in der Stadt- und Regionalplanung sowie der Standortgeschichte von Vergnügungseinrichtungen. Die Betrachtungen zeigen, daß die heute bekannten Formen vergnügungsorientierter Freizeiteinrichtungen eine lange Tradition haben, und in den vergangenen Jahrhunderten ein wichtiger Bestandteil des Stadtentwicklungsprozesses und der städtischen Kultur waren. Sowohl die standörtliche Umorientierung auf Standorte außerhalb der Städte, als auch die Auseinandersetzung der räumlichen Planung mit dem Amusement erweisen sich hingegen als Phänomene jüngerer (Freizeit-)Geschichte.

Kirmes, Lunapark

Märchenpark und Freizeitpark – Zur Standortgeschichte der Vergnügungseinrichtungen

Die Geschichte des Vergnügens ist eng verbunden mit dem Stadtwerdungs- und -entwicklungsprozeß, insbesondere mit spezifischen Formen des Marktgeschehens wie dem Jahrmarkt. So entstanden die Warenmessen seit dem 11. Jahrhundert in Verbindung mit Kirchenfesten, z. B. in Flandern und in der Champagne. Das Wort „Messe" ging von den Gottesdiensten auf den Markt über. Jahrmärkte besaßen vor allem in kleineren Orten oftmals eine besondere Bedeutung: an diesen Tagen konnte man auf dem Marktplatz, oftmals gleichzeitig Kirchplatz, die ansonsten nicht so reichhaltig angebotenen Güter wie Gewürze, Tabak, Stoffe, Geschirr und andere Galanteriewaren erwerben[20].

Jahrmärkte zu Pfingsten oder im Herbst übten eine große Anziehungskraft auf Händler und Kaufleute und in ihrem Gefolge auf Spielleute und Gaukler aus, die damals „fahrende Leute" genannt wurden. Es wurden Tiere aus aller Herren Länder, Abnormitäten und andere sogenannte „Weltwunder" präsentiert und Scharen von wandernden Ärzten und Quacksalbern haben ihre Heilkünste vorgeführt[21]. Die ersten Schaukeln und Karussells wurden Anfang bis Mitte des letzten Jahrhunderts betrieben.

Gegen Ende des 19. Jahrhunderts wurden in zahlreichen Gemeinden die häufig jahrhundertealten Jahrmärkte aufgehoben. In manchen Städten, wie z. B. in Dortmund, wurde dafür eine jährlich stattfindende achttägige Osterkirmes bzw. „Ostermesse" eingerichtet. Angesichts der im Zuge der Industrialisierung erfolgten starken Bevölkerungszunahme wurden in den neuen Mittel- und Großstädten solche Kirmesveranstaltungen oftmals an größere Plätze und Freiflächen in den Stadterweiterungsgebieten verlegt. Hingegen behielten insbesondere die Kirmessen in kleineren Gemeinden wie Soest, Werne oder Herne mit der „Cranger Kirmes" bzw. Vororten der Großstädte ihren alten Standort bei. Kirchenkreise und Unternehmensleitungen sahen die immer umfangreicheren Aktivitäten jedoch nicht gern, entweder weil den hohen Festtagen durch „unsittliches Treiben" ihre religiöse Bedeutung entzogen wurde oder weil während der Kirmestage „kein einziger Betrieb richtig besetzt werden könne". Die darauf verfügten Einschränkungen und Verbote beantworteten die Schausteller mit Ersatzveranstaltungen auf privatem Gelände; diese wurden schlicht Volksfeste genannt[22].

Parallel zu den nunmehr zeitlich sehr begrenzten Kirmessen hatten sich in den schnell wachsenden Großstädten vor der Jahrhundertwende Ausflugslokale herausgebildet, die an den damals noch kurzen Wochenenden das Ausflugsziel der „Bürger aus allen Ständen" waren. Angesichts dieser Bedingungen erweiterten die Betreiber der Ausflugslokale ihre Angebote, neben Konzerten gab es beispielsweise Drahtseilnummern, Tanzveranstaltungen und Feuerwerke[23].

In einigen Städten, wie beispielsweise in München und Dortmund, wurden um die Jahrhundertwende von kommunaler Seite, ausschließlich aus privatem Interesse oder in Zusammenarbeit von Stadtverwaltung und Privateigentümern, großflächige, „ständige" Ausstellungsparke und neue Saalbauten, zunächst nur vorübergehend mit sogenannten „mobilen Fahrgeschäften", später jedoch mit ständigen Vergnügungsangeboten errichtet. Weitere Bevölkerungszunahme, neue Arbeits- und Arbeitszeitformen, eine immer weniger überschaubare industrielle Warenwelt hatten für Warenausstellungen günstige Rahmenbedingungen geschaffen[24]. In manchen Städten wurde diese Entwicklung durch Kirmesverbote oder eine starke zeitliche Beschränkung zusätzlich begünstigt.

Man folgte damit in einigen Städten einem Konzept, das Vergnügen mit Kommerz in Form von Ausstellungsmessen oder Gewerbeschauen verband. „Wenn alle Kunst, jede neueste Errungenschaft von Handel und Gewerbe, Handwerk und Wissenschaft, Industrie und Landwirtschaft den Besucher ad oculus geführt wird, stets bleibt der Vergnügungspark die größte Anziehungskraft und die milchende Kuh für die Veranstalter der Ausstellung."[25]

Schon Jahrzehnte zuvor waren am Rande der großstädtischen Metropolen qualitativ neue Verbindungen von Parkwesen, als erste Form des inszenierten Erlebnisraums, und Vergnügen entstanden. Beispiele sind der „Tivoli" in Paris und in Berlin-Kreuzberg, die Anlage „Zum Sternecker" in Berlin-Weißensee oder „Nymphenburger Volksgarten" in München. Diese wurden später oftmals und weltweit (z. B. Barcelona, Buenos Aires, Coney Island – New York) nach dem Berliner Vergnügungspark in Halensee „Lunapark" genannt. Ein sehr früher Vorläufer dieser Belustigungsorte war der im Jahre 1766 eröffnete Wiener Prater[26]. Im Ruhrgebiet etablierten sich solche Einrichtungen in Dortmund, Essen und Duisburg erst zwischen 1910 und 1914[27].

Solche „stationäre Kirmessen" waren mit ihren Attraktionen, wie z. B. einer als Felsmassiv gestalteten Gebirgsachterbahn, einer Wasserrutschbahn, einer mit Schmierseife versehenen Rodelbahn, einem Tanz- und Festsaal, Karussells und Hippodrom, eine starke Konkurrenz für die mobilen Schausteller.

Während des Ersten Weltkrieges waren viele Vergnügungsparkanlagen aufgrund der geringeren Nachfrage von der Schließung bedroht. Mit den 20er Jahren setzte jedoch ein neuer, allerdings nicht mehr so publikumsattraktiver Aufschwung ein. Zwischenzeitlich hatten weitreichende Veränderungen bei den baulichen Möglichkeiten und die Herausbildung des Sports – im Berliner Lunapark wurde deshalb 1927 ein Wellenbad errichtet – neue Bedingungen geschaffen, die das Vergnügen in den Hintergrund drängten. Sportanlagen waren die baulichen Voraussetzungen für die aktuellen Freizeitformen. „Die Dynamik der auf den Straßen, auf den Schienen und in der Luft immer schneller und verkehrsreicher werdenden Stadt übertrug sich auf die individuellen, kollektiven Bewegungsformen, die zusätzlich noch von den Normen der neuen Spiel- und Sportkultur beeinflußt wurden. Der Sport drang in zweifacher Weise in Praxis und Logik des Alltags ein: als Spiel und neue Form der Freizeitgestaltung und als Schausport, bei dem Kraft- und Schnelligkeitsleistungen vor einem großen Publikum exhibitioniert wurden."[28]

In den 30er Jahren kam dann vielfach das „Aus" für die Parkanlagen des Vergnügens. Hierbei spielte jedoch nicht nur das Aufkommen des Sports eine Rolle, hinzu kamen auch verschiedene andere Gründe. Je nach lokaler Situation waren dies: eine Überalterung der Anlagen, eine konzeptionelle Trennung von Kommerz bzw. Warenpräsentation und Vergnügen, individuelle Nachfolgeprobleme der Betreiber und politisch-ideologische Gründe, d.h. eine politisch beabsichtigte Abkehr von einer eher „heiteren Stadtkultur" und eine Hinwendung zum nationalsozialistischen Programm „Kraft durch Freude"[29].

Nach dem Ende des Zweiten Weltkrieges und den weitreichenden Zerstörungen in den Städten dachte man z. B. in Dortmund an einen Wiederaufbau des Vergnügungsparks. Doch der „Dortmunder Lunapark" bleibt wie in anderen Städten mehr ein Mythos in den Köpfen der Überlebenden. Die zeitlich begrenzte und nicht stationäre Kirmes rückte seit den 50er und 60er Jahren wieder in den Vordergrund – der fast schon weltweit rasant gestiegene Bekanntheitsgrad des Münchner Volksfestes oder auch die mehr regional bzw. landesweit bekannte „Cranger Kirmes" in Herne sind hierfür eindrucksvolle Beispiele. Andernorts wurde, wie z. B. in Dortmund, die Kirmes noch weiter in die Außenseite der Stadt gedrängt, auf die sogenannten Mehrzweckplätze. Das „Wirtschaftswunder" benötigte in den Stadtzentren und den angrenzenden Gebieten alle Flächen für die neuen Dienstleistungen und den Wohnungsbau. Das ehemals städtische Vergnügen, das „sündige Stadtleben", hatte unter diesen Bedingungen und dem materiellen Sicherheitsdenken der Nachkriegsgeneration lange Zeit keine Chance. Sich ablösende „Freß-, Reise- und Konsumwellen" waren nach Jahren der Not und Angst für viele Menschen wichtiger geworden[30].

Zumeist abseits der Agglomerationen entstanden seit Anfang der 60er Jahre auf preisgünstigen und zusammenhängenden großen Arealen

– Märchenparks, die neben der Zurschaustellung von Märchenfiguren und -welten zunächst zusätzliche Spielmöglichkeiten und kleinere Fahrgeschäfte anboten und

– Safari- und Wildparks bzw. Tiergehege, in denen das Naturerlebnis und das Erleben (exotischer) Tiere im Vordergrund standen (der Betrieb dieser Anlagen stellt sich heute im Vergleich zu vergnügungsorientierten Attraktionen als kostenaufwendiger dar).

Sie können als die „Startnutzungen" der heutigen vergnügungsorientierten Freizeitanlagen angesehen werden.

Im Laufe der letzten 20 Jahre wurden die Erfahrungen und Möglichkeiten nordamerikanischer „Amusementparks" mit Walt Disney's Parkphilosophie in die Bundesrepublik und in andere europäische Länder importiert.[31] Für die bislang geringe Verbreitung in Frankreich nimmt man neben anderen Faktoren den hohen Anteil relativ dünn besiedelter Räume, in denen bevölkerungsreiche städtische Zentren fehlen, an.[32]

Auch Gartenschauen, wie z. B. die Euroflor in Dortmund im Jahre 1969, trugen zur „Renaissance" der vergnügungsorientierten Freizeitparks bei. Um eine „Pappstadt" herum, im Volksmund als „Klein-Disney-Land" bezeichnet, standen Achterbahnen, Riesenrad und Delphinschau[33]. Gleichzeitig wurde damit auch die alte Konkurrenz zwischen temporären Kirmesveranstaltungen auf der einen und Freizeit bzw. Vergnügungspark auf der anderen Seite wieder belebt.

Amusement und Freizeit in der Stadt- und Regionalplanung —Stadtkultur braucht das Vergnügen

Die Auseinandersetzung der Stadt- und Regionalplanung mit dem „Vergnügen in der Stadt" bezog sich in der Vergangenheit vor allem auf eine eher allgemein kulturbezogene Diskussion von „städtischen Lebensformen der Zukunft", von „Stadtkultur" oder von „Neuer Urbanität"[34]. Im Vordergrund stehen bei zahlreichen Planern und Unternehmen die Konzipierung von kulturellen Einrichtungen der Hochkultur, also Museen, Theater, Festivals etc., die sogenannte „ernste Kultur". Das Vergnügen als die heitere Form der Kultur findet darin jedoch selten eine Berücksichtigung. Dieses Kultur-Verständnis hat eine lange Tradition. So verwundert es auch nicht, daß die Arbeiterbewegung mit der Einschätzung des Vergnügens im Rahmen des historischen Kulturverständnis ihre Schwierigkeiten hatte[35]. Auf der Basis einer „deterministischen Zusammenbruchstheorie" des Kapitalismus wurde seit der Jahrhundertwende jedes Bedürfnis nach Zerstreuung, Unterhaltung und insgesamt nach Geselligkeit abgelehnt.

Dieses Feld wurde den wenig geliebten Vereinen vor Ort in den Stadtteilen überlassen, denen man aber gleichzeitig vorwarf, sie würden vom politischen Kampf ablenken. „Alle Parteien und Organisationen der Arbeiterbewegung waren bezüglich des Verhältnisses zu Vergnügen, Unterhaltung und Erholung als Teile soziokulturellen Lebens und als Bestandteile der Wiederherstellung des Arbeitsvermögens unsicher"[36]. Kultur wurde sowohl am Ende des Kaiserreichs als auch in den 20er Jahren entweder als Kenntnis der Hochkulturleistungen oder als „prolet-kultische Verabsolutierung des proletarischen Lebenszusammenhanges" verstanden. In der Kunst ging es nicht mehr um Begleitung und Unterstützung des Emanzipationskampfes, sondern um sittliche Erhebung oder Anregung zum Nachdenken.

In den teilweise sprunghaft sich entwickelnden Großstädten war bei zahlreichen Literaten und Philosophen das Vergnügen Teil des allgemeinen Schreckbildes Stadt[37]. Beispielsweise schreibt schon 1771 Tobias Smollet in seinem Briefroman „Humphrey Clinker" über London mit seinen damals 800.000 Einwohnern: „Auf ihren Straßen tummelt sich allerlei Gesindel, Müßiggang und Korruption, Amusement und Luxus haben Sitte und Moral ausgehöhlt"[38]. Lange vor dem Elend in den Industriestädten entzündet sich die Polemik gegen die neue, städtische Lebensform an den Hauptstädten des 18. Jahrhunderts, an London und Paris. Seitdem gilt das Unbehagen an der modernen Kultur allgemein der „großen Stadt". „Und es ist keineswegs ein spezifischer deutscher Affekt, der die vermeintlich heile Dorf- und Kleinstadtidylle gegen die versachlichte Kultur der Großstadt ausspielt"[39].

Die politische Linke in Soziologie und Philosophie schätzte das Vergnügen im Zuge der Freizeit-Diskussion im besten Falle sehr zwiespältig ein. So formulierte die Frankfurter Schule in ihrer „Kritischen Theorie": Das Amusement war und ist als Teil der Kulturindustrie Aufklärung als Massenbetrug[40]. Mit dem Blick nach rechts wird wohl konstatiert „leichte Kunst als solche, Zerstreuung, ist keine Verfallsform"[41], weiter heißt es „Ernste Kunst hat jenen sich verweigert, denen Not und Druck des Daseins den Ernst zum Hohn macht und die froh sein müssen, wenn sie die Zeit, die sie nicht am Triebrad stehen, dazu benutzen können, sich treiben zu lassen"[42]. Oder: „Vergnügtsein heißt Einverstanden sein. Es ist möglich nur, in dem es sich gegenüber dem Ganzen des gesellschaftlichen Prozesses abdichtet, dumm macht (...). Vergnügen heißt allemal: nicht daran denken müssen, das Leiden vergessen, noch wo es sich gezeigt wird (...). Die Befreiung, die Amusement verspricht, ist die von denken als von Negation"[43].

Aktualisiert wurde die Einschätzung der „kritischen Theorie" in der deutschen „68er-Generation" bzw. manchen Epigonen unterschiedlicher Rot-Grün-Färbung. Unter diesen Einflüssen wurde das Amusement lange Zeit als bloßer Nepp mit „Pornographie-Touch" oder als Vergnügungsarbeit begriffen. Erst heute scheint sich dieses Verständnis zu verändern: „Egalité, Fraternité, Liberté" wandelt sich zu „Egalité, Fraternité, Varieté"!

Diese weitverbreitete Einstellung zum Phänomen Großstadt mit seinen vielschichtigen Problemen bildet den relevanten ideologischen Kontext für stadtplanerische Leitbilder und Zielvorstellungen. Die Geschichte der Stadtplanung und der Stadtplanungstheorie weist damit einen engen Zusammenhang mit einer übergeordneten kulturphilosophischen Diskussion über die Großstadt auf. Läßt man die letzten 100 Jahre Stadtdiskussion bzw. stadtplanerische Auseinandersetzung mit der Großstadt an sich vorüberziehen, so stellt man fest, daß die Vergnügungsfeindschaft anscheinend Tradition hat und sich aus verschiedenen Quellen speist. Dem Bereich haftet auch heute immer noch etwas Seichtes und Schlüpfriges, Dunkles und Verbotenes an.

Freizeit wurde in der Stadt- und Regionalplanung lange Zeit unter dem Aspekt der Gesundheit und der Erholung im Grünen begriffen. Darüber hinaus schätze man die Grünflächen, private Gärten, Stadtparks, Stadtwälder, Spiel- und Sportplätze und Kleingärten bekanntlich wegen ihrer stadtgliedernden und stadtklimatischen Funktionen. Im Ruhrgebiet wurde deshalb der Siedlungsverband Ruhrkohlenbezirk nach dem Vorbild „Groß-Berlin" gegründet.

Zurückführen lassen sich solche Bestrebungen auch auf die großstadtkritische „Gartenstadtidee" des Engländers Ebenezer Howard. – in eine ähnliche Richtung tendiert auch die „Cité industrielle" von Tony Garnier. Seiner Auffassung nach sollten die neu zu bauenden Mittelstädte in ihrem Zentrum einen großen Park für Spiel und Kultur- und Verwaltungsanlagen aufweisen. Nach Hans Kampfmeyer, dem Vertreter der nach dem englischen Vorbild entstandenen Deutschen Gartenstadtgesellschaft, sollte man zukünftig darum bemüht sein den „Menschen mit dem Boden in dauernden Zusammenhang bringen (...). Durch die Gartenarbeit hat der Großstadtmensch, der bisher mit seiner Familie in den engen Räumen eines Massen-Mietshauses zusammengepfercht lebte, wieder die Fühlung mit der Mutter Natur gewonnen". Alle nachfolgenden Stadtstruktur- und Siedlungsmodelle, einschließlich des funktionalistischen Ansatzes des „Neuen Bauens", entwickelten anthropozentrische Grün- und Freiflächenkonzepte mit dem Ziel „mehr Licht, mehr Luft, mehr Sonne". Beispielsweise liefen Martin Wagners Absichten für Berlin auf eine flächenmäßige Mindestausstattung mit naturgrünem Bewegungsraum hinaus, auf Kontigentierung von Natur für eine großstädtische Gesellschaft , vorwiegend für Bewohner der zumeist kleinräumigen Mietwohnungen oder wie es andernorts verstanden wurde Grünflächen als Ersatz für den Hausgarten, „der Garten als Erweiterung der Wohnung". Leberecht Migges Grün-Vorstellungen für Berlin, Frankfurt und Düsseldorf galten dagegen den produktiven Gärten[44].

Die großstadtkritische Einstellung und die „heilende Kraft" von Grünflächen war auch die Basis für zahlreiche Planungen während der Zeit des Faschismus. Nach dem Zweiten Weltkrieg galt es zunächst neben Wiederaufbau und Stadterweiterung zusätzlich Erholungsflächen zu schaffen. Später folgte dann der weitere Ausbau der Sportinfrastruktur, als einer spezifischen und heute noch bedeutsamen Form die Freizeitgestaltung. Beide, Flächen und Einrichtungen, entsprechen zum Teil nicht mehr den veränderten Ansprüchen der Erholungssuchenden bzw. der Freizeitbedingungen, insbesondere dem Aktivitätsdrang, besonders an Wochenenden, das über Spazierengehen, Lagern, Picknicken hinaus geht.

Im Zuge des landes- und regionalplanerischen Konzepts der „Freizeit- und Erholungsschwerpunkte" wurden dann entsprechend den neuen Erreichbarkeiten mit dem Pkw und einer Zunahme der Ausflugsintensität im regionalen Maßstab Grünflächen vorgehalten und gefördert.

Angesichts der veränderten Freizeitnachfrage stellt sich die Situation heute jedoch anders dar. Die „Renaissance" der Städte hat nach der Stadtflucht auch das einstmals sehr differenzierte „städtische Vergnügen" mit Bars, Varietes und anderen ständigen Vergnügungseinrichtungen wieder für zahlreiche Großstadtbewohner bzw. Einwohnern in den Verdichtungsräumen interessant gemacht.

1.4 Freizeit und Erholung in der Regional- und Landesplanung

Seit Ende der 60er Jahre hat die nordrhein-westfälische Landesregierung der zunehmenden gesellschaftlichen Bedeutung des Freizeitbereichs Rechnung getragen und Freizeit und Erholung zum Gegenstand von Landesentwicklungsprogrammen, querschnittsorientierten Landesentwicklungsplänen und regionsbezogenen Gebietsentwicklungsplänen gemacht. Die Ziele und Inhalte dieser im Zusammenhang des vorliegenden Untersuchungsgegenstandes relevanten Grundlagen werden im folgenden kurz vorgestellt.

– Das als Gesetz zur *Landesentwicklung* beschlossene *Landesentwicklungsprogramm (LEPro)* enthält neben Grundsätzen und allgemeinen Zielen der Raumordnung und Landesplanung für die Gesamtentwicklung des Landes (und für alle raumbedeutsamen Planungen und Maßnahmen) speziell auf die Entwicklung des „Erholungs- und Freizeitwesens" bezogene Grundsätze und Ziele. Demnach sollen für die Freizeit-, Sport- und Erholungsbedürfnisse der Bevölkerung in allen Teilen des Landes geeignete Räume gesichert, entwickelt und funktionsgerecht an das Verkehrsnetz angeschlossen werden. Gegenüber früheren Fassungen des Gesetzes kommt der Beachtung des Natur- und Umweltschutzes hierbei besondere Bedeutung zu[45].

- Auf der Grundlage des Landesentwicklungsprogramms legen *Landesentwicklungspläne* die Ziele der Raumordnung und Landesplanung für die Gesamtentwicklung des Landes fest. In dem im Jahr 1987 beschlossenen und aktuell gültigen *Landesentwicklungsplan III „Umweltschutz durch Sicherung von natürlichen Lebensgrundlagen" (LEP III)* wird die Schaffung ausreichender Möglichkeiten für Freizeit und Erholung als Aufgabe staatlicher Daseinsvorsorge bezeichnet. Gegenüber früheren Fassungen wurde im LEP III '87 auf die Darstellung von Freizeit- und Erholungsschwerpunkten (FES) – übergeordneten räumlichen Kristallisationspunkten der Freizeit- und Erholungsentwicklung – verzichtet; ihre Festsetzung wurde in den Aufgabenbereich der Regionalplanung übertragen. Der Rechtsnatur eines Landesentwicklungsplanes entsprechend, ist der Landesentwicklungsplan III Richtlinie für alle behördlichen Entscheidungen, Maßnahmen und Planungen, die für die Raumordnung Bedeutung haben[46].

- Innerhalb des nordrhein-westfälischen Planungssystems legen *Gebietsentwicklungspläne* die regionalen Ziele der Raumordnung und Landesplanung für die Entwicklung im Geltungsbereich des jeweiligen Plangebietes und für alle raumbedeutsamen Planungen und Maßnahmen im Plangebiet fest.
Die konkrete Abgrenzung und Darstellung von Freizeit- und Erholungsschwerpunkten in den Gebietsentwicklungsplänen liegt im Aufgabenbereich der Bezirksplanungsbehörden.

Freizeit- und Erholungsschwerpunkte

Anknüpfend an früheren Fassungen des Landesentwicklungsplanes III fungieren die im Gebietsentwicklungsplan dargestellten Freizeit- und Erholungsschwerpunkte als Teile von Erholungsbereichen, in denen die Standortvoraussetzungen für die Errichtung und den Bestand von räumlich konzentrierten, verschiedenartigen Freizeiteinrichtungen für die Tages-, Wochenend- und Ferienerholung entweder gegeben sind, oder durch gezielte Planungen und Maßnahmen verbessert werden können[47].

Die Festlegung von Freizeit- und Erholungsschwerpunkten ist unter anderem als Reaktion auf die Unterversorgung mit entsprechenden Angeboten in den zum Teil dicht bebauten Wohnvierteln der großen nordrhein-westfälischen Städte zu verstehen. Sie zielt ab auf die[48]

- Schaffung und Sicherung großer und räumlich zusammenhängender Freizeit- und Erholungsangebote von überregionaler Bedeutung,

- Sicherung von bedarfsgerecht ausgestatteten und kontinuierlich genutzten Freizeit- und Erholungsbereichen durch räumliche Konzentration attraktiver Einrichtungen und Angebote,

- Entlastung und Schutz der Naturlandschaft durch räumliche Bündelung der Freizeit- und Erholungsfunktion sowie die

- wirtschaftliche Förderung von Fremdenverkehrsgebieten.

Die für die konkrete Umsetzung des Konzeptes zuständigen Bezirksplanungsbehörden sollten die Freizeit- und Erholungsschwerpunkte möglichst vorhandenen Ortslagen zuordnen und eine gute Erreichbarkeit sowohl mit öffentlichen als auch privaten Verkehrsmitteln berücksichtigen[49].

In einer späteren Phase wurde unterschieden zwischen Erholungsbereichen und Freizeit- und Erholungsschwerpunkten[50]. Während die Erholungsbereiche vorrangig der extensiven Erholung dienen sollten, sollten Freizeit- und Erholungsschwerpunkte vor allem Einrichtungen für die Freizeit- und Erholungsnutzung aufnehmen, um eine weitere Zersiedelung der Landschaft zu verhindern.

In einer weiteren Phase wurden die überregional bedeutsamen Freizeit- und Erholungsschwerpunkte des LEP III durch regionale und örtliche Schwerpunkte ergänzt. Ziel war die Etablierung eines funktionalen Gesamtsystems aus mehreren Stufen von Freizeit- und Erholungsschwerpunkten[51]. In diesem Zusammenhang wurden für einen überregional bedeutsamen Freizeit- und Erholungsschwerpunkt – hierbei waren kommerzielle Freizeitanlagen eingeschlossen – auch Vergnügungseinrichtungen und -anlagen als wünschenswert erachtet[52]. Dabei wird betont, daß saisonunabhängige Einrichtungen von besonderer Bedeutung seien[53].

Bis 1983 waren von 91 projektierten Freizeit- und Erholungsschwerpunkten lediglich 29 vollständig sowie 22 teilweise fertiggestellt[54].

In der Folgezeit richtete sich die Diskussion auf die Weiterentwicklung des Ansatzes der Freizeit- und Erholungsschwerpunkte und auf Möglichkeiten zur Einbindung von Städten, Dörfern, agrar-, weide- sowie forstwirtschaftlich genutzter Landschaft, Brachland und bestehenden Freizeit- und Erholungsschwerpunkten. Die Strategie verfolgte eine Arbeitsteilung zwischen Siedlungsbereichen und Außenbereichen. In Siedlungsbereichen sollten siedlungsbezogen sinnvolle und mögliche Freizeit- und Erholungsbedürfnisse befriedigt werden. Hingegen sollten in den Außenbereichen großräumige, in der unbebauten Landschaft sinnvolle, eher extensive Freizeit- und Erholungsformen untergebracht werden. Die Arbeitsteilung zielte auf eine Sicherstellung und Stabilisierung sowohl innerstädtischer als auch außerstädtischer Freizeit- und Erholungsformen ab[55].

Seit Ende der siebziger Jahre wurde vermehrt Kritik an dem Konzept der Freizeit- und Erholungsschwerpunkte geübt und eine Überprüfung der freizeitbezogenen Landespolitik gefordert. Die Kritiker bemängelten vor allem, daß die Realisierung außerstädtischer Freizeit- und Naherholungsanlagen nur eine begrenzte Nachfrage nach Freizeitmöglichkeiten befriedigt und die Anforderungen an wohnungsnahe Angebote tendenziell zunimmt. Eine Rückbesinnung auf die Freizeit- und Erholungsfunktion des unmittelbaren Wohnumfeldes in den Städten sei nicht zuletzt aus übergeordneten Gesichtspunkten (die die fortschreitende Landschaftszersiedlung, den zunehmenden Verkehr, den Umweltschutz und die Gruppengerechtigkeit betreffen) erforderlich. Auch die parallel geführte Diskussion einer „behutsamen Stadterneuerung" in den nordrhein-westfälischen Städten bezog sich verstärkt auf die Entwicklung des städtischen Wohnumfeldes. Die „Zurückeroberung des öffentlichen Raumes" auf Straßen und Plätzen wurde mit Verkehrsberuhigungs- und Wohnumfeldverbesserungsmaßnahmen eingeleitet und zielte – ähnlich wie das Konzept der „Freizeit-Revierparks" – auf die Zurückgewinnung der städtischen Umwelt als Raum für Freizeit und Erholung[56].

2 Erhebung und Beschreibung von Freizeitparks

Um mehr Kenntnis über die Entstehungs- und Entwicklungsbedingungen, die Standort- und Flächenansprüche und die wesentlichen raumwirksamen Merkmale von Freizeitparks zu erlangen, wurde eine Erhebung der großflächigen Freizeitanlagen durchgeführt. Grundsätzlich fielen lediglich solche Freizeitparks in das Erhebungsraster, auf die nach Vorprüfung die Abgrenzungskriterien der Definition des Begriffs *Freizeitpark*[57] zutraf

– In Nordrhein-Westfalen wurden Freizeitparks flächendeckend erfaßt. Auf insgesamt neun Freizeitparks traf die der Untersuchung zugrundeliegende Abgrenzung zu.

– Darüber hinaus wurden in angrenzenden Gebieten benachbarter Bundesländer (d.h. bis 100 Kilometer über Nordrhein-Westfalen hinausgehend) weitere zehn Freizeitparks untersucht, wobei sich diese Betrachtung lediglich auf wesentliche Merkmale der Anlagen richtete.

Einen Überblick über die räumliche Verteilung der Freizeitparks in Nordrhein-Westfalen und in angrenzenden Bundesländern vermittelt Karte 1[58].

Da sich das Vorgehen in den zwei Erhebungsräumen grundsätzlich unterscheidet, sind den Beschreibungen jeweils Anmerkungen zur Methodik und zum Beschreibungsraster vorangestellt.

2.1 Freizeitparks in Nordrhein-Westfalen

Methodik und Beschreibungsraster

Zur Erhebung der Freizeitparks in Nordrhein-Westfalen diente ein mehrstufiges Verfahren. Im Vorfeld wurden die Betreiber der Freizeitparks um Informationen hinsichtlich der Struktur, des Konzeptes und der räumlichen Dimension des Parks gebeten. Der hierzu erarbeitete Erhebungsbogen erfragte neben zentralen Einrichtungsmerkmalen u. a. folgende Informationen:

Karte 1:
Freizeitparks in Nordrhein-Westfalen und in angrenzenden Bundesländern

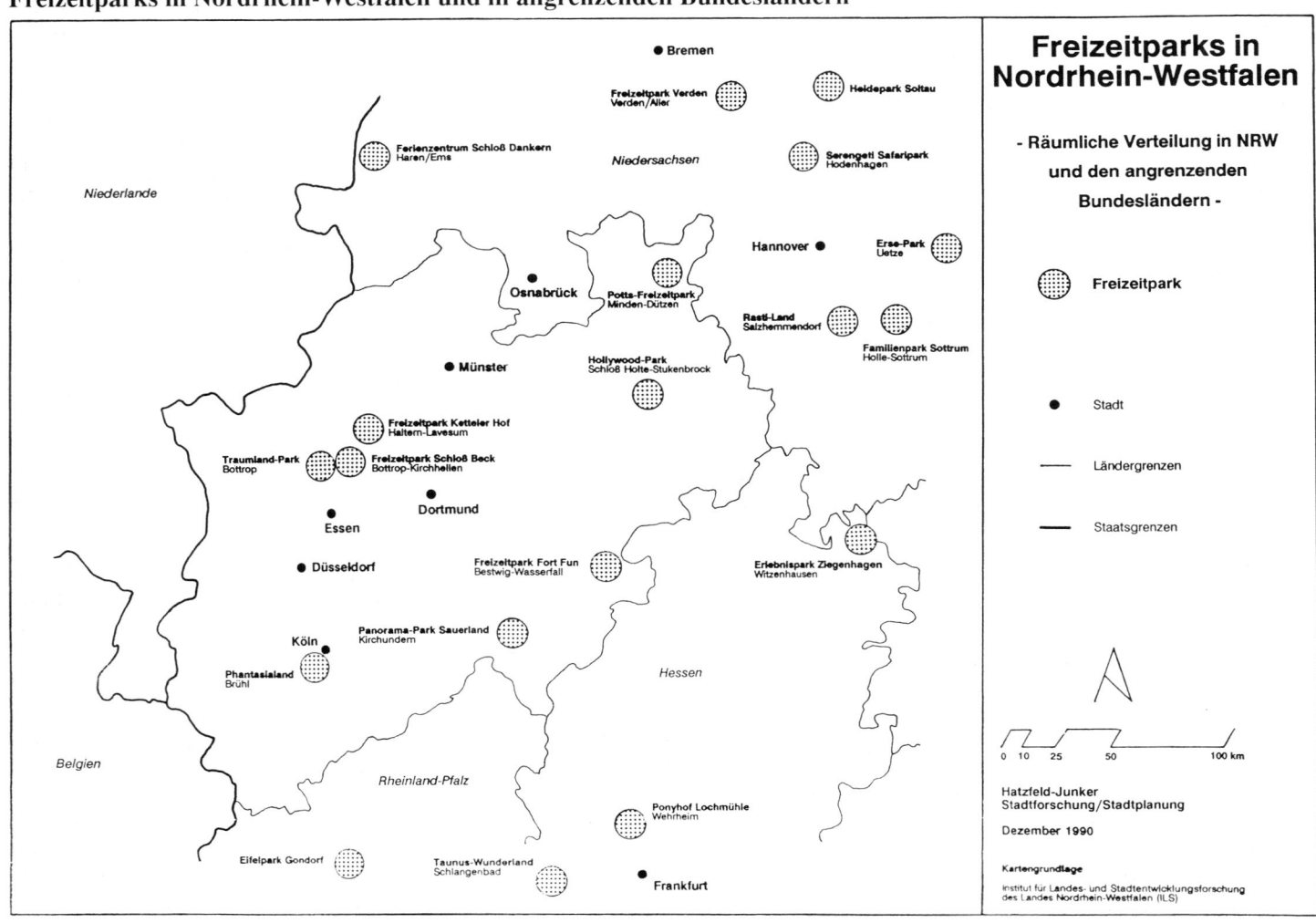

- Entstehungs- und Entwicklungsbedingungen der Parks
- Angebote bzw. Attraktionen und Dienstleistungen
- Besucheranzahl und -struktur
- Einzugsbereich und Einzugsbereichsgliederung
- Beschäftigtenanzahl und -struktur
- gebäude- und freiraumbezogenem Flächenverbrauch
- Verkehr (ÖPNV)

In einem zweiten Schritt wurden vertiefende Leitfadengespräche mit den Freizeitparkbetreibern durchgeführt. Neben der Erfragung ergänzender Informationen sollten die Gespräche den Betreibern Gelegenheit bieten, wesentliche Probleme beim Betrieb, bei der Planung und Erweiterung der Freizeitparks zu erörtern.
Über die Erhebungsmethodik und -inhalte wurde der *Verband Deutscher Freizeit-Unternehmen e.V.* mit Sitz in Würzburg unterrichtet.

Untersucht wurden folgende Parks in Nordrhein-Westfalen:

- Freizeitpark Ketteler Hof, Haltern
- Abenteuerland „Fort Fun", Bestwig
- Hollywood-Park, Stukenbrock
- Panorama-Park Sauerland, Kirchhundem
- Phantasialand, Brühl
- potts-park, Minden
- Traum-Land-Park, Bottrop
- Freizeitpark Schloß Beck, Bottrop

Von Seiten der Freizeitparkbetreiber wurde die Untersuchung nur mäßig unterstützt, so daß auf dem Befragungsweg nur wenige Informationen gewonnen werden konnten[59]. Die grundsätzlichen Vorbehalte liegen auf mehreren Ebenen:

- Konkurrenzfurcht: nicht selten geben sich Konkurrenzunternehmen als wissenschaftliche Institute aus, um Marktuntersuchungen durchführen zu können.

- Mißtrauen gegenüber Behörden: häufig ist aus Konflikten mit Planungs- und Genehmigungsbehörden ein Mißtrauen erwachsen[60].

- Politische Vorbehalte: die konträre Diskussion um die Auswirkungen und Bewertung von Freizeitparks auf verschiedenen Ebenen hat zu einer Zurückhaltung gegenüber Untersuchungen geführt, deren Ergebnisse gegen die Interessen der Betreiber ge-

richtet sein könnten. Entsprechend wurde innerhalb des *Verbandes deutscher Freizeitunternehmen e.V.* ein Beschluß hergeleitet, generell keinerlei Fragebögen zu beantworten.

Aufgrund der lückenhaften Informationsbasis mußten die notwendigen Hintergrundinformationen, Daten und Materialien in einem dritten Untersuchungsschritt indirekt erschlossen werden. Dazu wurden Gespräche mit Vertretern der Ansiedlungsgemeinden und der zuständigen Kreisverwaltungen bzw. Regierungspräsidenten geführt. Hierbei zeigte sich, daß die Informationsbereitschaft mitunter stark von aktuellen (politischen) Diskussionen und Entscheidungen bezüglich einzelner Freizeitparks abhängig war. Zusätzlich wurden ergänzende Informationen und Materialien aus der Sekundärliteratur und öffentlich zugänglichen Informationsdiensten gewonnen.

Da zahlreiche, zum Teil stark unterschiedliche Quellen genutzt und Informationen mosaiksteinartig zusammengestellt werden mußten, haben die nachfolgenden Beschreibungen einen unterschiedlichen Vollständigkeitsgrad.

Freizeitpark Ketteler Hof
Haltern-Lavesum

Der Freizeitpark Ketteler Hof liegt im Nordwesten der Stadt Haltern, im Stadtteil Lavesum. Die Standortgemeinde hat ca. 33.000 Einwohner. Das Einzugsgebiet des Freizeitparks umfaßt im Nahbereich (Entfernungsradius bis 50 Kilometer) die Städte und Gemeinden im nördlichen Ruhrgebiet, die Städte Dorsten und Marl in westlicher und die Stadt Münster in nordöstlicher Richtung.

Verkehrsanbindung

Großräumig ist der Park über die Autobahn A 43 (Wuppertal-Recklinghausen-Münster), Anschlußstelle Haltern-Lavesum zu erreichen. Die Anfahrt erfolgt durch ausgedehnte landwirtschaftlich genutzte Flächen. Kleinräumig wird ein Großteil des Besucherverkehrs durch die Ortsdurchfahrt Lavesums geleitet. Auf dem Gelände befinden sich auf vier Parkplätzen insgesamt ca. 440 Pkw- und Busstellplätze. Die Parkplätze sind nicht befestigt.

Ursprung und Entwicklungsgeschichte

Der Kettler-Hof war ehemals ein ausschließlich landwirtschaftlich genutzter Betrieb mit angegliederter Gaststätte. In den sechziger Jahre wurde der Vergnügungsbetrieb zunächst mit den Angeboten „Ponyreiten" und „Kleintierzoo" aufgenommen. Mitte der achtziger Jahre wurde eine 400 Meter lange Sommerrodelbahn im Freizeitpark installiert[61].

Fläche und Besuchervolumen

Die Besucherzahl des ca. 11 ha großen Parks beträgt an Spitzentagen ca. 1.500 Personen.

Im Park wurden nur wenige Gebäude errichtet, abgesehen von einer Gaststätte und einer Aufenthaltshalle, die in erster Linie den nicht für Besuchern zugänglichen Nutzungen (Eingangsgebäude, Stallungen) dienen. Dementsprechend ist die überbaute Gebäudefläche gering.

Saison und Öffnungszeiten / Attraktionen und Angebote

Der Park ist von Mitte März bis Anfang November täglich von 9.00 Uhr bis 18.00 Uhr geöffnet. Die Angebote und Attraktionen im Ketteler Hof umfassen[62]

- Fahrgeschäfte (Scooter-Bahnen, Tret-Cart-Bahn, Seilbahn),
- Spielanlagen und -geräte (Minigolf, Robinson-Spielplatz, Riesenluftkissen),
- Tiere und Tiergehege (Ponyreiten, Damwild, Wildschweine, Ziegen, Vogelvolieren),
- Grill- und Picknickplätze.

Die Gaststätte hat eine Kapazität von 200 Sitzplätzen und zusätzlichen 150 Außensitzplätzen.

Bau- und planungsrechtliche Ausweisung

Baurechtlich befindet sich der im Natur-Park „Hohe Mark" gelegene Standort des Parks im Außenbereich nach § 35 (2) BauGB. Obwohl der Freizeitpark durch Erweiterung um neue Angebote und Attraktionen in den vergangenen Jahren kontinuierlich in die Fläche gewachsen ist, soll die Anlage auch in Zukunft nicht überplant werden[63]. Seitens der Kommune wurde in der Vergangenheit eher passiv – z. B. im Rahmen der Bauaufsicht in erster Linie bei dem geplanten Bau, der Erweiterung bzw. Umnutzung einzelner Anlagen – auf die Entwicklung des Freizeit-Betriebes reagiert[64].

Adresse:
Ketteler Hof
Rekener Straße 211
4358 Haltern-Lavesum

Freizeitpark Sauerland „Fort Fun"
Bestwig-Wasserfall

Der im Hochsauerlandkreis gelegene Freizeitpark Fort-Fun befindet sich im Städtedreieck Meschede-Brilon-Winterberg. Obwohl der Park postalisch der Gemeinde Bestwig/Ortsteil Wasserfall (ca. 11.000 Einwohner) zugeordnet wird, erstreckt sich ein Teil das Parks auf das Stadtgebiet der nordöstlich angrenzenden Stadt Olsberg (ca. 14.000 Einwohner). Im gering besiedelten Nahbereich der Anlage befinden sich die Städte Warstein und Brilon bzw. Arnsberg.

Verkehrsanbindung und Einzugsgebiet

Von der Autobahn A 44 (Dortmund-Kassel) ist Fort-Fun in nordwestlicher Richtung über die in Teilen noch in Bau bzw. Planung befindliche A 445 bzw. A 46 zu erreichen, in nordöstlicher Richtung über Bundesstraßen. Ebenfalls binden Bundesstraßen die Anlage in südlicher Richtung an das Autobahnnetz, hier die A 4 (Köln-Olpe), an[65].

Mit Bahn- bzw. Postbussen ist der Park an das öffentliche Personennahverkehrsnetz angebunden. Zusätzlich werden Fahrten zum Freizeitpark durch Tourismusstellen bzw. Busunternehmen organisiert. Dennoch sieht der Betreiber des Parks ein Hauptproblem in der schlechten Erreichbarkeit aufgrund einer unzureichenden Verkehrsausstattung für Pkw- und Busverkehr im Umfeld des Freizeitparks bzw. einer unzureichenden Anbindung an den öffentlichen Personennahverkehr[66].

Nach Schätzungen zum Einzugsgebiet[67] kommt die Hälfte aller Besucher aus dem Mittelbereich (> 50 bis 100 km), jeder Dritte aus dem Nahbereich (bis 50 km) und immerhin noch jeder fünfte Besucher aus dem Fernbereich (> 100 km) der Anlage.

Ursprung und Entstehungsgeschichte

Auf dem in Familienbesitz befindlichen Grundstück wurde bis Anfang der siebziger Jahre ein Schneelift betrieben. Nach Konkurs des Familienunternehmens und Veräußerung der Anlage an einen neuen Betreiber wurde die expansive Entwicklung hin zu einem Freizeitpark eingeleitet. Gleichzeitig entstand eine Ferienhausanlage, die einen mehrtägigen Aufenthalt im Umfeld des Parks ermöglichen sollte. Dem Konzept nach ein „humaner Freizeitpark" mit Schwerpunkt auf landschaftsbezogenem Erlebnis, hat sich die Gesamtanlage kontinuierlich in eine ursprünglich wenig berührte Talsenke entwickelt[68].

Fläche und Besuchervolumen

Mit einer jährlichen Besucherzahl von ca. 410.000 Gästen (1989), wobei Tages-Spitzenwerte von 10.000 Besuchern möglich sind, zählt Fort Fun zu einem der mittelgroßen Freizeitparks in Deutschland[69]. Zusätzliche Freizeit-Angebote sollen zukünftig vor allem im Bereich „Ferienausflug" angeboten werden. Der Betreiber strebt eine Verdoppelung des Besucheraufkommens an[70].

Die Gesamtfläche des Parks wird unterschiedlich angegeben, liegt aber zwischen 35 ha[71] und 45 ha[72]. Die Gebäudefläche umfaßt ca. 20.000 qm, wovon die Hauptanteile mit 45 % auf sechs Handels- und Verkaufsstellen und mit 30 % auf einen Hotel- bzw. Beherbungsbetrieb (Kapazität ca. 120 Betten) entfallen. Für die nahe Zukunft ist nach Auskunft des Betreibers eine Erweiterung um ca. 30.000 qm geplant.

Flächennutzung im Freizeitpark Fort-Fun[73]

Nutzung	Fläche m²	%
Gesamtfläche	340.000	100
davon Fläche für		
– Attraktionen	180.000	53
– Grünflächen (ohne Attraktionen)	120.000	35
– Parkplätze[74]	40.000	12

Die Kapazität der Besucherparkplätze ist mit ca. 4.000 Pkws und 50 Bussen erschöpft.

Saison und Öffnungszeiten / Attraktionen und Angebote

Geöffnet ist der Park von Anfang April bis Ende Oktober täglich in der Zeit von 10.00 bis 18.00 Uhr. Zur Attraktivierung von Besuchen an Freitagen wurde für diesen Wochentag ein sogenannter Kindertag eingeführt, an dem Kinder zwischen 2 und 11 Jahren in Begleitung einer erwachsenen Person freien Eintritt haben[75].

Zum Zeitpunkt der Gründung der großflächigen Freizeitanlage im Jahr 1976 bestand neben der Riesenrutsche eine weitere Hauptattraktion des Parks im Betrieb einer nachgebildeten Westernstadt- bzw. eines Westernforts. In den vergangen Jahren hat jedoch der Anteil der Fahrgeschäfte und Shows zugenommen, nicht zuletzt, um durch das neue Angebotsprofil der direkten Konkurrenz von niederländischen und nordrhein-westfälischen Parks begegnen zu können[76]. Schwerpunktmäßig werden folgende Attraktionen und Vergnügungen im Park angeboten[77]:

– Western-Welt (Westernstadt, US Kavalerie-Fort, Indianerlager, Goldwaschanlage, „Westernsaloon"),
– teilweise ausgedehnte Fahrgeschäfte (z. B. Achterbahn, 2 Superrutschbahnen, Wildwasserbahn, Marienkäferbahn, Go-Kart),
– Tiere und Tiergehege (Ponyreiten, Streichelzoo),
– Show-Theater, Varieté, Rundkino Für Showdarbietungen wurde eine ca. 800 Besucher fassende „Hochsauerlandhalle" gebaut.

Von den insgesamt 30 Attraktionen des Parks befinden sich laut Angaben des Betreibers immerhin die Hälfte innerhalb von Gebäuden oder sind überdacht.

Ergänzend befinden sich auf dem Gelände zahlreiche gastronomische Einrichtungen – so insgesamt 5 Restaurants und Cafés mit ca. 800 Sitzplätzen, 3 SB-Restaurants und 7 Snacks bzw. Imbisse mit ca. 250 Sitzplätzen[78].

Wirtschaftliche Effekte auf das Umfeld des Parks

Verflechtungen zwischen dem Freizeitpark und Dienstleistungs-, Versorgungs- bzw. Zulieferbetrieben aus dem örtlichen Gemeindegebiet oder aus dem Nahbereich sind stark ausgeprägt. Wirtschaftliche und beschäftigungswirksame Effekte strahlen nach Angaben des Betreibers auf technische Dienste (Handwerker), Pflege- und Reinigungsdienste, Gaststätten, Hotel- und Beherbungsbetriebe, Fahr- und Transportdienste, ergänzende Versorgungsbetriebe im Bereich Nahrungs- und Genußmittel sowie für den laufenden Betrieb des Parks aus.

Innerhalb des Parks werden insgesamt maximal 150 bis 200 Arbeitskräfte beschäftigt.

Bau- und planungsrechtliche Ausweisung

Im Entwurf des Gebietsentwicklungsplans für den Regierungsbezirk Arnsberg, Teilabschnitt Hochsauerlandkreis, wurde der Standort des Freizeitparks als Freizeit- und Erholungsschwerpunkt ausgewiesen[79].

Ausgebaut wurde der Park auf der Grundlage von drei Bebauungsplänen.

- Im Jahr 1978 hat der B-Plan „Westernstadt" Rechtskraft erlangt, der lediglich Flächen im Gemeindegebiet Bestwig umfaßt. Im Plan wurden auch solche Flächen erfaßt, die in der vorbereitenden Bauleitplanung nicht als Sonderbaufläche (SO), sondern als Flächen für die Forst- und Landwirtschaft dargestellt wurden. Diese Flächen, insbesondere der Eingangsbereich und der vorhandene, kontinuierlich ausgebaute Parkplatz, sollen durch Änderung des Flächennutzungsplanes dem tatsächlichen Ausbauzustand angepaßt werden.

- Der im Jahr 1981 aufgestellte und 1985 geänderte Bebauungsplan „Westernbahn" besteht hingegen aus zwei Teilplänen, und zwar je einem B-Plan auf dem Gemeindegebiet Bestwig und auf dem Stadtgebiet Olsberg. Während der Bestwiger Flächennutzungsplan die Fläche als Sonderbaufläche (SO) darstellt, wurde im Olsberger Plan eine Darstellung als Flächen für die Forstwirtschaft gewählt. Gegenstand der Festsetzung ist hier lediglich die Trasse für die Westernbahn.

Um die Wirtschaftlichkeit des als bedeutsame „Infrastruktureinrichtung für den Fremdenverkehr" eingeschätzten Parks auch in Zukunft zu sichern, haben die Gemeinde Bestwig und die Stadt Olsberg sich verständigt, im Rahmen des Bau- und Planungsrechtes zukünftig weitestgehende Entwicklungsmöglichkeiten zu eröffnen. Aus diesem Grund wurden in einem Bebauungsplanentwurf abweichend von alten Bebauungsplänen neue Festsetzungen getroffen.

- Durch die Darstellung zusammenhängender überbaubarer Grundstücksflächen kann die zukünftige Standortänderung oder Verschiebung von Gebäuden, Anlagen und Einrichtungen ohne die Erfordernis einer vorherigen Neuanpassung des Bebauungsplanes geschehen.

- Gebäude mit einem seitlichen Grenzabstand über 50 m Länge sollen zugelassen werden, um den Bau wetterunabhängiger bzw. betriebsintern notwendiger Anlagen nicht zu behindern.

- Abweichend von den rechtskräftigen Bebauungsplänen sollen die privaten Verkehrsflächen (Fahr- und Fußwege) nicht vorgegeben werden, um den funktionellen Bedürfnissen des Betriebsablaufs bei Verlegung oder Beseitigung von Anlagen zukünftig entsprechen zu können.

Zur verträglichen Gestaltung des Orts- und Landschaftsbild sieht der Bebauungsplanentwurf bestimmte Festsetzungen zu Grund- und Geschoßflächenzahl und zur Anpflanzung bzw. zum Schutz von Bäumen und Sträuchern vor.

Adresse:
Fort Fun Abenteuerland
Postfach 1144
5780 Bestwig-Wasserfall

Hollywood-Park
Schloß Holte-Stukenbrock

Der Hollywood-Park befindet sich im Außenbereich der Gemeinde Schloß Holte-Stukenbrock im Städteviereck Bielefeld / Detmold / Paderborn / Gütersloh. Die Standortgemeinde ist dem Kreis Gütersloh zugeordnet und hat ca. 20.000 Einwohner. Das Einzugsgebiet erstreckt sich im Nahbereich (bzw. wenige Kilometer darüber hinausgehend) bis nach Minden und Osnabrück.

Verkehrsanbindung

Der am Rande des Teutoburger Waldes gelegene Park ist über die Bundesautobahn A 2 (Hannover/Oberhausen), Ausfahrt Brackwede/Sennestadt bzw. über die A 33 (Anbindung A 44/Osnabrück), Ausfahrt Stukenbrock zu erreichen. Über die Bundesstraße B 68 besteht eine direkte Anbindung der Einrichtung an die Autobahn.

Ursprung und Entstehungsgeschichte

Die 1969 entstandene Anlage wurde zunächst nur als Tierpark (Safaripark) betrieben. Der Betrieb war nicht unproblematisch, da der Besucherverkehr (Pkw-Verkehr) im Wald Schäden verursachte, so daß zu einem späteren Zeitpunkt eine unternehmenseigene Bahn in Betrieb genommen wurde, die die Besucher durch den Park beförderte. Ferner war der Park über viele Jahre nicht an das öffentliche Kanalisationsnetz angeschlossen, was – bedingt durch die Tierhaltung – zu Boden- und Grundwasserbelastungen führen konnte (z. B. Einwaschung von Fäkalien in den Boden). In jüngster Zeit wurde der Park an die Kanalisation angeschlossen.

Im Jahr 1976 wurde der Hollywood-Park um eine „Westernstadt" und ab 1979 um zahlreiche Fahrgeschäfte und Showtheater kontinuierlich erweitert. Eine Änderung des Betriebskonzeptes war notwendig geworden, um den kostenaufwendigen Tierpark zu verkleinern und attraktiveren und wirtschaftlicheren Angeboten mehr Raum zu geben.

Fläche und Besuchervolumen

Heute zählt der Hollywood-Park mit einer Gesamtfläche von über 70 ha[80] zu einem der großen Parks in Europa. Ein Teil der Fläche ist dem Safariland, einer mit dem Pkw befahrbaren Schaustellung von afrikanischen Tieren, zuzurechnen.

Gemessen am jährlichen Besucheraufkommen von 435.000 (1989) zählt die Anlage zu einem Park mittlerer Größe[81]. Steigernd auf das Besucheraufkommen wirkt sich die räumliche Nähe zu Natursehenswürdigkeiten im Umfeld des Parks (z. B. Externsteine) aus.

Saison und Öffnungszeiten / Attraktionen und Angebote

Die Anlage ist von Anfang April bis Ende Oktober, täglich von 9.00 bis 17.00 bzw. 9.00 bis 18.00 Uhr geöffnet. Aber auch außerhalb der Saison werden Gebäude bzw. Zelte des Freizeitparks für mit Verkaufsaktionen kombinierten Tagesbusreisen genutzt[82].

Neben dem mit unternehmenseigenen Fahrzeugen befahrbaren Safaripark bzw. dem Affenfreigehege werden folgende Hauptattraktionen im Park angeboten[83]:

- weitere Tierattraktionen (Amateurreiten, Ponyreiten, Streichelzoo),
- Shows, Theater, Kino (z. B. Circus- und Western-Show, Hollywood-Theater, Kasperle Theater, Cinema 180),
- Fahrgeschäfte (z. B. Achterbahn, Kinder-Eisenbahn, Foto-Kanalfahrt, Fliegender Teppich),
- Spielplätze und Spielanlagen (z. B. Superrutsche, Fernlenkboote),
- eine Spielhalle.

Eine Wildwasserbahn ist in Planung. Neben einem Picknick-Park bieten zahlreiche Restaurants, Kioske- und Imbisse Gelegenheiten zur Verpflegung der Besucher.

Bau- und planungsrechtliche Ausweisung

Der Hollywood-Park ist im Landschaftsschutzgebiet bzw. Wassergewinnungsgebiet gelegen und wird durch Forstgebiete bzw. ein Naturschutzgebiet begrenzt. Im Flächennutzungsplan der Gemeinde Schloß Holte-Stukenbrock ist das Areal des Freizeitparks als Sonderbaufläche ausgewiesen und soll der Erholung dienen. Im Jahre 1981 wurde ein Bebauungsplan[84] aufgestellt, in dem dezidiert Festsetzungen zur Art der baulichen Nutzung dargestellt wurden. Demnach gliedert sich das Plangebiet in die Bereiche

- *Sondergebiet Tierpark,* mit der Verwaltung, Magazinen und Lagern (überbaubare Grundstücksflächen) und Gehegeflächen, Stallungen, Käfige und Nebenanlagen (nichtüberbaubare Flächen),
- *Sondergebiet Vergnügungspark* mit den Nutzungen „Westernstadt", Fahrbetriebe und Restaurant,
- Flächen für *Parkplätze,*
- Flächen für die *Landwirtschaft* und Flächen für die Forstwirtschaft.

Ursprünglich im Plan vorgesehen war ein *Sondergebiet Freizeitpark,* dessen überbaubare Grundstücksflächen für Gemeinschaftseinrichtungen, Ver- und Entsorgungseinrichtungen und Freizeiteinrichtungen vorgesehen waren. Der Großteil der nichtüberbaubaren Flächen sollte für einen Wohnwagenpark und Dauer-Camping genutzt werden. Dieses Gesamtgebiet wurde bei der Genehmigung des Bebauungsplanes ausgenommen.

Als besondere Festsetzungen sind u. a. vorgesehen

- Pflanzgebote zur Schutzbepflanzung mit heimischen Gehölzen unter Abstimmung mit der Landschaftsbehörde,
- lückenlose Einfriedungen,
- bauliche Höhenbeschränkungen für Fahrgeschäfte (max. 16 m = Baumhöhe), für die Westernstadt (max. 6 m) und für Freizeiteinrichtungen im Bereich Freizeitpark (max. 4 m),
- den Bau einer Erschließungsstraße auf dem Gelände des Parks, zur Entlastung der Bundesstraße 68.

Das Verkehrsproblem

Zu einem der wesentlichen Probleme des Parks zählte in der Vergangenheit das große Verkehrsaufkommen. Durch Kopplungseffekte mit anderen regionalen Freizeit- und Erholungsangebote wird das räumliche Umfeld insbesondere an Wochenenden stark frequentiert. Kleinräumig entstanden in der Vergangenheit an Spitzentagen Rückstaus auf die Bundesstraße B 68 und sogar auf die Autobahn A 2. Eine neue Zufahrtsstraße auf dem Gebiet des Parks soll als „Pufferzone" dienen. Aufgrund des hohen Parkdrucks weichen zahlreiche Besucher in das benachbarte Landschaftsschutzgebiet aus.

Adresse:
Hollywood-Park Stukenbrock
Mittweg 16
4815 Schloß Holte-Stukenbrock

Panorama-Park Sauerland
Kirchhundem

Der im Rothaargebirge gelegene Panorama-Park Sauerland wurde außerhalb der Gemeinde Kirchhundem errichtet. Die dem Kreis Olpe zugehörige Standortgemeinde hat ca. 12.000 Einwohner.

Im Nahbereich des Parks befinden sich vor allem kleinere Städte und Gemeinden des Sauerlandes und die Stadt Siegen (ca. 100.000 Einwohner).

Verkehrsanbindung

Großräumig wird der Park durch die Autobahn A 45 (Dortmund/Frankfurt) in nord-südlicher Richtung und über die A 4 (Olpe/Köln) in westlicher Richtung erschlossen. Vom Autobahnkreuz bzw. der Ausfahrt Olpe ist der Park über Landes- und Bundesstraßen zu erreichen, die teilweise Ortschaften durchqueren. Die Anfahrt aus südlicher Richtung (Ausfahrt Siegen) führt durch die Stadt Siegen und tangiert weitere kleine Gemeinden und Ortschaften im Rothaargebirge. Im Sauerländer Hinterland wird der Park nicht durch Autobahnen erschlossen.

Ursprung und Entwicklungsgeschichte

Im Jahr 1962 wurde auf einem Teilbereich des heutigen Parkareals der sog. *Hochwildschutzpark Rothaargebirge* eröffnet, dessen Hauptattraktion ein Wildgehege war. Zu Anfang der achtziger Jahre wurde das Konzept um vergnügungsorientierte Fahr- und Spielanlagen ergänzt[85]. Beim Umbau und bei der Erweiterung des 1963 in Panorama Park Sauerland umbenannten und zum Freizeitpark umkonzipierten Betriebes wurde eine Einpassung der Fahr- und Spielattraktionen in die Naturkulisse versucht, was die Attraktivität des Parks unterstreichen sollte[86].

Fläche

Die Umkonzeptionierung des Parks war mit kontinuierlich steigenden Flächenbedarfen und einer Entwicklung in die Waldbestände des Rothaargebirges verbunden. Heute beträgt die Fläche des Parks ca. 80 ha und übertrifft damit die kleineren nordrhein-westfälischen Parks um ein Vielfaches[87].

Saison und Öffnungszeiten / Attraktionen und Angebote

Die Saison beginnt im Panorama-Park zu Ostern und endet Ende Oktober. Täglich ist der Park zwischen 10.00 und 18.00 Uhr geöffnet. Außerhalb der Saison wird lediglich der Wildpark täglich zwischen 11.00 und 16.00 Uhr betrieben.

Entsprechend der Entwicklungsgeschichte ist der Panorama-Park in die zwei Bereiche „Vergnügungs- und Erlebnispark" und „Wildpark" gegliedert.

Im Vergnügungs- und Erlebnispark werden schwerpunktmäßig folgende Attraktionen und Vergnügungsanlagen und -einrichtungen angeboten[88]:

- Fahrgeschäfte unterschiedlicher Größe (Wasserbob, Berg- und Talbahn, Deutschlands längste Rollerbobbahn, Wildwasserbahn),
- Spielplätze und Spielanlagen (Super-

rutschbahnen, überdachter Spielpavillon),
- Spielanlagen (Kegelbahn im Freien, Abenteuerspielplatz, Unterhaltungs- und Spielanlage „Pano's Wunderland"),
- Show- und Musikprogramme, Kino (Freilichtbühne, Bühne des Waldtheaters, 180° Kino),
- Pflanzenschaugarten.

Die Attraktion des Wildparks besteht in weitläufigen Wanderwegen entlang der Freigehege. Ferner befinden sich zahlreiche Cafés, Restaurants und Imbisse/Kioske auf dem Parkgelände.

Adresse:
Panorama-Park Sauerland
5942 Kirchundem-Oberhundem

Phantasialand
Brühl

Das Phantasialand, einer der größten Freizeitparks in Europa, liegt in der südlich an der Großstadt Köln angrenzenden Stadt Brühl. Die Stadt hat ca. 40.000 Einwohner und gehört dem Erftkreis an.

Der Einzugsradius im Nahbereich (ca. 50 km) und im direkt angrenzenden Mittelbereich (bis ca. 65 km) erstreckt sich auf die angrenzende Stadt Köln, die Städte Düsseldorf, Remscheid, Solingen, Leverkusen, Bergisch-Gladbach, Bonn, Aachen, Mönchengladbach und Neuss.

Verkehrsanbindung

Großräumig ist der Park durch die Autobahn A 553, Anschlußstelle Brühl-Süd an das regionale Autobahnnetz angebunden. Die kleinräumige Erschließung erfolgt über die Phantasialandstraße (L 194) und die Berggeiststraße.

Durch einen Zubringerdienst (Linien- bzw. Bahnbusse) zwischen dem Haupteingang und den Brühler Bahnhöfen besteht eine Anbindung des Parks an das öffentliche Nahverkehrsnetz bzw. an das Bundes- und Reichsbahnnetz. Die regionalen Verkehrsbetriebe KVB bzw. KBE werden mit einem Transportanteil von 3 % und die Deutsche Bundesbahn mit einem Anteil von 1 % als Transportmittel genutzt[89].

Ursprung und Entstehungsgeschichte

Die Anlage wurde nach einer Idee eines Schaustellers und eines Puppenspielers auf einer ehemaligen Braunkohletagebau-Zeche errichtet. Zunächst als Märchenwald konzipiert und im Jahr 1967 eröffnet, wurde der Park in den folgenden Jahren zu einem Freizeitpark mit unterschiedlichen Vergnügungs- und Veranstaltungsangeboten ausgebaut.

Fläche und Besuchervolumen

Mit einer Gesamtfläche von ca. 30 ha (ohne Parkplätze), wovon ca. 55 % Grünflächen und 4 % Wasserflächen zuzuordnen sind, zählt der Park zu den kleineren Anlagen in Deutschland[90]. Die Begrenzung durch Wohnbaugebiete und Landschaftsschutzgebiete hat dazu geführt, daß einer flächenhaften Entwicklung des Parks enge Grenzen gesetzt waren und Entwicklungsspielräume lediglich innerhalb des Parkgeländes bestehen[91].

Gemessen an den Besucherzahlen zählt Phantasialand nicht nur zu einem der größten Freizeitparks in Deutschland, sondern auch in Europa. Während die jährliche Besucherzahl in den 70er Jahren noch bei ca. 1,5 Mio. Gästen lag, hat sich ihre Zahl bis 1990 auf ca. 2 bis 2,2 Mio. erhöht[92]. Von offizieller Seite wird das Tages-Spitzenaufkommen mit 24.000 Besuchern angegeben, inoffizielle Schätzungen gehen sogar von 30.000 Besuchern aus. Als Einzugsgebiet bezeichnen die Betreiber die gesamte Bundesrepublik und das angrenzende Ausland, mit Schwerpunkt im Umkreis von 200 Kilometern[93].

Saison und Öffnungszeiten / Attraktionen und Angebote

Die Einrichtung ist von Anfang April bis Ende Oktober täglich in der Zeit von 9.00 bis 18.00 Uhr geöffnet. In der Hauptsaison ist je nach Besuchermenge und Wetterlage eine Verlängerung der Öffnungszeiten bis 20.00 Uhr möglich.

Die wesentlichen Attraktionen umfassen

- Show, Theater- und Kinoangebote (z. B. „Laser & Music Show", „Las Vegas Show", „Tanagra Theater")[94],
- Fahrattraktionen (z. B. „Space-Center, die größte Indoor-Bahn der Welt", „Wildwasserbahn"),
- Nachbau historischer Straßenzüge (Kurfürstendamm),
- Themenwelten (z. B. „Petit-Paris", „Western-Stadt", „China-Town").

Die Kapazität der Fahr- und Showattraktionen beträgt 250.000 Sitzplätze pro Tag. Ferner befinden sich innerhalb der Anlage insgesamt 12 gastronomische Einrichtungen, wovon 6 Einrichtungen Imbisse- bzw. Kioske sind[95]. Das gesamte Platzangebot der gastronomischen Betriebe umfaßt 3.000 Plätze[96].

Arbeit und Beschäftigun

Innerhalb des Freizeitparks werden diverse Produktions- und Dienstleistungsstätten betrieben, so z. B. Schreinerei, Schlosserei, Schmiede, Malerwerkstatt, Kunststoffverarbeitungswerkstatt, Elektro-Werkstatt, Gärtnerei, Architekturbüro, Sanitärwerkstatt, Datenverarbeitungsbüro. In der Saison werden 950 Personen beschäftigt, ganzjährig sind es 250 Personen[97].

Bau- und planungsrechtliche Festsetzungen

Im „Vorläufigen Maßnahmeplan Zweckverbandsgebiet Naturpark Kottenvorst-Ville", Entwicklungskonzept Erholung – einem Ergänzungsplan zum Landschaftsrahmenplan – wird der Freizeitpark als vergnügungsorientierter Schwerpunkt für Freizeit- und Erholung ausgewiesen. Dieser sei „im Rahmen seiner Funktion mit Einrichtungen ausreichend ausgestattet ..., wobei jedoch für bestimmte Bereiche Ergänzungen möglich und eventuell nötig sein können ... ." „Der Phantasialand als Konzentration kommerzieller Vergnügungsangebote nimmt hier eine Sonderstellung ein und ist als überregionaler Anziehungspunkt von weitgehender Bedeutung"[98].

Die Fläche des Phantasialandes ist im Flächennutzungsplan als Sonderbaufläche (SO) bzw. Bebauungsplan als Sondergebiet gemäß § 11 (1) BauNVO ausgewiesen.

Adresse:
Phantasialand
Berggeiststraße 31-41
5040 Brühl

potts-park
Minden

Am Fuß des Wiehengebirges wurde in der Stadt Minden im Stadtteil Dützen der potts-park angesiedelt. Die Standortgemeinde gehört dem Kreis Minden-Lübbecke an und hat eine Bevölkerung von ca. 75.000 Einwohnern. An der Grenze zwischen Nahbereich und Mittelbereich (Einzugsgebiet ca. 65 km) befinden sich drei große Städte: Osnabrück im Westen, Hannover im Osten und Bielefeld im Südosten.

Verkehrsanbindung

Der potts-park wird kleinräumig über die Bundesstraße B 61 an das Bundesautobahnnetz angebunden. Über die Autobahn A 2 (Oberhausen/Magdeburg) besteht eine Verbindung ins Ruhrgebiet (ca. 120 km) bzw. zum Städteband Hannover-Braunschweig-Magdeburg. In westlicher Richtung schafft die Autobahn A 30 (Bad Oeynhausen/Osnabrück/Rheine) eine direkte Verbindung bis in die Niederlande.

Ursprung und Entstehungsgeschichte

Errichtet wurde der potts park auf der Fläche einer ehemaligen Zeche. Ein Teil der Gebäude konnte für Einrichtungen, Anlagen bzw. Attraktionen des Freizeitparks genutzt werden.

Fläche / Saison und Öffnungszeiten / Attraktionen und Angebote

Gemessen an der Gesamtfläche von ca. 8 ha zählt der potts-park zu den kleinen Freizeitparks[99]. Mit einer Gebäude- bzw. überdachten Fläche von ca. 2.500 m² [100] liegt der Anteil der wettergeschützten Attraktionen gegenüber anderen Freizeitparks jedoch vergleichsweise hoch.

Der 1969 gegründete potts park ist in der Saison von Anfang April bis Mitte Oktober täglich in der Zeit von 10.00 bis 18.00 Uhr geöffnet. Der potts-park verfügt über SB-Restaurants und Picknickplätze. Zu den Attraktionen und Angeboten des Parks zählen[101]

- Museen, Ausstellungen (Aerodrom, Knopf- und Bauernstubenmuseum),
- Fahrgeschäfte (Go-Karts, Schienen- und Schwebebahn, Hub-Seil-Bahnen, Jugend-Verkehrsgarten),
- Spielanlagen (Riesenrutsche, Minigolf, Spielplätze, „Pitpat") und
- Fremde Welten („Riesenwohnung" Domizil).

Adresse:
potts-park
Bergkirchener Straße 99
4950 Minden-Dützen

Traum-Land-Park
Bottrop

Der 1977 eröffnete *Traum Land Park* liegt am nördlichen Ballungsrand des Ruhrgebietes in der kreisfreien Stadt Bottrop im Stadtteil Kirchhellen. In unmittelbarer Nachbarschaft der ca. 115.000 Einwohner zählenden Stadt befinden sich die Städte Dorsten im Norden, Marl und Herten im Osten sowie Gladbeck im Süden.[102]

Verkehrsanbindung

Großräumig ist der Freizeitpark über die Autobahnen A 31, A 52 und A 2 an das regionale Verkehrsnetz angebunden. Die Staatsgrenze zu den Niederlanden befindet sich in westlicher Richtung in ca. 60 Kilometer Entfernung (A 3 Oberhausen-Arnheim) und in nördlicher Richtung in ca. 80 Kilometer Entfernung (A 31 Bottrop-Gronau). Über die A 2, Ausfahrt Sterkrade und die Bundesstraße B 223 besteht eine unmittelbare Anbindung an das komplexe Autobahnnetz und das Städteband im Ruhrgebiet.

Ursprung und Enstehungsgeschichte

Ursprünglich bestand am heutigen Standort des Traum-Landes-Parks ein Märchenwald, der im Jahr 1976 von einer Schaustellerfamilie übernommen und schrittweise zu einem Freizeitpark entwickelt wurde. Als günstige Standortfaktoren erwiesen sich das große Flächenpotential (Wiesen und Wald) und die natürliche Landschaftskulisse[103].

Saison und Öffnungszeiten / Attraktionen und Angebote

Der Park ist von Anfang April bis Ende Oktober täglich von 9.00 bis 18.00 Uhr geöffnet. Die Hauptattraktionen umfassen

- Fahrgeschäfte unterschiedlicher Größe („Wasserbahnfahrt durch 5 Kontinente", „Seesturmbahn", Riesenrad, Go-carts),
- eine Dinosauriersammlung (Rekonstruktion fossiler Lebewesen in Europa),
- diverse Kino- und Showattraktionen (z. B. „Cinema 2000", Varietéshow, Seelöwenshow, Artistik),
- eine Spielhalle.

Im Freizeitpark befinden sich ferner gastronomische Angebote wie z. B. (SB) Restaurants und Kioske bzw. Verkaufsstellen. An Regentagen soll ein 4.000 m² großes überdachtes Unterhaltungs- und Einkaufszentrum Besucher anziehen[104].

Bau- und planungsrechtliche Festsetzungen

Der Standort des Traum-Land-Parks befindet sich im Landschaftsschutzgebiet. Im Flächennutzungsplan der Stadt Bottrop ist das ca. 50 ha große Areal[105] als landwirtschaftliche Fläche ausgewiesen. Demnach wurde der Traum Land Park planungsrechtlich als Außenbereichsvorhaben nach § 35 BBauG/BauGB realisiert und entwickelt. Trotz des stetigen Flächenwachstums der Anlage wurde die Fläche in der Vergangenheit nicht überplant.

Derzeit wird eine planungsrechtliche Änderung des Flächennutzungsplanes (SO) und die Aufstellung eines Bebauungsplanes angestrebt. Auslöser ist die Übernahme des Freizeitparks durch einen neuen Betreiber und eine Änderung des betrieblichen Konzeptes (s. u.).

Ein neues Konzept: Bavaria

Der Traumland-Park befindet sich derzeit konzeptionell im Umbruch. Auf dem Freizeitpark Gelände soll ein 50 ha großer Medien- und Filmpark entstehen, der den Besuchern eine aktive Teilnahme an Film- und Showattraktionen ermöglicht. Entsprechend sollen innerhalb des Parks unterschiedliche Filmkulissen aufgebaut bzw. eingebaut werden. Damit verbunden ist eine Änderung des Charakters der Anlage weg von „vergnügungsorientierten Fahrgeschäften und Spielmöglichkeiten" hin zu „kreativer Bildung und Unterhaltung". Bis zu 10.000 Besucher werden an Spitzentagen erwartet[106].

Vor dem Hintergrund der beabsichtigten Umkonzeptionierung und -strukturierung des Parks haben sich auch die kommunalen und regionalen Planungsträger mit dem Vorhaben auseinandergesetzt. Als Ergebnis kann festgehalten werden, daß sich mit der konzeptionellen Änderung eine städtebauliche Planerfordernis ergeben hat.

Als besonderer Diskussionspunkt hat sich hierbei die regionale Verkehrsanbindung insbesondere in Richtung Norden erwiesen, da der aus dem Münsterland stammende Besucherverkehr durch Siedlungsbereiche der Stadt Dorsten fließt. Im Stadtteil Bottrop Feldhausen hat der Besucherverkehr in der Vergangenheit an einem Bahnübergang zu Stauungen und Nutzungskonflikten mit angrenzenden Wohngebieten geführt. Mittlerweile ist von Seiten der Kommune der Bau einer Brücke zur Entlastung des Verkehrs vorgesehen.

Adresse:
Traum-Land-Park
Tönsholterweg 13
4250 Bottrop 2

Freizeitpark Schloß Beck
Bottrop-Kirchhellen

Schloß Beck liegt ebenso wie der Traum-Land-Park in der Stadt Bottrop, im Stadtteil Kirchhellen.

Verkehrsanbindung

Ebenso wie der Traum-Land-Park ist der Freizeitpark großräumig über die Autobahnen A 31, A 52 und A 2 an das regionale Verkehrsnetz angebunden. Über die A 2, Anschlußstelle Bottrop ist Schloß Beck zu erreichen.

Die Staatsgrenze zu den Niederlanden befindet sich in westlicher Richtung in ca. 60 Kilometer Entfernung (A 3 Oberhausen-Arnheim) und in nördlicher Richtung in ca. 80 Kilometer Entfernung (A 31 Bottrop-Gronau). Über die A 2, Ausfahrt Sterkrade und die Bundesstraße B 223 besteht eine unmittelbare Anbindung an das Autobahnnetz und Städteband im Ruhrgebiet.

Ursprung und Enstehungsgeschichte

Das spätbarocke Wasserschloß *Beck* mit seiner ausgedehnten Parkanlage bildet den Kern der Freizeit-Anlage. Die Schloßanlage wurde Mitte der sechziger Jahre einem privaten Betreiber übergeben. Aus dem Betrieb der Schloßanlage als Freizeitpark sollten die notwendigen Mittel zur Restaurierung des Baudenkmals gewonnen werden. Anfangs als Märchenschloß und Figurenpark konzipiert, wurde der Park in den folgenden Jahren um vergnügungsorientierte Attraktionen erweitert.

Besuchervolumen

Der Freizeitpark bildet Schloß Beck zählt aufgrund der geringen Größe und des relativ geringen Besucheraufkommens zu den kleineren (jährlich ca. 100.000 Personen) Freizeitparks.

Saison und Öffnungszeiten / Attraktionen und Angebote

Der Freizeitpark ist von Ende März bis Mitte Oktober täglich in der Zeit von 9.00 bis 18.00 Uhr geöffnet. Dem Freizeitpark ist eine Gaststätte angegliedert.

Die Angebote von Schloß Beck umfassen folgende Attraktionen[107]:

– Märchenschloß,
– Spielanlagen und -geräte (Kinderspielplatz, Rutsche, Tischtennis, Trampolins),– Fahrgeschäfte (Achterbahn, Riesenräder, Wasserbob, Go-Kart),
– See mit Bootsbetrieb,
– Spielhalle,
– Tiere (Streichelzoo, Ponyreiten).

Wirtschaftliche und kulturelle Effekte

Durch den Betrieb der Anlage konnte die kostenaufwendige Restauration und Instandhaltung der mittelalterlichen Schloßanlage durch einen kommerziellen Vergnügungspark finanziert werden, wodurch der Finanzhaushalt der Standortgemeinde entlastet wurde. Seitens der Stadt Bottrop wird vom Freizeitpark ferner eine Bereicherung des kulturellen Angebotes der Stadt erwartet.

Bau- und planungsrechtliche Ausweisung

Die unmittelbarer Nähe im Naturpark Hohe Mark gelegene Kirchheller Heide wurde im LEP III als Freizeit- und Erholungsschwerpunktes von überregionaler Bedeutung eingestuft. Hingegen wurde die Anlage des Freizeitparks im Gebietsentwicklungsplan des Regierungsbezirks Münster – Teilabschnitt nördliches Ruhrgebiet – nicht als FES ausgewiesen.

Der Freizeitpark wurde im Außenbereich nach § 35 BauGB realisiert.

Erweiterungsabsichten

In jüngster Zeit bestehen seitens des Betreibers Erweiterungsabsichten. Von den zuständigen Genehmigungsbehörden, insbesondere dem Regierungspräsidenten Münster wurde die Expansion der Anlage von einer Überplanung der Fläche abhängig gemacht.

Adresse:
Schloß Beck
Am Dornbusch 39
4250 Bottrop-Kirchhellen

2.2 Freizeitparks im Einzugsbereich nordrhein-westfälischer Einrichtungen

Methodik und Beschreibungsraster

Die Erhebung der Freizeitparks außerhalb Nordrhein-Westfalens bzw. die daraus gewonnenen Daten dienen als ergänzende Vergleichsgrundlage zur Beurteilung der nordrhein-westfälischen Parks.

Zur Erhebung diente ein einstufiges Verfahren. Die Betreiber von Freizeitparks wurden auf der Grundlage eines Fragebogens nach zentralen Einrichtungsmerkmalen der Anlagen befragt, so vor allem zu

– den jährlichen Besucherzahlen und der Ausdehnung des Einzugsgebiets der Anlage,
– den im Park vorhandenen Arbeitsplätzen,
– eventuell beabsichtigten Planungsvorhaben sowie zu
– Schwierigkeiten, die bei dem Betrieb des Freizeitparks aufgetreten sind.

Über die Erhebungsmethodik und -inhalte wurde der Verband *Deutscher Freizeit-Unternehmen e.V.* mit Sitz in Würzburg im Vorfeld der Untersuchung unterrichtet.

Befragt wurden folgende Parks außerhalb Nordrhein-Westfalens:

– Heidepark, Soltau
– Freizeitpark Verden, Verden
– Serengeti Safaripark, Hodenhagen
– Erse-Park, Uetze

- Ferienzentrum Schloß Dankern, Haren/Ems
- Rasti-Land, Salzhemmendorf
- Familienpark Sottrum, Holle
- Erlebnispark Ziegenhagen, Witzenhausen
- Ponyhof Lochmühle, Wehrheim
- Taunus-Wunderland, Schlangenbad
- Eifelpark, Gondorf

Die gegenüber den Parks in Nordrhein-Westfalen höhere Auskunftbereitschaft ist darauf zurückzuführen, daß kleine, sich primär als Natur- und Tierpark einschätzende Unternehmen anteilig stärker vertreten sind und weniger Vorbehalte gegenüber der Untersuchung formulierten.

Freizeitpark Verden
Verden

Der Freizeitpark Verden liegt am westlichen Rand der Lüneburger Heide in einem Waldgelände, ca. 2 km nordöstlich der 24.200 Einwohner[108] zählenden Gemeinde Verden/Aller.

Verkehrsanbindung

Ca. 1 km nordwestlich der BAB 27 (Hannover-Bremen), Anschlußstelle Verden-Ost gelegen, ist der Park über Landstraßen schnell zu erreichen.

Ursprung und Entstehungsgeschichte

Im Jahre 1971 entstand die als „Mitmach-Freizeitpark" bezeichnete Anlage. Das ursprüngliche Angebot von Märchentheatern wurde sukzessive ausgebaut, wobei eine Reihe von Attraktionen hauptsächlich auf Kinder zugeschnitten sind.

Fläche

Der Park hat eine Gesamtfläche von ca. 13 ha[109].

Saison und Öffnungszeiten / Attraktionen und Angebote

Der Freizeitpark ist von April bis Oktober täglich von 09.00 bis 18.00 Uhr geöffnet, ab 01. September von 10.00 bis 17.00 Uhr. Sonntags findet zwischen 12.00 Uhr und 14.00 Uhr auf einer Freilichtbühne im Wald ein „Showtime"-Programm statt, das Musik-, Kabarett-, Zauberaufführungen und ähnliches umfaßt. Neben diversen, im Wald verstreuten, Grillplätzen und Kiosken befindet sich auch ein Restaurant auf dem Gelände des Parks[110].

Die Hauptattraktionen des Parks sind:

- 7 Theaterkurzaufführungen (Märchen),
- Reitmöglichkeiten,
- diverse Erlebnis- und Abenteuerspielplätze (alle Altersschichten),
- eine Ausstellung rund um das Glashandwerk.

Anmerkung

Informationen zu Besucheraufkommen, Beschäftigung und Planungsabsichten des Betreibers liegen nicht vor.

Adresse:
Freizeitpark Verden, Lindhooperstr Str. 133, 2810 Verden/Aller

Heidepark Soltau
Soltau

Nordöstlich des 19.395 Einwohner[111] zählenden Ortes Soltau liegt dieser großflächige Freizeitpark inmitten der Lüneburger Heide, jeweils ca. 65 km entfernt von den Großstädten Hamburg im Norden, Bremen im Westen und Hannover im Süden.

Verkehrsanbindung

Verkehrsmäßig liegt die Anlage in dem Autobahn-Dreieck A 1 (Bremen-Hamburg)/ A 7 (Hannover-Hamburg und A 27 (Hannover-Bremen), so daß sowohl aus dem Norden (Agglomeration Hamburg) als auch aus dem Süden (Ruhrgebiet) eine gute Erreichbarkeit gegeben ist.
Kleinräumig erfolgt die Anbindung nach Verlassen der A 7 an der Anschlußstelle Soltau Ost über die Bundesstraße B 71 Richtung Soltau, wo nach knapp 10 km der Park erreicht wird.
Parkplätze für Pkws und Busse, sowie eine Bushaltestelle sind vor dem Gelände des Parks vorhanden.

Fläche

Insgesamt verfügt der Park über eine Fläche von ca. 45 ha[112].

Saison und Öffnungszeiten / Attraktionen und Angebote

Die Anlage ist von April bis Oktober täglich von 09.00 Uhr bis 18.00 Uhr geöffnet.

Die Hauptattraktionen sind:

- eine Loopingbahn ('Big Loop') und weitere diverse Fahrgeschäfte,
- diverse Showangebote (u. a. mit Tieren),
- Wildparkzone mit ca. 200 europäische Wildtieren.

Darüber hinaus befindet sich auf dem Gelände ein 4 ha großer See.

Besuchervolumen

Im Jahre 1983 waren es ca. 850.000[113] Besucher, während in der Saison 1989 ca. 1.005.000 Besucher[114] den Weg in den Park fanden.

Anmerkung

Informationen zur Entstehungsgeschichte, Anzahl der Beschäftigten und Planungsabsichten des Betreibers liegen nicht vor.

Adresse:
Heidepark Soltau
3040 Soltau

Serengeti Safaripark
Hodenhagen

Ca. 2 km Südöstlich des kleinen Ortes Hodenhagen in der Lüneburger Heide liegt dieser 1974 gegründete, großflächige Tier- und Freizeitpark.

Verkehrsanbindung

Nach Verlassen der BAB A 7 (Hannover-Hamburg) an der Anschlußstelle Westenholz gelangt man auf einer Landstraße Richtung Hodenhagen nach ca. 3,5 km an eine Einmündung, die direkt zum Safaripark führt.

Fläche

Die Gesamtfläche des Parks beträgt ca. 165 ha[115].

Saison und Öffnungszeiten / Attraktionen und Angebote

Für den Besucherverkehr ist der Park von Anfang März bis Ende Oktober täglich von 10.00 Uhr bis 18.00 Uhr, in den Sommermonaten von 09.00 Uhr bis 18.30 Uhr geöffnet.

Das Angebot des Parks umfaßt folgende Hauptattraktionen:

- eine 9 km lange Autopiste durch das Safariland mit 550 Tieren (Photo-Safari),
- diverse Spielgeräte für Kinder.

Darüber hinaus befindet sich ein Restaurationsbereich auf dem Gelände („Sansibar'), und am Ufer des Sees stehen den Besuchern einige Grillplätze zur freien Verfügung.

Besuchervolumen

Im Jahre 1983 wurden ca. 225.000 Besucher im Safari-Park gezählt[16].

Anmerkung

Informationen zur Entstehungsgeschichte, über Beschäftigte und Planungsabsichten liegen nicht vor.

Adresse:
Serengeti Safaripark
3035 Hodenhagen-Walsrode

Rasti-Land
Salzhemmendorf-Benstorf

Dieser Freizeit- und Erlebnispark liegt inmitten des Osterwaldes als östlicher Ausläufer des Weserberglandes. Er grenzt im Osten direkt an den Ortsteil Benstorf der 10.779 Einwohner[117] zählenden Gemeinde Salzhemmendorf in Niedersachsen.

Verkehrsanbindung

Großräumig erreichbar ist der Park über die beiden Autobahnen BAB A 2 (Bielefeld-Hannover) und die A 7 (Kassel-Hannover). Nach Verlassen der beiden Autobahnen an den jeweiligen Anschlußstellen (A 2: Lauenau und A 7: Hildesheim) erfolgt die weitere Erschließung über die Bundesstraßen B 442/B 1 (A 2) und B 1 (A 7). Für die Pkws der Besucher stehen insgesamt 500 Parkplätze zur Verfügung; darüber hinaus bestehen für 20 Busse Parkmöglichkeiten.

Ursprung und Entstehungsgeschichte

Der Park entstand im Jahre 1973. Aus einer ehemaligen Sandgrube entwickelten zwei Architekten eine Freizeitanlage, die vor allem für Kinder ein reichhaltiges Angebot bereithält.

Fläche

Der Park verfügt über eine Gesamtfläche von ca. 12 ha, wovon ca. 5 ha auf die Attraktionen und ca. 3 ha auf Grünflächen entfallen. Die Gebäudefläche bedeckt eine Areal von ca. 3.500 m^2.

Saison und Öffnungszeiten / Attraktionen und Angebote

Die Saison dieser Anlage beginnt Ende März/Anfang April und endet Ende September/Anfang Oktober. Die täglichen Öffnungszeiten sind abhängig von der Jahreszeit: März/April: Sa. und So. 10.00 bis 18.00 Uhr; Mai: Mo. bis Sa. 12.00 bis 18.00 Uhr und So. 10.00 bis 18.00 Uhr; Juni/Juli/August: Mo. bis So. 10.00 bis 18.00 Uhr; September: Sa. und So. 10.00 bis 18.00 Uhr.
Insgesamt stehen den Besuchern 20 Attraktionen, deren Hauptzielgruppe Kinder sind, zur Verfügung. Zu den Hauptattraktionen sind zu zählen:

- eine Wildwasserbahn, eine Einschienenbahn sowie eine Familienachterbahn,
- eine Elektronikshow,
- eine Verkehrsschule für Kinder.

Besuchervolumen

In der Saison 1989 fanden ca. 150.000 bis 200.000 Besucher den Weg in diesen Freizeit- und Erlebnispark. Der Tages-Spitzenwert belief sich dabei auf ca. 4.500 Besucher. Mehr als zwei Drittel der Besucher (ca. 70%) kamen aus dem Nahbereich-Einzugsgebiet (bis 50 km). Nimmt man den mittleren Einzugsbereich (50 bis 100 km) noch hinzu, so erhält man ca. 98% aller Besucher. Die Anzahl der restlichen Besucher aus dem Fernbereich-Einzugsgebiet (mehr als 100 km) sind mit 2% als marginal zu bezeichnen.

Arbeitsplätze

Insgesamt gibt es im Park über 50 Arbeitsplätze, wovon 10 Vollzeitarbeitsplätze sind. Weitere 10 werden als Teilzeitbeschäftigte bereitgestellt. Desweiteren werden saisonabhängig zumeist 30 weitere Arbeiter(-innen) beschäftigt.

Planungsabsichten

Es sind keine Erweiterungen geplant.

Adresse:
Rasti-Land
3216 Salzhemmendorf 6 (Ortsteil Benstorf)

Erlebnispark Ziegenhagen
Witzenhausen

Auf halber Strecke zwischen Kassel und Göttingen, jeweils ca. 25 km entfernt, gelangt man zu dem im Kaufunger Wald gelegenen Erlebnispark Ziegenhagen. Er grenzt im Norden an den Ortsteil Ziegenhagen der 16.854 Einwohner[118] zählenden Stadt Witzenhausen.

Verkehrsanbindung

Überregionale Anbindung findet die Anlage durch die Nähe der BAB A 7 (Kassel-Hannover) ca. 5 km im Norden. Kleinräumig erfolgt die weitere Anbindung durch die B 80 und eine Landstraße (Abzweig in dem Ort Gertenbach), die direkt zum Park führt.

Ursprung und Entstehungsgeschichte

1968 wurde der Park auf dem heutigen Gelände eröffnet. Der Gründer entschloß sich damals, seine Exponate (Oldtimer-Autos und -Motorräder) auch der Öffentlichkeit zugänglich zu machen.

Saison und Öffnungszeiten / Attraktionen und Angebote

Der Park ist in den Monaten März/April und September/Oktober täglich von 10.00 bis 17.00 Uhr und in den Monaten Mai bis August täglich von 09.00 bis 18.00 Uhr für den Publikumsverkehr geöffnet. Folgende Hauptattraktionen stehen den Besuchern zur Verfügung:

- Auto- und Motorradmuseum mit über 330 Oldtimern,
- Tierpark mit ca. 150 Tieren,
- diverse Spiel- und Fahrattraktionen sowie eine Märchenabteilung.

Darüber hinaus steht ein Restaurant auf dem Gelände zur Verfügung.

Anmerkung

Informationen über die Gesamtfläche, Beschäftigte und Planungsabsichten liegen nicht vor.

Adresse:
Erlebnispark Ziegenhagen, 3430 Witzenhausen

Freizeitpark Lochmühle
Wehrheim/Taunus

Ca. 25 km nördlich Frankfurts am Main liegt dieser Familienfreizeitpark inmitten des Hochtaunus knapp 3 km westlich der 8.774 Einwohner[119] zählenden Gemeinde Wehrheim/Taunus.

Verkehrsanbindung

Überregionale Anbindung erfährt der Park durch seine Nähe zur ca. 3 km entfernten BAB A 5 (Frankfurt-Kassel) im Osten des Parks. An der BAB-Anschlußstelle Friedberg erfolgt die weitere Erschließung über Landstraßen Richtung Wehrheim.

Ursprung und Entstehungsgeschichte

Seit 1970 wurde aus einem ehemaligen Bauernhof sukzessive ein Pony- und Reiterhof entwickelt. Der Bau einer Straße auf dem Gelände schränkte den Reitbetrieb ein, so daß die Betreiberfamilie anfing, Alternativen für ihre Gäste in Form von Grillplätzen und Spielgeräten zu schaffen.

Saison und Öffnungszeiten / Attraktionen und Angebote

Das Gelände ist in der Zeit von März bis Ende Oktober täglich von 09.00 Uhr bis 18.00 Uhr für den Publikumsverkehr geöffnet. Die Hauptattraktionen sind:

- Reitmöglichkeiten, ca. 1.000 Tiere einschließlich Streichelzoo
- über 150 Spielgeräte

Darüber hinaus befinden sich mehr als 20 Grillplätze auf dem Gelände. Desweiteren stehen ein Restaurant, ein Speisepavillion, eine Waffelbäckerei und ein Kiosk zur Verfügung.

Anmerkung

Informationen über die Fläche, Besucherzahl, Beschäftigte und Planungsabsichten liegen nicht vor.

Adresse
Freizeitpark Lochmühle
6393 Wehrheim/Taunus

Taunus-Wunderland
Schlangenbad

Ca. 5 km außerhalb von Wiesbaden im Vordertaunus liegt der Freizeitpark Taunus-Wunderland. 2 km nordwestlich der knapp 6.900 Einwohner[120] zählenden Gemeinde Schlangenbad liegt die Anlage inmitten des Naturparkes Rhein-Taunus.

Verkehrsanbindung

Großräumig erschlossen ist die Anlage durch die ca. 8 km entfernte BAB A 66 (Wiesbaden-Frankfurt) mit der Anschlußstelle Frauenstein. Kleinräumig erfolgt die weitere Anbindung durch die Landesstraße L 260 und die Bundesstraße B 275.

Ursprung und Entstehungsgeschichte

Der Park entstand 1966 durch die Initiative eines Druckereiunternehmers. Inspiriert wurde er durch einen Besuch der großen Freizeitparks in den USA und entwickelte die Idee eines Märchenwaldes, der heute auch noch das Herzstück der Anlage darstellt. In den Jahren wurde das Angebot noch durch weitere Attraktionen wie Comic-Figuren u.ä. erweitert.

Fläche

Die Anlage umfaßt eine Fläche von ca. 40.000 m².

Saison und Öffnungszeiten / Attraktionen und Angebote

Für den Besucher stehen die Attraktionen in den Monaten April bis September sowie in den Herbstferien täglich von 09.00 Uhr bis 18.00 zur Verfügung; darüber hinaus behält sich der Betreiber die Öffnung an den Oktober-Wochenenden je nach Wetterlage vor.

Die Hauptattraktionen sind:

- der Märchengarten,
- die Möglichkeit des Reitens auf exotischen Tieren,
- über 100 bunte, handzahme und sprechende Papageien.

Besuchervolumen

1989 wurden ca. 140.000 Besucher im Taunus-Wunderland gezählt, wobei der Tages-Spitzenwert dieser Saison bei 2.500 lag. Die höchsten Besucherfrequenzen wurden an Sonn- bzw. Feiertagen und in den Ferien erzielt. Auch bei diesem Park liegt der überwiegende Anteil der Besucher im Einzugsbereich bis zu 100 km, nämlich 85%, wobei 45 % aus dem Nahbereich bis zu 50 km und 40% aus dem Mittelbereich zwischen 50 km und 100 km stammen. Der Anteil aus dem Fernbereich (über 100 km) liegt bei 15%.

Arbeitsplätze

Der Park verfügt über 20 Arbeitsplätze, die sich wie folgt aufteilen: 50% für Vollzeitbeschäftigte, 10% für Teilzeitbeschäftigte und 40% für Saisonarbeiter(-innen).

Planungsabsichten

Eine Erweiterung des Parks ist nicht beabsichtigt.

Sonstiges

Hinsichtlich der Verfügbarkeit von Arbeitskräften bestehen Probleme, welche auf den hohen Bedarf der Main-Taunus-Region zurückzuführen sind.

Adresse
Taunus-Wunderland, 6229 Schlangenbad 4

Eifelpark
Gondorf

Ca. 6 km östlich von Bitburg in der Eifel liegt der Eifelpark südlich der 351 Einwohner[121] zählenden Gemeinde Gondorf.

Verkehrsanbindung

Großräumigen Anschluß findet dieser Wildpark durch die ca. 25 km entfernte BAB A 48 (Koblenz-Trier). Kleinräumig erfolgt die weitere Erschließung durch die Bundesstraße B 50, die bei Gondorf, dem Standort des Wildparks, die sogenannte 'Deutsche Wildstraße' kreuzt.

Ursprung und Entstehungsgeschichte

1964 wurde das heutige Parkgelände zunächst an eine Firma zur Errichtung eines Hochwildparkes verpachtet, später dann teilweise verkauft. Man begann mit einheimischen Wildarten, später wurden auch exotischere Tiere eingeführt. Auch eine Tierzucht ist entwickelt worden.

Fläche

Die Gesamtfläche des Parks beträgt ca. 100 ha, von denen ca. 89% Grünflächen und 1% Wasserflächen sind[122].

Saison und Öffnungszeiten / Attraktionen und Angebote

Der gesamte Park ist von Anfang April bis Ende Oktober täglich von 09.00 Uhr bis 18.00 Uhr für Besucher zugänglich. Darüber hinaus ist der Wildpark ganzjährig von 10.00 Uhr bis 16.00 Uhr für den Publikumsverkehr geöffnet. Die Hauptattraktionen sind:

- der Hochwildpark mit einem guten Wanderwegesystem,
- die größte Bärenschlucht Deutschlands,
- diverse Spielgeräte und
- desweiteren stehen Grill-, Rast- und Aussichtsplätze sowie ein Restaurant zur Verfügung.

Anmerkung

Informationen über Besucher, Beschäftigte und Planungsabsichten des Betreibers liegen nicht vor.

Adresse
Eifelpark
5521 Gondorf bei Bitburg

Erse-Park Uetze
Uetze

Dieser Natur- und Gartenpark liegt im Städtedreieck Hannover, Wolfsburg und Celle am südöstlichen Rand der Lüneburger Heide. Er grenzt in seinem westlichen Teil an die ca. 6.000 Einwohner[123] zählende Gemeinde Uetze in Niedersachsen und befindet sich ca. 30 km östlich von Hannover.

Verkehrsanbindung

Überregional erreichbar ist der Park über die BAB A 2 (Hannover-Braunschweig). Kleinräumig erfolgt die Anbindung über die Bundesstraße B 188, die nach ca. 30 km zum Park führt.

Ursprung und Entstehungsgeschichte

Von einem Märchenpark ausgehend wurde dieses Parkgelände von einem Antiquitätenhändler sukzessive zu einem Familienausflugsziel ausgebaut.

Gesamtfläche

Der Park umfaßt eine Fläche von ca. 9 ha[124].

Saison und Öffnungszeiten / Attraktionen und Angebote

Der Park ist in den Monaten April bis Ende Oktober täglich von 10.00 Uhr bis 18.00 Uhr geöffnet. Zu den Hauptattraktionen zählen vor allem verschiedenartige Wasser- und Spielgerätschaften.

Darüber hinaus befindet sich auf dem Gelände des Parks ein Restaurant.

Anmerkung

Informationen über Besucherzahlen, Beschäftigte und Planungsabsichten des Betreibers liegen nicht vor.

Adresse:
Erse-Park
Gifhornerstr. 2
3162 Uetze

Familienpark Sottrum
Holle-Sottrum

Nördlich des Harzes, ca. 20 km südwestlich von Salzgitter, liegt der Familienpark Sottrum auf dem Gebiet der 6.391 Einwohner[125] zählenden Gemeinde Holle.

Verkehrsanbindung

Überregional ist der Park über die ca. 5 km westlich verlaufende BAB A 7 (Hannover-Kassel) in Höhe der Anschlußstelle Derneburg angebunden. Anschließend führen Landstraßen zu dem Park in Holle-Sottrum.

Ursprung und Entstehungsgeschichte

Der 1985 gegründete Park hat sein Angebot auf Kinder spezialisiert.

Fläche

Die Fläche des Parks umfasst insgesamt eine Fläche von 150.000 m2 (incl. Parkplätze), wobei die Gebäudefläche ca. 500 m2.

Saison und Öffnungszeiten / Attraktionen und Angebote

Der Park ist in der Zeit vom 01. April bis zum 30. September an den Wochenenden und an Feiertagen täglich von 10.00 Uhr bis 18.00 Uhr geöffnet. Bei frühzeitiger Anmeldung besteht auch für kleinere Gruppen die Möglichkeit eines Parkbesuches innerhalb der Woche.
Der Park bezeichnet sich selbst als „Alternativer Freizeitpark'. Demzufolge ist auch das Angebot im Vergleich zu den übrigen Parks ein Anderes. Hauptattraktionen sind

- ein Kinderbauernhof mit diversen Tieren,
- eine 10.000 m² große Streichelwiese und verschiedene Spielgerätschaften für Kinder (allerdings keine Spielautomaten),
- ein Backhaus zum Selberbacken.

Darüber hinaus gibt es einen kleinen Kaffeegarten. Es stehen ganzjährig Campingplätze zur Verfügung (Dauerplätze).

Sonstiges

Hinsichtlich des Betriebes einer solchen Anlage werden vom Betreiber folgenden Probleme genannt:
Es bestehen erhebliche Probleme mit den Nachbarn bzw. Anliegern im bezug auf Lärmbelästigungen des ruhenden bzw. fließenden Verkehrs.
Desweiteren wird auch die Anbindung des ÖPNV als mangelhaft bezeichnet. Darüber hinaus existieren Schwierigkeiten in der Zusammenarbeit mit den zuständigen Landschaftsbehörden.

Adresse
Familienpark Sottrum GmbH
3201 Holle

Ferienzentrum Schloß Dankern
Haren/Ems

Ca. 1 km südlich des Bourtanger Moores im Emsland – nur ca. 20 km östllich der Deutsch-Niederländischen Grenze liegt das Ferienzentrum Schloß Dankern südlich der ca. 18.000 Einwohner[126] zählenden Gemeinde Haren.

Verkehrsanbindung

Momentan ist das Ferienzentrum überregional über Bundesstraßen erschlossen: über die Bundesstraße B 70 gelangt man 10 km nördlich von Meppen auf die Bundesstraße B 402, die in Richtung Haren führt. Nach Fertigstellung der BAB A 31 von Bottrop nach Leer wird sich diese Situation verbessern. Für Pkws stehen 4.000 und für Busse 80 Parkplätze bereit.

Ursprung und Entstehungsgeschichte

1970 wurde dieses Ferienzentrum rund um das Wasserschloß Dankern eröffnet. Auf die Initiative des Besitzers hin entstand ein Urlaubs- und Ferienprojekt unter dem Motto: „Ferien mit dem Kind – Ferien vom Kind".

Fläche

Das Ferienzentrum verfügt insgesamt über eine Gesamtfläche von 195 ha. 64 ha entfallen auf die Attraktionen und Angebote, 93 ha bestehen aus Grünflächen, und die Parkplätze bedecken eine Fläche von 8 ha. Die Gebäude umfassen eine Fläche von 38 ha.

Saison und Öffnungszeiten / Attraktionen und Angebote

Die 125 Spiel- und Sportmöglichkeiten stehen den Besuchern von Mitte März bis Ende Oktober täglich von 10.00 Uhr bis 18.00 Uhr zur Verfügung. Zu den Hauptattraktion zählen

- diverse Spiel- und Sportmöglichkeiten,
- die Möglichkeit des Urlaubmachens auf dem Gelände. Zu diesem Zweck stehen Urlaubern 70 komfortable Landhäuser zur Verfügung.

Besuchervolumen

In der Saison 1989 fanden ca 152.000 Besucher den Weg in das Ferienzentrum, wobei sich der Tagesspitzenwert auf 6.300 belief. Der am stärksten frequentierte Wochentag ist der Sonntag. Mehr als zwei Drittel der Besucher (70%) kommen aus dem nahen Einzugsbereich bis zu 50 km. Der Anteil derer, die aus dem mittleren Einzugsbereich (50 bis 100 km) den Weg in das Freizeitzentrum finden, beläuft sich auf 20%. Der Anteil der Besucher aus dem Fernbereich über 100 km beträgt 10%.

Arbeitsplätze

Der Park bietet über 138 Arbeitsplätze, von denen 32 Vollzeit-Arbeitsplätze sind. Die übrigen 106 werden für Saisonarbeiter(-innen) bereitgestellt.

Anmerkung

Informationen zu Planungsabsichten des Betreibers liegen nicht vor.

Adresse
Ferienzentrum Schloß Dankern GmbH & Co. KG
4472 Haren/Ems

2.3 Zusammenfassung

Die Erhebung von Freizeitparks in Nordrhein-Westfalen und in den ca. 100 km über Nordrhein-Westfalen hinausgehenden Gebieten benachbarter Bundesländer verdeutlicht, daß die untersuchten Anlagen hinsichtlich der zentralen Merkmale Genese, großräumige Lage, Verkehrsanbindung, Flächengröße und -entwicklung, Besuchervolumen, Attraktionen und Bau- und Planungsrecht z. T. ausgeprägte Unterschiede aufweisen.

*Lage im Raum
Verkehrsanbindung*

Eine Betrachtung der großräumigen Lage (vgl. Karte 1 und 2, Seite 78 und 91) und der nordrhein-westfälischen Parks verdeutlicht, daß

- sich eine Agglomeration von zwei kleineren Parks und einer großen, konzeptionell in Änderung befindlichen Anlage im nördlichen Ruhrgebiet bzw. im südlichen Münsterland befindet (Regierungsbezirk Münster) und

- sich die übrigen Parks in Zuordnung zur nördlichen, östlichen und südlichen Landesgrenze verteilen (Regierungsbezirke Münster, Detmold, Arnsberg und Köln). Im Regierungsbezirk Düsseldorf wurde kein Freizeitpark ermittelt.

Bezüglich der Größe der Standortgemeinden und der jeweiligen Standortlage zeigt sich bei den untersuchten Freizeit-Einrichtungen ein uneinheitliches Bild. Es gibt sowohl Standorte

- im Außenbereich von kleinen Städten und Gemeinden (10.000 bis maximal 50.000 Einwohner) als auch

- am Ballungsrand bzw. in der Nähe von bevölkerungsreichen Städtebändern und schließlich auch

- in Standortnähe zu bevölkerungsreichen Mittel- bzw. Großstädten.

Lagen im Außenbereich der jeweiligen Standortgemeinden überwiegen vor Standorten, die städtebaulich an Siedlungsschwerpunkte angegliedert oder in Orts- bzw. Stadtteile integriert sind.

Die Freizeitpark-Betreiber hatten in der Regel lediglich geringe Entscheidungsspielräume bei der Wahl des Standortes, was vor allem auf die besonderen Entstehungsbedingungen und die sukzessive durchgeführten Erweiterungen der Freizeitparks zurückzuführen ist.

Idealtypisch werden von den Unternehmen folgende spezifische Anforderungen an den Standort von Freizeitparks gestellt:

- Zusammenhängende Flächen und Flächenreserven: Vom Verband der Freizeitunternehmen wird als Mindestgröße eine Fläche von 30 ha genannt. Diese interessenspezifische Angabe stellt sicherlich eher eine Größenordnung einschließlich zusätzlicher Reserven dar. Unter Berücksichtigung der Zielgruppengenauigkeit wird jedoch selbst von der Freizeitwirtschaft auch kleineren Anlagen im Verdichtungsraum eine Chance eingeräumt[127]. Niedrige Bodenpreise und Bodenreserven sind für die Parks aufgrund des vergleichsweise hohen Flächenanspruchs von großer Bedeutung. Besondere Standortgunst besitzen deshalb Standorte im Außenbereich. Innerstädtische bzw. am Stadtrand gelegene Grundstücke, insbesondere wenn es sich um Bauerwartungsland handelt, und Standorte im nahen Stadtumland werden aufgrund hoher Bodenpreise oder geringen Flächenreserven gemieden.

- Verkehrsanbindung: Das Verkehrsnetz muß eine bedarfsgerechte Anbindung – insbesondere durch Autobahnen – zu den Bevölkerungsschwerpunkten bieten. Weniger gute Verkehrsgunst haben Standorte, die in erster Linie über Landes- und Bundesstraßen zu erreichen sind und für den Besucherverkehr zeitaufwendige Ortsdurchquerungen erfordern.

- Nachfragepotential: Eine hohe Bevölkerungsdichte bedingt ein großes Nachfragepotential im Einzugsbereich, vor allem im Nah- und Mittelbereich und verringert die notwendigen Anfahrwege des Besucherverkehrs.

- Arbeitskräfte: Obwohl die zur Besucherzahl in Relation gesetzte Personalintensität der Freizeitparks gering ist, spielt der Faktor „Arbeitskräfte" für die Unternehmen eine nicht zu unterschätzende Rolle. Von Vorteil ist die örtliche Verfügbarkeit der mengenmäßig ins Gewicht fallenden niedriger qualifizierten Arbeitskräfte (z. B. in den Bereichen Instandsetzung, Wartung, Gärtnerei, Aufsicht- und Bedienung, Gastronomie u.ä.). Ebenfalls erweisen sich externe Dienstleistungsbetriebe am Ort oder in der Umgebung für einzelne Parks als gewichtiger Standortfaktor. Andere Freizeitparkunternehmen organisierten die zum Betrieb und zur Instandhaltung der Anlagen erforderlichen Dienstleistungen betriebsintern. Weniger örtlich bezogen ist der Arbeitsmarkt für spezialisierte Kräfte, insbesondere Anlagentechniker und Künstler bzw. Akrobaten. Diese stammen aus dem gesamten Bundesgebiet bzw. dem Ausland und sind grundsätzlich rar.

Auch hinsichtlich der verkehrlichen Erschließung weisen die nordrhein-westfälischen Parks unterschiedliche verkehrsinfrastrukturelle Voraussetzungen auf.

- Mehrere Parks befinden sich in verkehrsstrukturell schwach entwickelten Gebieten und verfügen über unzureichende Anfahrtswege über Landstraßen, bzw. im günstigeren Fall über Bundesstraßen. Oft sind konfliktträchtige Ortsdurchquerungen notwendig.

- Einige Standorte zeichnen sich durch hohe Bevölkerungsdichte im Nah- und Mittelbereich aus und werden in der Regel durch naheliegende Autobahnauffahrten bzw. Anbindung an komplexe Autobahnnetze (z. B. im Ruhrgebiet) gekennzeichnet.

Fläche und Besucheraufkommen

Die untersuchten Freizeitparks unterscheiden sich deutlich hinsichtlich ihrer Größe. Gemessen an der Flächenausdehnung nimmt der größte Park (80 ha) ein Vielfaches des Raumes ein, den die flächenmäßig kleineren Parks (10 ha) realisieren. Hingegen sind bei den kleinflächigen Parks mitunter gravierende Besuchervolumina festzustellen. Das mit 30 ha verhältnismäßig klei-

Karte 2:
Flächenanspruch nordrhein-westfälischer Freizeitparks

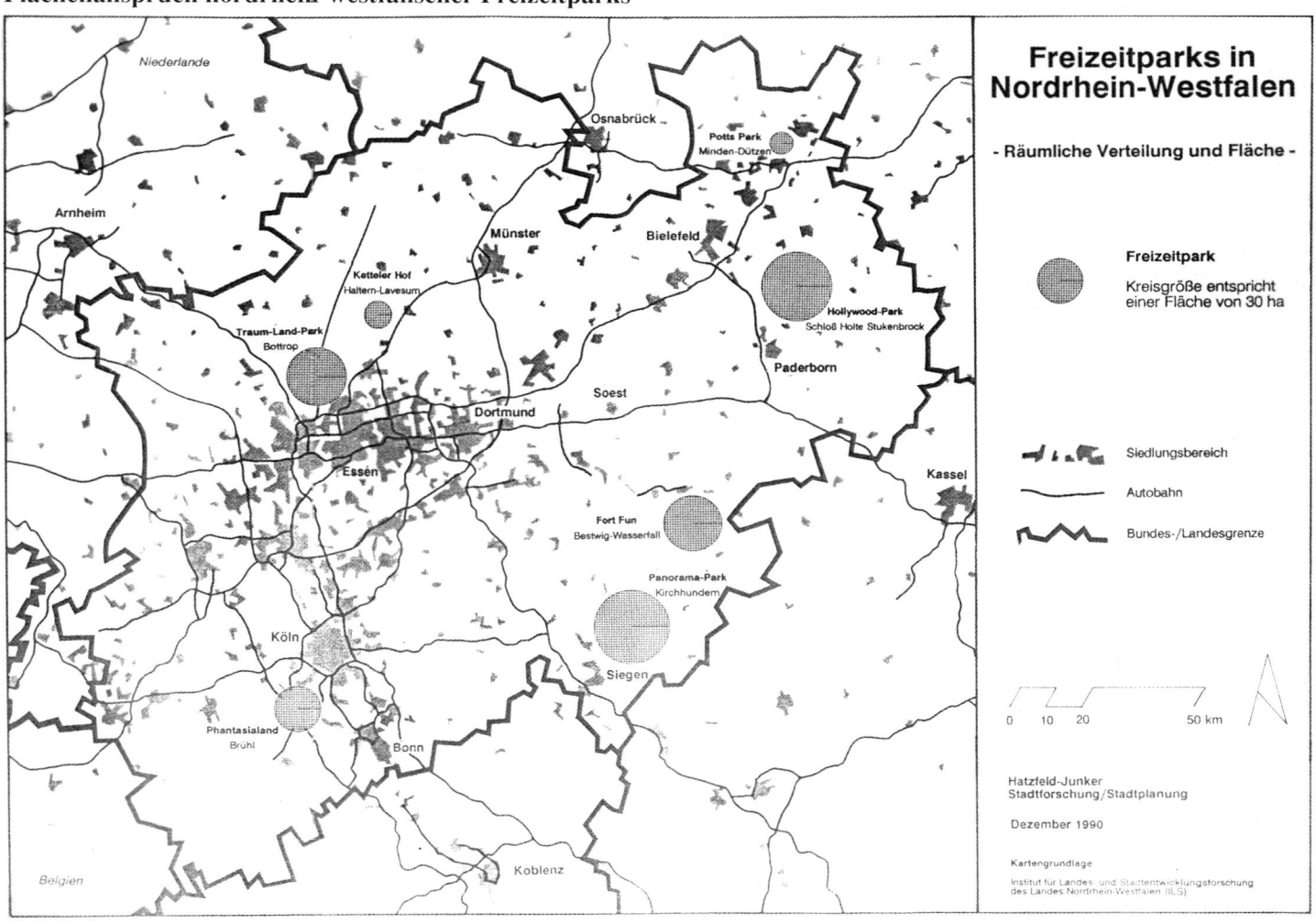

ne Phantasialand wird jährlich von ca. 2 Mio. Gästen besucht (vgl. Karte 2, Seite 91).

Auch hinsichtlich des täglichen Besucheraufkommens sind deutliche Unterschiede festzustellen. Während der größte Park von mehr als 20.000 Gästen pro Spitzentag besucht wird, beläuft sich das tägliche Besuchervolumen bei kleineren Parks um 1.500 Besucher.

Sofern die Flächenentwicklung einzelner Parks nicht durch konkurrierende Nutzungen beschränkt wurde, ist bei den untersuchten Freizeitparks ein sukzessives Flächenwachstum zu verzeichnen. Idealtypisch wird bei einer Grundfläche von 30 ha ein jährliches Flächenwachstum von ca. 2 ha angestrebt[128], wobei kritisch anzumerken ist, daß der Flächenzuwachs in wesentlichem Maße vom jeweiligen Betriebskonzept abhängt.

Saison/Öffnungszeiten/Eintrittspreise

Die untersuchten Parks sind im Jahresverlauf von März/April bis September/Oktober und täglich in der Regel in der Zeit von 9.00 bis 18.00 Uhr geöffnet.

Es dominiert das Pauschalpreissystem, d.h. für ein einmalig entrichtetes Eintrittsgeld können, bis auf wenige Ausnahmen (insbesondere Showveranstaltungen, Theaterdarbietungen u.ä.), alle Angebote des Parks genutzt werden.

Ursprung und Entwicklung von Freizeitparks Attraktionen und Angebote

Historisch gesehen haben sich die meisten nordrhein-westfälischen Freizeitparks aus gastronomie-, sport-, freizeit-, oder vergnügungsorientierten Anlagen entwickelt, so daß ihre Genese nur bedingt mit der modernen (Neu-) Planung von freizeitbezogenen Infrastruktureinrichtungen zu vergleichen ist. Als typische Startnutzungen gelten

– Märchenparks,
– Safari- und Wildparks,
– Ausflugsgaststätten bzw. landwirtschaftliche Betriebe sowie
– Sportanlagen.

Der Erfolg der Freizeitparks beruht auf drei wesentlichen betriebsbezogenen Angebotselementen:

1. *Fahrgeschäfte, Spielanlagen, Themenwelten:* Am Beispiel der Fahrgeschäfte wird der anlagentechnische Maßstabssprung von der ursprünglichen Anlage hin zum Freizeitpark besonders sichtbar. Die vor allem das jüngere, aktive Publikum ansprechenden Attraktionen nahmen zunächst die Form von Go-Kart-Bahnen oder kleinen Boots-Fahranlagen an. In der Folgezeit wurden die Fahrgeschäfte hinsichtlich des technischen Standards und des zum Betrieb nötigen Aufwandes immer komplexer und komplizierter (z. B. Loopingbahnen, Wildwasserbahnen),

Großflächige Spielanlagen, wie z. B. Superrutschen oder Luftkissenspiel vergrößern das ursprüngliche Spielangebot,

Themenwelten stellen fremde, exotische Welten dar und bilden eine Kulisse für verschiedene Veranstaltungen und Attraktionen (z. B. Showeinlagen),

2. *Show-, Musik- und Theaterattraktionen* (z. B. Cowboy-Shows, Variete-Shows) erfüllen verschiedene Zwecke. Einerseits nehmen sie Bezug auf die Interessen der weniger aktiven Besucher (z. B. Senioren), andererseits dienen diese Attraktionen als „Entzerrer" an Tagen mit großem Besucheraufkommen und stellen aufgrund ihres Indoor-Betriebes eine wetterunabhängige Attraktion dar,

3. die Angebote von *Restaurationsbetrieben, Imbißständen, Souvenirgeschäften* etc. zielen darauf ab, die Innenumsätze zu steigern. Stagnierende oder rückläufige Besucherzahlen sollen auf diesem Wege kompensiert werden. „Allein die Gastronomieeinnahmen können mit durchschnittlich 35 % zum Gesamtumsatz beitragen"[129].

Insbesondere bei den kleinen und mittleren Anlagen ist eine sukzessive Vergrößerung und Diversifizierung des Freizeitangebotes festzustellen. Die Reorganisation des jeweiligen Betriebskonzeptes und anlagentechnische Innovationen führten – unter weitestgehender Beibehaltung der „Startnutzungen" – zu einer schrittweisen Ergänzung spezifischer vergnügungsorientierter Attraktionen und Anlagen.

Die anlagen- und angebotsspezifischen Neuerungen veränderten das Erscheinungsbild der Freizeitparks. In Gestalt und Größe beanspruchen die in neuer Zeit entwickelten Anlagen deutlich mehr Raum. Oft beruht ihre Ausstrahlung auf aufwendigen Installationen im Naturraum. Gleichzeitig nahm der Anteil der Indoor-Anlagen und der gebäudebezogenen Flächen[130] zu; Attraktionen und Anlagen wurden großmaßstäbiger und technisch aufwendiger.

Einem vergleichbaren Entwicklungsschub unterlagen die ergänzenden Gastronomie- und Beherbergungsangebote. Inbesondere im Gastronomiebereich entstanden auf dem Areal der Parks neue Anlagen, durch die der Gebäudeanteil und die Flächenversiegelung zunahmen.

Mit der Erweiterung und technischen Spezialisierung der Einrichtungen sind die Ansprüche an die Ver- und Entsorgungsinfrastruktur gewachsen. Um Konflikte in der Standortgemeinde zu vermeiden bzw. Kosten zu sparen, organisieren bzw. betreiben zahlreiche Parks die technische Infrastruktur ihres Betriebes autark[131].

Regional- und landesplanerische Ausweisung
Bau- und planungsrechtliche Festsetzungen

Lediglich zwei der nordrhein-westfälischen Anlagen wurden als Freizeit- und Erholungsschwerpunkt ausgewiesen, während dem Großteil der untersuchten Parks von Seiten der Regional- und Landesplanung nicht ausdrücklich eine Freizeitfunktion zugewiesen wurde.

Die Mehrzahl der untersuchten Freizeitparks befindet sich auf nicht überplanten Flächen im Außenbereich nach § 35 BauGB. Bei einer Anlage wird derzeit eine Änderung des Flächennutzungsplanes und die Aufstellung eines Bebauungsplanes angestrebt.

Sofern Freizeitparks zum Gegenstand der Bauleitplanung wurden, sind sie in Flächennutzungsplänen als Sonderbaufläche (SO) und in Bebauungsplänen als Sondergebiet nach § 11 BauNVO festgesetzt. Besondere Regelungsinhalte sind

– die Festsetzung der Art und des Maßes der baulichen Nutzung, auch für Teile des Plangebietes,

– die Festsetzung von Erschließungsstraßen bzw. Knotenpunkten und von Parkplätzen,

- Pflanzgebote und Gestaltungssatzungen sowie

- Höhenbeschränkungen für Gebäude und Attraktionen (bauliche Anlagen).

In einem Fall wurde ein in seinen Festsetzungen restriktiv wirkender Bebauungsplan mit dem Ziel geändert, den baulichen Änderungs- und Erweiterungswünschen des Freizeitparkbetreibers zukünftig mehr Spielräume zu ermöglichen. Eine weniger restriktive Festsetzung wurde angestrebt

- um Zukunftsrisiken vorzubeugen, die in der Notwendigkeit bestehen könnten, eine unrentable Einrichtung umzunutzen bzw. beseitigen zu müssen und

- um die kommunale Verwaltung von kontinuierlichen Bebauungsplanänderungen zu entlasten.

Die geringe Regelungsdichte kann den Eindruck erwecken, daß die dynamische Entwicklung der Freizeitparks in der Vergangenheit nur aufgrund einer nahezu fehlenden planungsrechtlichen Kontrolle möglich gewesen ist.

Die planungsrechtliche Behandlung der Freizeitparks muß jedoch vor dem Hintergrund sich ändernder Rahmenbedingungen im Freizeitbereich gesehen werden. In einer ersten Phase, als die Freizeitparks auf die ursprünglichen Startnutzungen begrenzt waren und nur geringen Ausflugsverkehr erzeugten, bestand aus Sicht der räumlichen Planung wenig Anlaß, die Entwicklung der Anlagen zu reglementieren. Von den Kommunen wurden die Kleinanlagen als sport-, kultur- und freizeitbezogene Bereicherung und mitunter als Stärkung der örtlichen Wirtschaft betrachtet. Die kommunalen und regionalen Genehmigungsbehörden wurden in erster Linie im Rahmen der Bauaufsicht tätig.

In einer zweiten Phase (Maßstabssprung der Freizeitanlagen, Veränderung des Freizeitverhaltens) nahm das Besuchervolumen zu. Mittlerweile haben die meisten Kommunen die zunehmende Raumrelevanz der Freizeitparks zumindest erkannt und streben zum Teil bereits eine Überplanung von Außenbereichsvorhaben an.

In einzelnen Fällen bot die beabsichtigte Überplanung Anlaß zu Auseinandersetzungen innerhalb der Kommunen, weil insbesondere von Seiten der Politik die Ansicht vertreten wurde, daß ein als wirtschaftlich wertvoll erachteter Betrieb nicht durch planerische Maßnahmen in der Entwicklung behindert werden dürfe.

3 Zur Raumrelevanz von Freizeitparks Auswirkungsbereiche auf kommunaler und regionaler Ebene

Freizeitparks sind – abgesehen von wenigen Ausnahmen – aus Sicht der räumlichen Planung bisher nicht Gegenstand von Untersuchungen und vertiefenden Betrachtungen gewesen. Angesichts des sich aktuell abzeichnenden Ansiedlungs- bzw. Expansionsdrucks großflächiger Vergnügungsanlagen nimmt die Notwendigkeit einer planerischen Bewertung und Behandlung dieser Einrichtungen jedoch deutlich zu.

Vor dem Hintergrund der Auseinandersetzung mit nordrhein-westfälischen Freizeitparks werden im folgenden Abschnitt die Auswirkungen von Freizeitparks auf kommunale und regionale Belange beschrieben. Die Grundlage der Untersuchung bilden Expertengespräche

- in den Standortgemeinden der Freizeitparks,

- bei den zuständigen Bezirksbehörden als Genehmigungsbehörden und

- bei den zuständigen Regierungspräsidenten, wobei in der Regel die Dezernate Städtebau und Landesplanung einbezogen wurden.

An dieser Stelle sei nochmals wiederholt darauf hingewiesen, daß sich die vorliegende Studie kaum auf Untersuchungen zu Standort- und Flächenansprüchen großflächiger Freizeitanlagen und die potentiellen raumrelevanten Wirkungsebenen stützen kann. Auch die Expertengespräche haben gezeigt, das dem vorliegenden Untersuchungsgegenstand – auf den verschiedenen Planungsebenen – entweder wenig Problembewußtsein entgegengebracht wird oder im Umgang mit vergnügungsorientierten Freizeitanlagen noch gravierende Unsicherheiten bestehen.

Vor diesem Hintergrund zielt die vorliegende Untersuchung darauf ab, eine erste Strukturierung der genannten Fragestellungen zu leisten. Sofern nicht auf fundierte Grundlagenmaterialien bzw. empirische Untersuchungen zurückgegriffen werden konnte, basiert die Untersuchung auf Plausibilitätsüberlegen.

Grundsätzlich hängen die räumlichen Wirkungen der Freizeitparks von einer Vielzahl sich überlagernder und bedingender Faktoren ab; zu nennen sind in erster Linie

- die betriebsbezogenen Faktoren Größe, Attraktionen/Angebote und Standort der Freizeiteinrichtung,

- die ortsbezogenen Faktoren, wie Größe der Ansiedlungs- bzw. Standortgemeinde, der Siedlungsstruktur, der Entwicklung der regionalen und überregionalen Nachfrage sowie der infrastrukturellen Einbindung in die Region und

- die Struktur des lokalen und regionalen Freizeitangebotes in Bezug auf Größe, Qualität und Standorte.

Folgende Wirkungsbereiche werden im vorliegenden Zusammenhang als relevant erachtet und nachfolgend beschrieben:

- Auswirkungen auf die Verkehrsmenge und -struktur,

- Auswirkungen auf die Umwelt,

- Effekte für den kommunalen Haushalt,

- Effekte für die kommunale und regionale Wirtschaft,

- Auswirkung auf das Stadt- und Landschaftsbild,

- Auswirkungen auf die Stadtentwicklung und Zentrenstruktur.

3.1 Auswirkungen auf den Verkehr

Sowohl seitens der befragten Gemeinden als auch seitens der Bezirksplanungsbehörden gehören die Auswirkungen von Freizeitparks auf den Verkehr zu den meistgenannten und dabei in der

Regel negativen Konsequenzen einer Betriebsansiedlung bzw. -erweiterung. Die Eröffnung bzw. der Betrieb eines Freizeitparks wirkt sich sowohl auf die Verkehrsmenge als auch auf die Verkehrsmittelwahl aus[132].

Die Verkehrsmenge: Zeitliche Verteilung des Besucherverkehrs

Nach Ermittlungen des *Verbandes der Deutschen Freizeitunternehmen e.V.* wurden in der Bundesrepublik zwischen 1982 und 1987 jährlich zwischen 12 und 15 Mio. Besuchern registriert[133]. Nach der KONSO-Umfrage betrug des Besucheraufkommen im Jahr 1985 sogar 17,5 Mio. Besucher[134].

Als besonders verkehrserzeugend haben sich große Freizeitparks erwiesen; die fünf größten Freizeitparks vereinigten im Jahr 1987 immerhin 2/3 aller Besucher auf sich. Dabei überlagern sich die Einzugsbereiche der Großanlagen[135]. Karte gibt einen Eindruck über die jährlichen Besucherzahlen unterschiedlicher Parks.[136]

Ein Vergleich zwischen freizeitparkbezogenem Besucherverkehr und inländischen Städtetourismus zeigt, das der am meisten besuchte nordrhein-westfälische Freizeitpark Phantasialand/Brühl (ca. 2.0 Mio. Besucher/a) die jährliche Besucherzahl von westdeutschen Großstädten übertrifft. Die Freizeitparks Fort Fun/Bestwig, Hollywood-Park/Stukenbrock und Panorama-Park/Kirchhundem erreichen immerhin die jährlichen Besucherzahlen von Städten wie Hannover, Stuttgart und Bonn.[137]

Aussagen über die Verteilung des Verkehrsablaufs müssen jahreszeitlich und tageszeitlich differenziert werden.

– Aufgrund des saisonalen Betriebs – in der Regel erstreckt sich die jährliche Öffnungszeit von März/April bis September/Oktober – konzentriert sich das Hauptverkehrsaufkommen auf ca. 200 Tage im Jahr.

– Eine besonders starke Verkehrsbelastung ist an Spitzentagen, also an Wochenenden, Feiertagen (insbesondere zu Ostern und zu Pfingsten) und in der Ferienzeit zu verzeichnen. Zu einem zusätzlichen Anwachsen der Tagesspitzenwerte führt die Überlagerung der „kritischen Tage" im Inland und im benachbarten Ausland (z. B. Feiertage oder zur Ferienzeit).

– Die Spitzen des täglichen Verkehrsaufkommens konzentrieren sich, bezogen auf die Anfahrt, auf den frühen Vormittag (9.00 bis 11.00 Uhr) und, bezogen auf die Abfahrt, auf den Spätnachmittag bzw. frühen Abend (17.00 bis 18.30 Uhr). Je größer der Einzugsbereich einer Anlage ist, desto stärker verteilen sich insbesondere die ankommenden Besucherströme im Tagesverlauf.

Überregionale Einzugsbereiche: Räumliche Verteilung des Besucherverkehrs

Freizeitparks ziehen Kunden aus überregionalen Einzugsbereichen an. Untersuchungen zeigen, daß die Hälfte aller Ausflügler bereit ist, 150 Kilometer Entfernung bei einem attraktiven Ausflugsziel zu überschreiten. Hierbei werden 75 % aller Ausflüge vom Wohnort aus unternommen[138]. Auch die zunehmende Kostenbelastung durch steigende Benzinpreise hat sich bislang nicht einschränkend auf die Ausflugshäufigkeit ausgewirkt[139].

Die Einzugsbereiche der Parks orientieren sich nicht nur an der Kilometerentfernung, sondern auch am zeitlichen Fahrtaufwand. Die „Hemmschwelle" liegt derzeit – insbesondere in Abhängigkeit von der Verkehrsverbindung und der Attraktivität der Reisestrecke –

Karte 3:
Jährliche Besucherzahl ausgewählter Freizeitparks

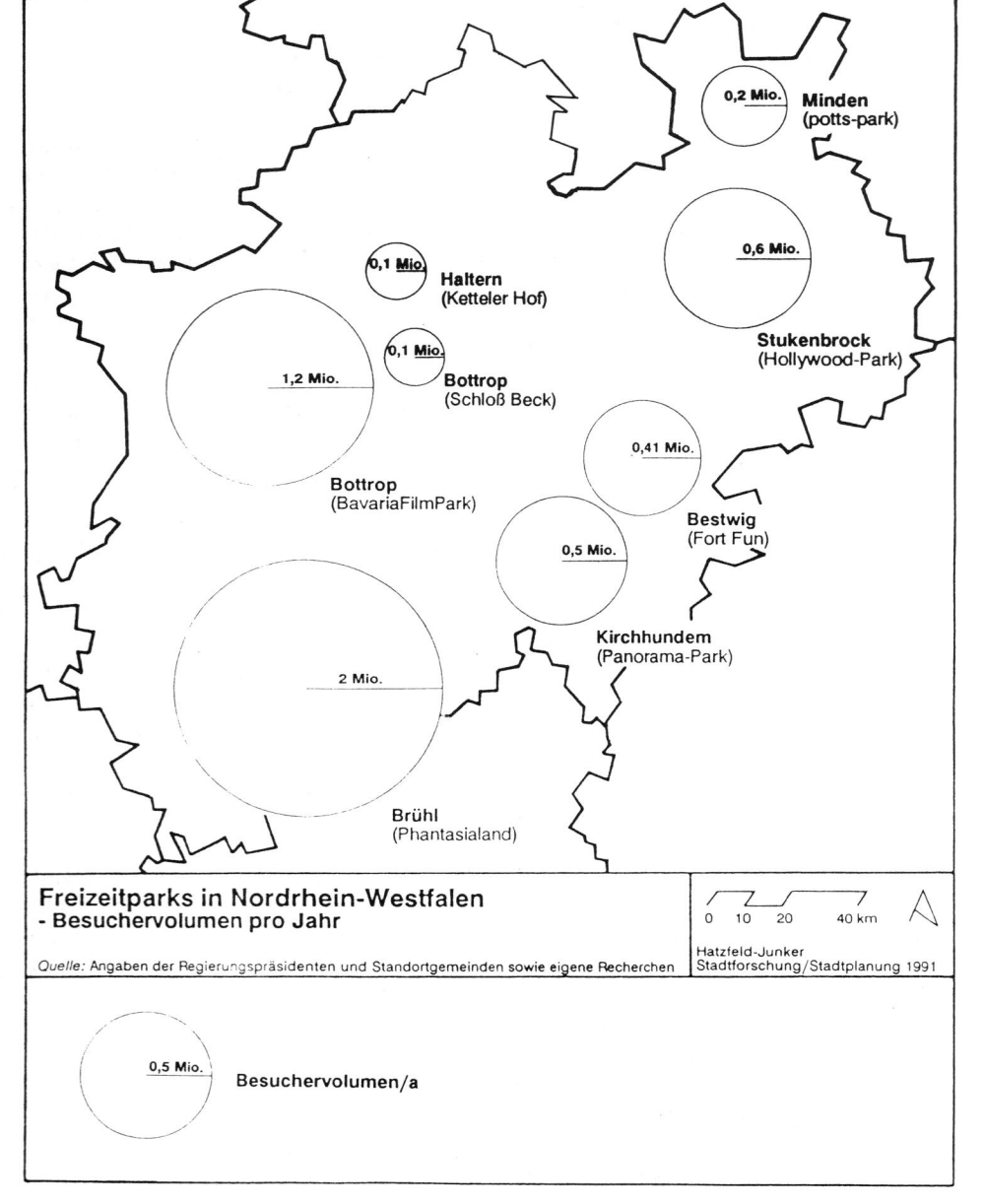

- Minden (potts-park): 0,2 Mio.
- Haltern (Ketteler Hof): 0,1 Mio.
- Bottrop (Schloß Beck): 0,1 Mio.
- Stukenbrock (Hollywood-Park): 0,6 Mio.
- Bottrop (BavariaFilmPark): 1,2 Mio.
- Bestwig (Fort Fun): 0,41 Mio.
- Kirchhundem (Panorama-Park): 0,5 Mio.
- Brühl (Phantasialand): 2 Mio.

Freizeitparks in Nordrhein-Westfalen - Besuchervolumen pro Jahr

Quelle: Angaben der Regierungspräsidenten und Standortgemeinden sowie eigene Recherchen

0 10 20 40 km

Hatzfeld-Junker Stadtforschung/Stadtplanung 1991

Besuchervolumen/a: 0,5 Mio.

bei einer Zeitzone von 1 1/2 bis 2 Stunden[140].

Neue Strategien der Freizeitpark Betreiber zielen auf eine Erweiterung der Einzugsbereiche:

- Zur Erschließung des Fernbereiches werden Busfahrten zu Freizeitparks organisiert. Wie Untersuchungen belegen, ist die Distanzempfindlichkeit bei Gruppenreisen besonders gering [141].

- Zusätzliche Übernachtungsmöglichkeiten auf dem Gelände oder im Umfeld des Freizeitparks erleichtern die Entscheidung, weite Reisewege in Kauf zu nehmen. Werbemaßnahmen für Übernachtungen im Freizeitpark bzw. am Ort und für Kurzurlaube verstärken diese Trends.

Die Verkehrsmittelwahl

Neben der verkehrserzeugenden Wirkung haben die Freizeitparks Einfluß auf die Struktur des Freizeitverkehrs. Aufgrund der Ausrichtung auf motorisierte Gäste ändert sich der freizeitbezogene modal-split weiter zugunsten des Pkw-Verkehrs und zu Lasten der Benutzung des öffentlichen Nahverkehrs bzw. der „weichen Verkehrsarten" (Fahrradverkehr, Fußverkehr). Mit einem Besucheranteil von 89 % dominierte der Pkw als Hauptreisemittel vor dem (Reise-) Busverkehr (6 %). Verschwindend gering sind die Anteile das Fahrrad- (2 %) und Bahnverkehrs (1 %)[142].

Einen Eindruck von der Bedeutung des durch Freizeitparks erzeugten Pkw-Verkehrs vermittelt die Tatsache, daß bei ca. 4,45 Mio. PKW-Fahrten und einer durchschnittlichen Anreisestrecke von ca. 80 Kilometern für den Besuch von Freizeitparks jährlich ca. 700 Mio. Kilometer mit dem Pkw zurückgelegt werden. Vergleichsweise hoch ist dabei die durchschnittliche Besatzrate von 3,7 Personen pro Pkw[143].

Eine schwache Stellung kommt dem öffentlichen Nahverkehr als freizeitbezogenem Transportmittel zu. Der geringe Verkehrsmittelanteil von Bahnen und Bussen resultiert vor allem aus der besonderen Lage im weniger gut erschlossenen Außenbereich. Weitere Gründe liegen in

- der unzureichenden Anbindung durch das Schienennetz der Deutschen Bundesbahn bzw. ergänzender Verkehrsverbundsysteme,

- den fehlenden Reiseangeboten zu Freizeitparks seitens der Deutschen Bundesbahn bzw. anderer Reiseveranstalter,

- der mangelhaften Abstimmung zwischen unterschiedlichen Verkehrsarten, z. B. zwischen Bahn und Bus,

- der bisher geringen Akzeptanz des öffentlichen Nahverkehrs durch Besucher, die nach wie vor den Pkw als Hauptverkehrsmittel favorisieren.

Die schwache Ausprägung des öffentlichen Nahverkehrs wird insbesondere für distanzempfindliche und einkommensschwache Bevölkerungsteile zum Problem, für die vergnügungsorientierte Einrichtungen aufgrund mangelnder Mobilität schlecht zu erreichen sind.

Erzeugung von Verkehrsproblemen

In dem Maße, wie die Einrichtungen eine Veränderung der Verkehrsmenge und der Verkehrsmittelwahl bewirken, können sie regionale und stadtstrukturelle Probleme verursachen.

Obwohl Freizeitparks Besucher aus überregionalen Einzugsbereichen anziehen und als Haupttransportmittel der Pkw gewählt wird, sind einzelne Anlagen (verkehrs-) infrastrukturell nur mangelhaft erschlossen. In den meisten Fällen stiegen die Anforderungen an das Straßensystem aufgrund der zunehmenden Attraktivität der Anlagen kontinuierlich an, ohne daß die erforderliche Verkehrsinfrastruktur entsprechend angepaßt werden konnte.

Als wesentliche Punkte sind in diesem Zusammenhang die

- fehlenden oder zu weit entfernten Autobahnanschlüsse,

- verkehrlich zu schwach dimensionierten Anfahrtwege über Landesstraßen, wobei nicht selten Orte und Ortschaften durchquert werden müssen,

- unübersichtliche oder fehlende Beschilderung der Zufahrtswege, was zu unnötigem Suchverkehr führt,

- Konflikte mit den Nachbargemeinden, die die aufgrund des Durchgangsverkehrs entstehenden Belastungen und Störungen nicht hinnehmen wollen

zu nennen. Auch kleinräumig führt der Besucherverkehr im Umfeld der Anlage nicht selten zu Problemen. Besonders an Spitzentagen kann die örtliche Verkehrsinfrastruktur die enormen Verkehrsmengen nicht aufnehmen, so daß es zu Überlastungserscheinungen kommt. Verkehrskonflikte entstehen vor allem an unzureichend entwickelten Anfahrtsstraßen bzw. Knotenpunkten und aufgrund mangelnder Parkplatzkapazitäten:

- Die Anfahrts- und Erschließungsstraßen der Parks haben zu wenig Fahrspuren, bzw. ihr Querschnitt ist zu knapp bemessen. In Einzelfällen fehlen Abbiegespuren zum Parkgelände.

- Knotenpunkte sind nicht bedarfsgerecht ausgebaut.

- Im Bereich des ruhenden Verkehrs reichen die Parkplatz-Kapazitäten häufig nicht aus. Die Besucher weichen in angrenzende Gebiete aus, wo es zu Konflikten mit der Wohnnutzung bzw. mit Interessen des Landschaftsschutzes kommt.

Teilweise wurde der Versuch unternommen, Rückstauungen auf übergeordnete Straßen durch den Bau entsprechend langer Anfahrtsstraßen zu begegnen, die in ihrer Wirkung als „Pufferzone" zumindest den parkbezogenen Verkehr aufnehmen. Einzelne Betreiber integrierten ähnliche Lösungen in das parkinterne Verkehrskonzept.

Aufgrund der geschilderten Verkehrsprobleme ist bei einigen Parks eine Verbesserung des Verkehrssystems geplant bzw. wird ein bedarfsgerechter Ausbau der Verkehrsinfrastruktur zur genehmigungsbehördlichen Auflage gemacht.

Die Ausprägung der durch den Betrieb eines Freizeitparks ausgelösten Verkehrsprobleme wird in nachfolgendem Exkurs am Beispiel des Phantsialandes in Brühl verdeutlicht.

Exkurs

Das Verkehrsproblem am Phantasialand/Brühl

Infolge des Um- und Ausbaus wurde in den vergangenen Jahren die Attraktivität des Phantasialandes in Brühl erheblich gesteigert. Entsprechend nahm der Besucherverkehr zu, so daß wesentliche Probleme in der Bewältigung des fließenden und des ruhenden Verkehrs bestehen.

— An den geschätzten 30-50 saisonalen Spitzentagen (vor allem Sonn- und Feiertage) führt insbesondere der anfahrende Verkehr zu Rückstauungen in der Anfahrt, die sich teilweise über die Autobahnen A 553 bis auf die A 61 erstrecken. Die Knotenpunkte sowohl an der Autobahnabfahrt als auch am Zugang zum Park sind dem Spitzenaufkommen von 6.000 Pkw/-Tag nicht angemessen[144]. Um die Verkehrssicherheit garantieren und weitere Behinderungen vermeiden zu können, mußten in der Vergangenheit Autobahnabfahrten bzw. – teilstücke von der Polizei gesperrt werden. Vom Besucherverkehr sind vor allem die Bewohner in den Brühler Stadtteilen Pingsdorf, Badorf, Eckdorf und Schwadorf betroffen[145].

— Der erhöhte Bedarf an Parkplätzen (Gesamtbedarf ca. 5.000 Stellplätze) wurde in der Vergangenheit durch Ausweichen auf benachbarte Grundstücke im Landschaftsschutzgebiet gedeckt. Infolge restriktiven Einschreitens der Aufsichtsbehörden mußten ca. 630 illegal angelegte Parkplätze geschlossen werden. Brühler Umweltschützer erhoben Einspruch gegen die Baugenehmigung von zwei neuen Attraktionen, die als frequenzerzeugend und daher problemauslösend bezeichnet wurden[146].

— Um den ruhenden Verkehr an Spitzentagen bewältigen zu können, wurde vorübergehend ein „Überlaufparkplatz" (Kapazität ca. 1.250 Pkw) in einer ehemaligen Zuckerfabrik außerhalb des Parks eingerichtet. Dieser Platz ist durch betriebseigene „Shuttle"-busse, die täglich bis zu 4.000 Besucher transportieren, an den Freizeitpark angebunden. Bei der örtlichen Bevölkerung ist die Lösung auf erheblichen Widerstand gestoßen[147]. Als zusätzliches Problem erweißt sich die Tatsache, daß der zusätzlich eingerichtete Transportservice von vielen Autofahrern nicht genutzt wird bzw. als Orientierungshilfe für die Fahrt zum Park mißverstanden wird.

— Zur Bewältigung des Verkehrsproblems wurden von Seiten einzelner Fraktionen der Stadt Brühl ein Ausweichen auf Gebiete in der benachbarten Stadt Erftstadt in Erwägung gezogen. Ähnliche Überlegungen zogen den Bau einer Entlastungsstraße über das Gebiet der Stadt Bornheim in Betracht[148]. Solche Pläne scheiterten nicht zuletzt auf Grund der ablehnenden Haltung der Nachbarstädte, die die durch eine Attraktion außerhalb der eigenen kommunalen Grenzen ausgelöste verkehrliche und ökologische Belastung nicht hinnehmen wollten.

Zur Lösung des Verkehrsproblems beauftragte die Stadt Brühl ein Verkehrsplanungsbüro mit der Erarbeitung von Empfehlungen und Handlungsstrategien zur verkehrlichen Anbindung[149]. Die in zwei Varianten vorgestellten Lösungen sehen den Ausbau der unmittelbaren Zufahrtsstraßen, die Umgestaltung der BAB-Ausfahrten mit ergänzenden Lichtsignalanlagen und den Zubau eines Parkhauses oder mehrerer Parkpaletten (Variante 1: Zentrale Parkplätze) bzw. den Neubau von entlastenden Zulaufstrecken sowie Shuttle-Haltestellen, den Bau einer dezentralen Stellplatzanlage und die Installation einer Wechselwegweisung (Variante 2: Dezentrale Parkplätze) vor[150].

3.2 Auswirkungen auf die Umwelt

Zu den zentralen Auswirkungsbereichen zählen die durch die Anlage sowie den Betrieb von Freizeitparks bewirkten Umweltveränderungen. Aus der Vielzahl von Umweltveränderungen sind drei Bereiche hervorzuheben, die hinsichtlich ihrer quantitativen und qualitativen Bedeutung besondere Gefährdungspotentiale darstellen:

1. die aus dem Freizeitverkehr resultierenden Lärm- und Schadstoffemissionen,

2. der Flächenverbrauch und die Flächenversiegelung sowohl durch bauliche Anlagen als auch durch Erschließungsanlagen und

3. die durch den Betrieb von Attraktionen und Anlagen ausgelösten Umwelteinwirkungen.

Umweltbelastungen durch den Verkehr

Wie bereits an anderer Stelle ausgeführt wurde, besteht ein wesentliches Merkmal der Freizeitparks in ihrer Orientierung auf motorisierte Besucher. Die Eröffnung bzw. der Betrieb dieser Einrichtungen führt in der Regel zu einem erhöhten Verkehrsaufkommen und bewirkt eine Veränderung des modal-split zugunsten des motorisierten Individualverkehrs. Der zusätzliche Pkw-Verkehr erzeugt Wirkungen auf die Umwelt sowohl im Großraum als auch im unmittelbaren Umfeld der Anlage. Bei den zusätzlich erzeugten Umweltbelastungen handelt es sich um

— Luftverunreinigungen. Das Auto produziert Schadstoffe wie Kohlenmonoxide, Stickoxide, Schwefeldioxid, Ruß und Blei. Die Hälfte der durch Autos verursachten Luftverschmutzung ist auf den Freizeit- und Urlaubsreiseverkehr zurückzuführen[151].

— Verkehrslärm. Einzelne Parks sind lediglich über Landes- und Bundesstraßen zu erreichen. Eine Anfahrt ist nur bei Durchquerung benachbarter Ortschaften möglich und kann hier zu erheblichen Lärmbelastungen führen.

— Wasser- und Bodenverunreinigungen, ausgelöst durch Reifen- und Straßenabrieb, andere Feststoffemissionen (Ruß, Blei, Asbest) und Mineralöl-Versickerung. Bezogen auf den ruhenden Verkehr, ist vor allem bei ausgedehnten, nicht befestigten und im Naturraum angelegten Parkplätzen mit Öl-Einschwemmungen ins Erdreich sowie mit einer Belastung des Grundwassers zu rechnen.

Landschaftszersiedlung und Landschaftsverbrauch

Durch die Ansiedlung und den Betrieb großflächiger Freizeitanlagen werden Freiflächenverbrauch und Landschaftszersiedlung eingeleitet.

Das Maß des Flächenverbrauchs wird durch die Größe des jeweiligen Parkreals und die erforderlichen Pkw- und

Busstellplätze bestimmt. Wie Abbildung zeigt, bewegt sich der Flächenverbrauch nordrhein-westfälischer Freizeitparks in einer Größenordnung zwischen ca. 8 ha (potts-park, Minden) und ca. 80 ha (Panorama-Park, Kirchhundem).

Das Maß des Flächenverbrauchs hängt maßgeblich vom jeweiligen Betriebskonzept des Freizeit-Parks ab. Die als kombinierte Freizeit- und Safariparks angelegten Einrichtungen verfügen in der Regel über größere Gesamtflächen als solche Betriebe, in denen Fahrgeschäfte und Attraktionen durch intensive Nutzung des jeweiligen Areals auf engem Raum gebündelt werden konnten. Ein sukzessiv zunehmender Flächenverbrauch ist vor allem an solchen Standorten festzustellen, deren Wachstum nicht durch Flächenansprüche benachbarter Nutzungen (z. B. Wohngebiete, Landschaftsschutzgebiete) oder durch bau- und planungsrechtliche Reglementierungen eingeschränkt worden sind.

Das Flächenwachstum der Parks wird durch den Neubau von Fahrgeschäften, Attraktionen (z. B. Theater), Restaurants und Wirtschaftsgebäuden verursacht. Ausländische Beispiele weisen daraufhin, daß das Wachstum der Parks zukünftig zusätzlich durch den Bau von Hotel-, Einzelhandels-, Kultur- und Kongreßeinrichtungen bestimmt werden kann. Außerdem nimmt mit steigender Attraktivität der Vergnügungseinrichtung in der Regel der Parkdruck im Umfeld der Anlagen zu, so daß eine Ausweitung der Parkplatzflächen und Erschliessungsanlagen angestrebt wird (Abbildung , Seite gibt einen Eindruck über die Größe der Besucher-Parkplatzfläche im Verhältnis zur gesamten Fläche der Anlage).

Im Vergleich zu den übrigen Einrichtungen weist das Phantasialand Brühl mit ca. 9 ha, das entspricht ca. 30 % der Gesamtfläche des Parks, die größte Parkplatzfläche auf. Eine Größe von ca. 8 ha (16 % der Gesamtfläche) nimmt die Stellplatzfläche im Traum-Land-Park Bottrop ein.

Daß zwischen der Größe der Gesamtanlage und der räumlichen Ausdehnung der Parkplatzflächen kein linearer Zusammenhang bestehen muß, zeigen kleine, überaus attraktive und intensiv genutzte Anlagen, die über erhebliche Parkplatzflächen verfügen (z. B. Phantasialand, Brühl).

Der Flächenverbrauch eines Freizeitparks beschränkt sich nicht nur auf das Grundstück und die notwendigen Erschließungsflächen, sondern umfaßt auch die Flächen, die durch die bauliche Anlage oder die Verkehrswege zerschnitten und in sonstiger Weise entwertet werden. So können insbesondere Standorte in regionalen Frischluftschneisen zu einer Beeinträchtigung des Makroklimas führen. Schwerwiegende Belastungen des Naturhaushaltes sind zu erwarten, wenn Biotopverbundsysteme unterbrochen und damit in ihrer Funktionsfähigkeit eingeschränkt werden.

Mit steigender Nutzungsintensität der jeweiligen Fläche (Fahrgeschäfte/Attraktionen, Gebäude, Parkplätze und Erschließungsanlagen) nimmt der Grad der Flächenversiegelung tendenziell zu. Nicht selten sind bauliche Anlagen unterirdisch angelegt worden, sowohl zur Installation technisch aufwendiger Fahrgeschäfte als auch zur Verankerung oberirdischer Anlagen (z. B. Riesenrad). Diese Eingriffe können nicht nur die Grundwasserneubildung beeinträchtigen, sondern darüber hinaus den oberirdischen und unterirdischen Was-

Abb. 1
Flächenverbrauch nordrhein-westfälischer Freizeitparks[152]

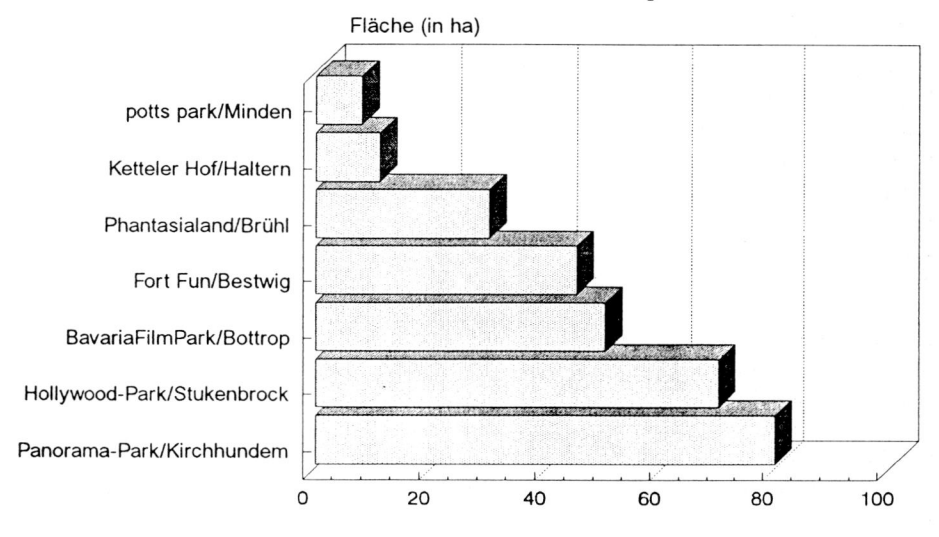

Abb. 2
Fläche der Besucherparkplätze ausgewählter nordrhein-westfälischer Freizeitparks[153]

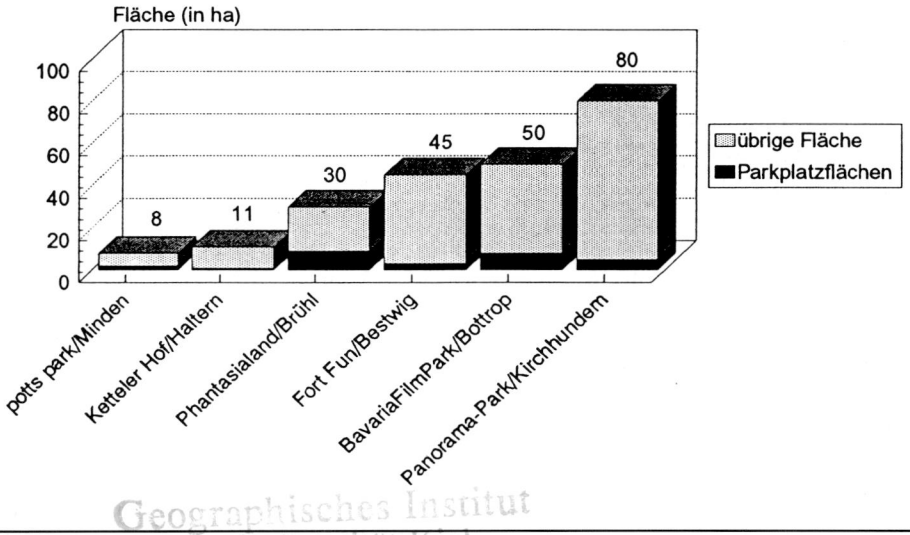

serhaushalt stören (Veränderung von Abfluß-, Versickerungs- und unterirdischen Strömungsbedingungen).

Umweltbelastungen durch den Betrieb des Freizeitparks

Neben der Umweltbelastung durch den Verkehr und die Landschaftszersiedlung sowie den Landschaftsverbrauch spielen die durch den Betrieb von Attraktionen und Einrichtungen erzeugten Umwelteinwirkungen eine zentrale Rolle. Hierzu zählen vor allem

- die Lärmemissionen, sowohl ausgelöst durch technische Anlagen (z. B. Maschinen; Rollgeräusche) als auch die Besucher, was sich besonders störend auf den Nahbereich der Anlage auswirken kann,

- der Wasserverbrauch durch aufwendige Attraktionen und Anlagen (z. B. Wildwasserbahnen) und die Wasserverschmutzung, was besondere Anforderungen an die Leistungsfähigkeit der Ver- und Entsorgungsinfrastruktur stellt,

- der enorme Energieaufwand zum Betrieb technischer Anlagen und

- die Veränderung ehemals naturnaher Landschaften mit allen bekannten Auswirkungen auf Flora und Fauna.

Von Seiten der Freizeitpark Betreiber wurden in der Vergangenheit vereinzelt Maßnahmen eingeleitet, die Umweltbeeinträchtigungen zu minimieren bzw. zu kompensieren, z. B. durch

- die naturnahe Anlage von Parkplätzen; d.h. durch Verzicht auf Flächenversiegelung und durch Durchgrünung bzw. Parzellierung in kleine Parkeinheiten[154],

- durch die Einfriedung schützenswerter Biotope, bzw. die Anlage von Hauptwegen in schützenswerten Bereichen und

- die Durchgrünung und Pflege der Anlage bzw. der Begrünung von baulichen Anlagen und Attraktionen.

3.3 Effekte auf den kommunalen Haushalt

Viele Städte und Gemeinden erwarten von dem im Gemeindegebiet angesiedelten Freizeitpark positive wirtschaftliche Effekte. Inwiefern solche Erwartungen gerechtfertigt sind, kann aufgrund fehlender Untersuchungen und der mangelnden Offenlegung von Wirtschaftseffekten seitens der Standortgemeinden nicht quantifiziert und damit gesichert eingeschätzt werden.

Es kann jedoch davon ausgegangen werden – was auch die Gespräche in unterschiedlichen Standortgemeinden gezeigt haben – daß die positiven Effekte von Freizeitparks auf die kommunalen *Steuereinnahmen* (Gewerbesteuer, Grundsteuer, kommunaler Einkommenssteueranteil, Vergnügungssteuer) eher von untergeordneter Bedeutung sind:

- Das *Gewerbesteueraufkommen* der Freizeitparks ist im Verhältnis zu den grundsätzlich zu leistenden und zu Teilen kommunal zu finanzierenden Infrastrukturleistungen (z. B. im Verkehrsbereich) gering.

- Ebenfalls ist das *Vergnügungssteueraufkommen* der Anlagen gering, da lediglich Teile der Parks vergnügungssteuerpflichtig sind und die Betreiber Strategien entwickelt haben, die Steuerbelastung zu minimieren. Vergnügungsorientierte Attraktionen erfuhren mitunter eine „Umetikettierung" zu Bildungs-, Erholungs- oder Sportangeboten.

Ferner werden die Mehreinnahmen durch den kommunalen Finanzausgleich und zusätzliche Ausgaben im Verwaltungs- und im Infrastrukturbereich in der Regel ausgeglichen.

Dennoch hat die im Rahmen der vorliegenden Untersuchung durchgeführte Befragung von Standortgemeinden gezeigt, daß sich diese Kommunen auch in Zukunft gegenüber der Ansiedlung eines Freizeitparks „aufgeschlossen" zeigen würden.

3.4 Effekte auf die kommunale und regionale Wirtschaft

In der Literatur wird übereinstimmend hervorgehoben, daß von Freizeitparks lediglich geringe direkte *Beschäftigungseffekte* ausgehen. Freizeitparkunternehmen schaffen verhältnismäßig wenig Dauerarbeitsplätze. So beträgt der Anteil der saisonal Beschäftigten ca. 80 %, ebenso hoch ist der Anteil derer, der zeitlich befristet wochen-, tage- oder stundenweise beschäftigt ist. Die saisonalen Arbeitskräfte umfassen vorwiegend ungelernte, weibliche Arbeiter sowie teilzeitbeschäftigte Schüler oder Studenten; das Einkommensniveau ist vergleichsweise niedrig[155]. Als qualitativ wichtige – jedoch mengenmäßig weniger stark ins Gewicht fallende – Arbeitsplätze gelten die hochqualifizierten, stark spezialisierten Arbeitskräfte der Parks (z. B. Techniker, Manager oder Künstler).

Durch eine Änderung des üblichen Betriebskonzeptes der Freizeitparks – z. B. durch Anlagerung von Hotel- und Beherbergungsanlagen – können zukünftig jedoch mehr höher qualifizierte Arbeitsplätze entstehen.

Die indirekten Effekte auf die kommunale und regionale Wirtschaft wird in den Standortgemeinden der Freizeitparks unterschiedlich bewertet. Indirekte Effekte entstehen aufgrund der durch den Betrieb des Freizeitparks ausgelösten Nachfrage nach Dienstleistungen oder Arbeitskräften am Ort bzw. in der Region.

- Für das örtliche *Hotel- und Beherbungsgewerbe* haben sich Impulse insofern ergeben, als daß zunehmend mehr Betreiber und/oder Reiseveranstalter Kurzurlaub im Umfeld von Freizeitparks anbieten und (vor allem ausländische) Besucher mehrtägig an die Anlage bzw. das Umfeld binden[156]. Ferner bieten Hotels Übernachtungsmöglichkeiten für im Umfeld einzelner Freizeitparks stattfindende themenspezifische Veranstaltungen (z. B. der Freizeitwirtschafter). Dennoch sind die wirtschaftlichen Vorteile für örtliche Dienstleistungsbetriebe nur in Einzelfällen von gravierender Bedeutung, da der Anteil der Kurzurlauber gering ist. Auch wenn es zukünftig gelingen sollte, mehr Kurzurlauber für Freizeitparks zu interessieren, muß davon ausgegangen werden, daß wirtschaftlich lukrative Übernachtungsgelegenheiten von Seiten der Park-Unternehmen organisiert werden.

- Mittlerweile wird im Umfeld einzelner Freizeitparks die Anlage von *Campingplätzen* geplant. Die Verknüpfung von Camping und Freizeitpark bringt für beide Anlagen wirtschaftliche Vorteile.

- *Gastronomische Betriebe* gehören heute zur Grundausstattung eines Freizeitparks und werden innerhalb der Anlagen angeboten. Wirtschaftliche Effekte auf die Gastronomie außerhalb des Parks sind nur in geringem Umfang zu erwarten.

- Wie das Beispiel des Freizeitparks Schloß Beck in Bottrop zeigt, kann der Betrieb einer solchen Anlage sich förderlich auf den Erhalt örtlicher *Kulturgüter* (hier: Schloß Beck) auswirken. Hingegen haben Freizeitparks als Frequenzerzeuger für den *örtlichen Kulturbetrieb* geringe Bedeutung. Vielmehr engagieren sich Freizeitparkbetreiber zunehmend im Theater-, Varieté- bzw. Showbereich, womit eine räumliche Verlagerung von – historisch gesehen – in den Siedlungskernen angebotenen Attraktionen verbunden ist.

Da Freizeitparks Dienstleistungen von Ver- und *Entsorgungsunternehmen* und *technischen Diensten* (z. B. spezialisierte Handwerksbetriebe) häufig innerhalb der Standortgemeinde oder der Region in Anspruch nehmen, entstehen für diesen Teil der örtlichen Wirtschaft durchaus positive Effekte (Zulieferer: Bäcker, Metzger, Reinigung etc.). Häufig nachgefragte Dienstleistungen werden zunehmend auch betriebsintern organisiert.

Angesichts der relativ gering zu bewertenden wirtschaftlichen Vorteile und Effekte können nur Vermutungen darüber angestellt werden, was die befragten Kommunen zur positiven Bewertung der Freizeitparks bewegt hat.

- Imagefaktor: Vor allem Vertreter kleinerer Städte und Gemeinden betonen, daß die kommunale Erholungs- und Freizeitfunktion durch den Park verstärkt wurde. Nicht zuletzt habe die Freizeitanlage zur Bekanntheit des Ortes beigetragen und stelle insofern einen wichtigen Imagefaktor dar. Auffällig ist der Zusammenhang zwischen stark begrenzten gewerblichen bzw. industriellen Entwicklungsspielräumen und den Erwartungen an die örtlichen Freizeitunternehmen.

- Kopplungseffekte: Aufgrund der räumlichen Nähe von verschiedenen Freizeit- und Erholungsangebote hoffen einzelne Gemeinden auf Kopplungseffekte. Der örtliche Freizeitpark soll als Frequenzerzeuger für andere (kommunale) Freizeit-, Erholungs- und Kultureinrichtungen dienen – und umgekehrt. In Einzelfällen werden kombinierte Einkaufsfahrten und Freizeitparkbesuche organisiert, von denen der örtliche Einzelhandel profitieren soll.

Inwieweit solche Überlegungen bzw. Erwartungen begründet sind, läßt sich aufgrund fehlender Erfahrungen bzw. Untersuchungen zur Zeit jedoch nicht beurteilen.

3.5 Auswirkungen auf das Stadt- und Landschaftsbild

Charakteristisch für die Mehrzahl der Freizeitparks ist die Lage außerhalb geschlossener Ortschaften. Der visuell wahrnehmbare Gesamtcharakter der Landschaft verändert sich durch das Vorhandensein eines Freizeitparks dann, wenn bauliche Anlagen oder die notwendigen Erschließungsanlagen natürliche, landschaftsbildende Element in ihrer Existenz, Funktion oder Ästhetik beeinträchtigen und die Eigenart der Landschaft berührt wird. Wesentliche landschaftsbildende Elemente sind die Morphologie und die vorhandene Vegetation.

Störungen des Landschaftsbildes durch einen Freizeitpark resultieren aus

- der Großflächigkeit der Anlagen bzw. der ungestalteten und ungegliederten Parkplatzflächen und der aufwendigen Erschließungsstraßen[157],

- der fehlenden Maßstäblichkeit, der Wahl unnatürlicher bzw. ortsuntypischer Baumaterialien, der aggressiven Gestaltung und Dominanz von Anlagen und Attraktionen,

- eintönig gestalteter, funktionaler Hallenarchitektur in Leichtbauweise, die lediglich auf den für den Freizeitparkbetrieb relevanten Seiten einschließlich der Eingänge gestaltet sind (Fassadenarchitektur),

- der Verlagerung von Stilelementen exotischer Welten und Kulturen in die natürliche Umwelt.

Mit Bezug auf diese Probleme haben die Genehmigungsbehörden in Einzelfällen anlagenbezogene Gestaltungsauflagen als Bedingung zur Errichtung baulicher Anlagen formuliert. Die Genehmigungsbehörden arbeiteten vor allem mit

- Gestaltungssatzungen,

- Festsetzungen in Bebauungsplänen, wobei die Art und das Maß der baulichen Nutzung geregelt wurden. Gegenstand von Regelungen ist darüberhinaus die Festsetzung maximaler Gebäudehöhen (z. B. in Höhe der Baumwipfel).

3.6 Auswirkungen auf die Stadtentwicklung und Zentrenstruktur

Seitens der betroffenen Gemeinden werden die Wirkungen von Freizeitparks auf die Stadtentwicklung und die Zentrenstruktur selten negativ eingeschätzt.

Dennoch stellt sich angesichts der spezifischen Standortstruktur und Größe bzw. der überörtlichen Einzugsbereiche großflächiger Freizeiteinrichtungen die Frage, inwieweit ihre Ansiedlung sozioökonomische und räumliche Ordnungskonzepte und Leitbilder der Planung tangieren kann. Für den Fall, daß die räumlichen Auswirkungen die Zielvorstellungen der Kommunal-, Regional- und Landesplanung unterlaufen, wird ein Geflecht räumlicher Wirkungen ausgelöst. In den bestehenden Zentrenbereichen besteht die Gefahr, daß dort getätigte Maßnahmen und Investitionen tendenziell entwertet werden[158].

Eine Schwächung bestehender Zentrenbereiche ist vor allem dann zu erwarten, wenn es zu Überschneidungen zwischen freizeitparkbezogenen Angeboten und stadtrelevanten Kultur-, Freizeit-, Gastronomie- oder Beherbergungsangeboten (z. B. Theater, Varieté, Kino, Hallenbäder, Gaststätten, Hotels) kommt. Die aktuell zu beobachtende konzeptionelle Ausrichtung vergnügungsorientierter Freizeitparks auf stadtbezogene Kultur- und Freizeitangebote kann zu unerwünschten Konkurrenzsituationen führen. Diese werden umso ausgeprägter sein, je weniger die jeweilige freizeitparkbezogene Attraktion oder Anlage im Verhältnis zur Größe der Ansiedlungsgemeinde (bzw. der dort vorhandenen Freizeitinfrastruktur) steht.

Sofern der Betrieb eines Freizeitparks Funktionsverluste in bestehenden Zentrenbereichen bewirkt, werden die in den Ausbau und in die Entwicklung innerstädtischer Infrastrukturen (z. B. Verkehrsinfrastruktur) investierten öffentlichen und privaten Mittel tendenziell entwertet.

Historisch gesehen waren dauerhaft installierte Einrichtungen des Freizeitvergnügens an integrierte Standorte in den gemeindlichen Zentren bzw. Nebenzentren gebunden. Diese Zentren sollen die Funktionen Handel, Administration, Wirtschaft, Freizeit, Kultur und Religion bündeln. Damit sind für den Freizeitbereich auch aus Sicht der räumlichen Planung verschiedene Vorteile verbunden:

– Durch eine große Nachfrage im Nahbereich bzw. Mittelbereich der Anlagen wird die erzeugte Verkehrsmenge eingeschränkt.

– Die Nutzung einer gut entwickelten Verkehrsinfrastruktur, insbesondere auch im Bereich des öffentlichen Personennahverkehrs, führt zu einem ausgeglichenem modal-split.

– Unnötiger Freiflächenverbrauch und die Zersiedlung der Siedlungsräume kann verhindert und damit verbundene Umweltbelastungen begrenzt werden.

– Durch wohnungsnahe, attraktive Freizeitangebote werden Siedlungsbereiche städtebaulich und funktional aufgewertet.

Trotz vielfach geäußerter Einwände gegen eine Anwendung zentralörtlicher Modelle in der raumbezogenen Planung hat der Erklärungsansatz – auch im Freizeitbereich – seinen grundsätzlichen Erklärungs- und Begründungswert nicht verloren.

3.7 Auswirkungen auf den Planungsprozeß

Neben zahlreichen fachlichen und raumrelevanten Auswirkungen und Spannungen, die mit der Ansiedlung und Entwicklung eines Freizeitparks verbunden sind, können große Freizeitanlagen die Organisation und die Mechanismen des herkömmlichen Planungs- und Entscheidungsprozesses der Raumplanung entscheidend verändern.

„Für die Planung und Realisierung solcher Einrichtungen existieren keine Bewertungsroutinen und es kann auf keine oder nur wenige (nicht vergleichbare) Vergleichsobjekte zurückgegriffen werden (Singulärcharakter). Das methodische Problem besteht in einer Auswirkungsprognose bei unvollständiger Information über die Merkmale und möglichen Folgen des Vorhabens. Die Folge ist – vor allem bei kleineren Kommunen – häufig eine vollständige Überforderung der kommunalen Planungsträger, sowohl hinsichtlich der verfügbaren Verwaltungskapazitäten als auch im Bezug auf die fachliche Einschätzung der jeweiligen Vorhaben.

Erschwerend kommt hinzu, daß sich der planerische Abwägungsprozeß im Regelfall unter extremem Zeitdruck und unter hohem lokalpolitischem Druck vollziehen muß.

Die fachlich/methodische Problematik und der von der Lokalpolitik aufgebaute Handlungsdruck, insbesondere aber auch die Tatsache, daß die raumrelevanten Auswirkungen der hier im Mittelpunkt stehenden Einrichtungen regelmäßig auf das Gebiet benachbarter Gemeinden übergreifen (überregionale Auswirkungen), führen dazu, daß die großen kommerziellen Freizeiteinrichtungen in zunehmendem Maße zum Gegenstand der Regional- und Landesplanung werden (müssen). Als Folge dieser Überlegungen ergeben sich zwei Handlungsalternativen für die Planung und Genehmigung großflächiger Freizeiteinrichtungen mit erheblichen raumrelevanten Auswirkungen:

entweder

wird die Planungsträgerschaft für Einrichtungen dieser Art auf die Mittelbehörden übertragen, bei denen entsprechende fachliche und personelle Voraussetzungen zu schaffen bzw. zu ergänzen wären,

oder

es werden Planungs- und Genehmigungszusammenhänge geschaffen, die es erlauben, daß die von Einzelvorhaben betroffenen Gemeinden zu einer abgestimmten Beurteilung und Behandlung von Vorhaben kommen (interkommunale Kooperation). Für andere strukturrelevante Vorhaben bestehen bereits entsprechende Verfahrensvorbilder.

Beide skizzierten Möglichkeiten sind nicht frei von Problemen, etwa der Einschränkung der kommunalen Planungshoheit oder der fehlenden Haushaltsmittel. Inwieweit es gelingt, die im Zusammenhang mit der Ansiedlung von Freizeitgroßeinrichtungen auftretenden fachlichen und politischen Probleme im Rahmen des in Kürze zu erwartenden Raumordnungsverfahrens zu lösen, wird von der konkreten Ausgestaltung dieses Instrumentes abhängen.

Unabhängig davon, welche Formen der planungs- und genehmigungsrechtlichen Behandlung der Freizeitgroßeinrichtungen in Zukunft gefunden werden, wird eine der Hauptaufgaben solcher Verfahren sein, die derzeit noch bestehende enorme Diskrepanz zwischen dem know-how und der Kapitalkraft der Projektentwicklungsunternehmen auf der einen und den öffentlichen Planungsträgern auf der anderen Seite abzubauen. Diese Aufgabe stellt sich vor allem auch deshalb, weil es im Freizeitsektor, anders als etwa im der Industriebereich, im Handel oder im Handwerk, keine unabhängigen, öffentlich-rechtlichen Beratungsinstitutionen (z. B. Industrie- und Handelskammern) gibt. Mehr noch als in den genannten Bereichen müssen daher die Betreiber großer Freizeitanlagen in die Verantwortung genommen werden, die zu einer umfassenden Beurteilung der jeweiligen Vorhaben erforderlichen Informationen und Zusammenhänge glaubhaft beizubringen."[159]

3.8 Zusammenfassung

Grundsätzlich ist die planerische Bewertung von Freizeitparks von den betriebsbezogenen Merkmalen Standort, Größe, Einzugsbereiche und Attraktionen/Angebote der jeweiligen Anlage abhängig.

Durch die Anlage bzw. den Betrieb eines Freizeitparks wird ein Bündel sich bedingender und überlagernder Wirkungen in den Bereichen Verkehr, Umwelt, kommunaler Haushalt, Arbeitsmarkt und Stadt- und Landschaftsbild ausgelöst:

- *Verkehrserzeugung:* Freizeitparks ziehen Besucher aus überregionalen Einzugsbereichen an und verursachen zusätzlichen Pkw-Verkehr im Großraum und im Nahbereich der Anlage. Verkehrsbelastungen variieren jahres- und tageszeitlich so stark, daß der Ausbau einer für Spitzenbelastungen geeigneten Verkehrsinfrastruktur nicht nur aus wirtschaftlichen und städtebaulichen Gründen, sondern auch aus Gründen der Verhältnismäßigkeit fraglich erscheint. Aufgrund der Distanzempfindlichkeit bestimmter Bevölkerungsgruppen und der sozial selektiven Verfügbarkeit eines PKW sind die Freizeiteinrichtungen nicht für alle Bevölkerungsgruppen gleichermaßen erreichbar.

- *Verkehrsprobleme:* Folge der Be- und Überlastung der zum Freizeitpark führenden Zufahrtstraßen sind Verkehrsstörungen, Verkehrsgefährdungen und Nutzungskonflikte in angrenzenden Bereichen (vor allem Wohnbereiche, Landschaftsschutzgebiete).

- *Umweltbelastungen:* Umweltprobleme werden in erster Linie durch die Emissionen des motorisierten Verkehrs und durch die flächen- und anlagenbezogene Entwicklung in die landschaftlich wertvollen Außenbereichen der Standortgemeinden ausgelöst. Landschaftszersiedlung, erheblicher Freiflächenverbrauch, Flächenversiegelung, Zerstörung schützenswerter Biotope und Biotopverbundsysteme führen zu ökologischen Belastungen.

- *Wirtschaftliche Effekte:* Die positiven Auswirkungen von Freizeitparks auf die kommunalen Steuereinnahmen und auf die Ertragslage ortsansässiger Dienstleistungsunternehmen in den Bereichen Beherbergung und Gastronomie sind als gering anzunehmen. Positive Arbeitsmarkteffekte sind ebenfalls nicht stark ausgeprägt

- *Stadt- und Landschaftsbild:* Die minimale architektonische Ausgestaltung der Baukörper, die ortsuntypische Gestaltung und die weiträumigen Parkplatzanlagen lassen häufig eine städtebauliche Qualität und landschaftsplanerische Integration der Bauwerke vermissen. Im Außenbereich der Standortgemeinden gelegen und als geschlossene Anlagen konzipiert, sind die Anlagen städtebaulich nicht in die Standortgemeinden eingebunden bzw. integrierbar.

- *Stadtentwicklung und Zentrenstruktur:* Die Ansiedlung von Freizeitparks kann dem in zentralörtlichen Raummodellen formulierten Ziel – gesellschaftlich bedeutsame und kostenintensive Verwaltungs-, Einzelhandels-, Gesundheits-, Schul-, Sport- und Kultureinrichtungen schwerpunktmäßig in zentralen Orten anzubieten und zu bündeln – entgegenwirken.

4 Rahmenbedingungen der zukünftigen Entwicklung von Freizeitparks

Die zukünftige Entwicklung der Freizeitparks und vergleichbarer vergnügungsorientierter Anlagen wird von zahlreichen nachfrageorientierten Faktoren (z. B. demographische Entwicklung, Wertsetzungen und Einstellungen der Kunden) und angebotsorientierten Faktoren (z. B. Erfolgs- und Wachstumsfaktoren, konzeptionelle Entwicklungen) bestimmt.

4.1 Nachfrageorientierte Faktoren

Zur Struktur und zur Entwicklung der Freizeitnachfrage stehen zum Teil sehr differenzierte Erhebungen und Untersuchungen zur Verfügung. Wesentliche rahmensetzende Faktoren für Art und Menge der Freizeitnachfrage bestehen demnach in den demographischen Veränderungen, der Struktur der Erwerbstätigkeit, dem Ausbildungsniveau, der Menge und Struktur der Freizeit, den potentiell für die Freizeit verfügbaren Einkommensanteilen, den vorherrschenden Lebensstilen und den vorherrschenden Trends als Antwort auf gesellschaftliche Problemlagen[160].

Mit der Eingliederung der fünf neuen Bundesländer in die Bundesrepublik Deutschland ergeben sich jedoch hinsichtlich der zukünftigen Entwicklung des Freizeitmarktes neue Unsicherheitsfaktoren. Zusätzliche finanzielle Belastungen der Haushalte könnten zu einer Umschichtung der Einkommensverwendung führen und damit auch die Höhe und Struktur der freizeitbedingten Ausgaben beeinflussen; zugleich könnten sich Ziele von Kurzurlauben und Tagesausflügen ändern. Wie und in welchem Maße solche Entwicklungen eintreten werden, ist gegenwärtig noch nicht abzusehen. Es kann jedoch davon ausgegangen werden, daß sich nicht nur die Nachfragestruktur in den alten Bundesländern ändern wird, sondern daß sich auch die Investitionsschwerpunkte der Freizeitunternehmer in die fünf neuen Bundesländer verlagern wird. Zusätzlich wird sich der Freizeitmarkt auch auf die neuen Nachfrager in Form von Spezialangeboten (z. B. Vergünstigungen bei den Eintrittspreisen, Sondereinrichtungen zur Unterbringung) einstellen.

Angesichts dieser neuen und im Detail noch nicht übersehbaren Situation können die Rahmenbedingungen für das zukünftige Freizeitgeschehen hier nur qualitativ beschrieben werden.

Als Grundannahme gilt, daß mit einem anhaltenden Wirtschaftswachstum auch die verfügbaren Haushaltseinkommen zunehmen, wobei bislang ausgeprägte Tendenzen zur sogenannten „Zweidrittelgesellschaft" im Zuge der besseren Beschäftigungsmöglichkeit möglicherweise schwächer werden. Im Zuge dieser allgemeinen Entwicklung werden auch die **„Freizeitausgaben" steigen.**

Die demographische Entwicklung dürfte trotz kaum prognostizierbarer Einflußfaktoren, wie z. B. die Zuwanderungen aus dem EG-Raum oder den osteuropäischen Staaten, vor allem von zwei Tendenzen begleitet sein[161]:

- einem relativen **Rückgang der Altersgruppe der jungen Menschen** (zwischen 15 und 24 Jahren) und

- einem **Zuwachs der jüngeren Erwachsenen** im Alter zwischen 25 und 39 Jahren bzw. der **„Jung-Rentner"** zwischen 55 und 59 Jahren.

Damit nimmt eine der bisher wichtigen Nachfragegruppen für Freizeitparks absolut betrachtet ab, eine andere nimmt unter Status-Quo-Bedingungen zu.

Hinsichtlich der **Haushaltsgrößenstruktur** werden sich keine bedeutsamen Verschiebungen ergeben. Es wird davon ausgegangen, daß die Gesamtzahl der Haushalte nicht weiter wesentlich zunimmt, nur größere Haushalte sich zugunsten von kleineren und mittleren Haushaltsgrößen verringern[162].

Aufgrund der altersdemographischen Veränderungen nimmt auch das **Erwerbspotential,** die Gesamtzahl aller erwerbsfähigen und erwerbstätigen Frauen bzw. Männer und damit auch die Zahl der Arbeitslosen ab. Einen wesentlichen Zuwachs wird in den alten Bundesländern die Gruppe der Rentner bzw. Pensionäre, also von Nichterwerbspersonen mit überwiegenden Lebensunterhalt aus staatlichen Transferzahlungen, erhalten[163].

Auch zukünftig wird das **Ausbildungsniveau** weiter ansteigen; hohe Zuwachsraten ergeben sich für Personen mit Realschulabschluß sowie mit Fachhochschul- oder Hochschulreife[164]. Hinzu kommen weitere Qualifizierungsverbesserungen durch Volkshochschulkurse oder bei sonstigen Weiterbildungseinrichtungen.

Die **verfügbare** oder disponible **Freizeit,** also die Zeit ohne den täglichen Zeitverbrauch für die Regeneration (Schlafen, Essen, und sonstige notwendige Tätigkeiten wie Hausarbeit, Einkaufen, Fahrten zum Arbeits- und Ausbildungsplatz) hängt bekanntermaßen von der Entwicklung des gesamtwirtschaftlichen Arbeitsvolumens ab. Kurzfristig kann davon ausgegangen werden, daß

– sich durch tarifliche Vereinbarungen die Wochenarbeitszeit verkürzt,

– zunehmend Teilzeitarbeitsplätze angeboten werden,

– sich eine Flexibilisierung der effektiven Wochenarbeitszeit weiter durchsetzt.

Damit entstehen Blockzeiten, die als relativ günstig für Freizeitparkbesuche anzusehen sind.

Ob die Flexibilisierung der Arbeitszeit, die Entkopplung von Betriebszeiten und individuellen Zeitstrukturen für den Einzelnen mehr Zeitsouveranität bedeutet, bleibt abzuwarten. Sehr heterogene Zeitstrukturen in Tages-, Wochen-, und Jahresablauf bringen zusätzliche Probleme, z. B. der aufwendigeren Zeitkoordination, mit sich. Deutlich wird dies bei der Teilzeitarbeit, die zu mehr Werktagsfreizeit zu unattraktiven Zeitpunkten führt.

Angesichts der Präferenzen der Bevölkerung bei der Nutzung der zusätzlichen, nicht arbeitsgebundenen Zeit dürften in erster Linie mehr Urlaubstage, verlängerte Wochenenden und wegen der sogenannten „Blockfreizeiten" auch ganze arbeitsfreie Werktage die kurz- bis mittelfristig wichtigen Freizeitstrukturen sein. Die zusätzliche Freizeitmenge bzw. die Präferenzen der Freizeitverwendung werden sich auch zukünftig in Abhängigkeit von sozialer Gruppenzugehörigkeit unterscheiden:

– Rentner, Arbeitslose und nicht berufstätige Hausfrauen verfügen auch zukünftig deutlich über die meiste Werktagsfreizeit.

– Nicht ganz so stark ausgeprägt ist dies bei der Wochenendfreizeit.

– Sowohl Schüler und Studenten, als auch Angestellte, Beamte und Arbeiter verfügen weiterhin vor allem über viel Urlaubsfreizeit[165].

Welche Formen der Freizeitverwendung werden in Zukunft im Vordergrund stehen? Zu den Grundbedürfnissen gehört offenbar die Mobilität, das Verlangen, sich auch räumlich vom Alltag abzuwenden, Neues zu erfahren und zu erleben. Zukünftig kann trotz höherer Kostenbelastungen von einer weiteren Zunahme der Motorisierung und einer anhaltenden Mobilitätsbereitschaft mit dem Pkw ausgegangen werden[166]. Damit wird das Reisen in den unterschiedlichen Formen (Jahresurlaub, verlängertes Wochenende, Tagesausflug) – neben anderen Freizeitaktivitäten wie z. B. Theater- und Kinobesuch oder Shopping – in der Freizeitverwendung einen immer größeren Stellenwert einnehmen. Gleichzeitig hat sich mit wachsender Freizeit, zunehmendem Wohlstand für breite Bevölkerungskreise und vermehrter Bildung das Anspruchsniveau nach oben verschoben[167]. Diese erhöhten Ansprüche der „Freizeit-Konsumenten" werden sich auch beim Besuch von Freizeitparks niederschlagen und Einfluß auf die Anforderungen an die Gestaltung und Ausstattung der Parks finden.

Ausgehend von diesen Überlegungen werden in Zukunft vor allem zwei Nachfragegruppen für die Freizeitparks von Bedeutung sein:

– die zunehmende Anzahl von „jungen Rentnern" mit einem relativ gesichertem Einkommen und Werktags- bzw. Wochenendfreizeit sowie

– Arbeiter und Angestellte mit Wochenendfreizeit.

Trotz der für die Entwicklung der Freizeitparks negativ eingeschätzten Veränderung der Alters-, Sozial- und Bildungsstruktur wird die Zahl der jährlichen Freizeitpark Besucher auf 21,9 Mio. im Jahr 1995 prognostiziert[168]. Dieser Trend kann in quantitative und qualitative Entwicklungen der Freizeit untergliedert werden[169].

Quantitative und qualitative Entwicklungen:

– Eine lineare Abnahme der Jahresarbeitszeit in den letzten 40 Jahren von 2.300 auf 1.600 Stunden. Prognostiziert wird für das Jahr 2010 eine durchschnittliche Jahresarbeitszeit von ca. 1.300 Stunden.

– Die Jahresfreizeitstunden nahmen seit 1950 von 1.600 auf 2.100 im Jahr 1990 zu. Die durchschnittlichen Freizeitstunden werden bis zum Jahre 2010 auf etwa 2.300 Stunden ansteigen.

– Die Gesamtsumme der anfallenden Freizeitstunden in der Bundesrepublik Deutschland wird sich nicht verändern. Es wird jedoch ein Umverteilungsprozeß zugunsten einiger Altersgruppen einsetzen, wobei die Altenfreizeit an Bedeutung gewinnen wird.

– Die durch Arbeitszeitverkürzungen anfallenden Freizeitgewinne werden durch andere Faktoren wieder aufgehoben, z. B. andere Organisationsformen des Privatlebens, steigende Wegezeiten etc.

– Durch demographische räumliche Entwicklungen wird es in Zukunft lokal unterschiedliche Nachfragesituationen geben, z. B. Überalterung und Bevölkerungsverluste in den Kernstädten.

– Bedingt durch die demographische Entwicklung wird sich die Infrastrukturnachfrage hinsichtlich des altenspezifischen Zeitbudgets verändern. Die Nachfrage wird sich stärker auf Freizeiteinrichtungen für die älteren Generationen konzentrieren.

Die beschriebenen Entwicklungen wirken sich unterschiedlich auf die verschiedenen Freizeitbereiche in Zukunft aus [170]:

– **Sport:** Der Sport ist und wird der Bereich in der Freizeit sein, welcher die größten Wachstumsraten erzielen wird. Der Vereinssport wird jedoch durch den Individualsport zurückgedrängt, was begründet werden kann durch steigende kommerzielle Angebote. An Bedeutung werden Sportarten gewinnen, welche seniorenorientiert gelagert sind.

– **Mobilität:** Die Bedürfnisse nach neuen Reizen in der Freizeit, die steigenden Zeitbudgets für die Freizeit und das Fehlen einer erlebnisreichen städtischen Umwelt wird eine steigende Mobilität erzeugen.

– **Muße, Naturerleben:** Beides sind Elemente der Freizeitbeschäftigung mit steigenden Wachstumsraten. Bedenklich erscheint jedoch die steigenden Zahlen derjenigen, welche zu Wochenendfahrten die Verdichtungsräume verläßt und negative Folgen für die Ökologie mit sich bringt.

– **Soziale Kontakte, Kommunikation:** Die Bedürfnisse nach Kontakten und Kommunikation werden steigen und sich von Vereinen und kommerziellen Einrichtungen nach außerhalb verlagern.

– **Intellektorientierte und praktische Freizeitbetätigungen:** Sie verzeichnen stetige Wachstumsraten. Für die praktischen Freizeitbeschäftigungen werden in Zukunft größere Flächen und Areale beansprucht.

4.2 Angebotsorientierte Faktoren

Die derzeitigen Situation im Freizeitparkbereich wird durch ein zunehmende brancheninterne Konkurrenz und einen dadurch ausgelösten Investitions- und Innovationsdruck gekennzeichnet. Ausdruck dafür sind Betriebsveräußerungen oder sogar die Schließung von Parks. Bei den Entwicklungsperspektiven der Einrichtungsform Freizeitpark ist jedoch zwischen den großen und den relativ kleinen Erscheinungsformen zu unterscheiden:

– In den vergangenen Jahren haben vor allem die *großen Parks* überdurchschnittlich in den Erhalt, den Umbau bzw. die Erweiterung der Anlagen investiert. Diese Investitionen zielen auf eine Steigerung der Attraktivität der Anlagen, um verstärkt Wiederholungsbesucher anzuziehen [171]. Bei steigenden Investitionskosten setzt ein wirtschaftlich rentabler Betrieb der Parks wenigstens eine Konstanz, in vielen Fällen sogar einen Zuwachs der Besucherzahlen voraus [172].

In den letzten Jahren verzeichneten die großen Freizeitparks erhebliche Steigerungen der Besucherzahlen. Fraglich ist allerdings, ob die Attraktivität und Anziehungskraft solcher Anlagen langfristig ausreicht, ohne zu Sättigungserscheinungen bei der Nachfrage zu führen [173].

– In mittleren und *kleinen Parks* ging die Investitionstätigkeit in den vergangenen Jahren deutlich zurück; es wurden nur noch geringe Erweiterungen der Angebote und Attraktionen vorgenommen. Eine wesentliche Ursache für den Investitionsattentismus ist offenbar der zu starke Konkurrenzdruck der fünf größten Freizeitparks im Bundesgebiet [174]. Tatsächlich haben mehrere kleinere und mittlere Parks Konkurs anmelden müssen. Ursachen liegen in der zu unattraktiven Ausstattung, mangelnden Instandhaltung, ungünstig gelegenen Standorten und deshalb kontinuierlich abnehmenden Besucherzahlen [175]. Zum Teil haben sich über längere Zeiträume Investitionsrückstände gebildet, deren Bewältigung mit eigenen Mitteln nicht mehr möglich gewesen ist. Schließlich waren für einige Betriebsveräußerungen bzw. -aufgaben der häufig als Familienunternehmen gegründeten Parks auch persönliche Gründe der Betreiber (z. B. andere Berufswünsche, Altersgründe) maßgeblich [176].

Auch in räumlicher Hinsicht sind einzelnen Parks enge Grenzen gesetzt. So scheitert die Erweiterung dieser Parks nicht selten an Belangen des Landschafts- und Naturschutzes oder am Interesse, angrenzende Wohngebiete zu schützen.

Dennoch weisen zahlreiche Wachstums- und Erfolgsfaktoren der dynamischen Freizeitparkunternehmen darauf hin, daß sich die expansive Entwicklung der Freizeitparks in Zukunft fortsetzen wird; dabei wird es auch zu Veränderungen in inhaltlicher bzw. konzeptioneller Hinsicht kommen:

– vor allen die Betreiber größerer Anlagen streben eine Vergrößerung oder Verbesserung der Parks hinsichtlich Angebot und Attraktionen bzw. Qualität und Gestaltung an. Als vereinfachende Grundregel gilt: Alle zwei Jahre eine neue Attraktion [177].

– begleitend werden die Anstrengungen im werblichen Bereich intensiviert; ein Schwerpunkt liegt hier in der Erschließung angestrebter Einzugsbereiche.

– zunehmend werden auch Übernachtungsgelegenheiten im Umfeld der Freizeitparks geschaffen oder erschlossen (z. B. durch Verträge mit örtlichen Hotel- und Beherbungsbetrieben).

– durch Kurzurlaubsangebote in Verbindung mit organisierten Bahn- oder Busreisen wird eine Ausdehnung der Einzugsgebiete angestrebt.

Generell werden die Betreiber der Freizeitparkanlagen, ähnlich wie andere Freizeitanbieter, versuchen, die traditionellen Saisonzeiten zu durchbrechen.

Ziel ist die Etablierung einer Nach- oder Zwischensaison. Voraussetzung für den Erfolg einer solchen Strategie ist eine stärkere Unabhängigkeit von Witterungseinflüssen, also die Schaffung von in-door-Kapazitäten. Dies geschieht in Form von

– zusätzlichen Veranstaltungen, die nicht direkt mit dem Freizeitpark verknüpft sind, z. B. bei sogenannten Verkaufsfahrten [178] und

– Angeboten zur Nutzung der Freizeitkapazitäten im Rahmen von Kongressen, Werbeveranstaltungen, Weihnachts- und Betriebsausflügen.

Darüber hinaus betätigen sich die Freizeitparkbetreiber durch ihre Rauminszenierungen als Wegbereiter für neue Typen von freizeitbezogenen Einrichtungen. Ausgehend von spezifischen Elementen des klassischen Parkkonzeptes könnten vollständig neue Konzeptionen entwickelt werden:

- *City-Parks:* Nach Einschätzung von Unternehmern der Freizeitbranche haben wohnortnahe, kleine, thematisierte Parks, mit hohem Anteil von indoor-Anlagen in Verbindung mit Einkaufsmöglichkeiten gute Entwicklungschancen. Diese Einrichtungen würden primär auf ein jüngeres Publikum zielen.

- *Medien-Parks:* Auch speziell auf medienbezogene Freizeitangebote abstellende Anlagen werden gute Marktchancen eingeräumt. Erste Anzeichen für eine derartige Entwicklung zeigen sich in Deutschland in den vergangenen Jahren bei den aus der Öffentlichkeitsarbeit einzelner Fernsehanstalten entstandenen Unterhaltungsveranstaltungen (z. B. Bocklemünd-Hollymünd bei Köln oder Bavaria-Gelände in München) und in ausgeprägter Form am Beispiel des französischen Freizeitparks Futuroscope in Potiers [179].

Die vorhandenen großflächigen Freizeitparkanlagen werden – aus Konkurrenzgründen und zur Verbreiterung der Einnahmenbasis – versuchen, Elemente dieser Neuentwicklungen zu integrieren. „Letztlich dürfte das Endziel der Freizeit- und Erlebnisparks in Mitteleuropa sein, für die Bevölkerung ein Ausflugs- und Kurzreiseziel zu bieten, in dem immer etwas los ist"[180].

Der Bau neuer Anlagen, wie z. B. Euro-Disneyland in der Nähe von Paris[181], oder das ursprünglich in Oberhausen geplante World-Tourist-Center, weisen in der Kopplung von Attraktionen mit Einkaufsanlagen, Hotels mit Kongreßzentren oder auch Spielcasinos auf eine potentiell neue Form des Freizeitvergnügens hin: den in multifunktionale Standortgemeinschaften (Großstrukturen) eingebundene „Mega"-Park.

5 Zur planerischen Behandlung großflächiger Freizeitparks — Empfehlungen

Bei den **Freizeitparks** in Nordrhein-Westfalen handelt es sich um **neuartige, großflächige Einrichtungen** der kommerziellen Freizeitinfrastruktur, deren Etablierung und Wachstum in dieser Form noch vor wenigen Jahren nicht vorhersehbar war. Zahlreiche Wachstums- und Erfolgsfaktoren weisen darauf hin, daß **auch zukünftig** eine **expansive Entwicklung** dieses Einrichtungstyps zu erwarten ist. Wie Erfahrungen mit vergleichbaren Anlagen im Ausland zeigen, wird der zunehmende Konkurrenzdruck in diesem Segment der Freizeitwirtschaft zu neuen Konzepten, Anlagen- und Einrichtungsformen sowie zu einer laufenden Erweiterung und Nutzungsänderung der bestehenden Einrichtungen führen.

Gleichzeitig wird die **Raumrelevanz** der attraktiven Freizeitanlagen **beständig zunehmen,** verursacht sowohl durch die Freizeiteinrichtungen selbst, deren spezifische Raumansprüche kontinuierlich wachsen, als auch durch die Zunahme des auf diese Einrichtungen bezogenen motorisierten Verkehrs. Aufgrund dieser Entwicklungsperspektiven wird sich der für die Einrichtungen ohnehin gegebene **Handlungsbedarf für die Stadt-, Regional- und Landesplanung** in den nächsten Jahren **vergrößern.** Diese Feststellung gilt insbesondere dann, wenn man die **parallel verlaufenden räumlichen Entmischungsprozesse** bei anderen Infrastruktureinrichtungen (übriger Freizeitsektor, Einzelhandel, Verkehr etc.) in die Betrachtung einbezieht. Planerischer Handlungsbedarf ergibt sich zusätzlich aus der Tatsache, daß die **gegenwärtige Entwicklungsdynamik** naturgemäß **hohe Risiken für (räumliche) Fehlentwicklungen** in sich birgt.

Ziel planerischen Handelns kann nicht sein, die Entwicklung moderner Freizeiteinrichtungen unterbinden oder grundsätzlich behindern zu wollen. Vielmehr müssen **potentiell von den Anlagen ausgehende negative Auswirkungen auf die Landes- und Stadtentwicklung minimiert** werden; dabei ist davon auszugehen, daß dies weitgehend gewährleistet ist, wenn die Freizeitparks in **planerisch begründete Konzepte für die Gesamtentwicklung von Regionen und Kommunen integriert** werden. Vor diesem Hintergrund müssen zukünftige Planungsmaßnahmen darauf zielen,

- Fehlentwicklungen bei der Erweiterung, Ergänzung und Umnutzung **bestehender Freizeitparks** aufzuhalten sowie bereits eingetretene Fehlentwicklungen abzubauen. Zu verhindern ist insbesondere, daß bestehende, an der Rentabilitätsschwelle operierende Freizeitparks zu einer „Altlast" der Stadt- und Landesentwicklung werden

- **in Zukunft entstehende großflächige Vergnügungsanlagen** in räumlich/strukturelle Leitkonzepte einzupassen und einer detaillierten Auswirkungsprognose zu unterwerfen.

Um sicherzustellen, daß die neuartigen Anlagen keine zu einem späteren Zeitpunkt kaum mehr steuerbare Eigendynamik entwickeln, müssen vor allem zwei Voraussetzungen erfüllt sein:

- **Herstellung / Anwendung eines problemadäquaten rechtlichen Instrumentariums zur (räumlichen) Steuerung der Anlagen,** das sowohl im Bestandsbereich (Erweiterung, Umnutzung)[182] als auch bei Neuvorhaben eine regional- und stadtverträgliche Entwicklung großflächiger Freizeitparks sicherstellt (Raumordnungsverfahren, Umweltverträglichkeitsprüfung, Bebauungsplanung, öffentlich-rechtliche Vereinbarungen). Planungsrechtliche Festsetzungen für die Freizeitparks führen zu einer fachlichen „Fundierung" des Genehmigungsverfahrens und erhöhen die Zukunftssicherheit der Freizeitpark-Investitionen.

- **Entwicklung eines detaillierten Bewertungsinstrumentariums** Erforderlich sind fachliche Grundsätze und Prüfkriterien, die bei der Beurteilung geplanter Freizeitparks bzw. bei baulichen Änderungen und Erweiterungen zu berücksichtigen sind.

5.1 Landes- und regionalplanerische Behandlung der Freizeitparks

Stadt-, Regional- und Landesplanung müssen im Hinblick auf die staatliche Daseinsvorsorge die Rahmenbedingungen dafür schaffen, daß vielfältige, für breite Bevölkerungskreise erreichbare Freizeitmöglichkeiten gegeben sind. Wie die vorliegende Analyse zeigt, müssen dabei die **kommerziellen Freizeitanlagen** – stärker als bisher – **in übergeordnete räumliche Zielkonzepte** für den gesamten Freizeitbereich **integriert** werden, sowohl aufgrund ihrer besonderen Bedeutung für die Landes- und Regionalentwicklung als auch als integraler Bestandteil einer an Komplexität zunehmenden Freizeitinfrastruktur[183].

Die Beurteilung, ob von einem Freizeitparkvorhaben negative Auswirkungen auf die Ziele der Raumordnung und Landesplanung ausgehen, sollte sich vor allem am Grundsatz der regionalen Integration der Einrichtung orientieren. Von einer solchen Integration ist auszugehen, wenn sich das Vorhaben voraussichtlich

- „stützend" auf die Region auswirken wird, also keinen Fremdkörper darstellt,

- in übergeordnete **Konzepte und Leitvorstellungen zur Freizeit- und Erholungsfunktion einfügt** und

- sich in einen „**regionalen Konsens**" einfügt (Abstimmung bzw. Koordination mit Nachbargemeinden, Belastungs-/Nutzenausgleich).

5.2 Hinweise zur Standortbewertung

Aus Sicht der Stadt- und Regionalplanung sind bei der Standortbewertung neben betriebswirtschaftlichen Überlegungen, die in erster Linie vom Investor angestellt werden, **soziale** (Versorgung, Erreichbarkeit), **ökonomische** (Auslastung der Infrastruktur), **ökologische** (Minimierung des Verkehrs/Flächenverbrauchs) und **städtebauliche** (Nutzungsmischung und -ergänzung) **Kriterien** zu berücksichtigen.

Regionale Aspekte

- Im regionalen Maßstab sollte sich die Entwicklung großflächiger Freizeitparks primär auf die **Ballungsgebiete bzw. Agglomerationsränder** richten. Diese Bereiche verfügen über die räumliche Nähe zu den potentiellen Besuchern und die erforderliche technische Infrastruktur. Besonders gute Lösungen ergeben sich, wenn durch die hochrentablen Anlagen **Gewerbe- oder Industriebrachen** einer Nutzung zugeführt werden.

- Als **Ansiedlungsgemeinden** sind Städte und Gemeinden zu **bevorzugen,** die auf wirtschaftliche Impulse angewiesen sind. Hingegen sollen bereits stark frequentierte **Fremdenverkehrsgebiete** (z. B. auch Naturparke) als Standorte für großflächige Freizeitanlagen **ausscheiden,** um Nutzungskonflikte mit landschaftsgebundenen Erholungsformen zu vermeiden.

- Im Interesse einer ressourcenschonenden Regional- und Stadtentwicklung sollte sich die räumliche Verteilung großflächiger Freizeitanlagen an **bestehenden Infrastruktursystemen orientieren** (z. B. großräumige Verkehrsinfrastruktur, Ver- und Entsorgungsinfrastruktur), zukünftige **Infrastrukturinvestitionen** sind zu **bündeln.**

Städtebauliche Aspekte

- **Innenentwicklung** (etwa durch Umnutzung bestehender Gewerbe- und Industriebrachen) ist einer **Entwicklung im Außenbereich generell vorzuziehen.**

- Einer **Privatisierung des öffentlichen Raumes** bzw. der **Landschaft** in großem Maßstab ist vorzubeugen (Zugänglichkeit sichern).

- Grundsätzlich sind alle auf die Errichtung bzw. Änderung von Freizeitparks gerichteten Maßnahmen **mit der Stadtentwicklungsplanung,** insbesondere mit der Landschafts- und Verkehrsplanung, **abzustimmen.**

- **Überschneidungen** zwischen freizeitparkbezogenen Angeboten bzw. Attraktionen mit „**stadttypischen**" **oder** „**innenstadtrelevanten**" **Kultur- und Freizeitangeboten** (z. B. Theater, Varieté, Kino) sollten **vermieden** werden. Die aktuell zu beobachtende konzeptionelle Ausrichtung vergnügungsorientierter Freizeitparks auf solche Attraktionen, die in ähnlicher Form in städtischen Kultur- und Freizeiteinrichtungen angeboten werden, kann zu einer Schwächung wohnungsnaher oder zentrenbezogener Einrichtungen führen. Die parallele Förderung von kommerziellen Vergnügungsangeboten und (häufig öffentlich geförderten) stadttypischen Einrichtungen sollte unter dem Aspekt der effektiven Nutzung öffentlicher Mittel vermieden werden[184].

- Vergnügungsorientierte Freizeitparkanlagen können **an Gewerbegebiete und öffentliche Grünflächen** bzw. Siedlungsbereiche angelagert werden. Durch die Kopplung kommerzieller Freizeitanlagen mit öffentlichen Park- und Grünflächen kann die vergnügungsorientierte mit der erholungsorientierten Freizeitgestaltung verbunden werden.

Verkehr

- Vorrangiges Ziel ist die **Minimierung des Verkehrs,** der im Zusammenhang mit der Funktion Freizeit auftritt (Verkehrsvermeidung). Das Postulat der Verkehrsvermeidung hat sowohl Einfluß auf die Dimensionierung des einzelnen Freizeitpark als auch auf die Konzeption des Standortgefüges.

- Standorte von Freizeitparks sollten über eine **gute Anbindung an das überregionale Verkehrsnetz** verfügen. An Standorten in großräumig unzureichend erschlossenen Bereichen sollen zukünftig keine Freizeitparks errichtet werden.

- Die Möglichkeiten zur **Benutzung des öffentlichen Personenverkehrs** (Bahn, Bus) bzw. von Gruppentransportmitteln (z. B. Busreisen) müssen gesichert und gefördert werden (Ziel: Verlagerung des Verkehrs auf weniger belastende Verkehrsmittel).

Umwelt

- Die durch kommerzielle Freizeitanlagen hervorgerufenen **Belastungen der Umwelt** müssen **minimiert** werden. Dies betrifft in erster Linie den **Freizeitverkehr** (s.o.) sowie den mit der Errichtung und Erweiterung von Vergnügungsanlagen und -einrichtungen verbundenen **Flächenverbrauch.**

- **Beeinträchtigungen von Nachbarnutzungen,** insbesondere von Landschaftsschutz- bzw. Naturschutzgebieten sowie Wohngebieten, sind zu **minimieren** (Schutzabstände, Schutzpflanzungen).

- Freizeitparks sind in architektonischer Hinsicht stadt- und landschaftsprägend; ihr **Gestaltungspotential** muß daher **stadt- und land-**

schaftsverträglich genutzt werden. Die Gestaltung der baulichen Anlagen sollte so weit wie möglich in die jeweilige landschaftliche und städtebauliche Situation eingepaßt werden.

5.3 Genehmigung großflächiger Freizeitparkanlagen

Freizeitparks als Gegenstand der Bauleitplanung

Im Gegensatz zur bisher gängigen Planungspraxis im Land Nordrhein-Westfalen sollte zukünftig die **Errichtungsgenehmigung bzw. Änderungsgenehmigung** großflächiger Freizeitparks und vergleichbarer vergnügungsorientierter Anlagen **grundsätzlich** von der **Aufstellung eines Bebauungsplans abhängig** gemacht werden. Im Rahmen des Bauleitplanverfahrens muß dann die Verträglichkeit des Vorhabens mit den Zielen der Raumordnung und Landesplanung sowie der Stadtentwicklung der Ansiedlungsgemeinde geprüft werden. Zugleich können sich die von der Ansiedlung möglicherweise betroffenen Nachbargemeinden zu den Auswirkungen der Anlage äußern. Schießlich werden in einem solchen Verfahren auch die verkehrlichen und emissionsschutzrechtlichen Aspekte des Vorhabens geprüft und eine Bürgerbeteiligung durchgeführt.

Sofern bei der Errichtung eines Freizeitparks bislang Bauleitpläne aufgestellt wurden, wurde eine Darstellung im Flächennutzungsplan als Sonderbaufläche und im **Bebauungsplan als Sondergebiet gemäß §§ 10 (1) bzw. 11 (1) der Baunutzungsverordnung** gewählt. Dabei stellte sich als problematisch heraus, daß die Baunutzungsverordnung die spezifisch dem Vergnügen dienenden, großflächigen Freizeiteinrichtungen **nicht als eigenständige Nutzungskategorie** benennt. Eine – etwa beim großflächigen Einzelhandel in der Verordnung vorgesehene – „Regelvermutung", daß bei einer bestimmten Größenordnung der Einrichtung von Auswirkungen auf die Verwirklichung der Ziele der Raumordnung und Landesplanung sowie der Stadtentwicklung auszugehen ist, fehlt dementsprechend auch. Nach Ansicht der Gutachter wäre zu prüfen, ob die bisherigen planungsrechtlichen Festsetzungsmöglichkeiten für die Nutzungsart Freizeitpark ausreichen oder ob nicht eine **Ergänzung der Baunutzungsverordnung** in dem beschriebenen Sinne erforderlich ist.

Auf der Grundlage von Bebauungsplänen können folgende Aspekte zum Gegenstand **baurechtlicher Regelungen** werden:

– **Gliederung des Baugebietes** (Abgrenzung der konfliktträchtigen vergnügungsorientierten Anlagen von den weniger problematischen erholungsspezifischen Nutzungen),

– **Eingrenzung des Flächenverbrauchs** und der **Flächenentwicklung** von Freizeitparks[185],

– Auflagen in Bezug auf die **verkehrliche Erschließung** (fließender und ruhender Verkehr),

– Beschränkungen von **Art und Maß der baulichen Nutzung** (z. B. Höhenbegrenzungen der baulichen Anlagen),

– Erlaß von **Gestaltungsvorschriften für bauliche Anlagen** (z. B. Gestaltungsvorgaben für Gebäude, Anlagen, Verkehrsflächen) und Erlaß von **Pflanzgeboten,** z. B. auch im Rahmen von Ausgleichsmaßnahmen, und

– **Auflagen technischer Art** (z. B. Anschluß an öffentliche Kanalisation).

Der Bebauungsplan kann bezüglich einzelner Regelungsinhalte durch **öffentlich-rechtliche Vereinbarungen** zwischen Freizeitparkbetreibern und öffentlicher Hand ergänzt werden. **Gegenstände** solcher Vereinbarungen könnten zum Beispiel sein:

– die Verpflichtung, daß der Freizeitparkbetreiber bereits zum Zeitpunkt der Genehmigung **Pläne zur Umnutzung der Anlage** (nach Ablauf der Abschreibung / bei fehlender Rentabilität) vorlegt. Für den Fall von Betriebsstillegungen könnten auch Regelungen für die **Übernahme von eventuellen Rekultivierungskosten** gefunden werden (Einrichtung eines Fonds),

– die **Verwendung wenig umweltbelastender Baumaterialien,**

– Einleitung **ökologischer Ausgleichsmaßnahmen** auf dem Gelände oder in angrenzenden Bereichen,

– Maßnahmen zur **Abfallreduzierung** und zur **Herstellung von Kreisläufen bei der Wassernutzung,**

– **Einführung von verkehrsreduzierenden Vertriebskonzepten** (z. B. Vorverkauf von Eintrittskarten zur besseren wochenzeitlichen Verteilung des Besucherverkehrs[186]) sowie

– **Förderung des Parkbesuches mit öffentlichen Verkehrsmitteln** (z. B. organisierte Reisen zum Freizeitpark in Kooperation mit der Deutschen Bundesbahn, örtlichen Verkehrsbetrieben und Reiseveranstaltern, vorrangige Bedienung von Besuchern, die mit öffentlichen Verkehrsmitteln oder Gruppenverkehrsmitteln anreisen, Einrichtung von Park and Ride-/Bike- Einrichtungen).

Freizeitparks als Gegenstand von Raumordnungsverfahren

Die in anderen Bundesländern gegebene Möglichkeit, bei der Errichtung eines Freizeitparks ein Raumordnungsverfahren durchzuführen, ist in Nordrhein-Westfalen zur Zeit (noch) nicht gegeben. Im Rahmen eines Raumordnungsverfahrens nach § 6a des Raumordnungsgesetzes (ROG) könnten die Wirkungen eines großflächigen Freizeitparkvorhabens in der Komplexität aller raumrelevanten Belange erfaßt werden, so z. B. in ihren standortbezogenen Wirkungen (z. B. Flächenverbrauch, Verkehrsaufkommen am Standort), strukturbezogenen Effekten (z. B. Arbeitsplatzeffekte, Steueraufkommen) sowie regionsbezogenen Wirkungen (Umweltwirkungen, Verkehrsaufkommen in der Region).

Ein dem Raumordnungsverfahren ähnliches Vorgehen wird in Nordrhein-Westfalen bei der Änderung von Gebietsentwicklungsplänen zugunsten einzelner raumbedeutsamer Projekte durchgeführt. Dieses Verfahren sieht eine Beteiligung der vom Vorhaben tangierten Träger öffentlicher Belange vor. Die Zuständigkeit zur Prüfung überörtlich bedeutsamer Vorhaben liegt bei den Bezirksplanungsräten.

Nach Ansicht der Gutachter ist zu prüfen, ob nicht das **Raumordnungsverfahren** einen **geeigneten formalen Rahmen** für die Beurteilung von Ansiedlungsvorhaben großflächiger Freizeitparks darstellt. Dazu wären in einem ersten Schritt die entsprechenden Erfahrungen aus den anderen Bundesländern auszuwerten.

Freizeitparks als Gegenstand von Umweltverträglichkeitsprüfungen (UVP)

Gegenüber dem umfassend angelegten Raumordnungsverfahren bezieht sich das Instrument der **Umweltverträglichkeitsprüfung** (UVP) speziell auf die Prüfung umweltbezogener Auswirkungen von (gesetzlich näher bestimmten) Vorhaben. Die UVP hat den Charakter eines unselbständigen Teils verwaltungsbehördlicher Verfahren. Im Rahmen des Bauleitplanverfahrens stellt dieses Verfahrenselement sicher, daß die (nachteiligen) Auswirkungen eines Vorhabens frühzeitig und umfassend ermittelt und bewertet sowie ausgleichende Umstände oder erforderliche Maßnahmen beschrieben werden[187]. Das Ergebnis der Umweltverträglichkeitsprüfung soll so früh wie möglich bei allen behördlichen Entscheidungen über die Zulässigkeit von Vorhaben berücksichtigt werden.

Freizeitparks zählen bis heute nicht zu Vorhaben bzw. Anlagen, für die explizit eine UVP durchzuführen ist. Jedoch kann der in § 2 Umweltverträglichkeitsgesetz (UVPG) formulierte Grundsatz, daß die Errichtung, der Betrieb oder die wesentliche Änderung einer baulichen oder sonstigen Anlage Anlaß zur Durchführung einer UVP sein können, sofern erhebliche Auswirkungen auf die Umwelt zu erwarten sind, beim Bau bzw. beim Betrieb von Freizeitparks durchaus gegeben sein (vgl. dazu Kapitel 3). Dennoch bleibt **klärungsbedürftig**, inwieweit eine für die Errichtung von Feriendörfern, Hotelkomplexen und sonstigen Einrichtungen für die Ferien- und Fremdenbeherbergung bereits gesetzlich vorgeschriebene **Prüfpflicht** auch **auf vergnügungsorientierte Freizeitanlagen übertragbar** ist[188].

Die Bewertung von Freizeitparks vor dem Hintergrund des Landschaftsgesetzes Nordrhein-Westfalen

Aufgrund der besonderen Standort- und Flächenansprüche von Freizeitparks ist davon auszugehen, daß die Ansiedlung und der Betrieb solcher Einrichtungen einen Eingriff in Natur und Landschaft im Sinne des *Gesetzes zur Sicherung des Naturhaushalts und zur Entwicklung der Landschaft des Landes NW (Landschaftsgesetz — LG NW)* darstellen kann. Daher ist im Einzelfall zu prüfen, ob die Ansiedlung (oder wesentliche Erweiterung) eines Freizeitparks gemäß § 4 LG NW einen Eingriff in Natur und Landschaft darstellt, d.h. ob „Veränderungen der Gestalt oder Nutzung von Grundflächen, die die Leistungsfähigkeit des Naturhaushaltes oder das Landschaftsbild erheblich oder nachhaltig beeinträchtigen können" zu erwarten sind.

Der Verursacher eines Eingriffs ist verpflichtet, vermeidbare Beeinträchtigungen von Natur und Landschaft zu unterlassen sowie unvermeidbare Beeinträchtigungen durch entsprechende Kompensationsmaßnahmen auszugleichen oder zu ersetzen bzw. einen finanziellen Ersatz zu leisten, falls ein Ausgleich oder Ersatz nicht möglich ist (§§ 4, 5 Landschaftsgesetz NW).

Zur (gesetzlich vorgeschriebenen) Beurteilung eines landschaftsökologischen und ästhetischen Eingriffs und zur Bestimmung erforderlicher Kompensationsmaßnahmen bei Eingriffen in die Landschaft liegt eine im Auftrag des *Ministeriums für Umwelt, Raumordnung und Landwirtschaft NW (MURL)* erarbeitete Bewertungsgrundlage für Kompensationsmaßnahmen bei Eingriffen in die Landschaft vor[189].

Planungshilfen zur Behandlung großflächiger Freizeitanlagen

Eine weitere Möglichkeit, die planerische Beurteilung von großflächigen Freizeitparks und vergleichbaren vergnügungsorientierten Anlagen zu systematisieren und qualitativ zu verbessern, besteht darin, in einem Erlaß oder einer Planungshilfe die rechtlichen Beurteilungsgrundlagen und das inhaltliche Bewertungsverfahren für Vorhaben dieser Art zu verdeutlichen. Dabei kann das folgende Anforderungsraster zu einer ersten Orientierung dienen:

Regionale Kriterien

– Befindet sich der Standort des Freizeitparkvorhabens in räumlicher Nähe zu Ballungsgebieten bzw. Agglomerationsrändern? Ist die räumliche Nähe zu Bevölkerungsschwerpunkten gegeben und die erforderliche technische Infrastruktur (Ver- und Entsorgung) vorhanden?

– In welchem Verhältnis steht das Vorhaben zu regionalen Verkehrskonzepten?

– Wie ordnet sich der Standort des Vorhabens in das zentralörtliche Raumordnungsmodell, die Aussagen des LEP III und des Landesentwicklungsprogramms ein?

– Können Gewerbe- oder Industriebrachen einer Nutzung zugeführt werden?

– Zählt die Ansiedlungsgemeinde zu solchen Städten und Gemeinden, die auf wirtschaftliche Impulse angewiesen sind?

– Befindet sich der Standort im unmittelbaren Einzugsbereich eines bereits stark frequentierten Fremdenverkehrsgebietes?

– Läßt sich bezüglich des Vorhabens ein regionaler Konsens herstellen bzw. mit welchen Maßnahmen könnte ein solcher Konsens erzeugt werden?

Städtebauliche Kriterien

– Wird durch ein Vorhaben möglicherweise eine planerisch bedenkliche Außenentwicklung eingeleitet? Sind Standortalternativen im Innenbereich geprüft worden?

– Sind die auf Errichtung bzw. Änderung von Freizeitparks zielenden Maßnahmen mit der Stadtentwicklungsplanung, insbesondere mit der Verkehrs- und Landschaftsplanung, abgestimmt?

– Ist – bei großflächigen Anlagen – die Zugänglichkeit des betroffenen Gebietes (eventuell in Teilbereichen) für die Öffentlichkeit noch gegeben?

– Sind Überschneidungen zwischen freizeitparkbezogenen Angeboten bzw. Attraktionen und stadtrelevanten Kultur- und Freizeitangeboten gegeben und ist deshalb eine Schwächung zentrenbezogener bzw. wohnungsnaher Kultur- und Freizeiteinrichtungen zu erwarten?

Verkehr

– Führt die Errichtung/Erweiterung eines Freizeitparks zu einer wesentlichen Zunahme des motorisierten Verkehrs?

- Verfügt der Standort eines Freizeitparkvorhabens über eine gute Anbindung an das überregionale Verkehrsnetz?
- Reicht die Kapazität der regionalen und örtlichen Verkehrsinfrastruktur aus, um den zusätzlich erzeugten Verkehr aufzunehmen?[190]
- Ist eine bedarfsgerechte Erschließung durch öffentliche Personenbeförderungsmittel gewährleistet?

Flächennutzung und -verbrauch

- Werden durch die kommerziellen Freizeitparkanlagen bzw. deren Erweiterung Belastungen der Umwelt hervorgerufen? Welche Maßnahmen können ergriffen werden, um diese Belastungen (eventuell durch Ausgleichsmaßnahmen) zu mindern?
- Ist durch Störungen im Umfeld eine Reglementierung der flächenhaften und/ oder baulichen Erweiterung der Anlage erforderlich?
- Führt die Intensität der Flächennutzung (z. B. durch aufwendige Installationen im Erdreich) zu einer Gefährdung des sparsamen und schonenden Umgangs mit Grund und Boden?
- Ist die Gestaltung stadt- und landschaftsverträglich bzw. fügen sich bauliche Anlagen in die jeweilige landschaftliche und städtebauliche Situation ein?

Nutzung, Umnutzung und Rekultivierung

- Ist nach einer Einstellung des Freizeitparkbetriebes eine Umnutzung der (in der Regel stark spezialisierten) baulichen Anlagen sowie Parkplatzanlagen möglich?
- Ist eine Aufbereitung des Standortes durch Beseitigung der baulichen Anlagen und Entsiegelung von Flächen möglich? Wie groß ist der dafür erforderliche (finanzielle) Aufwand?

Zusammenfassung

Die Analyse der Freizeitparkentwicklung und des für die vergnügungsorientierten Einrichtungen maßgeblichen Planungs- und Genehmigungsprozesses hat gezeigt, daß neue Überlegungen zur räumlichen Steuerung der Einrichtungen angestellt werden müssen. Diese Überlegungen sollten vor allem folgende Bereiche umfassen:

- Behandlung der vorhandenen Anlagen (Überplanung mit dem Ziel des Belastungsabbaus und der Zukunftssicherung);
- Genehmigungsverfahren und Festsetzungen für Neuvorhaben (Tragfähigkeit des Raumordnungsverfahrens, Stellenwert der Umweltverträglichkeitsprüfung, Möglichkeiten und Grenzen eines auf diese Einrichtungsform bezogenen Erlasses; Möglichkeiten der Steuerung durch den Bebauungsplan, Formen der interkommunalen Abstimmung);
- Innovative Genehmigungskriterien (z. B. Umnutzungspläne, Rekultivierungspläne und -finanzierung, Vorgabe bestimmter modal-split-Anteile, Verwendung umweltfreundlicher Baumaterialien etc.).

Fußnoten

1. Schmidt, A., Freizeitparks in Ost und West. In: Geographie im Unterricht (1980) Heft 3, S.89-100

2. Der starke Ansiedlungsdruck von Freizeitparks – vor allem in den neuen Bundesländern – zeigt sich am Beispiel des Landes Brandenburg. Hier wurde allein im Bezirk Potsdam die Errichtung von 34 Freizeitparks beantragt. Vgl. o.V., Spekulieren mit achtzehn Löchern. Viele Orte in Brandenburg erhoffen sich Wohlstand durch Golfplätze und Freizeitparks, setzen aber oft eine intakte Landschaft aufs Spiel. In: Süddeutsche Zeitung Nr.168 vom 23.07.1991, S.3

3. Deutscher Rat für Landespflege, Freizeit und Erholung – Herausforderung und Antworten der Landespflege, Schriftenreihe des Deutschen Rates für Landespflege 1990, Heft 57, S.559-577

4. Schmidt, A., Freizeitparks in ... a.a.O. S.89-100

5. vgl. Fichtner, U.; Michna, R., Freizeit-Parks, Freiburg 1987, S.7-8

6. Minister für Stadtentwicklung, Wohnen und Verkehr, Gutachten Plausibilitäts- und Wirkungsanalysen für das World-Tourist-Center Oberhausen, Düsseldorf 1989, S.240-241

7. Scherrieb, H.R., Entwicklung der Freizeitparks in Deutschland und Europa. In: amusement-INDUSTRIE 1988, Heft 3, S.13

8. Olschowy, G., Erholung und Freizeit – Natur und Landschaft in bezug auf das Projekt „Center Parc Bispinger Heide". In: Deutscher Rat für Landespflege (HG), Freizeit und Erholung – Herausforderungen und Antworten der Landespflege, Schriftenreihe des Deutschen Rates für Landespflege 1990, Heft 57, S.680 – 681

9. vgl. Institut für Freizeitwirtschaft, Wachstumsfelder im Freizeitbereich bis 1995, Band 2., München 1987, S.357

10. Scherrieb, H.R., Entwicklung der Freizeitparks in Deutschland und Europa. In: amusement-INDUSTRIE 1988, Heft 3, S.12-17. Diese Definition folgt relativ stark der Satzung des Verbandes aus dem Jahre 1983 – siehe hierzu Fichtner, U., Michna, R., Freizeitparks ... a.a.O., S.7

11. Agricola, S., Freizeit und Erholung als notwendiger Ausgleich zum beruflichen Schaffen und als Folge des verlängerten Wochenendes. In: Deutscher Rat für Landespflege (HG), Freizeit und ... a.a.O., 1990, Heft 57, S.579-587

12. Institut für Freizeitwirtschaft, Wachstumsfelder ... a.a.O., S.48-50

13. ebd., S.28

14. ebd., S.34

15. z.B. Ferchhoff, W., Wertewandel – Neuorientierung für Freizeit und Alltag. In: Fromme, J.; Stoffers, M. (HG), Freizeit im Lebensverlauf, Bielefeld/Erkrath 1988, S. 147-166; Lüdtke, Harmut, Fiktion und Realität des „Wertewandels". In: Fromme, J.; Stoffers, M. (HG) Freizeit im ... a.a.O., S.167-174

16. Pohrt, W., Zeitgeist und Wendezeit – Freizeit: „Anders leben oder Genuß sofort?". In: Fromme, J.; Stoffers, M. (HG) Freizeit im ... a.a.O., S.9-18

17. Minister für Stadtentwicklung, Wohnen und Verkehr, Gutachten, Plausibilitäts- und Wirkungsanalysen für das World-Tourist-Center Oberhausen, Düsseldorf 1989, S.112-113

18. ebd., S.107-108

19. ebd., Gutachten ... a.a.O., S.99-101

20. Schulz, R., 625 Jahre Simon-Juda-Markt Werne, Werne 1987, S.10; Dethlefs, Gerd, Münster Sendt. Die Geschichte. In: Stadtmuseum Münster (HG), Münster Sendt: Synode – Markt – Volksfest, Münster 1986, S.11-22

21. ebd., S.19; Schausteller Verein „Rote Erde" Dortmund e.V., 1897 -1987. Dortmund 1987

22. Schausteller Verein „Rote Erde" Dortmund e.V., 1897 ... a.a.O., S.49-52

23. Ebert, R., Wo alles seinen Anfang nahm – „Lunapark" und Fredenbaumsaal im ersten Dortmunder Stadtpark. In: Ebert, R.; Stadt Dortmund (HG); Stadterneuerung und künstlerische Medien, Dortmund 1989, S.150-151

24. Vosberg-Rekow, Die wirtschaftliche Bedeutung der Weltausstellungen für Deutschland. In: Werkbund-Archiv, Packeis und Pressglas, Band 16 (1987). Berlin 1987, S.68-72.

25. Dering, F., Der Vergnügungspark. In: Messe- und Ausstellungsgesellschaft mbH; Münchener Stadtmuseum, Vom Ausstellungspark zum Internationalen Messeplatz, München 1904 bis 1984. München 1984, S.72; Ebert, R., Wo alles ... a.a.O., S.150-153

26. Blomeyer, G. R.; Tierze, B., ... grüßt Euch Eure Annliese, die im Lunazauber schwelgt. Lunapark 1904 -1934, eine Berliner Sonntagsarchitektur. In: Stadt 1982, Heft 4, S.32-36; Dering, F., Volksbelustigungen, Nördlingen 1986, S.19-22; Kasson, J.F., Amusing the million, Coney Island at the turn oft the century. New York 1983

27. Kosok, L., Arbeiterkultur und Arbeiterfreizeit im Ruhrgebiet 1850 – 1914, Erscheinungsformen und Wandlungsprozesse. Diss. Bochum 1989 (Manuskript)

28. Korff, G.; Rürup, R., Berlin. Berlin – Die Ausstellung zur Geschichte der Stadt. Berlin 1987, S.412

29. Dering, F.; Der Vergnügungspark ... a.a.O., S.75

30. Dering, F., Volksbelustigungen ... a.a.O., S.22; Rippel-Manß, I., Die fünfziger Jahre; 1950-1959. In: Böhm, E. u.a., Kulturtagebuch 1900 bis heute, Braunschweig 1984, S.482-576

31. Scherrieb, H. R., Entwicklung der Freizeitparks in Deutschland und in Europa. In: amusement-INDUSTRIE 1988, H. 3, S. 12-17

32. Michna, R., Ein Markt kommt in Bewegung – Freizeitparks in Frankreich. In: amusement-INDUSTRIE 1986, H. 1, S. 39

33. o.V., Buga-Clown ärgerte die Bergleute. Die ersten Gartenschauen 1959 und 1969 schrieben Park-Geschichte und blumige Geschichtchen. In: Westfälische Rundschau, Nr. 302 vom 29.12.1990

34. Häußermann, H.; Siebel, W., Neue Urbanität. Frankfurt 1987

35. Kramer, D., Theorien zur historischen Arbeiterkultur, Schriftenreihe der Studiengesellschaft für Sozialgeschichte und Arbeiterbewegung, Bd. 57. Marburg 1987, S.295-304

36. ebd., S.296

37. Reulecke, Jürgen, Geschichte der Urbanisierung in Deutschland, Frankfurt 1985, S.139 ff

38. ebd., S.1

39. ebd., S.2

40. Adorno, Theodor; Horkheimer, Max, Kulturindustrie. Aufklärung als Massenbetrug. In: Dialektik der Aufklärung, Frankfurt 1969, S.108-150

41. ebd., S.121

42. ebd., S.121

43. ebd., S.130

44. Darstellung bei Ebert, R., „Aus grauer (Ruinen-) Städte Mauern .... in die grüne Stadt von morgen". Die Bedeutung der Bundesgartenschau 1959 für den Wiederaufbau von Dortmund nach dem Zweiten Weltkrieg, (Manuskript)

45. vgl. Minister für Umwelt, Raumordnung, Landwirtschaft des Landes Nordrhein-Westfalen, Gesetz zur Landesentwicklung (Landesentwicklungsprogramm – LEPro) in der Fassung der Bekanntmachung vom 5. Oktober 1989

46. vgl. Minister für Umwelt, Raumordnung, Landwirtschaft des Landes Nordrhein-Westfalen, Landesentwicklungsplan III. Umweltschutz durch Sicherung von natürlichen Lebensgrundlagen (LEP III '87) in der Fassung der Bekanntmachung vom 15. September 1987

47. vgl. Ohrmann, W., Erfahrungen mit dargestellten Freizeit- und Erholungsschwerpunkten von überregionaler Bedeutung. In: Institut für Landes- und Stadtentwicklungsforschung des Landes Nordrhein-Westfalen (ILS) (HG.), Freizeit- und Erholungsplanung als Gegenstand der Landesentwicklung, Dortmund 1979, S. 25

48. vgl. Garbrecht, D., Überregional bedeutende Freizeit- und Erholungsanlagen in Nordrhein-Westfalen. Eine Bilanz. In: Schriftenreihe Landes- und Stadtentwicklungsforschung des Landes Nordrhein-Westfalen Bd. 1.043, Dortmund 1983, S.26 ff

49. Ohrmann, W., Erfahrungen mit dem Landesentwicklungsplan III ... a.a.O., S. 25

50. vgl. Saurenhaus, G. Konkretisierung des Landesentwicklungsplanes III. in den Gebietsentwicklungsplänen unter besonderer Berücksichtigung von Freizeit- und Erholungsschwerpunkten. In: Institut für Landes- und Stadtentwicklungsforschung des Landes Nordrhein-Westfalen – ILS (HG), Freizeit- und Erholungsplanung als Gegenstand der Landesentwicklung, Schriftenreihe Landesentwicklung, Band 1.017, 1979, S. 32-34

51. vgl. Schnieders, C., Freizeit- und Erholungsschwerpunkte als Instrument der Landesentwicklungsplanung. Herausgegeben vom Institut für Landes- und Stadtentwicklungsforschung des Landes Nordrhein-Westfalen (ILS), Dortmund 1980, S. 11

52. ebd., S. 52 ff.

53. ebd., S. 52

54. Garbrecht, D., Überregional ... a.a.O., S. 28

55. ebd., S.32

56. Deutscher Rat für Landespflege, Freizeit und ... a.a.O.,S.561-562

57. vgl. Punkt 1.2, Freizeitpark – Ein Definitionsversuch als Momentaufnahme der Freizeitentwicklung, S. ff.

58. Vor dem Hintergrund der permanenten Veränderung der Freizeitparks zeigte sich, daß die Kriterien auf einzelne Anlagen nicht (mehr) zutrafen und diese in der Untersuchung nicht weiter berücksichtigt werden mußten. Außerdem ergab die Erhebung Hinweise darauf, daß sich bereits in naher Zukunft weitere Freizeiteinrichtungen zu Freizeitparks oder zu ähnlichen Anlagen wandeln können.

59. Obwohl telefonisch über Ziele und Zweck der Untersuchung aufgeklärt wurde und den Betreibern eingeräumt wurde, „betriebsempfindliche Daten" nicht anzugeben, war der Rücklauf der schriftlichen Befragung gering. Zu vertiefenden Leitfadengesprächen war zunächst lediglich ein Betreiber bereit, ein weiterer hat Gesprächsbereitschaft für die Zukunft signalisiert. Besonderer Dank gilt dem Betreiber des Freizeitparks Fort-Fun in Bestwig für die hilfreiche Unterstützung.

60. In einzelnen Fällen bildeten konkrete Konflikte mit der Ansiedlungsgemeinde (z.B. laufendes Bebauungsplanverfahren, Stellplatzproblematik o.ä.) den Anlaß für mangelnde Kooperationsbereitschaft.

61. Verband Deutscher Freizeitunternehmen e.V. (HG), Freizeit- und Erlebnisparks in Deutschland, Offizieller Führer, Ostfildern 1990, S.50-52

62. Freizeitpark Ketteler Hof (HG), Saison 1990, Informationsdienst des Freizeit-Parks, Haltern 1990

63. Eine Planerfordernis ergibt sich nach Einschätzung der Standortgemeinde nicht, da zukünftig von einem geringen Flächenwachstum ausgegangen wird.

64 Entsprechend haben insbesondere die im Rahmen des Baugenehmigungsverfahrens beteiligte obere Bauaufsichtsbehörde, bzw. die Untere Landschaftsschutzbehörde (Vorhaben im Landschafts- bzw. Naturschutzgebiet) Einfluß auf die Expansion des Parks gehabt.

65 Im Gegensatz zu vielen anderen Freizeitparks ist Fort Fun weniger gut an das bundesdeutsche Autobahnnetz angeschlossen und vergleichsweise schlecht zur erreichen. Aufgrund der landschaftlich reizvollen Anfahrtswege wird die negative Wirkung der Erschließung relativiert.

66 eigene Erhebung

67 Angaben des Betreibers 12/90

68 Odörfer, K. (HG) Freizeit-Park Atlas, Bundesdeutscher Freizeitpark-Führer. Röthenbach 1990, S.124-127

69 Stiftung Warentest, Freizeit- und Erlebnisparks. In: test 25 (1990), Heft 4; Angaben des Betreibers 12/90

70 Nach Einschätzung des Betreibers stellen sowohl kleinklimatische Bedingungen (Nebel, Schnee) und Topographie, die bei spezialisierten Anlagen hohe Bau- und Investitionskosten erzeugen deutliche Standortnachteile dar. Die relativ schlechte großräumige Verkehrserschließung der Anlage führt dazu, daß i.d.R. zwischen 12.00 und 13.00 Uhr erst 60-70% der Besucher den Freizeit-Park erreicht haben.

71 Angaben des Betreibers vom Dezember 1990

72 Stiftung Warentest, Freizeit- und ... a.a.O., S.93

73 Angaben des Betreibers 12/90

74 Die auf Schätzungen des Betreibers beruhenden Angaben wurden durch Plausibilitätsrechnungen ergänzt. Demnach muß bei ca. 4.000 vorhandenen Stellplätzen und einer durchschnittlichen Platzgröße von 20 qm (inklusive Verkehrsflächen) von einer Parkplatzfläche für Pkws (Busstellplätze sind nicht berücksichtigt) von ca. 8 ha ausgegangen werden.

75 Fort Fun Abenteuerland, Informationen 1990, Informationsdienst des Freizeit-Parks. Bestwig 1990

76 amusement-INDUSTRIE, Fort Fun: Der aktive Park, 1989, Heft 2

77 Fort Fun Abenteuerland, Saison 90, Informationsdienst des Freizeit-Parks, Bestwig 1990

78 Stiftung Warentest, Freizeit- und ... a.a.O., S.93; Angaben des Betreibers 12/90

79 Regierungspräsident Arnsberg, Gebietsentwicklungsplan für den Regierungsbezirk Arnsberg, Teilabschnitt Hochsauerlandkreis, Entwurf (Stand 29.04.1977, Arnsberg 1977, S.150 ff. Der Freizeit- und Erholungsschwerpunkt Elpetal soll demnach „in seinem Angebot an Anlagen und Einrichtungen freizeit- und vergnügungsorientiert sein. Das Angebot soll der Ganzjahresreserholung dienen. In den Freizeitformen soll das Schwergewicht bei der Taserholung liegen ... Die Freizeitanlage „Fort-Fun" ... soll (Anm. d. Verf.) ein räumlich konzentriertes Angebot von möglichst wetterunabhängigen Anlagen und Einrichtungen für die Freizeit aufnehmen. Sie sollen eine hohe Mehrfachnutzung verschiedenster Freizeitaktivitäten ermöglichen." Zit. nach dems., S.156-157

80 Hollywood-Park Stukenbrock, Tagesausflug. Ein Tag wie kein anderer, Informationsdienst des Freizeit-Parks. Stukenbrock 1989

81 Stiftung Warentest, Freizeit- und ... a.a.O., S.93

82 o.V., Zu „Heino im Advent" durchs Bettenparadies, Dortmunder zeigten auf Verkaufsfahrt viel Geduld. In: Westdeutsche Allgemeine Zeitung Nr.287 vom 10.12.90

83 Hoolywood-Park Stukenbrock, Tagesausflug ... a.a.O.

84 Gemeinde Schloß Holte-Stukenbrock, Bebauungsplan Nr. 18, Sondergebiet Mittweg, Schloß Holte-Stukenbrock 1981

85 Verband Deutscher Freizeitunternehmen e.V. (HG), Freizeit- und Erlebnisparks ... a.a.O., S.83

86 Eine Untersuchung der Stiftung Warentest erhob im Jahr 1984 einen Anteil von 90 % Grünflächen an der Gesamtfläche des Parks. Vgl. Stiftung Warentest, Dorfkirmes und Wilder Westen, Freizeitparks in Deutschland. In: test 19 (1984),Heft 7, S.678

87 Fichtner, U.; Michna, R., Freizeit-Parks ... a.a.O., S.384

88 Panorama Park Sauerland, Informationsdienst des Freizeit-Parks. Kirchhundem o.J.

89 Angaben lt. Informationen der Stadt Brühl. Demnach wurden im Jahr 1988 ca. 60.000 Besucher mit den regionalen Nahverkehrsverbund und ca. 20.000 Besucher mit der Bahn transportiert.

90 Stiftung Warentest, Freizeit- und ... a.a.O. S.92

91 o.V., Freizeit-Parks `83: Inve-stieren und hoffen! In: amusement-INDUSTRIE,1983 Heft 2

92 Phantasialand, Information 1990, Brühl 1990; Stiftung Warentest, Freizeit- und ... a.a.O., S.93

93 ebd., Information 1990, Brühl 1990

94 Die expansive Entwicklung des Showgeschäfts ist insbeondere darauf zurückzuführen, daß einer der Betreiber nicht nur enge Kontakte zur Showbranche besitzt, sondern darüber hinaus seine Erfahrung in den Aufbau eines eigenen Orchesters und einer eigenen Showgruppe einbringen konnte. Vgl. Scherrieb, H.R., Showtime in Freizeit- und Erlebnisparks. In: amusement-INDUSTRIE 1984, Heft 2

95 Stiftung Warentest, Freizeit- und ... a.a.O,. S.93

96 Phantasialand, Information 1990, Brühl 1990

97 dass., Information 1990, Brühl 1990

98 Zweckverband Naturpark Kottenvorst-Ville, Zweckverbandsgebiet Naturpark Kottenvorst-Ville, Vorläufiger Maßnahmeplan, Hürth 1985, S.76-77 (Darstellung Karte 7). Der Plan hat den Stellenwert eines Rahmenplanes für das Zweckverbandsgebiet und soll „ein auf Landschaftspflege und Erholungs- und Freizeitnutzung abgestimmtes Handlungskonzept für den Naturparkträger sein und die einheitliche Grundlage bieten für die Entwicklung und Pflege des Gebietes zur Erholung und zum Naturerlebnis. Er stellt einen landschaftlichen Raumanspruch dar.", zit. nach dems., S.11

99 Fichtner, U.; Michna, R., Freizeit-Parks ... a.a.O., S.384

100 potts-park Minden, potts-park ... wo Freizeit zum Erlebnis wird, Informationsdienst des Freizeit-Parks, Minden 1990

101 Verband Deutscher Freizeitunternehmen e.V. in Verbindung mit dem Allgemeinen Deutschen Automobilclub e.V. (ADAC) (HG), 45 ausgewählte Freizeit- und Erlebnisparks in Deutschland und in angrenzenden Nachbarländern, Osterfildern 1985, S.9; Odörfer, K. (HG), Freizeit-Park Atlas ... a.a.O., S.86 ff.

102 Anmerkung: Der Traumland-Park stellte im Jahr 1991 (nach Durchführung der vorliegenden Untersuchung) den Betrieb ein. Auf dem Areal wurde im Sommer 1992 der Bavaria-Film-Park eröffnet.

103 Odörfer, K. (HG), Freizeitparkatlas ... a.a.O., S.104 ff.

104 ebd., Freizeitparkatlas ... a.a.O., S.109

105 Fichtner, U.; Michna, R., Freizeit-Parks ... a.a.O., S.384

106 o.V., Münchener Film-Riese will 40 Millionen DM ins „Traumland" investieren, Bottrop: „Bavaria" möchte Kino-Park errichten. In: Westfälische Rundschau, Nr.203/1990, Dortmund 1990

107 Odörfer, K. (HG.), Freizeit-Park Atlas ... a.a.O., S.102-103; Verband Deutscher Freizeitunternehmen e.V. (HG.), Freizeit- und Erlebnisparks... a.a.O., S.50-52

108 Statistisches Bundesamt, Statistisches Jahrbuch 1987, Stuttgart 1987

109 Fichtner, U.; Michna, R., Freizeit-Parks ... a.a.O., S.383

110 Alle Angaben laut: Odörfer, K. (HG) Freizeitparkatlas ... a.a.O., S.22-29

111 Angabe der Stadt Soltau, Stand: 31.12.1989

112 Fichtner, U.; Michna, R., Freizeit-Parks ... a.a.O., S.383

113 Stiftung Warentest, Dorfkirmes und ... a.a.O., S.678

114 ebd., Freizeit- und ...a.a.O., S.432

115 Fichtner, U.; Michna, R., Freizeit-Parks ... a.a.O., S.384

116 Stiftung Warentest, Dorfkirmes und ... a.a.O., S.678

117 Angabe der Gemeindeverwaltung Salzhemmendorf, Stand: 31.12.1989

118 Angabe der Stadtverwaltung Witzenhausen, Stand: 18.12.1990

119 Angabe der Gemeindeverwaltung Wehrheim/Taunus, Stand: 30.11.1990

120 Angabe der Gemeindeverwaltung Schlangenbad, Stand 30.06.1990

121 Angabe der Verwaltung Bitburg Land

122 Stiftung Warentest, Dorfkirmes und ... a.a.O., S.678

123 Angabe der Gemeindeverwaltung Uetze

124 Fichtner, U.; Michna, R., Freizeit-Parks ... a.a.O., S.383

125 Angabe der Gemeindeverwaltung Holle, Stand: 31.12.1990

126 Angabe der Stadtverwaltung Haren/Ems

127 Institut für Freizeitwirtschaft, Wachstumsfelder ... a.a.O., S.380

128 Information nach Auskünften des Verbandes Deutscher Freizeitunternehmen e.V., Würzburg 12/90

129 Zit. n. Fichtner, U., Michna, R., Freizeit-Parks ... a.a.O., S.77

130 Hierzu zählen z.B. Kinos, die in erster Linie als sogenannte 180°-Kinos gebaut werden oder Spielhallen, die vor allem als Indoor-Anlagen betrieben werden, und deren Betrieb auf Umsatzsteigerung bzw. höhere Flächenproduktivität (Umsatz-Flächenbilanz) zielt. Solche Einrichtungen tragen zu dem zur Wetterunabhängigkeit der Unternehmen bei.

131 Beispielsweise wird in einigen Parks Abfall in eigenen Containern gesammelt und durch eigene Fahrzeuge oder durch vertraglich verpflichtete, spezialisierte Unternehmen entsorgt.

132 Die folgenden Betrachtungen beziehen sich nicht auf den weniger gewichtigen betrieblichen Anliefer- und Serviceverkehr, als vielmehr auf den Besucherverkehr.

133 Diese Schätzungen beziehen sich nur auf die im Verband zusammengeschlossenen mittelgroßen und großen Freizeitparks. Scherrieb, H.R., Entwicklung der Freizeitparks ... a.a.O., S.15

134 Diese Untersuchung berücksichtigt die Besucher von kleineren Anlagen sowie die Besuche kleinerer Anlagen im Rahmen von Urlaubsreisen im Ausland. Institut für Freizeitwirtschaft, Wachstumsfeler im ... a.a.O., S.358

135 Scherrieb, H.R., Entwicklung der Freizeitparks ... a.a.O., S.15

136 Phantasialand, Information 1990 ... a.a.O.; Fichtner, U.; Michna, R., Freizeit-Parks ... a.a.O., Stiftung Warentest, Freizeit- und Erlebnisparks ... a.a.O.; Auskünfte der Betreiber

137 o.V., Zu Gast in Deutschlands Städten. So viele Gäste wurden 1990 im westdeutschen Städten registriert. In: Süddeutsche Zeitung Nr.168 vom 23. Juli 1991, S.19

138 Institut für Freizeitwirtschaft, Wachstumsfelder ... a.a.O., S.364

139 Scherrieb, H.R., Probleme der kleinen ... a.a.O., S.40

140 ebd., Entwicklung der Freizeitparks ... a.a.O.; Scherrieb, H.R., Gibt es noch Besucherreserven ... a.a.O., S.17

141 ebd., Gibt es noch Besucherreserven ... a.a.O., S.17

142 Institut für Freizeitwirtschaft, Wachstumsfelder ... a.a.O., S.364

143 Nach Auskunft des Verbandes Deutscher Freizeitunternehmen e.V., Würzburg

144 Planerbüro Südstadt, Verkehrskonzept Phantasialand. Empfehlungen und Handlungsstrategien zur verkehrlichen Anbindung, Köln 1990, S. 1-2

145 Gäntgen, L., Mit der Allwegbahn zum Phantasialand. Weitere Parkplätze auf Erftstadtgebiet ins Bliesheimer Feld? In: Kölnische Rundschau vom 30.08.90

146 Gaihser, H., Naturschützer attackieren Phantasialand, Parkplätze aufgeben-Einspruch gegen Genehmigung von „Hollywood-Tour" und „Petit Paris". In: Kölner Stadt-Anzeiger vom 07. März 1990

147 Regierungspräsident Köln, Pressemitteilung Nr. 113/90, Lösung der Verkehrsprobleme ums „Phantasialand in Sicht, Köln 03/90; Betroffene Anwohner laufen Sturm. In: Kölnische Rundschau vom 04. April 1990; Über 270 Bürger gegen insgesamt 1250 Parkplätze. Abordnung aus Brühl-Ost übergab dem Kölner Regierungspräsidenten eine Unterschriftenliste. In: Kölner Stadt-Anzeiger vom 04. April 1990

148 Gäntgen, L., Mit der Allwegbahn zum Phantasialand ... a.a.O.

149 vgl. Planerbüro Südstadt, Verkehrskonzept Phantasialand. Empfehlungen und Handlungsstrategien zur verkehrlichen Anbindung, Köln 1990. Die erforderlichen Kosten des Gutachtens wurden zu 80 % vom Regierungspräsidenten Köln bezuschußt.

150 Planerbüro Südstadt, Verkehrskonzept Phantasialand ... a.a.O.

151 Vgl. Opaschowski, H.W., Freizeit und Umwelt. Der Konflikt zwischen Freizeitverhalten und Umweltbelastung. Ansätze für Veränderungen in der Zukunft. Band 6 der Schriftenreihe zur Freizeitforschung des BAT Freizeit-Forschungsinstitutes (HG), Hamburg 1985, S.23

152 Vgl. Stiftung Warentest, Dorfkirmes und ... a.a.O.; Phantasialand, Information 1990 ... a.a.O.; Fichtner, U.; Michna R., Freizeit-Parks ... a.a.O.; Stiftung Warentest, Freizeit- und Erlebnisparks ... a.a.O.; Auskünfte der Betreiber

153 Zur Flächengröße der Besucherparkplätze der untersuchten Parks liegen keine direkten Informationen vor. Auf der Grundlage von Angaben zur Anzahl der vorhandenen Stellplätze kann jedoch auf die Größe der Parkplatzflächen (einschließlich der für der Parkverkehr notwendigen Erschließungswege) geschlossen werden. Vgl. Stiftung Warentest, Dorfkirmes und ... a.a.O.; dies., Freizeit- und Erlebnisparks ... a.a.O.; Phantasialand, Information 1990 ... a.a.O.; Fichtner, U.; Michna R., Freizeit-Parks ... a.a.O., S.241; Auskünfte der Betreiber; eigene Berechnungen

154 Bei nichtversiegelten Parkflächen hat sich insbesondere die Versickerung von Öl- und Benzin in den Boden als ökologisch bedenklich erwiesen. Der Bau von Parkplatzanlagen mit – aus ökologischer Sicht vertretbaren – Ölabscheidern scheitert derzeit vor allem aus Kostengründen.

155 Fichtner, U., Michna, R., Freizeit-Parks ... a.a.O., S.248

156 „Die Zahl der Shows, Fahr- und sonstiger Attraktionen ist heute in Phantasialand so groß, daß ein Tag kaum noch ausreicht, alles zu sehen und zu benutzen." Verband Deutscher Freizeitunternehmen e.V. (HG.), Freizeit- und Erlebnisparks ... a.a.O., S. 88

157 Bei der Anlage von Parkplätzen resultieren Konflikte zwischen Betreibern und kommunaler Planung- und Aufsicht aus unterschiedlichen Vorstellungen hinsichtlich der Wahl des Oberflächenmaterials und der Grüneinbindung und -ausstattung der Anlage.

158 Eine gleichzeitige Förderung von Infrastrukturinvestitionen (z.B Städtebauförderungsmittel) sowohl im Innenbereich (Innenstädte, Stadtteilzentren und Gemeindezentren) als auch im Außenbereich (nichtintegrierte Freizeitstandorte) kann zu einer Entwertung dieser Investitionen führen, wenn zentrenbezogene Infrastruktureinrichtungen nicht voll ausgelastet werden.

159 Zit. nach Temmen, B.; Hatzfeld, U.; Kruse, S., Kommerzielle Freizeitgroßeinrichtungen im Land Nordrhein-Westfalen. Entwicklungslinien und Grundlagen zur planerischen Bewertung. Untersuchung im Auftrag des Ministeriums für Stadtentwicklung und Verkehr des Landes Nordrhein-Westfalen, Dortmund 1991

160 Institut für Freizeitwirtschaft, Wachstumsfelder ... a.a.O.; vgl. auch Garbrecht, D., Überregional bedeutende ... a.a.O. Vgl. auch Kapitel 1.3, Seite 9 ff

161 Institut für Freizeitwirtschaft, Wachstumsfelder ... a.a.O., S.13-18

162 ebd., S.33-34

163 ebd., S.21-24

164 ebd., S.29

165 Da mittelfristig das Erwerbspotential zurückgeht, prognostizieren manche Institute eine erneute Erhöhung der durchschnittlichen Jahres- und Lebensarbeitszeit. Ungeklärt ist in diesem Zusammenhang jedoch, ob zukünftig nicht weitere Zuwanderungen das Erwerbspotential erhöhen und damit den mittelfristigen Entwicklungstrend brechen.

166 Gerade die Pkw-Nutzung in der Freizeit stellt sich als eigentliche Stimulanz für den Pkw-Besitz heraus.

167 BAT Freizeitforschungsinstitut, Herausforderung Freizeit – Perspektiven für die 90er Jahre, Bd. 10, Hamburg 1990

168 Institut für Freizeit-Wirtschaft, Wachstumsfelder ... a.a.O., S.374 ff

169 vgl. hierzu und im Folgenden Denkel, M., Die zukünftige Integration der Funktion Freizeit in die Konzepte der Stadtplanung, Dissertation im Fachbereich Architektur/Raum- und Umweltplanung/Bauingenieurwesen der Universität Kaiserslautern, Kaiserslautern 1991, S.96-100

170 ebd., S.98-99

171 Mit einem durchschnittlichen Besucheranteil von ca. 65 % sind Wiederholungsgäste eine der wichtigsten Zielgruppen der Freizeitparks. Vgl. Scherrieb, H.R., Entwicklung der Freizeitparks ... a.a.O., S.15

172 Im Zeitraum von 1978 bis 1988 wird das durchschnittlich in deutsche Parks geflossene Investitionsvolumen auf 50 Mio. DM geschätzt. Bei dieser Investitionssumme wird von jährlichen notwendigen Mindestbesucherzahlen von ca. 1-1,1 Mio. Gästen ausgegangen. Vgl. Scherrieb, H.R., Entwicklung der Freizeitparks ... a.a.O. S.16; Fichtner, U., Michna, R., Freizeit-Parks ... a.a.O., S.74

173 ebd., S.76 f

174 Scherrieb, H.R., Gibt es noch ... a.a.O., S.17

175 ebd., S.13; Scherrieb, H.R., Probleme der kleinen und mittleren Freizeitparks. In: amusement-INDUSTRIE 3/82, o.O. 1982

176 ebd., S.41

177 Minister für Stadtentwicklung, Wohnen und Verkehr (MSWV), Gutachten ... a.a.O., S.279

178 siehe o.V., vom 10.12.1990 „Zu ‚Heino im Advent' durchs Bettenparadies – Dortmunder zeigten auf Verkaufsfahrt viel Geduld". In: Westdeutsche Allgemeine Zeitung. Darin heißt es: „Nach dem Mittagessen, Kostenpunkt rund 10 DM, geht es zum ‚original Christkindlmarkt'. Das sind einige Eß- und Trinkstände unter dem Zelt des Circus ‚Amerika' auf dem Gelände eines Stukenbrocker Freizeitparkes."

179 Bode, P. M., Kulissen für die schönste aller Welten. In: art 1/1991, S.72-81;

180 Scherrieb, H. R., Entwicklung der ... a.a.O., S.16

181 vgl. Hippe, W., Europäische Freizeitaktivitäten ... a.a.O., S.179

182 Bislang weniger problematische, kleine Freizeitanlagen, insbesondere Tier- und Naturparks, können sich durch die Ergänzung kommerzieller Attraktionen sowie die flächenhafte Erweiterung zu raumrelevanten Freizeitparks wandeln. Diese Entwicklung ist zu beobachten und ggf. zu steuern.

183 vgl. Kapitel 1.3; S.

184 Spezifische Nutzungen und Einrichtungen von Freizeitparks, die in diesem Sinne als „stadtrelevant" zu bezeichnen sind, sollen bei der Planung bzw. Erweiterung von Freizeitparks ausgeschlossen bzw. in ihrer Größe begrenzt werden.

185 Da der zunehmende Modernisierungs- und Expansionsdruck bei Freizeitparks einen kontinuierlich steigenden Flächenverbrauch bewirkt, zählt die Eingrenzung des Flächenverbrauchs zu einem vordringlichen Handlungsbereich. Bei einem Vergleich nordrhein-westfälischer Freizeitparks zeigt sich, daß – bei räumlicher Bündelung der baulichen Anlagen – eine Ausdehnung des zentralen, vergnügungsorientierten Teils (einschließlich Parkplätzen) auf ca. 30 ha eine betriebswirtschaftlich und baulich/konzeptionell tragfähige ‚Größenordnung darstellt. Es sollte geprüft werden, inwieweit sich die räumliche Planung bei der Realisierung bzw. Erweiterung von Anlagen an einer solchen Größenordnung orientieren kann.

186 Somit ergäbe sich die Möglichkeit, Besucherströme entsprechend den Kapazitäten der Verkehrsinfrastruktur bedarfsgerecht zu steuern. Inwieweit der auf Spontanbesuchen basierende Freizeitverkehr durch eine solche Lösung entzerrt werden kann, kann auf der Basis empirischer Untersuchungen geprüft werden.

187 Fickert, H.C.; Fieseler, H., Baunutzungsverordnung: Kommentar unter besonderer Berücksichtigung des Umweltschutzes mit ergänzenden Rechts- und Verwaltungsvorschriften, Köln 1990, S.83 ff/S.561 ff/S.843

188 Eine auf vergnügungsorientierte Freizeitparkanlagen zielende Durchführung von Umweltverträglichkeitsprüfungen wird auch vom Deutschen Rat für Landespflege gefordert (vgl. Finke, L., Prüfung des Bedarfs und der Umweltverträglichkeit/Bewertungsverfahren. In: Deutscher Rat für Landespflege: Freizeit und Erholung – Herausforderungen und Antworten der Landespflege Heft 57/1990, S.653-655).

189 Minister für Umwelt, Raumordnung und Landwirtschaft des Landes Nordrhein-Westfalen (HG), Bewertungsgrundlagen für Kompensationsmaßnahmen bei Eingriffen in die Landschaft. (Bearbeitet von Adam, K.; Nohl, W.; Valentin, W.), Düsseldorf 1986

190 Die Baugenehmigung könnte davon abhängig gemacht werden, daß der Betreiber Gutachten zum zu erwartenden Verkehrsaufkommen im Umfeld der Anlage sowie die zusätzlich erforderlichen Pkw-Stellplätze, Erschließungsanlagen und ggf. verkehrsleitende Anlagen auf dem Areal vorlegt.

Literaturverzeichnis

ADORNO, T., HORKHEIMER, M., Kulturindustrie. Aufklärung als Massenbetrug. In: Dialektik der Aufklärung. Frankfurt 1969

AGRICOLA, S., Freizeit und Erholung als notwendiger Ausgleich zum beruflichen Schaffen und als Folge des verlängerten Wochenendes. In: Deutscher Rat für Landespflege: Freizeit und Erholung – Herausfordderungen und Antworten der Landespflege, 1990, Heft 57, S.579-587

BAHRDT, H. P., Städtische Lebensformen in Zukunft. In: Die alte Stadt 1/88, Seite 68-82

BECHMANN, A., Problematik und Lösungsversuche in Erholungsgebieten. In: Buchwald; Engelhardt (HG), Handbuch für Planung, Gestaltung und Schutz der Umwelt, Band 3 Die Bewertung und Planung der Umwelt, Seite 317-360

BECKMANN, KLAUS, Tourismuspolitik für die 90er Jahre. In: der landkreis 60 (1990), Heft 8-9, S.352-353

BILLION, F., Aspekte der Planung überörtlicher Freizeitanlagen. In: Raumforschung und Raumordnung 41 (1983), Heft 4, S.140-147

BLOMEYER, G. R.; TIERZE, B., ... grüßt Euch Eure Anneliese, die im Lunazauber schwelgt. Lunapark 1904 – 1934, eine Berliner Sonntagsarchitektur. In: Stadt 1982, Heft 4, S.32-36

BODE, P. M., Kulissen für die schönste aller Welten. In: art Nr. 1 Januar 1991, Seite 72-81

BUCHWALD; ENGELHARDT (HG), Handbuch für Planung, Gestaltung und Schutz der Umwelt, Band 3 Die Bewertung und Planung der Umwelt

CARSTENSEN, J.; ZWEIBRÜCKEN, K. Gefährdung des Freiraumes durch Baunutzung. In: RaumPlanung 35 1986, S.213-216

DERING, F., Der Vergnügungspark. In: Messe- und Ausstellungsgesellschaft mbH; Münchener Stadtmuseum, Vom Ausstellungspark zum Internationalen Messeplatz, München 1904 bis 1984. München 1984, S.72

DERING, F., Volksbelustigungen. Nördlingen 1986

DETHLEFS, GERD, Münster Sendt. Die Geschichte. In: Stadtmuseum (HG), Münster Sendt: Synode – Markt – Volksfest. Münster 1986

DEUTSCHER RAT FÜR LANDESPFLEGE, Freizeit und Erholung – Herausforderung und Antworten der Landespflege, Schriftenreihe des Deutschen Rates für Landespflege 1990, Heft 57, S.559-577

DEUTSCHES WIRTSCHAFTSWISSENSCHAFTLICHES INSTITUT FÜR FREMDENVERKEHR – UNIVERSITÄT MÜNCHEN (HG), Markt- und Motivstudie für den Fremdenverkehrsmarkt Nordrhein-Westfalen, München im August 1989

EBERT, R., „Auf grauer (Ruinen)- Städte Mauern ... in die grüne Stadt von morgen." Die Bedeutung der Bundesgartenschau 1959 für den Wiederaufbau von Dortmund nach dem Zweiten Weltkrieg. (Manuskript)

EBERT, R., Wo alles seinen Anfang nahm – „Lunapark" und Fredenbaumsaal im ersten Dortmunder Stadtpark. In: Ebert, R.; Stadt Dortmund (HG), Stadterneuerung und künstlerische Medien, Dortmund 1989, S.150-151

FERCHHOFF, W., Wertewandel – Neuorientierung für Freizeit und Alltag. In: Fromme, J.; Stoffers, M. (HG), Freizeit im Lebenslauf. Dokumentation der 5. Bielefelder Winterakademie. Bielefeld, Erkrath 1988, S.147-166

FICHTNER, U.; MICHNA, R., Freizeitparks. Allgemeine Züge eines modernen Freizeitangebotes, vertieft am Beisspiel des EUROPA-PARK in Rust/Baden. Freiburg 1987.

FINKE, L., Prüfung des Bedarfs und der Umweltverträglichkeit/Bewertungsverfahren. In: Deutscher Rat für Landespflege: Freizeit und Erholung – Herausforderungen und Antworten der Landespflege, Heft 57/1990, S.653-655

FORT FUN ABENTEUERLAND, Informationen 1990, Informationsdienst des Freizeit-Parks. Bestwig 1990

FREIZEITPARK KETTELER HOF (HG), Saison 1990, Informationsdienst des Freizeit-Parks. Haltern 1990

FRISCH, HARALD, Spaßbäder – eine Zukunftsversion? In: Städte- und Gemeinderat 1991, Heft 6, S.181-184

FRITZ, G., Bildung von räumlichen und sachlichen Schwerpunkten für Freizeiteinrichtungen. In: Deutscher Rat für Landespflege: Freizeit und Erholung – Herausforderungen und Antworten der Landespflege Heft 57/1990, S.667-672

FROMME, J; STOFFERS, M. (HG), Freizeit im Lebensverlauf. Schwerpunkte und Perspektiven der Freizeitkulturforschung. Bielefeld/Erkrath 1988

GAIHSER, H., Naturschützer attackieren Phantasialand, Parkplätze aufgeben – Einspruch gegen Genehmigung von „Hollywood-Tour" und „Petit Paris". In: Kölner Stadt-Anzeiger vom 07.03.1990

GÄNTGEN, L., Mit der Allwegbahn zum Phantasialand. In: Kölnische Rundschau vom 30.08.1990

GARBRECHT, D., Überregional bedeutende Freizeit- und Erholungsanlagen in Nordrhein-Westfalen – Eine Bilanz. In: Institut für Landes- und Stadtentwicklungsforschung (HG), Schriftenreihe Landes- und Stadtentwicklungsforschung Band 1.043, Dortmund 1983

GEMEINDE SCHLOSS HOLTE-STUKENBROCK, Bebauungsplan Nr. 18, Sondergebiet Mittweg. Schloss Holte Stukenbrock 1981

GRÜNER, M., Tourismus und Umwelt. In: der landkreis 8-9/1990 S.366-368

HAMMER, G., Möglichkeiten und Chancen der Preispolitik in Freizeit- und Erlebnisparks. In: Schriftenreihe des Instituts für Fremdenverkehrs- und Freizeitforschung. Würzburg 1984

HARTMANN, R., Freizeit-Reisen und Tourismus in Deutschland und in den USA, Materialien zur Fremdenverkehrsgeographie Nr. 12, Trier 1984

HÄUßERMANN, H; SIEBEL, W., Neue Urbanität. Frankfurt/Main 1987

HIPPE, W., Europäische Freizeitperspektiven – Anmerkungen zu einer Wachstumsbranche. In: Kulturpolitische Gesellschaft (HG), Kultur-Markt Europa: Jahrbuch für europäische Kulturpolitik, Köln 1989, Seite 175-182

HOFMEISTER, B.; STEINECKE, A., Geographie des Freizeit- und Fremdenverkehrs. In: Wege der Forschung, Bd. 592. Darmstadt 1984

HOOLYWOOD-PARK STUKENBROCK, Tagesausflug. Ein Tag wie kein anderer, Informationsdienst des Freizeit-Parks. Stukenbrock 1989

HUNGERMANN, K., Traumfabrik zum Sonderpreis. In: Die Zeit Nr. 42 vom 13. Oktober 1989, Seite 41-42

INSTITUT FÜR FREIZEITWIRTSCHAFT, Wachstumsfelder im Freizeitbereich bis 1995, Band 2. München 1987

INSTITUT FÜR FREIZEITWIRTSCHAFT, Wachstumsfelder im Freizeitbereich bis 1995, Band 2. München 1987

JANSSEN, J., Architektur der Arbeiterbewegung. Universität Karlsruhe – Lehrstuhl für Gebäudelehre und Entwerfen (HG), 1987

JOB, HUBERT; KOCH, MARTIN, Ressourcenschützende Raumordnungskonzepte als Möglichkeit für eine umweltschonendere Freizeit- und Erholungsnutzung. In: Raumforschung und Raumordnung 1990, Heft 6, S. 309-318

JULIUS, B.; LAUSCH, H., Die Städte und der Wunsch – Tony Garniers ‚Citè Industrielle'. Universität Dortmund – Institut für Raumplanung (HG), 1983

KASSON, J.F., Amusing the million, Coney Island at the turn of the century. New York 1983

KIRBACH, R., Oberhausener Visionen – Eine Stadt bastelt am neunten Weltwunder. In: Die Zeit Nr. 52 vom 23. Dezember 1988, Seite 14

KOMMUNALVERBAND RUHRGEBIET (HG), Freizeit – Funktion regionaler Grünflächen, Essen 1984

KOMMUNALVERBAND RUHRGEBIET (HG), Freizeitparks. Teil C: Befragungen. Essen 1984

KORFF, G.; RÜRUP, R., Berlin, Berlin – Die Ausstellung zur Geschichte der Stadt. Berlin 1987

KOSOK, L., Arbeiterkultur und Arbeiterfreizeit im Ruhrgebiet 1850 – 1914, Erscheinungsformen und Wandlungsprozesse. Diss. (Manuskript), Bochum 1989.

KRAMER, D., Theorien zur historischen Arbeiterkultur, Schriftenreihe der Studiengesellschaft für Sozialgeschichte und Arbeiterbewegung, Bd. 57. Marburg 1987, S. 295-304

KRIPPENDORF, P., Freizeit und Tourismus, Eine Einführung in Theorie und Politik. Bonn 1986

KULINAT, K.; STEINECKE, A., Geographie des Freizeit- und Fremdenverkehrs, Erträge der Forschung Bd 212. o.O. 1984

LANG, H. R., Freizeitparks. Möglichkeiten und Gefahren. In: Holiday-Manager. Stuttgart 1979

LÜDTKE, H., Fiktion und Realität des „Wertewandels". In: Fromme, J.; Stoffers, M. (HG), Freizeit im Lebenslauf. Dokumentation der 5. Bielefelder Winterakademie. Bielefeld, Erkrath 1988, S.167-174

MÄDER, U., Das Geschäft mit den Freizeitparks. In: Tagesanzeiger Zürich, 31.10 1986

MAIER, J., Natur- und kulturgeographische Raumpotentiale und ihre Bewertung für Freizeitaktivitäten. In: Geographische Rundschau 29 (1977) H.6 1977, S.186-194

MAYER, A., Gegen Verplanung der Freizeit. In: Der Monat Nr. 7/8. Basel 1983

MICHNA, R., Freizeitparks in Europa. In: Organ Show Business 6. Pirmasens 1985

MINISTER FÜR UMWELT, RAUMORDNUNG UND LANDWIRTSCHAFT DES LANDES NORDRHEIN-WESTFALEN (HG), Bewertungsgrundlagen für Kompensationsmaßnahmen bei Eingriffen in die Landschaft. (Bearbeitet von Adam, K.; Nohl, W.; Valentin, W.), Düsseldorf 1986

MINISTER FÜR STADTENTWICKLUNG, WOHNEN UND VERKEHR DES LANDES NORDRHEIN-WESTFALEN (HG), Gutachten, Plausibilitäts- und Wirkungsanalysen für das das World-Tourist-Center Oberhausen. Düsseldorf 1989

MOHR, R., Ein Tigerpalast für Frankfurt. In: Die Zeit Nr. 8 vom 17. Februar 1989, Seite 60

O.V., „Das ist ja besser als eine Weltreise" – Eine Familie aus Suhl in der DDR besuchte mit Prisma das Phantasialand bei Bonn. In: Prisma, Nr. 35/90 (Wochenmagazin zur Ruhrnachrichten)

O.V., Buga-Clown ärgerte die Bergleute, Die ersten Gartenschauen 1959 und 1969 schrieben Park-Geschichte und blumige Geschichten. In: Westfälische Rundschau Nr.302 vom 29.12.1990

O.V., Euro-Disney-Land – Mehr als ein Freizeitpark. In: amusement INDUSTRIE 1990, Heft 3, S.47-50

O.V., Fort Fun: Der aktive Park. In: amusement-INDUSTRIE 1989, Heft 2, S.25

O.V., Freizeit-Parks `83: Investieren und hoffen! In: amusement-Industrie 1983, Heft 2, S.34

O.V., Kommunale Umweltverträglichkeitsprüfung – Tagungsbericht. In: Raumforschung und Raumordnung 1990, Heft 6, S.326-327

O.V., Marketing im Freizeitpark. In: amusement INDSTRIE Heft 3/1989, S.46-49

O.V., Spekulieren mit achtzehn Löchern. Viele Orte in Brandenburg erhoffen sich Wohlstand durch Golfplätze und Freizeitparks, setzen aber oft eine intakte Landschaft aufs Spiel. In: Süddeutsche Zeitung Nr.168 vom 23.07.1991, S.3

O.V., Zu Gast in Deutschlands Städten. So viele Gäste wurden 1990 im westdeutschen Städten registriert. In: Süddeutsche Zeitung Nr.168 vom 23. Juli 1991, S.19

ODÖRFER, K. (HG), Freizeit-Park Atlas, Bundesdeutscher Freizeitpark-Führer. Röthenbach 1990,

OLSCHOWY, G., Erholung und Freizeit – Natur und Landschaft – in bezug auf das Projekt „Center Parc Bispinger Heide". In: Deutscher Rat für Landespflege: Freizeit und Erholung – Herausforderungen und Antworten der Landespflege, Heft 57/1990, S.680-681

OPASCHOWSKI, H. W, Wie leben wir nach dem Jahr 2000? Hamburg 1987

OPASCHOWSKI, H. W., Freizeit und Umwelt – Der Konflikt zwischen Freizeitverhalten und Umweltbelastung. Ansätze für Veränderungen in der Zukunft. In: BAT Freizeit Forschungsinstitut (HG), Band 6 der Schriftenreihe zur Freizeitforschung

OPASCHOWSKI, H. W., Freizeit-Daten. Hamburg, Düsseldorf 1984

PANORAMA PARK SAUERLAND, Informationsdienst des Freizeit-Parks. Kirchhundem o.J.

PANTELEIT, S., Entwicklung umweltverträglicher Freizeitformen. In: Deutscher Rat für Landespflege: Freizeit und Erholung – Herausforderungen und Antworten der Landespflege, 1990, Heft 57, S.656-659

PHANTASIALAND, Information 1990. Brühl 1990

PLANERBÜRO SÜDSTADT, Verkehrskonzept Phantasialand. Empfehlungen und Handlungsstrategien zur verkehrlichen Anbindung. Köln 1990, S. 1-2

POHRT, W., Zeitgeist und Wendezeit – Freizeit: „Anders leben" oder „Genuß sofort?". In: Fromme, J.; Stoffers, M. (HG), Freizeit im Lebenslauf. Dokumentation der 5. Bielefelder Winterakademie. Bielefeld, Erkrath 1988, S. 9-18

POTTS-PARK MINDEN, potts-park ... wo Freizeit zum Erlebnis wird, Informationsdienst des Freizeit-Parks. Minden 1990

REGIERUNGSPRÄSIDENT ARNSBERG, Gebietsentwicklungsplan für den Regierungsbezirk Arnsberg, Teilabschnitt Hochsauerlandkreis, Entwurf (Stand 29.04.1977). Arnsberg 1977, S.150 ff. Regierungspräsident Köln, Pressemitteilung Nr. 113/90, Lösung der Verkehrsprobleme ums „Phantasialand in Sicht, Köln 03/90; Betroffene Anwohner laufen Sturm. In: Kölnische Rundschau vom 04. April 1990; Über 270 Bürger gegen insgesamt 1250 Parkplätze. Abordnung aus Brühl-Ost übergab dem Kölner Regierungspräsidenten eine Unterschriften-Liste. In: Kölner Stadt-Anzeiger vom 04. April 1990

REULECKE, J., Geschichte der Urbanisierung in Deutschland. Frankfurt 1985

RIBHEGGE, W., Europäische Urbanität 1500-1800. In: Die alte Stadt, 1/88, Seite 53-67

RIPPEL-MANSS, I., Die fünfziger Jahre, 1950-1959. In: Böhm, E. u.a., Kulturtagebuch 1900 bis heute. Braunschweig 1984, S.482-576

RUPPERT, K., Grundtendenzen freizeitorientierter Raumstruktur in Geographische Rundschau (32) H.4, Braunschweig 1980, S.178-187

SAURENHAUS, G., Konkretisierung des Landesentwicklungsplanes III in den Gebietsentwicklungsplänen unter besonderer Berücksichtigung von Freizeit- und Erholungsschwerpunkten. In: von Malchus, . u.a., Freizeit und Erholungsplanung als Gegenstand der Landesentwicklung. Hrsg. von Institut für Landes- und Stadtentwicklungsforschung des Landes Nordrhein-Westfalen im Auftrag des Staatskanzlei NW. Schriftenreihe Landes- und Stadtentwicklungsforschung des Landes Nordrhein-Westfalen Band 1.017. Dortmund 1979, S.29-35

SAUTTER, C., Disney-Land in der Heide – Im Freizeitpark jagt eine Vergnügungsarbeit die andere. In: Die Zeit vom 8. Juli 1983, Seite 38

SCHAUSTELLER VEREIN „ROTE ERDE" DORTMUND E.V., 1897-1987. Dortmund 1987

SCHERRIEB, H. R., Das Baden ist des Deutschen Lust. In: Animation 1988, Heft Juli/August, S.112-115

SCHERRIEB, H. R., Entwicklung der Freizeitparks in Deutschland und Europa. In: amusement-INDUSTRIE 1988, Heft 3

SCHERRIEB, H. R., Gibt es noch Besucherreserven für Freizeit- und Erlebnisparks? In: amusement-INDUSTRIE 1986, Heft 2, S.16-19

SCHERRIEB, H. R., Probleme der kleineren und mittleren Freizeitparks. In: amusement INDUSTRIE 1982, Heft 3, S.39-41

SCHERRIEB, H. R., Showtime in Freizeit- und Erlebnisparks. In: amusement-INDUSTRIE 1984, Heft 2

SCHMIDT, A., Freizeitparks in Ost und West. In: Geographie im Unterricht 5 (1980), Heft 3, S.89-100

SCHÖNEBECK, A., Zu „Heino im Advent" durchs Bettenparadies. In: Westdeutsche Allgemeine Zeitung Nr. 287 vom 10.12.1990

SCHULZ, R., 626 Jahre Simon-Juda-Markt Werne. Werne 1987

SCHWAHN, H., Freizeit und Stadtparks. In: Richter, G., Handbuch Stadtgrün. Landschaftsarchitektur im städtischen Freiraum. München 1981

SOELL, H., Regelungen des Naturschutzrechts in bezug auf Freizeit und Erholung. In: Deutscher Rat für Landespflege: Freizeit und Erholung – Herausforderungen und Antworten der Landespflege, Heft 57/1990, S.673-677

STATISTISCHES BUNDESAMT, Wirtschaft und Statistik, 1973, Heft 5

STEINECKE, A., Tourismus-Umwelt-Gesellschaft. Bielefeld 1989

STIFTUNG WARENTEST, Dorfkirmes und Wilder Westen, Freizeitparks in Deutschland. In: test 19 (1984), Heft 7, S.68-74

STIFTUNG WARENTEST, Freizeit- und Erlebnisparks. In: test 25 (1990), Heft 4 S.89-93

TEMMEN, BODO; HATZFELD, ULRICH; KRUSE, STEFAN, Kommerzielle Freizeitgroßeinrichtungen in Nordrhein-Westfalen. Untersuchung im Auftrag des Ministeriums für Stadtentwicklung und Verkehr des Landes Nordrhein-Westfalen (unter Mitarbeit von Fleisgarten, Stephan; Junker, Rolf und Scheibe, Michael), Dortmund 1991

VERBAND DEUTSCHER FREIZEITUNTERNEHMEN E.V. (HG), Freizeit- und Erlebnisparks in Deutschland, Offizieller Führer. Ostfildern 1990

VERBAND DEUTSCHER FREIZEITUNTERNEHMEN E.V. IN VERBINDUNG MIT DEM ALLGEMEINEN DEUTSCHEN AUTOMOBILCLUB E.V. (ADAC) (HG), 45 ausgewählte Freizeit- und Erlebnisparks in Deutschland und in angrenzenden Nachbarländern. Osterfildern 1985

VÖLKSEN, G., Freizeitparks und technische freizeiteinrichtungen in der Landschaft. Die Verbreitung kommerzieller Freizeitanlagen in Niedersachsen und ihre Bewertung aus raumordnerisch-landschaftspflegerischer Sicht. In: Forschungen zur niedersächsischen Landeskunde Bd. 119. Göttingen, Hannover 1981

VOSBERG-REKOW, Die wirtschaftliche Bedeutung der Weltausstellung für Deutschland. In: Werkbund-Archiv, Packeis und Pressglas, Bd. 16 (1987). Berlin 1987, S.68-72

WERNER, J., Deutschland – ein profiliertes Reiseland. In: der landkreis 60 (1990), Heft 8-9, S.354-355

WIDMER, R.; FREI, P., Parkvergnügen – Schon die Natur ist eine Illusion. In: Hochparterre 3 (1990), Heft 8/9, S.32-41

WIEBE, R.; HINZ, V., Der Super-Hyper-Megamarkt – West Edmonton Mall. In: GEO-Special Kanada Nr. 6 vom 7. Dezember 1988, Seite 108-116

ZUMBUSCH, Z., Warten auf Disneyland. In: Wirtschaftswoche Nr.22 vom 25.05.1990, S.60-68

ZWECKVERBAND NATURPARK KOTTENVORST-VILLE, Zweckverbandsgebiet Naturpark Kottenvorst-Ville, Vorläufiger Maßnahmeplan. Hürth 1985,

ILS-Taschenbücher

Umweltinteressen in der verbandlichen Techniksteuerung

Eine empirische Untersuchung der technischen Normung im Bereich der Stadtentwicklung

Volker Eichener, Helmut Voelzkow, mit einem einleitenden Beitrag von Rolf G. Heinze

Da die Entwicklung unserer Städte zunehmend durch den Einsatz von Technik geprägt wird, muß der verbandlichen Techniknormung eine Schlüsselrolle bei der Entscheidung über die zukünftige Gestalt und Funktionalität der Städte beigemessen werden.

Im Mittelpunkt der vorgelegten Studie steht die sozial- und umweltverträgliche Technikentwicklung.

Das ILS beabsichtigt mit dieser Publikation zweierlei: Es will nicht nur die Aufmerksamkeit einer breiteren Öffentlichkeit auf die Bedeutung der Technikgestaltung für eine ökologisch intendierte Stadtentwicklung lenken, sondern den Akteuren in Gesellschaft, Politik und Verwaltung und nicht zuletzt in der Technikentwicklung und der Normung selbst Anregungen und Entscheidungshilfen geben, die der sozial- und umweltverträglichen Entwicklung unserer Städte nutzen.

Dortmund 1991, 202 Seiten 18,- DM
ISBN 3-8176-7008-7

Szenarien in der Stadtentwicklung

- Zum Stand der Diskussion -

Eine kritische Analyse von Inhalten und Methoden, Beispiele und Ansatzpunkte für den sachgerechten Einsatz von Szenarien mit Beiträgen von Arras, Häußermann, Pfeiffer, Siebel, Spiegel u. a.

Aus dem Inhalt:

- Sind Szenarien überhaupt eine ernst zu nehmende Methode, oder sind sie lediglich ein Ausweg aus dem politischen Mangel an Utopien für eine mögliche Zukunft?
- Welche Erwartungen und Ansprüche stellen Szenario-Schreiber in den Raum? Ist die Praxis demgegenüber nicht eher bescheiden?
- Unter welchen Bedingungen bieten Szenarien Chancen, als didaktisches Instrument Kommunikationen zwischen Politik, Verwaltung, Wissenschaft und Öffentlichkeit herzustellen?

Dortmund 1989,
200 Seiten 18,- DM
ISBN 3-8176-7003-6

Verkehrs-(un)sicherheit

Beiträge zur Tagung des »Forum Mensch und Verkehr« zu den Themenbereichen:

- Verkehrssicherheitsarbeit der Länder, Kommunen, Polizei und Straßenverkehrsbehörden,
- Verkehrssicherheit am Kraftfahrzeug,
- Verkehrspädagogik und Fahrlehrerausbildung,
- Verkehrsrecht und Verkehrsüberwachung.

Dortmund 1989, 209 Seiten,
Tab., Graf., Fotos 18,- DM
ISBN 3-8176-7004-4

Verkehr der Zukunft

Beiträge zum 3. Wissenschaftstag des ILS zu den Themenbereichen:

- Zukunft des Verkehrs in Europa,
- Verkehrsentwicklung in der Bundesrepublik Deutschland,
- Zukunft des Stadtverkehrs,
- Zukunft des Güterverkehrs,
- Ökologisch orientierte Autokonzepte,
- Zukunft des Automobils.

Dortmund 1990, 205 Seiten,
Tab., Graf., Fotos 18,- DM
ISBN 3-8176-7005-2

Schlüsseltexte zur Technikbewertung

Eine kritische Einführung in Inhalte und Methoden der Technikfolgenabschätzung und Technikbewertung

Mit Beiträgen u. a. von:
Renate Mayntz, John Gibbons, Herbert Paschen, Helga Nowotny, Carl Böhret, Gerhard Zeidler, Frieder Naschold, Reinhard Ueberhorst, Günter Ropohl

Dortmund 1990, 298 Seiten,
Tabellen, Grafiken 28,- DM
ISBN 3-8176-7006-0

Umbruch der Industriegesellschaft - Umbau zur Kulturgesellschaft?

Beiträge zum 4. Wissenschaftstag des ILS gemeinsam mit der Kulturpolitischen Gesellschaft e. V. am 24. und 25. September 1990 zu den Themenbereichen:

- Wandel der Arbeitsgesellschaft. Die Modernisierung industriegesellschaftlicher Lebensformen
- Umwandlung des Naturzustands. Die gesellschaftliche Modernisierung des Verhältnisses zur Umwelt
- Stadtentwicklung und Kultur
- Bausteine einer kommunikativ und ökologisch orientierten Kulturpolitik.
- Ästhetisierte Wirklichkeit/Verwirklichte Ästhetik - Welche Erkenntnismöglichkeiten eröffnet Kunst, welche Formen gesellschaftlicher Praxis?

Dortmund 1991, 182 Seiten,
Tabellen, Grafiken, Fotos 18,- DM
ISBN 3-8176-7007-9

Innovationen in alten Industriegebieten

Beiträge zum 1. Wissenschaftstag des Institutes für Landes- und Stadtentwicklungsforschung des Landes Nordrhein-Westfalen am 10. und 11. Dezember 1987 zu den Themenbereichen:

- Innovationen in alten Industriegebieten in ausgewählten amerikanischen und europäischen Regionen,
- Erneuerung der alten Industrieregion Ruhrgebiet,
- Strukturwandel, Technologische Innovation und Wissenstransfer,
- Stadtqualität - ökologische, soziale und kulturelle Innovation.

Dortmund 1988, 252 Seiten,
Tabellen, Grafiken, Fotos 18,- DM
ISBN 3-8176-7001-X

Zu beziehen über den Buchhandel oder durch WAZ-Druck Vertrieb und Verlag, Theodor-Heuss-Str. 77, 47167 Duisburg

ILS SCHRIFTEN

Herausgegeben vom Institut für Landes- und Stadtentwicklungsforschung des Landes Nordrhein-Westfalen (ILS)

ILS 1
Handlungsfeld Freizeit II
- Zeitpolitische Fragestellungen -
Werner Zühlke, Andreas Roters u.a.
Darstellung neuer Perspektiven von Freizeitpolitik in 10 Einzelbeiträgen

Dortmund 1987, DIN A4, 36 Seiten, 15,- DM
ISBN 3-8176-6001-4

ILS 8
Frauen und Zeitpolitik
Argumente für eine Neuverteilung von Zeitstrukturen aus der Sicht der Frauen
Felizitas Romeiß-Stracke, May-Britt Pürschel

Dortmund 1988, DIN A4, 61 Seiten,
zahlr. Abb. und Tabellen, Lit. 15,- DM
ISBN 3-8176-6008-1

ILS 17
Freizeitmarkt Dienstleistungen und häuslicher Freizeitpfad
Peter Gross, Manfred Garhammer
Darstellung der Wechselbeziehungen zwischen Freizeitentwicklung und Dienstleistungssektor

Dortmund 1988, DIN A4, 62 Seiten,
zahlr. Abb. und Tab. 15,- DM
ISBN 3-8176-6017-0

ILS 30
Ausländer und Stadtentwicklung
Liselotte Funke u. a.
Zur Wohnsituation von Ausländern in der Stadt

Dortmund 1990, DIN A4
66 Seiten, Fotos, Tabellen 15,- DM
ISBN 3-8176-6030-8

ILS 39
Anders alt werden - Anders alt sein
Andreas Roters u. a.
Stadtentwicklungspolitische Aspekte veränderter Lebenslagen alter Menschen - Wie sollten Städte und wie städtische Infrastruktur gestaltet sein, damit sie den Bedürfnissen heutiger und zukünftiger Altengenerationen gerecht werden?
2., unv. Aufl., Dortmund 1989, DIN A4,
72 Seiten, Abb., Tab. und Fotos 20,- DM
ISBN 3-8176-6039-1

ILS 42
Expansion und regionale Ausbreitung der Dienstleistungen
Franz-Josef Bade
unter Mitarbeit von Ute Middelmann u. Monika Schüler
Eine empirische Analyse des Tertiärisierungsprozesses mit besonderer Berücksichtigung der Städte in Nordrhein-Westfalen

Dortmund 1990, DIN A4, 58 Seiten,
zahlr. Karten, Grafiken, Tabellen 20,- DM
ISBN 3-8176-6042-1

ILS 44
Tertiärisierung und Stadtstruktur
Zur Notwendigkeit der Neuorientierung städtischen Handelns
Kemming, H., Bade, F.-J., Heißmann, H.
Eine Analyse der Dienstleistungsentwicklung, ihrer Auswirkungen auf die Städte und auf das kommunale Handeln

Dortmund 1990, DIN A4, 68 Seiten,
Karten, Grafiken, Tabellen, Übersichten 25,- DM
ISBN 3-8176-6044-8

ILS 45
Finanzwirksamkeit einer Gemeindesteuerreform in Nordrhein-Westfalen
Martin Junkernheinrich, Gerhard Micosatt
Empirische Analysen und Modellrechnungen zu den Auswirkungen wesentlicher Reformsätze auf die kommunale Finanzsituation

Dortmund 1990, DIN A4, 112 Seiten,
Karten, Grafiken, Übers., 2 Klapptafeln 25,- DM
ISBN 3-8176-6045-6

ILS 46
Selbstgestaltung der Wohnumwelt
Johann Jessen, u.a.
Perspektiven, Modelle und Konzepte der Förderung von Eigenarbeit und Selbsthilfe im Wohnbereich

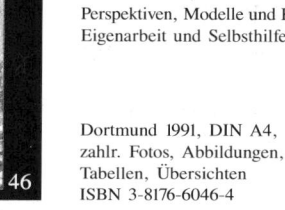

Dortmund 1991, DIN A4,
zahlr. Fotos, Abbildungen,
Tabellen, Übersichten 25,- DM
ISBN 3-8176-6046-4

ILS 49
Strategien für eine saubere Nordsee
Konferenz für Regionalentwicklung in Nordwesteuropa
15. Studientagung im Februar 1990 in Brügge
(viersprachig: dt., engl., franz., niederl.)

Dortmund 1990, DIN A4, 96 Seiten, zahlr.
Karten, Abbildungen, Tabellen, Übersichten, 20,- DM
ISBN 3-8176-6049-9

ILS 51
Wohnumfeldverbesserung aus Sicht der Bewohner
- Wirkungsanalyse gebietsbezogener Wohnumfeldprogramme - Teil 1
Berthold Haermeyer
Ergebnisse einer repräsentativen Vorher-Nachher-Bewohnerbefragung des ILS in 26 Wohngebieten zur Beurteilung des Wohnumfeldes.
Dortmund 1990, DIN A4, 160 Seiten,
Übersichten, Tabellen, Grafiken, Fotos 25,- DM
ISBN 3-8176-6051-0

ILS 52
Verkehrsverhalten im Wohnumfeld
- Wirkungsanalyse gebietsbezogener Wohnumfeldprogramme - Teil 2
Ulrich Potthoff
Verkehrs- und Unfallanalyse in 30 Programmgebieten zur Wohnumfeldverbesserung.
Daten zum Verkehrsaufkommen, Geschwindigkeitsverhalten, Verkehrslärm und Unfallentwicklung im Vorher-Nachher-Vergleich.
Dortmund 1990, DIN A4, 254 Seiten,
Übersichten, Tabellen, Grafiken, Fotos 25,- DM
ISBN 3-8176-6052-9

Zu beziehen über den Buchhandel oder durch WAZ-Druck Vertrieb und Verlag, Theodor-Heuss-Str. 77, 47167 Duisburg

ILS SCHRIFTEN

Herausgegeben vom Institut für Landes- und Stadtentwicklungsforschung des Landes Nordrhein-Westfalen (ILS)

ILS 55
Reisezeitverkürzung im ÖPNV

Oscar Reutter, Franz Peter Schütte, Volker Kreibich
Aktionsräumliche Mobilitätsanalysen. Kleinteilige Planungsvorschläge

Dortmund 1991, DIN A4, 78 Seiten,
zahlr. Tabellen, Übersichten, Grafiken,
Abbildungen und Fotos   20,- DM
ISBN 3-8176-6055-3

ILS 56
Stadtmarketing in der Diskussion

Herbert Kemming u.a.
Praxisbeispiele aus Nordrhein-Westfalen, die unterschiedliche Konzepte und Verfahren sowie Anforderungen an das Stadtmarketing deutlich machen. Der Band bietet vielfältige Anregungen für erforderliches Stadtmarketing.

Dortmund 1991, DIN A4, 102 Seiten,
zahlr. Abb., Übersichten, Grafiken, Fotos   20,- DM
ISBN 3-8176-6056-1

ILS 58
Neue Fabrikkonzepte und gewerblicher Flächenbedarf

Bernd Mielke, Sigrid Fischer, Rainer Ollmann, Roland Weber

Dortmund 1991, DIN A4, 52 Seiten,
Abb., Übersichten, Grafiken, Tabellen   15,- DM
ISBN 3-8176-6058-8

ILS 59
Raumordnerischer Zielvergleich NRW / NL

Staatsgrenzenübergreifender Vergleich bestehender landes- und regionalplanerischer Ziele

Ralf Meyer, Paul G. Jansen

Dortmund 1992, DIN A4, 72 Seiten,
zahlreiche, teilweise mehrfarbige Karten   25,- DM
ISBN 3-8176-6059-6

ILS 61
Jugend-Zeit

Stadtentwicklungspolitische Aspekte veränderter Lebenslagen von Jugendlichen

Dortmund 1992, DIN A4,
zahlr. Karten, Abbildungen, Tabellen   20,- DM
ISBN 3-8176-6061-8

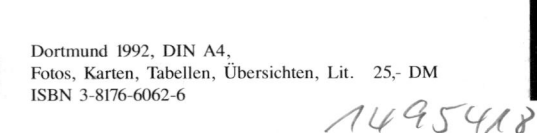

ILS 62
Stadt-Kinder

Stadtentwicklungspolitische Aspekte veränderter Lebenslagen von Jugendlichen

Dortmund 1992, DIN A4,
Fotos, Karten, Tabellen, Übersichten, Lit.   25,- DM
ISBN 3-8176-6062-6

ILS 64
Von der traditionellen Sozialpolitik zur neuen Wohlfahrtskultur

Freiwilliges soziales Engagement und lokale Infrastruktur

Dortmund 1992, DIN A4, 69 Seiten   15,- DM
ISBN 3-8176-6064-2

ILS 66
Stadtbildprägende Arbeitersiedlungen

Lothar Juckel
Erhaltung und Erneuerung denkmalwerter Arbeitersiedlungen im Rhein-Ruhr-Gebiet

Dortmund 1992, DIN A4, 118 Seiten,
zahlr. Abb., Karten, Übersichten, Fotos   35,- DM
ISBN 3-8176-6066-9

ILS 68
Autofreies Leben - Konzepte für die autoreduzierte Stadt

Sammelschrift zu den aktuellen Strategien zur Reduktion des motorisierten Verkehrs in der Stadt

Dortmund 1992, DIN A4, 52 Seiten
zahlreiche Abbildungen, Fotos, Tabellen   25,- DM
ISBN 3-8176-6068-5

ILS 69
Keine falsche Bewegung!

Mayer Hillman, John Adam, John Whitelegg

Studie über Verkehrssicherheit und autonome Beweglichkeit in England und Deutschland

Dortmund 1992, DIN A4, 68 Seiten
zahlr. Abb, Tabellen und Karten   20,- DM
ISBN 3-8176-6069-3

ILS 71
Beiträge zur Stadtökologie

Helmut Ahuis, Gerhard Boeddinghaus u. a.

Vortragsreihe der Deutschen Akademie für Städtebau und Landesplanung, Landesgruppe NRW

Dortmund 1993, DIN A4, 73 Seiten,
zahlr. Abb., Fotos, Tab.   25,- DM
ISBN 3-8176-6071-5

ILS 72
Fraueninteressen im Planungsprozeß

Marita Grote, Birgit Pohlmann-Rohr u. a.
Institutionalisierte und selbstorganisierte Ansätze in Europa - in der Bundesrepublik mit Schwerpunkt Nordrhein-Westfalen, in den Niederlanden, Großbritannien und Schweden

Dortmund 1992, 70 Seiten,
zahlr. Fotos und Übers.   20,- DM
ISBN 3-8176-6072-3

Zu beziehen über den Buchhandel oder durch WAZ-Druck Vertrieb und Verlag, Theodor-Heuss-Str. 77, 47167 Duisburg